창업과 세법

전현철 저자

머리말

지난 여러 해 동안 세법 강의를 하면서 교재의 필요성을 절감하다가 드디어 이번에 세법 교과서를 출간하게 되었습니다. 이 책은 창업을 하고자 하거나 사업을 하는 사람들을 대상으로 관련 세법 지식을 습득하는 데 도움을 주고자 하는 목적으로 만들어졌습니다. 그러나 여기에 한정하지 않고 세무사 등 자격증 시험이나 세무직 공무원 등의 시험을 대비하여 세법의 기본 틀을 마련하고자 하는 수험생들에게도 도움이 될 수 있도록 만들었습니다. 이 책을 가지고 공부하시는 여러분 모두에게 행운이 함께 하기를 빕니다. 또한 이 책이 나오기까지 도움을 주신 분들에게도 진심 어린 감사의 말을 전합니다. 여러분과 여러분 가정에 주님의 은총이 충만하기를 기도합니다.

2026. 2.

저자 올림

창업과 세법

CONTENT

제2편 개별 세법

1편
세법의 이해

제1장 세법의 기초

제2장 창업의 기초

제3장 회계의 기초

1장 세법의 기초

제1절 조세의 의의와 종류

I 조세의 의의

1. 개념

조세란 국가 또는 지방자치단체가 그의 경비충당을 위한 재정수입을 조달할 목적으로 법률에 규정된 과세요건에 해당하는 모든 사람에 대하여 반대급부 없이 부과하는 금전급부를 말한다.

1-1. 재정수입의 조달 목적

조세는 국가 또는 지방자치단체의 경비충당을 위한 재정수입을 조달할 목적으로 부과된다. 따라서 위법행위에 대한 제재를 목적으로 하는 벌금, 과료, 과태료 등과 구별된다.

1-2. 징수수단의 강제성

조세는 강제적으로 징수가 이루어진다는 점에서 국가나 지방자치단체의 사업수익 등 경제활동에 의한 수입과 구별된다. 국가나 지방자치단체의 사업수익 등 경제활동에 따른 수입은 당사자의 의사에 기인한 것이지만, 조세의 납부는 당사자의 의사와 관계없이 법률에 의하여 강제된다. 그리하여 조세를 체납하는 경우 과세관청은 강제징수를 할 수 있다. 과세관청은 직접 체납자의 재산을 압류하여 매각하고, 그 매각대금으로부터 체납된 세액을 다른 채권에 우선하여 변제받을 수 있다. 그러나 국가나 지방자치단체가 사경제주체로서 상대방과 대등한 위치에서 경제활동을 하는 경우는 사법상 법률관계에 불과하므로 행정상 강제징수가 허용되지 않는다.

1-3. 비보상성

조세는 직접적인 반대급부 없이 부과된다. 납세자도 치안·사회복지 등 공공서비스의 혜택을 받지만, 그 보상관계가 일반적·간접적인 관계에 그친다는 점에서 국가 또는 지방자치단체가 제공하는 특정의 용역에 대한 대가로서 개별적·직접적인 보상관계에 있는 수수료, 사용료, 특허료 등과 구별된다.

1-4. 징수대상의 일반성

조세는 법률에 규정된 과세요건을 충족하는 모든 사람에게 부과된다. 징수대상의 일반성에서 부담금 등과 구별된다. 교통유발부담금, 폐기물처리부담금 등 부담금은 강제적으로 부과되는 공법상 금전급부의무인 점에서 조세와 같으나, 부담금은 특정 사업비용의 충당을 목적으로 하고 해당 사업에 특별한 이해관계를 가진 사람에게만 부과된다는 점에서 국가 또는 지방자치단체의 일반적인 재정수입을 조달할 목적으로 일반 국민을 대상으로 부과되는 조세와 구별된다.

1-5. 금전급부

조세는 금전급부를 원칙으로 한다. 다만, 예외적으로 상속세나 재산세 등에서는 물납이 허용된다. 물납이 허용되는 경우에도 대상이 되는 재산의 사용가치가 아닌 금전가치에 착안한다는 점에서 재산의 사용가치에 착안하여 행해지는 공용수용에서의 보상과 구별된다. 공용수용이란 공익사업에 사용하기 위하여 개인의 재산권을 강제적으로 취득하는 행위를 말하는데, 공용수용이 있게 되면 그에 대한 정당한 보상이 주어져야 한다.

2. 조세의 기능

2-1. 재정수요조달기능

정부의 재정수요를 위한 자금을 조달하는 기능으로 조세의 본질적 기능이다. 정부의 재원조달을 주된 목적으로 하는 전통적인 조세를 국고(國庫)적 조세라고 한다.

2-2. 정책유도기능

조세는 경제정책 또는 사회정책의 목적 달성을 유도하기 위한 기능도 수행한다. 예를 들어, 부동산투기를 억제하기 위한 부동산양도차익에 대한 양도소득세 중과세, 특정 산업을 보호·육성하기 위한 조세 감면 등 조세우대조치, 사치성 소비재의 사용을 억제하기 위한 고율의 소비세 부과 등이 그것이다. 정책유도기능을 주된 목적으로 하는 정책적·유도적 조세는 조세공평의 원칙(응능과세의 원칙), 이중과세금지의 원칙, 조세중립성의 원칙[1]을 침해할 우려가 있다. 그리하여 정책적·유도적 조세는 최소한의 재원조달목적을 가지고 있어야 하며, 헌법상 과잉금지의 원칙에 따라 정책수단으로서의 적합성·필요성(최소침해성)·상당성이 인정되는 경우에 한하여 허용된다.

II 조세의 종류

1. 국세와 지방세

조세는 과세권자가 누구인가를 기준으로 국가가 과세권자인 국세와 지방자치단체가 과세권자인 지방세로 구분할 수 있다. 법인세, 소득세, 부가가치세 등은 국세이고, 취득세, 재산세, 주민세, 자동차세, 담배소비세 등은 지방세이다.

2. 직접세와 간접세

조세는 법률상 납세의무자와 경제상 담세자의 일치 여부에 따라 직접세(direct taxes)와 간접세(indirect taxes)로 구분할 수 있다. 법률상 납세의무자와 경제상 담세자가 일치하는 조세가 직접세이고, 세 부담의 전가가 이루어져 양자가 일치하지 않는 조세가 간접세이다. 부가가치세, 개별소비세 등이 간접세에 해당한다. 조세부담에 있어서 직접세는 일반적으로 누진적이나, 간접세는 상대적으로 역진적 성격을 갖고 있다. 또한 간접세는 재정조달기능 이외에 정책유도기능을 아울러 가지고 있는 경우가 많다. 예를 들어, 개별소비세는 사치품의 소비억제 등을 목적으로 하고 있다.

1) 조세중립성의 원칙이란 조세는 시장에서 이루어지고 있는 자원배분에 대하여 중립적이어야 한다는 원칙을 말한다. 조세의 부과로 인하여 시장에서의 자원배분이 왜곡되어서는 안 된다는 것이다.

3. 인세와 물세

납세의무자를 중심으로 인적 측면에 착안하여 과해지는 조세를 인세(personal taxes), 과세대상을 중심으로 물적 측면에 착안하여 과해지는 조세를 물세(impersonal taxes)라고 한다. 인세는 납세의무자의 인적 사정을 고려하여 담세능력에 따라 과세가 이루어지지만, 물세는 납세의무자의 인적 사정을 고려하지 않고 과세대상이 되는 물건을 중심으로 과세가 이루어진다. 소득세, 상속세 등이 인세에 해당하고, 부가가치세, 개별소비세, 인지세 등이 물세에 해당한다.

4. 소득세, 재산세, 소비세, 유통세

조세는 과세물건을 기준으로 소득세, 재산세, 소비세, 유통세로 구분할 수 있다. 경제주체들은 경제활동에 참여한 대가로 소득을 획득하고, 그 획득한 소득으로 재산을 축적하거나 소비활동을 하게 된다. 경제활동주체의 소득 획득, 재산 소유, 소비활동의 각각의 단계별로 다른 세목의 조세, 즉 소득세, 재산세, 소비세 및 유통세가 부과된다. 소득세 이외의 나머지 조세들은 소득과세의 불완전성을 보완하는 보충적 조세의 성격을 가진다.

4-1. 소득세

소득세는 획득한 소득에 부과되는 조세로서 소득세, 법인세, 지방소득세 등이 있다. 양도소득세는 통상 소득세의 일종으로 분류하나, 재산의 보유에 따른 자본이득을 과세대상으로 한다는 점에서 재산세의 성격도 갖고 있다.

4-2. 재산세

재산세는 재산 소유에 대하여 부과되는 조세로서 재산세, 자동차세, 종합부동산세 등이 있다.

4-3. 소비세

소비세는 재화·용역의 구입 · 소비에 대하여 부과되는 조세이다. 소비세는 과세방법에 따라 소비자 본인에게 직접 부과되는 직접소비세와 사업자에 의하여 납부된 조세가 가격에 포함되어 소비자에게 전가되는 간접소비세로 구분할 수 있다. 직접소비세는 소비의 맨 마지막 단계에서 소비자에게 직접 부과되지만, 간접소비세는 소비의 맨 마지막 단계 이전에 제조업자·판매업자 등에게 과세함으로써 그 세 부담이 소비자에게 전가된다. 또한 소비세는 과세대상에 따라 특정 재화만을 과세대상으로 하는 개별소비세와 모든 재화를 과세대상으로 하는 일반소비세로 구분할 수 있다. 전자의 예로는 개별소비세[2], 주세, 담배소비세 등이 있고, 후자의 예로는 부가가치세가 있다.

4-4. 유통세

유통세는 소득지출행위에 대한 과세라는 점에서 소비세와 같지만, 소비세는 소비행위라는 사실행위를 기초로 세금을 부과하는 것이라면, 유통세는 소비행위를 형성하는 법률행위와 그에 부수한 행정기관의 조치를 세금부과의 기초로 한다는 점에서 차이가 있다. 취득세, 등록면허세, 인지세, 증권거래세 등이 여기에 해당한다.

5. 종가세와 종량세

과세표준이 금액으로 표시되는 것이 종가세이고, 수량으로 표시되는 것이 종량세이다. 대부분의 조세는 종가세에 해당한다. 그러나 주세(맥주 1킬로리터당 88만 5,700원), 개별소비세 중 과세장소에 관한 것(경마장 1명 1회 입장 1,000원), 담배소비세(궐련 20개비당 1,007원), 교통·에너지·환경세(휘발유 리터당 475원)는 종량세에 해당한다. 종가세는 세율이 백분율로 표시되고, 종량세는 세율이 금액으로 표시된다.

6. 비례세와 누진세

조세는 적용되는 세율의 크기에 따라 비례세와 누진세로 구분할 수 있다. 과세표준 금액이 증가함에 따라 세율이 점차 높아지는 조세가 누진세이고, 과세표준의 크기와 관계없이 동일한 세율이 적용되는 조세가 비례세이며, 과세표준 금액이 증가함에 따라 세율이 점차 낮아지는 조세가 역진세이다. 소득세, 상속세, 증여세, 법인세 등 대부분의 직접세는 누진세이고, 부가가치세, 개별소비세, 주세 등은 비례세이다. 현행법상 역진세는 존재하지 않으나, 조세액과 소득과의 관계에서 볼 때 역진적인 관계가 성립하는 조세가 있다. 예를 들어, 생활필수품에 대한 소비세는 소득이 높거나 낮거나 똑같은 세액을 부담하므로, 소득액이 높아질수록 과세액이 차지하는 비율은 상대적으로 감소하기 때문에 역진적 성격을 갖는다.

---

2) 개별소비세는 특정한 물품(투전기·사행기구·보석·고급가구·고급시계·고급가방·자동차·유류·담배), 특정한 장소(경마장·경륜장·투전기 설치 장소·골프장·카지노)의 입장행위, 특정한 장소(유흥주점)에서의 유흥음식행위, 특정한 장소(카지노)에서의 영업행위에 대하여 부과하는 세금으로 과세장소·과세유흥장소·과세영업장소의 경영자가 납세의무를 부담한다.

제2절 세법의 기본원리

I 조세법률주의

1. 의의

조세법률주의는 법률의 근거 없이 조세를 부과 · 징수할 수 없다는 원칙을 말한다. 행정부의 과세권의 남용으로부터 국민의 재산권을 보호하기 위한 원칙이다. 조세법률주의는 조세요건뿐만 아니라 납부 · 징수 등의 절차에 대하여도 적용된다. 조세법률주의는 과세요건법정주의, 과세요건명확주의, 소급과세금지의 원칙을 그 내용으로 한다.

2. 과세요건법정주의

과세요건법정주의는 조세의 종목과 세율은 물론 과세요건, 즉 납세의무자, 과세대상, 과세표준, 과세기간 등과 조세의 부과·징수절차를 법률로 정해야 한다는 원칙을 말한다. 비과세요건 및 감면요건 역시 소극적 과세요건을 구성한다는 점에서 당연히 법률로 정해져야 한다. 그러나 입법기술상 모든 과세요건 등을 전부 법률로 일일이 정하는 것은 사실상 불가능하다. 그리하여 구체적으로 범위를 정하여 하위법령으로 하여금 그 세부적 내용을 정하도록 위임하는 것은 불가피하고 조세법률주의에 반하지 않는다.

법률의 위임 없이 명령 또는 규칙 등 행정입법으로 과세요건이나 부과·징수절차에 관한 사항을 정하거나 법률에서 위임하는 범위를 넘어 새로운 사항을 정하는 것은 조세법률주의의 원칙에 위반된다. 다만, 조례의 경우에는 조례제정권자인 지방의회가 선거를 통하여 선출된 주민의 대표기관으로서 지역적인 민주적 정당성을 갖고 있고, 헌법이 지방자치단체에 포괄적인 자치권을 보장하고 있다는 점에서 법률의 위임이 구체적일 필요는 없으며 포괄적 위임이어도 무방하다.

3. 과세요건명확주의

과세요건명확주의는 과세요건에 관한 법률의 규정 내용이 명확하고 일의적(一義的)이어야 한다는 원칙을 말한다. 조세법규가 일반성 · 추상성을 갖더라도 조세법의 일반이론이나 그 체계 및 입법취지 등에 비추어 그 의미가 분명해질 수 있다면 명확성을 결여한 것이라고 할 수 없다. 과세요건명확주의로부터 과세요건은 문언에 따라 엄격하게 해석되어야 하고 유추해석은 허용되지 않는다는 엄격해석의 원칙이 도출된다. 유추해석이란 법조문의 의미 내용을 넘어 사안의 유사성을 기초하여 법문이 예정하지 않은 사항에 대하여 해당 법문이 정한 효력을 인정하는 것을 말한다. 판례는 구 지방세법 시행규칙 소정의 취득세 중과세 대상 공장으로서 시멘트제조업이 열거되어 있으나 레미콘제조업은 규정된 바 없고 레미콘제조업을 시멘트제조업에 포함된다고 확대해석할 수 없으므로 기존의 시멘트공장 내에 레미콘제조시설을 추가 신설한 것을 지방세법 소정의 중과세 대상 공장의 증설이라고 볼 수 없다고 한다.[3)]

4. 소급과세금지의 원칙

4-1. 소급과세금지와 예외

소급과세는 납세자의 신뢰와 법정 안정성을 해치는 것이므로 허용되지 않는다. 국세기본법에서도 납세의무 성립 후의 새로운 세법에 의한 소급과세를 금지함은 물론이고(동법 제18조 제2항), 세법의 해석이나 관행이 일반적으로 받아들여진 후 새로운 해석이나 관행에 의한 소급과세도 금지하고 있다(동조 제3항). 그러나 납세자에게 유리한 소급과세는 납세자의 신뢰와 법적 안정성을 해치지 않으므로 허용된다.

한편 소급과세금지 원칙은 세법의 시행 이전에 종결된 사실에 소급하여 이를 조세부과

3) 대법원 1983. 6. 28. 선고 82누142 판결.

의 요건으로 삼지 못한다는 것을 의미하는 것이므로 이미 성립한 납세의무의 구체적인 내용을 변경하는 것이 아니라 조세부과권의 제척기간을 연장하는 것은 소급과세금지의 원칙에 반하지 않는다. 조세부과권은 과세요건을 새롭게 정하는 것이 아니라 이미 과세요건이 완성된 조세채권을 구체적으로 확정하는 권한에 불과하므로 그 제척기간을 사후에 연장하더라도 소급과세금지 원칙의 위반이 되지 않는다.[4)]

4-2. 진정소급효와 부진정소급효

소급효에는 이미 종료된 사실관계 또는 법률관계에 대하여 새로이 제정된 신법을 적용하는 진정소급효와 현재 진행 중인 사실관계 또는 법률관계에 대하여 신법을 적용하는 부진정소급효가 있다. 판례는 진정소급효는 원칙적으로 금지되지만, 부진정소급효는 납세자의 신뢰와 법적 안정성을 해치지 않으므로 허용된다고 한다. 그리하여 예를 들어, 법인세나 소득세 등 기간과세에 있어서 과세기간 중에 세율이 인상되는 등 법령이 개정된 경우에 과세기간 개시시에 소급하여 적용하는 것이 가능하다고 한다.[5)]

II 조세공평주의

1. 의의

조세공평주의란 조세법률관계에 있어서 모든 국민은 평등하게 취급되어야 하고, 조세부담은 담세력에 따라서 공평하게 배분되어야 한다는 원칙을 말한다. 세법을 제정하고 해석 · 적용함에 있어서는 물론이고 법 집행 단계에서도 요구되는 원칙이다. 세법에서 규정하고 있는 실질과세의 원칙, 부당행위계산의 부인 등은 조세공평주의를 구체화한 것이라고 할 수 있다.

4) 대법원 1999. 9. 3. 선고 98두7060 판결대법원 1999. 9. 3. 선고 98두7060 판결.
5) 대법원 2009. 10. 29. 선고 2008두2736 판결.

2. 응능과세의 원칙

세금의 공평한 분배는 응능과세의 원칙으로 나타난다. 응능과세의 원칙이란 세금은 납세의무자의 경제적 능력에 상응하여 부과 · 징수해야 한다는 원칙을 말한다. 응능과세의 원칙은 납세의무자의 경제적 능력이 동일한 경우에는 동일한 세금을 부담하여야 한다는 수평적 공평, 경제적 능력이 다른 경우에는 능력이 많은 사람이 좀 더 많은 세금을 내고 적은 사람은 좀 더 적은 세금을 내야 한다는 수직적 공평을 그 내용으로 한다. 수평적 공평이 조세제도의 공평성을 이루기 위한 최소한의 원칙이라면, 수직적 공평은 더 나아가 실질적인 조세의 공평성을 위하여 요구되는 원칙이라 할 수 있다. 수직적 공평은 오늘날 소득세나 법인세 등 누진세 제도를 정당화하는 원칙이 되고 있다.

III 실질과세의 원칙

1. 의의

실질과세의 원칙이란 법적 형식이나 외관과 실질이 불일치할 경우에 세법의 해석 · 적용은 실질에 따라 이루어져야 한다는 원칙을 말한다. 실질과 다른 법적 형식에 따른 조세부담을 회피하는 행위를 방지하고 담세능력에 따른 과세를 실현하려는 것으로서 조세공평주의를 구체화한 원칙이라고 할 수 있다.

2. 실질귀속자에 대한 과세

과세의 대상이 되는 소득, 수익, 재산, 행위 또는 거래의 귀속이 명의일 뿐이고 사실상 귀속되는 사람이 따로 있을 때는 사실상 귀속되는 사람을 납세의무자로 하여 세법을 적용한다(국세기본법 제14조 제1항). 예를 들어, 사업자등록이나 영업허가명의가 타인으로 되어 있어도 실제로 영업을 한 사람이 그 사업으로 인한 소득의 귀속자가 된다.

3. 실질적인 거래내용에 따른 과세

세법 중 과세표준의 계산에 관한 규정은 소득, 수익, 재산, 행위 또는 거래의 명칭이나 형식과 관계없이 그 실질 내용에 따라 적용한다(국세기본법 제14조 제2항). 예를 들어, 당사자가 그 실질이 매매인 계약을 체결하면서 이를 증여로 등기하여도 매매로서의 실질이 변하는 것은 아니며, 형식상 급여로 처리되었더라도 실제로는 종업원에 대한 대여금이라면 그 비용은 인건비로 손금에 산입할 수 없다.

4. 조세회피행위에 대한 경제적 실질에 따른 과세

조세회피행위란 납세의무자가 우회행위, 다단계적 행위 그 밖의 비정상적인 거래형식을 취함으로써 통상적인 행위형식에 의한 것과 동일한 경제적 목적을 달성하면서도 조세의 부담을 부당히 감소시키는 행위를 말한다. 국세기본법에서는 조세회피행위에 대응하여 경제적 실질에 따른 과세를 규정하고 있다(동법 제14조 제3항).

조세회피행위에 해당하려면, 제3자 등을 통한 간접적인 방법(우회거래) 또는 둘 이상의 행위나 거래를 거치는 방법(다단계거래)에 의한 행위로서 세법의 혜택을 부당하게 받기 위한 거래이고 법적 형식과 다른 경제적 실질이 존재하여야 한다. ① 중간거래를 거치는 것에 조세회피목적 이외에 다른 사업목적이 없을 것, ② 중간거래는 거래의 최종목적을 위한 수단으로만 이용되었을 것, ③ 중간거래와 관련하여 거래당사자가 아무런 경제적 위험부담이나 지위변동의 가능성이 없을 것이라는 요건이 갖추어지면 충족된다. 경제적 실질에 따라 당사자가 직접 거래를 한 것으로 보거나 연속된 하나의 행위나 거래를 한 것으로 보아 세법을 적용한다.

사 례

지방세법에서는 법인의 주식을 취득함으로써 과점주주(50% 초과)가 된 때에는 과점주주가 법인의 부동산을 취득한 것으로 간주하고 있다. A법인이 각각 100% 지분을 보유하고 있는 자회사인 B법인과 C법인이 문제가 된 부동산을 보유한 D법인의 지분을 각각 50%씩 취득하자 과세관청이 A법인을 D법인의 과점주주로 보고 A법인에 대하여 취득세 부과처분을 하였다. 그러자 A법인은 취득세 부과처분의 취소를 구하는 소송을 제기하였다.

소송에서 B법인과 C법인은 주소와 전화번호가 같고 대표이사 이외의 직원이 없으며, 지분의 매수계약도 모두 동일 대리인이 체결하였고 D법인의 사원총회에도 B법인과 C법인으로부터 위임을 받은 대리인 1인이 출석하였으며, 지분매입대금 역시 A법인이 전액 제공한 사실이 인정되었다. 그렇다면 B법인과 C법인은 조세회피목적만으로 설립되었고, B법인과 C법인이 D법인의 주식을 취득한 것은 A법인이 그 주식을 지배하기 위한 수단에 불과하며, B법인과 C법인이 주식 취득과 관련하여 아무런 경제적 위험을 부담하지 않았으므로 A법인이 직접 D법인의 주식을 취득하여 과점주주가 된 것으로 볼 수 있다(대법원 2012. 1. 19. 선고 2008두8499 판결).

IV 신뢰보호의 원칙

1. 의의

세법상 신뢰보호의 원칙이란 과세관청의 행위의 존속 또는 정당성에 대하여 납세자가 신뢰하고, 그 신뢰가 보호할 가치가 있다면 보호해 주어야 한다는 원칙을 말한다. 신뢰보호 원칙의 이론적 근거는 법적 안정성에서 찾을 수 있다. 법적 안정성이란 국가작용의 예측가능성, 계속성, 명확성 그리고 존속성 등을 의미하는 것으로서, 이러한 법적 안정성의 원리에 의거하여 행정청의 언동에 대한 상대방의 신뢰를 보호하는 것이 신뢰보호의 원칙이다. 세법상 신뢰보호원칙의 실정법적 근거로는 국세기본법 제18조 제3항에서 찾을 수 있다. 국세기본법 제18조 제3항에서는 세법의 해석 또는 행정의 관행이 일반적으로 납세자에게 받아들여진 후에는 그 해석 또는 관행에 의한 행위 또는 계산은 정당한 것으로 보며, 새로운 해석 또는 관행에 의하여 소급하여 과세되지 않는다고 규정하고 있다.

2. 적용요건

2-1. 과세관청의 공적인 의견표명

구체적인 사실관계의 법적용에 대한 과세관청의 공적인 의견표명이 있어야 한다. 과세관청의 내부적인 의사결정은 아직 대외적으로 표시된 것이 아니므로 공적인 의견표명에 해당하지 않으며, 국세청장에 대한 질의회신은 추상적인 의견표명에 불과하므로 신뢰보호의 원칙이 적용되지 않는다. 또한 단순히 과세관청의 예규나 해석, 기본통칙 등에 규정되어 있다는 점만으로 신뢰보호의 대상이 되는 과세관청의 공적인 의견표명이 있었다고 볼 수 없다. 그러나 세법해석 사전답변은 구체적인 사실관계에 대한 과세관청의 의견표명으로 볼 수 있으므로 이에 대해서는 신뢰보호의 원칙이 적용될 수 있다. 세법해석 사전답변 제도는 납세자가 실명으로 자신과 관련된 특정한 거래의 과세여부 등 세무 관련 사항에 대하여 해당 세목의 법정신고기한 전에 구체적 사실관계를 명시하여 질의하면 국세청장이 이에 대하여 답변해 주는 제도로서, 일반적이고 추상적인 내용의 국세청장에 대한 질의회신과는 구별된다.

2-2. 보호할 가치 있는 신뢰

납세자가 과세관청의 언동을 신뢰하는 것이 보호할 가치가 있는 정당한 신뢰이어야 한다. 예를 들어, 과세관청으로부터 비과세통지를 받았다고 하더라도 그것이 뇌물을 제공한 대가이거나 허위로 작성된 과세자료에 근거한 것이라면 그러한 통지로부터는 보호할 가치 있는 신뢰가 인정되지 않는다.

2-3. 신뢰에 기한 납세자의 조치

납세자가 단순히 과세관청의 언동을 신뢰한 것만으로는 부족하고, 그것에 기초하여 일정한 조치를 취했어야 한다. 예를 들어, 세금을 부과하지 않는다는 과세관청의 언동을 신뢰하고 원래 의도하였던 거래행위를 하는 등의 후속조치가 있어야 한다.

2-4. 관세관청의 선행조치에 반하는 조치와 그로 인한 납세자의 불이익

과세관청이 자신의 언동에는 반하지만 적법한 새로운 조치를 취하여야 하고, 그로 인하여 납세자에게 불이익이 발생하여야 한다. 예를 들어, 세금이 부과되지 않는다고 하여 거래행위를 하였더니 과세관청이 예상하지 못한 세금을 부과한 경우 등이 여기에 해당한다. 과세관청의 새로운 조치는 적법한 것이어야 한다. 과세관청의 새로운 조치가 위법하다면 신뢰보호의 원칙을 적용할 필요 없이 그 자체로 위법하여 무효 또는 취소가 될 것이기 때문이다.

3. 비과세관행에 의한 경우

특정한 납세자에 대하여 취하여진 비과세조치로 인하여 신뢰보호의 원칙이 성립할 수 있음은 물론이고 불특정한 일반납세자를 상대로 한 비과세관행으로 인하여 신뢰보호의 원칙이 성립할 수 있다. 비과세관행으로 인한 신뢰보호의 원칙이 성립하려면, 비과세관행이 비록 잘못된 관행이라도 불특정한 일반납세자에게 정당한 것으로 이의 없이 받아들여져 납세자가 그와 같은 관행을 신뢰하는 것이 무리가 아니라고 인정될 정도에 이르러야 한다. 특정한 납세자에 대해서만 계속하여 반복적으로 비과세 처리되어 왔더라도 이를 비과세관행이라고 할 수 없다. 과세관청의 행위에 대하여 비과세관행이 성립되기 위해서는 ① 상당한 기간에 걸쳐 과세를 하지 않은 객관적 사실이 존재하고, ② 과세관청이 그 사항에 관하여 과세할 수 있음을 알면서도 어떤 특별한 사정에 의하여 과세하지 않는다는 의사가 있어야 하며, ③ 이와 같은 공적 견해나 의사가 명시적·묵시적으로 표시되어야 한다.[6] 비과세관행의 존재에 대한 증명책임은 이러한 사실을 주장하는 납세자에게 있다.[7]

수출확대라는 공익상 필요에 의하여 4년 동안 보세운송 면허세를 부과하지 않은 경우, 대법원[8] 간호전문대학의 운영자가 경영하는 병원에 대하여 운영자의 교육적인 역할 등을 고려하여 20년 이상 사업소세를 비과세한 경우[9] 등에는 비과세관행이 성립하였다고 볼 수 있다. 그러나 과세관청이 과거의 비과세관행을 시정하고 장래에 향하여 과세처분을 하는 것은 신뢰보호의 원칙에 위반되지 않는다. 예를 들어, 위의 사례에서 지난 몇 년 동안의 면허세 또는 사업소세를 부과하는 것은 신뢰보호의 원칙에 위반되어 위법하지만, 장래에 향하여 면허세 또는 사업소세를 부과하는 것은 적법하다.[10]

---

6) 대법원 2010. 9. 9. 선고 2009두23419 판결; 2010. 4. 15. 선고 2007두19294 판결; 2006. 6. 29. 선고 2005두2658 판결.
7) 대법원 2006. 6. 29. 선고 2005두2658 판결; 1992. 9. 8. 선고 91누13670 판결.
8) 대법원 1980. 6. 10. 선고 80누6 판결.
9) 대법원 2009. 12. 24. 선고 2008두15350 판결.
10) 위의 판결.

제3절 과세요건

과세요건이란 납세의무의 성립요건, 즉 납세의무의 성립이라고 하는 법률효과를 발생시키는 법률요건을 말한다. 주요한 과세요건으로는 납세의무자, 과세대상, 과세표준, 세율 등이 있다.

I 납세의무자

1. 의의

납세의무자란 납세의무를 부담하는 사람을 말한다. 납세의무자에는 개별 세법에서 납세의무자로 규정한 고유의 납세의무자, 연대납세의무자, 보충적 납세의무자 등이 있다. 납세의무자는 법률적으로 납세의무를 부담하는 사람이라는 점에서 경제적으로 조세를 부담하는 담세자와는 구별되는 개념이다. 납세의무자로부터 조세를 징수하여 과세권자에게 납부하는 의무를 부담하는 사람을 원천징수의무자라고 하는데, 원천징수의무자와 납세의무자를 합하여 납세자라고도 한다.

2. 고유의 납세의무자

고유의 납세의무자는 개별 세법에서 납세의무자로 규정된 사람을 말한다. 소득세에서는 거주자와 국내 원천소득이 있는 비거주자, 법인세에서는 내국법인과 국내 원천소득이 있는 외국법인, 부가가치세에서는 사업자와 재화를 수입하는 사람, 상속세에서는 상속인 또는 유증을 받은 사람, 증여세에서는 타인의 증여에 의하여 재산을 취득한 사람 등이다.

3. 연대납세의무자

여러 사람이 연대하여 하나의 납세의무를 부담하는 경우 그 여러 사람을 연대납세의무자라고 한다. 연대납세의무자는 동일한 납세의무에 관하여 각자 독립하여 전액의 납부의무를 부담하고 그중 1인이 전액을 납부하면 모든 납세의무자의 납부의무가 소멸한다. 연대납세의무자 중 1인이 변제하여 모든 납세의무자가 공동면책된 경우에는 그 1인은 다른 연대납세의무자의 부담부분에 대하여 구상권을 행사할 수 있다.

① 공유자 또는 공동사업자의 연대납세의무

공유자 또는 공동사업자는 공유물, 공동사업 또는 그 공동사업에 속하는 재산에 대한 조세에 대하여 연대납세의무를 부담한다(국세기본법 제25조 제1항). 그리하여 예를 들어, 공동사업과 관련한 부가가치세는 공동사업자가 연대납세의무를 진다. 그러나 여기에는 다음과 같은 예외가 있다.

㉠ 공동사업에 대한 소득세

공동사업에서 발생하는 소득금액은 공동사업자 간에 약정된 손익분배비율에 의하여 분배되는 소득금액에 따라 각 공동사업자별로 소득세 납세의무를 진다. 다만, 주된 공동사업자에게 합산과세되는 경우 그 합산과세되는 소득금액에 대해서는 주된 공동사업자의 특수관계인은 손익분배비율에 해당하는 그의 소득금액을 한도로 주된 공동사업자와 연대하여 납세의무를 진다(소득세법 제2조의2 제1항).

㉡ 공유자산에 대한 양도소득세

공동으로 소유한 자산에 대한 양도소득금액을 계산하는 경우 해당 자산을 공동으로 소유하는 각 거주자가 납세의무를 진다(소득세법 제2조의2 제5항). 따라서 공유자산을 양도함으로서 발생하는 양도소득에 대해서는 각 공유자별로 그 공유지분에 따라 분배되는 소득금액에 대하여 납세의무가 있고, 공동소유자 간의 연대납세의무는 없다.

② 공동상속인의 연대납세의무

상속인 또는 유증(사인증여 포함)을 받은 사람은 각자가 받았거나 받을 재산을 한도로 상속세에 대하여 연대납세의무를 부담한다. 상속인(수유자 포함)은 상속재산(수유자가 받은 증여재산 포함) 중 각자 받은 재산에 대하여 고유한 상속세 납세의무를 부담하고, 각자 받은 재산을 한도로 다른 공동상속인과 연대하여 상속세를 납부할 의무가 있다(상속세 및 증여세법 제3조의2 제1항 및 제3항).

③ 증여자의 수증자에 대한 연대납세의무

원칙적으로 수증자가 증여재산에 대한 증여세 납부의무를 부담한다. 그러나 ㉠ 수증자의 주소나 거소가 분명하지 않아 증여세에 대한 조세채권을 확보하기 곤란한 경우, ㉡ 수증자가 증여세를 납부할 능력이 없어 강제징수를 하여도 증여세에 대한 조세채권을 확보하기 곤란한 경우, ㉢ 수증자가 비거주자인 경우에는 증여자가 수증자가 납부할 증여세를 연대하여 납부할 의무가 있다(상속세 및 증여세법 제4조의2 제6항).

4. 보충적 납세의무자

보충적 납세의무자에는 제2차 납세의무자, 납세보증인, 물적납세의무자 등이 있다. 보충적 납세의무는 주된 납세의무에 대하여 부종성과 보충성을 갖는다. 부종성이란 보충적 납세의무는 주된 납세의무의 존재를 전제로 하여 성립하고 주된 납세의무에 관하여 생긴 사유는 보충적 납세의무에도 영향을 미치는 것을 말하며, 보충성이란 보충적 납세의무는 주된 납세자의 재산에 강제징수를 하여도 징수하여야 할 금액에 부족한 경우에 그 부족액에 대하여 납부책임을 지는 것을 말한다.

4-1. 제2차 납세의무자

제2차 납세의무자란 납세자가 납세의무를 이행할 수 없는 경우에 납세자에 갈음하여 납세의무를 지는 사람을 말한다. 체납자의 재산에 대하여 강제징수를 하여도 징수하여야 할 조세 및 강제징수비에 부족이 있다고 인정되는 경우에는 원래의 납세자를 대신하여 그 납세자와 일정한 관계에 있는 제3자로 하여금 원래의 납세자로부터 징수할 수 없는 금액을 한도로 보충적으로 납세의무를 부담하도록 하는 것이다. 제2차 납세의무자의 예로는 청산인, 출자자, 사업양수인 등이 있다.

① 청산인

법인이 해산하여 청산하면서 그 법인이 납부할 조세 및 강제징수비를 납부하지 않고 그 법인에 대하여 강제징수를 집행하여도 징수할 금액에 미치지 못하는 때에는 청산인 또는 잔여재산을 분배받거나 인도받은 사람이 그 부족한 금액에 대하여 제2차 납세의무를 부담한다(국세기본법 제38조).

② 출자자

법인의 재산으로 그 법인에 부과되거나 그 법인이 납부할 조세 및 강제징수비에 충당하여도 부족한 경우에 그 조세의 납세의무 성립일 현재의 무한책임사원 또는 과점주주는 그 부족한 금액에 대하여 제2차 납세의무를 부담한다. 여기의 주된 납세자인 법인에는 유가증권시장 또는 코스닥시장에 주권이 상장된 법인은 제외된다. 과점주주란 주주 또는 유한책임사원과 그의 특수관계인으로서 그들의 소유주식 합계 또는 출자액 합계가 해당 법인의 발행주식총수(의결권 없는 주식 제외) 또는 출자총액의 50퍼센트를 초과하면서 그 법인의 경영에 대하여 지배적인 영향력을 행사하는 사람들을 말한다(동법 제39조 제2호).

③ 사업의 양수인

사업이 양도된 경우 양도일 이전에 양도인의 납세의무가 확정된 그 사업에 관한 조세 및 강제징수비를 양도인의 재산으로 충당하여도 부족할 때에는 사업의 양수인은 그 부족한 금액에 대하여 양수한 재산의 가액을 한도로 제2차 납세의무를 부담한다(동법 제41조 제1항). 여기서 사업의 양수인이란 사업장별로 그 사업에 관한 모든 권리와 모든 의무를 포괄적으로 승계한 사람으로서 양도인과 특수관계인인 사람 또는 양도인의 조세회피를 목적으로 사업을 양수한 사람을 말한다(동법 시행령 제22조).

4-2. 납세보증인

납세보증인은 주된 납세의무자가 납세의무를 이행하지 않는 경우 그 이행의 책임을 부담하는 사람을 말한다. 납세보증인은 납세담보로 납세자가 조세를 완납하지 않을 경우 보증인의 책임하에 납부하겠다는 내용의 납세보증서를 세무서장에게 제출하여야 한다. 납세보증은 세법에서 납세담보를 제공하도록 규정한 경우에 한하여 허용되고 세법에 근거 없이 제공한 납세보증은 효력이 없다. 세법상 납세담보가 요구되는 경우로는 ① 납부기한을 연장하거나 납부고지를 유예하는 경우(국세징수법 제15조), ② 재산의 압류를 유예하거나 압류한 재산의 매각을 유예하는 경우(동법 제105조 제3항), ③ 압류해제를 요구하는 경우(동법 제31조 제4항 제1호) 등이 있다.

4-3. 물적 납세의무자

물적 납세의무란 납세의무자가 조세를 체납하고 있고 납세의무자의 재산에 대하여 강제징수를 하여도 징수할 금액에 미치지 못하는 때에는 납세의무자가 자기의 재산을 제3자에게 양도담보로 제공하였거나 신탁[11]한 경우 제3자가 양도담보재산 또는 신탁재산으로써 납세의무자의 납세의무를 이행하는 것을 말한다. 주된 납세의무자가 납부하여야 할 조세에 대하여 제3자가 납부책임을 지지만, 양도담보재산이나 신탁재산에 의해서만 납부책임을 지는 점에 특색이 있다.

11) 신탁재산으로써 납세의무를 지는 경우는 납세의무자가 부가가치세를 체납한 경우에 한한다.

Ⅱ 과세대상

과세대상이란 조세를 부과하는 대상이 되는 물건, 행위 또는 사실을 말한다. 과세물건 또는 과세객체라고도 한다. 과세대상에 대하여 과세표준이 설정되고 세율을 적용하면 세액이 산출된다. 소득세는 개인의 소득, 법인세는 법인의 소득을 각각 과세대상으로 한다. 부가가치세는 재화·용역의 공급, 개별소비세는 특정한 물품이나 특정 장소에의 입장행위를 과세대상으로 하고, 종합부동산세, 재산세, 양도소득세, 상속세, 증여세 등은 재산을 과세대상으로 한다.

Ⅲ 과세표준, 세율

1. 과세표준

과세표준은 과세대상에 대한 세액을 산정하기 위한 기초로서 그 단위는 금액, 가격, 수량, 중량, 용적 등으로 표시된다. 과세표준을 화폐단위로 표시하면 종가세가 되고, 과세표준을 수량·중량·용적 등으로 표시하면 종량세가 된다. 과세표준의 계산방법은 세목에 따라 다른데, 소득세의 경우 각 개인의 연간 소득금액을 기초로 하여 과세표준을 계산하고, 부가가치세는 과세기간 동안의 사업자의 공급가액을 기초로 하여 계산한다. 과세표준에 세율을 곱하면 산출세액이 계산된다.

2. 세율

세율은 세액을 산출하기 위하여 과세표준에 곱하여야 하는 비율을 말한다. 종가세에서는 세율이 백분율의 형태로 정해지고, 종량세에서는 단위당 일정 금액의 형태로 정해진다.

제4절 납세의무의 성립·확정 및 소멸

I 납세의무의 성립과 확정

1. 납세의무의 성립

납세의무의 성립이란 개별 세법이 정하는 과세요건이 충족됨으로써 납세의무가 객관적으로 발생하는 것을 말한다. 납세의무는 법이 정한 과세요건이 충족되면 당연히 성립하고, 과세관청이나 납세의무자의 특별한 행위가 필요 없으며 납세의무자가 과세요건이 충족되었다는 사실을 인식할 필요도 없다. 그런데 개별 세법이 정하는 과세요건을 충족함으로써 성립하는 납세의무는 추상적 납세의무에 불과하다. 납세의무가 추상적으로 성립하면 납세의무자가 신고하거나 과세관청이 부과처분을 함으로써 구체적 납세의무가 형성된다. 납세의무의 성립시기는 개별 세법이 정하는 과세요건의 기초가 되는 사실이나 행위가 완성된 때이고, 기간과세(period taxation)의 경우에는 별도로 과세기간이 종료되어야 한다(국세기본법 제21조 제2항). 납세의무의 성립시기는 다음과 같다.

① **소득세·법인세·부가가치세** : 과세기간이 끝나는 때

② **상속세·증여세** : 상속세는 상속이 개시되는 때, 증여세는 증여에 의하여 재산을 취득하는 때

③ **개별소비세·주세** : 과세물품을 제조장으로부터 반출하거나 판매장에서 판매하는 때, 과세장소에 입장하거나 과세유흥장소에서 유흥음식행위를 하는 때 또는 과세영업장소에서 영업행위를 하는 때

④ **인지세** : 과세문서를 작성한 때

⑤ **종합부동산세** : 과세기준일(매년 6월 1일)

⑥ **가산세** : ㉠ 무신고가산세 및 과소신고가산세는 법정신고기한이 경과하는 때. ㉡ 납부지연가산세 중 3퍼센트 적용분은 납부고지서에 따른 납부기한이 경과한 때이고 지연일수 1일당 2.2/10,000 적용분은 법정납부기한 경과 후 1일마다 그날이 경과하는 때, ㉢ 그 밖의 가산세는 가산할 국세의 납세의무가 성립하는 때

2. 납세의무의 확정

납세의무의 확정이란 이미 성립한 납세의무의 내용을 구체적으로 확인하는 것을 말한다. 납세의무가 성립한 후 납세의무자의 신고행위 또는 과세관청의 부과처분이 있으면 납세의무가 확정된다. 과세요건이 충족되면 납세의무가 성립하고 납세의무가 객관적으로 존재하지만, 이는 추상적인 의무일 뿐이므로 납세의무자는 의무를 이행할 수 없고 과세관청은 징수권을 행사할 수 없다. 이러한 추상적 납세의무에 대하여 그 과세요건의 충족 여부와 내용을 확인하는 확정이 이루어짐으로써 납세의무자는 구체적인 납세의무를 부담하고 과세관청은 징수권을 행사할 수 있게 된다.

2-1. 신고납세방식

납세의무자가 과세표준과 세액을 신고함으로써 납세의무를 확정하는 방식이다. 과세요건사실의 실체적 내용을 가장 잘 알고 있는 납세의무자 스스로 납세의무를 확정함으로써 조세의 능률적 징수를 도모할 수 있다는 점에서 신고납세방식을 원칙으로 하고 있다. 그러나 납세의무자가 신고를 하지 않거나 그 신고 내용에 오류·탈루가 있는 경우에는 과세관청이 결정 또는 경정하여 납세의무를 확정한다(국세기본법 제22조 제2항). 여기서 결정이란 최초로 납세의무를 확정하는 처분이며, 경정이란 이미 확정된 납세의무의 내용을 변경하는 처분이다. 따라서 신고납세방식의 조세에서도 과세관청의 조사확정권이 완전히 배제되는 것은 아니며 제2차적 · 보충적으로 기능한다. 소득세, 법인세, 부가가치세, 개별소비세, 주세, 증권거래세, 교육세, 교통 · 에너지 · 환경세, 취득세, 등록면허세 등 대부분의

조세가 신고납세방식의 조세에 해당한다. 종합부동산세는 선택적 신고납세방식의 조세로서 납세의무자가 과세표준과 세액을 신고한 경우에는 그 신고한 때에 납세의무가 확정된다(동항 제9호).[12)]

2-2. 부과과세방식

과세관청의 부과처분에 의하여 납세의무를 확정하는 방식이다(국세기본법 제22조 제3항). 상속세, 증여세, 종합부동산세(납세의무자의 신고가 없는 경우), 재산세 등이 부과과세방식의 조세에 해당한다. 본세가 신고납세방식의 조세이더라도 가산세는 그 납세의무를 확정하기 위해서는 과세관청의 가산세부과처분이 별도로 요구된다. 부과과세방식의 조세에서는 과세관청이 과세표준과 세액을 결정(부과처분)하는 때 확정되며, 구체적으로는 그 결정통지서가 납세의무자에게 도달하는 때 확정의 효력이 발생한다. 부과과세방식의 조세에서도 납세의무자의 과세표준신고의무를 규정하고 있으나, 이 경우의 신고는 납세의무를 확정하는 효력은 없고 과세관청의 조사·결정을 위한 협력의무의 일종으로 규정한 것에 불과하다.

2-3. 자동확정방식

납세의무의 확정을 위해 특별한 절차 없이 성립과 동시에 확정되는 방식이다(국세기본법 제22조 제4항). 인지세, 원천징수하는 소득세와 법인세, 중간예납하는 법인세(과세관청이 조사·결정하는 경우는 제외),[13)]납부지연가산세(납부고지서에 따른 납부기한 후의 가산세로 한정)가 자동확정방식의 조세에 해당한다. 인지세는 과세문서를 작성한 때, 원천징수하는 소득세와 법인세는 소득금액 또는 수입금액을 지급하는 때, 중간예납하는 법인세는 중

---

12) 부가가치세 예정신고에 대해서도 납세의무 확정의 효력이 있다. 다만, 납세자가 예정신고를 한 후 그와 다른 내용으로 확정신고를 한 경우에는 그 예정신고에 의하여 확정된 과세표준과 세액은 확정신고에 의하여 확정된 과세표준과 세액에 흡수되어 소멸한다. 이와 같이 예정신고에 의한 납부는 기본적으로 예납의 성격을 갖고 있으므로 예정신고에 의한 확정의 효력은 잠정적이다.

13) 중간예납하는 법인은 신고의무는 없고 납부의무만 있다. 법인은 직전 사업연도의 실적기준 또는 중간예납기간의 실적기준에 의하여 계산한 중간예납세액을 중간예납기간 내에 납부할 의무가 있다. 따라서 중간예납하는 법인세는 신고납세방식의 조세도 부과과세방식의 조세도 아닌 자동확정방식의 조세에 해당한다. 그러나 소득세의 경우에는 사업소득이 있는 거주자에 대하여 관할 세무서장이 중간예납세액을 결정하여 납부고지하고, 납세의무자는 중간예납기간 내에 고지받은 중간납부세액을 납부할 의무가 있다. 따라서 중간예납하는 소득세는 부과과세방식의 조세에 해당한다.

간예납기간(사업연도 개시일부터 6개월간)이 끝나는 때, 납부고지서에 따른 납부기한 후의 납부지연가산세는 납부고지서에 따른 납부기한이 지난 후 1일마다 그날이 경과하는 때에 각각 성립하고 확정된다.

구분	납세의무의 성립	납세의무의 확정
요건	과세요건의 충족	신고행위 또는 부과처분
효과	추상적 납세의무 성립	구체적 납세의무 발생
납세의무자	신고의무	납부의무
과세관청	부과권 (제척기간)	징수권 (소멸시효기간)

Ⅱ 납세의무의 소멸

1. 납세의무의 소멸사유

성립 또는 확정된 납세의무는 ① 납부·충당되거나 부과가 취소된 때, ② 소세를 부과할 수 있는 기간에 조세가 부과되지 않고 그 기간이 끝난 때, ③ 국세징수권의 소멸시효가 완성된 때 소멸한다(국세기본법 제26조). 납부·충당되어 납세의무가 소멸하는 경우는 납세의무가 그 목적을 달성하고 소멸하는 경우에 해당한다. 그밖에 납세의무는 그 부과처분이 취소되어 소멸하기도 하고 부과권의 제척기간이 도과하거나 징수권의 소멸시효가 완성되어 소멸하기도 한다. 이하에서는 부과권의 제척기간과 징수권의 소멸시효에 대하여 살펴보기로 한다.

2. 부과권의 제척기간

납세의무가 성립된 상태에서의 납세의무를 추상적 납세의무, 확정된 상태에서의 납세의무를 구체적 납세의무라고 한다. 납세의무자의 입장에서 보면 전자에서는 신고의무가, 후자에서는 납부의무가 뒤따르고, 과세관청의 입장에서 보면 전자에서는 부과권을 행사할 수 있는 부과적격의 상태, 후자에서는 징수권을 행사할 수 있는 징수적격의 상태에 있게 된다. 그리하여 납세의무의 성립으로 인한 추상적 납세의무는 부과권의 제척기간과 연결되고, 납세의무의 확정으로 인한 구체적 납세의무는 징수권의 소멸시효기간과 연결된다.

부과권은 추상적으로 성립된 납세의무를 구체적으로 확정하기 위하여 또는 이미 확정된 납세의무의 내용을 수정하여 확정하기 위하여 결정 또는 경정, 부과 취소 등의 처분을 하는 과세관청의 권한을 말한다. 제척기간은 형성권을 그 대상으로 하므로 부과권에 대하여 소멸시효기간이 아니라 제척기간이 적용된다는 것은 부과권이 형성권의 성격을 갖고 있음을 보여주는 것이다. 즉, 부과권은 납세의무를 구체적으로 발생시키는 과세관청의 권한이라고 할 수 있다.

2-1. 일반제척기간

조세의 제척기간은 해당 조세를 부과할 수 있는 날부터 다음의 기간으로 한다(국세기본법 제26조의2 제1항 및 제2항).

구분	제척기간
일반적인 경우	5년
납세자가 법정신고기한까지 과세표준신고서를 제출하지 않은 경우	7년
납세자가 사기나 그 밖의 부정한 행위로 국세를 포탈하거나 환급·공제를 받은 경우	10년

제척기간이 연장되는 '사기나 그 밖의 부정한 행위'란 조세의 부과와 징수를 불가능하게 하거나 현저히 곤란하게 하는 적극적 행위를 말한다. 단순히 세법상 신고를 하지 않거나 허위신고를 한 것만으로는 부족하고, 허위매매계약서의 작성, 허위 회계장부의 작성·비치 등과 같은 적극적 은닉 의도가 나타나는 행위가 부가되어야 한다. 예를 들어, 이중장부의 작성 등 장부의 거짓 기장, 거짓 증빙 또는 거짓 문서의 작성 및 수취, 장부와 기록의 파기, 재산의 은닉, 소득·수익·행위·거래의 조작 또는 은폐, 고의적으로 장부를 작성하지 않거나 비치하지 않는 행위, (세금)계산서 또는 (세금)계산서합계표의 조작 등의 행위가 여기에 해당한다(부가가치세법 시행령 제12조의2 제1항).

2-2. 특례제척기간

국세기본법에 따른 불복청구, 즉 세무서장에 대한 이의신청, 국세청장에 대한 심사청구, 조세심판원장에 대한 심판청구의 결정과 감사원법에 따른 심사청구의 결정 또는 행정소송의 판결이 있는 경우에는 일반제척기간이 도과하였음에도 불구하고 지방국세청장 또는 세무서장은 그 결정 또는 판결이 확정된 날로부터 1년 이내에 경정이나 그밖에 필요한 처분을 할 수 있다(국세기본법 제26조의2 제6항 제1호). 형사소송에 대한 판결이 확정되어 소득세법에 따라 뇌물 또는 알선수재 및 배임수재로 인한 기타소득이 발생한 것으로 확인된 경우(동항 제1호의3)와 최초의 신고·결정 또는 경정에서 과세표준 및 세액의 계산 근거가 된 거래 또는 행위 등이 그 거래·행위 등과 관련된 소송에 대한 판결(판결과 같은 효력을 가지는 화해나 그 밖의 행위를 포함)에 의하여 다른 것으로 확정된 경우(동항 제5호)에도 마찬가지이다.

오랜 쟁송절차 끝에 과세처분의 효력을 소멸시키는 조세심판기관의 결정 또는 법원의 판결이 있었음에도 제척기간이 도과하여 과세관청이 결정 또는 판결의 취지에 따라 다시 과세처분을 할 수 없게 된다면 결정 또는 판결의 실효성이 상실될 우려가 있다. 그리하여 조세심판기관의 결정 또는 법원의 판결이 확정된 후 일정한 기간 내에는 비록 일반제척기간이 도과하였더라도 과세관청으로 하여금 결정 또는 판결의 취지에 따른 재처분을 할 수 있도록 과세권을 보장함으로써 공평과세의 원칙과 조세정의를 실현하기 위하여 인정된 것이 특례제척기간이다. 예를 들어, 부동산임대소득이 아니라 이자소득이라는 이유로 종합소득세부과처분이 판결에 의하여 취소된 경우 비록 일반제척기간이 도과하였더라도 판결이 확정된 후 1년 이내에는 이자소득으로 종합소득세부과처분을 할 수 있고,[14] 재산세부과처분이 납부고시의 위법과 같은 절차적 하자를 이유로 판결에 의하여 취소된 경우 일반제척기간이 도과하였더라도 판결이 확정된 후 1년 이내에는 그 절차상 하자를 바로잡아 다시 재산세부과처분을 할 수 있다. 대법원 1996. 5. 10. 선고 93누4885 판결.[15]

2-3. 기산일

제척기간의 기산일은 조세를 부과할 수 있는 날이다. 조세를 부과할 수 있는 날은 다음의 날로 한다(국세기본법 시행령 제12조의3).

14) 대법원 2002. 7. 23. 선고 2000두6237 판결.
15) 대법원 1996. 5. 10. 선고 93누4885 판결.

① **과세표준과 세액을 신고하는 조세** : 해당 조세의 과세표준과 세액에 대한 신고기한의 다음 날. 신고납세방식의 조세는 물론이고 부과과세방식의 조세에서도 납세의무자에게 신고의무를 지우고 있는 한 마찬가지이다.

② **종합부동산세 및 인지세** : 해당 조세의 납세의무가 성립한 날

③ **원천징수의무자에 대하여 부과하는 조세** : 해당 원천징수세액의 법정납부기한의 다음 날. 다만, 법정납부기한이 연장되는 경우에는 그 연장된 기한의 다음 날

3. 징수권의 소멸시효

징수권이란 이미 확정된 납세의무에 대하여 과세관청이 납부고지, 독촉, 강제징수 등으로 그 이행을 청구하고 강제할 수 있는 권리를 말한다. 이처럼 징수권은 조세의 징수를 목적으로 하는 과세관청의 권리이다. 징수권은 소멸시효의 대상이 되고, 과세관청이 소멸시효기간 동안 징수권을 행사하지 않으면 기산일에 소급하여 징수권이 소멸한다.

3-1. 소멸시효기간

징수권은 이를 행사할 수 있는 때로부터 5억원 이상인 조세의 경우에는 10년간, 나머지 조세의 경우에는 5년간 행사하지 않으면 소멸시효가 완성된다. 이 경우 조세의 금액은 가산세를 제외한 금액으로 한다(국세기본법 제27조 제1항).

3-2. 기산일

소멸시효의 기산일은 조세의 징수권을 행사할 수 있는 때이다. 징수권을 행사할 수 있는 때는 다음의 날을 말한다(국세기본법 제27조 제3항).

① **신고에 의하여 납세의무가 확정되는 조세** : 법정신고납부기한의 다음 날. 여기의 기산일은 신고납세방식의 조세에 있어서 신고에 의하여 납세의무가 확정되었으나 아직 자진 납부가 이행되지 않은 부분의 세액에 대하여만 적용된다.

② **과세관청이 결정 또는 경정하는 경우** : 납부고지에 따른 납부기한의 다음 날. 여기의 기산일은 부과과세방식의 조세에서는 물론이고 신고납세방식의 조세에서 무신고 또는 과소신고된 부분의 세액에도 적용된다.

③ **원천징수의무자로부터 징수하는 조세 및 인지세** : 납부고지에 따른 납부기한의 다음 날. 자동확정방식의 조세의 경우 성립과 동시에 확정되므로 소멸시효의 기산일을 법정납부기한의 다음 날로 규정함이 타당함에도 국세기본법에서는 납부고지에 의한 납부기한의 다음 날로 규정하고 있다.

3-3. 소멸시효의 중단

납부고지, 독촉, 교부청구·참가압류,[16] 압류 등이 있으면 소멸시효의 진행이 중단된다(국세기본법 제28조 제1항). 중단된 소멸시효는 고지한 납부기간, 독촉에 의한 납부기간, 교부청구 중의 기간, 압류해제까지의 기간이 지난 때부터 새로 진행하며(동조 제2항), 다시 전체 기간을 진행하여야 소멸시효가 완성된다.

3-4. 소멸시효의 정지

① 세법에 따른 분납기간, ② 납부고지의 유예, 지정납부기한·독촉장에서 정하는 기한의 연장, 징수유예기간, ③ 압류·매각의 유예기간, ④ 연부연납기간, ⑤ 세무공무원이 국세징수법에 따른 사해행위취소소송이나 민법에 따른 채권자대위소송을 제기하여 그 소송이 진행 중인 기간, ⑥ 체납자가 국외에 6개월 이상 계속 체류하는 경우의 해당 국외체류기간에는 소멸시효가 진행되지 않는다(국세기본법 제28조 제3항). 소멸시효의 정지는 정지기간이 경과한 후에 잔여기간만 진행되면 소멸시효가 완성된다는 점에서 소멸시효의 중단 후에 새로이 시효기간이 진행되는 소멸시효의 중단과 구별된다.

3-5. 소멸시효완성의 효과

소멸시효가 완성되면 기산일에 소급하여 징수권이 소멸한다. 조세는 물론이고 시효기간 중에 발생한 그 조세의 강제징수비 및 이자 상당 세액도 함께 소멸한다. 시효완성 후에 이루어진 징수처분은 무효이다.

---

16) 교부청구란 체납자의 재산에 대하여 이미 강제징수 또는 민사집행법상 강제집행 등 강제환가절차가 개시되어 있는 경우에 그 집행기관에 대하여 환가대금에서 체납액의 배당을 요구하는 것을 말하고(국세징수법 제59조), 참가압류는 세무서장이 압류하고자 하는 재산이 이미 다른 기관에 의하여 압류되어 있는 경우에 교부청구에 갈음하여 참가압류통지서를 이미 압류한 기관에 송달함으로써 그 압류에 참가하는 것을 말한다(동법 제61조 제1항).

III 수정신고와 경정청구

1. 과세표준 및 세액의 신고

개별 세법에서는 과세표준 및 세액의 신고기한을 정하고 있다. 신고납세방식의 조세이든 부과과세방식의 조세이든 신고기한이 법정되어 있다. 신고납세방식의 조세에서는 납세자의 신고에 의하여 납세의무가 확정되므로 신고의무가 인정되고, 부과과세방식의 조세에서는 납세자의 신고에 납세의무 확정의 효력은 없으나 과세협력의무의 하나로서 신고의무가 인정되고 있다. 따라서 신고납세방식의 조세이든 부과과세방식의 조세이든 법정신고기한 내에 신고를 하지 않으면 신고불성실 가산세가 부과된다.

2. 기한후 신고

2-1. 의의

법정신고기한까지 신고를 하지 않은 납세자는 관할 세무서장이 과세표준과 세액을 결정하여 통지하기 전까지 기한후 신고를 할 수 있다(국세기본법 제45조의3 제1항). 기한후 신고를 한 사람은 그 과세표준신고액에 상당하는 세액과 가산세를 기한후 신고와 동시에 납부하여야 한다(동조 제2항).

2-2. 기한후 신고의 효력

기한후 신고에는 납세의무를 확정하는 효력이 없다. 따라서 납세자가 기한후 신고를 하고 해당 세액과 가산세를 납부한 경우에도 관할 세무서장은 신고일부터 3개월 이내에 해당 조세의 과세표준 및 세액을 결정하여 통지하여야 한다. 기한후 신고를 한 납세자가 수정신고를 한 경우에도 마찬가지로 신고일부터 3개월 이내에 과세표준과 세액을 결정하여 통지하여야 한다(국세기본법 제45조의3 제3항).

기한후 신고를 한 경우 무신고가산세가 감면되는 혜택이 주어진다. 법정신고기한이 지난 후 1개월, 3개월, 6개월 이내에 기한후 신고를 한 경우에는 각각 해당 가산세액의 50퍼센트, 30퍼센트, 20퍼센트에 상당하는 금액을 감면한다(동법 제48조 제2항 제2호).

3. 수정신고

과세관청은 제척기간이 도과하기 전까지 언제든지 과세표준 및 세액을 증액 또는 감액하는 경정처분을 할 수 있다. 이에 대응하여 납세의무자에게도 당초 자신이 신고한 과세표준 및 세액이 잘못된 경우 스스로 이를 수정할 수 있도록 한 것이 수정신고와 경정청구이다. 수정신고와 경정청구는 과세표준 및 세액을 신고한 경우에 인정되는 제도이므로 납세의무자에게 신고의무가 인정되지 않는 경우에는 수정신고와 경정청구가 적용되지 않는다. 수정신고는 과세표준 및 세액을 증액(결손금액 또는 환급세액의 감액 포함)하는 경우만을 그 대상으로 하고(국세기본법 제45조 제1항), 과세표준 및 세액을 감면(결손금액 또는 환급세액의 증액 포함)하는 경우에는 경정청구에 의한다.

3-1. 수정신고의 요건

법정신고기한까지 과세표준 및 세액을 신고한 사람(소득세법상 확정신고의무가 면제된 사람 포함) 및 기한후 신고를 한 사람은 세무서장이 해당 조세의 과세표준 및 세액을 결정 또는 경정하여 통지하기 전으로서 제척기간이 끝나기 전까지 수정신고를 할 수 있다(국세기본법 제45조 제1항). 과세관청이 과세표준 및 세액을 결정 또는 경정하여 통지하기 전까지 수정신고를 할 수 있으나, 결정 또는 경정을 할 때 발견되지 않은 과소신고분에 대해서는 그 결정 또는 경정에도 불구하고 제척기간이 끝나기 전까지 수정신고를 할 수 있다.

3-2. 수정신고의 효력

(1) 납세의무의 확정

1) 신고납세방식 조세의 경우

신고납세방식 조세의 경우 수정신고에도 당초 신고와 마찬가지로 납세의무를 확정하는 효력이 있다. 그리하여 수정신고한 내용대로 납세의무가 증액되어 확정된다. 다만, 법정신고기한까지 신고를 한 납세자가 한 수정신고에만 납세의무 확정의 효력이 있고, 기한후 신고를 한 납세자가 한 수정신고에는 납세의무 확정의 효력이 없다.

2) 부과과세방식 조세의 경우

부과과세방식 조세의 경우에는 당초 신고와 마찬가지로 수정신고 역시 납세의무를 수정하여 확정하는 효력이 없다. 부과과세방식 조세에서의 수정신고는 과세처분에 앞서 적법한 과세처분을 받기 위하여 과세자료를 추가로 제출하는 협력의무의 이행에 불과하다. 따라서 부과과세방식의 조세에서는 수정신고를 하더라도 과세관청의 경정결정 없이는 납세의무가 증액되지 않는다.

(2) 가산세 감면

수정신고를 한 납세의무자는 과소신고(초과환급신고)가산세를 감면받을 수 있다. 법정신고기한이 지난 후 1개월, 3개월, 6개월, 1년, 1년 6개월, 2년 이내에 수정신고를 한 경우에는 각각 해당 가산세액의 90퍼센트, 75퍼센트, 50퍼센트, 30퍼센트, 20퍼센트, 10퍼센트에 상당하는 금액을 감면한다(국세기본법 제48조 제2항 제1호).

4. 경정청구

경정청구에는 신고 이전의 사유에 기초하여 잘못된 신고를 수정하는 일반적 경정청구와 신고기한 이후에 발생한 사후적인 사유를 들어 결정된 세액을 변경하는 후발적 경정청구가 있다. 수정신고에서는 신고납세방식 조세의 경우 과세표준 및 세액이 증액되어 확정되지만, 경정청구에서는 신고납세방식의 조세이든 부과과세방식의 조세이든 과세관청이 그 청구된 사항을 조사하여 결정 또는 경정하여야 과세표준 및 세액이 확정된다.

4-1. 일반적 경정청구

(1) 청구권자

법정신고기한까지 과세표준 및 세액을 신고한 사람 및 기한후 신고를 한 사람은 최초 신고 및 수정신고한 과세표준 및 세액의 경정을 관할 세무서장에게 청구할 수 있다(국세기본법 제45조의2 제1항). 납세자는 과다한 세액의 과세처분에 대하여 조세심판이나 소송을 제기할 수 있지만, 일단 과세처분이 있게 되면 조세심판 등을 제기하더라도 그 효력이 정지되지 않아 곧바로 강제징수로 이어질 가능성이 있으므로 납세의무자로서는 미리 과다 신고한 부분에 대하여 감액경정청구를 할 필요가 있다.

(2) 경정청구사유

일반적인 경정청구사유는 과세표준 및 세액을 신고함에 있어서 착오 등으로 과세표준 및 세액을 과다 신고하거나 결손금액 또는 환급세액을 과소 신고한 경우이다(국세기본법 제45조의2 제1항). 일반적인 경정청구는 과세표준을 신고하는 시점에서 존재하고 있는 원시적 사유를 이유로 과세표준 및 세액의 감액을 청구하는 것이다. 납세의무자가 경정청구를 함에 있어서 자신이 신고한 과세표준 및 세액이 과다하는 사실을 증명할 책임이 있다. 납세의무자가 과세표준 및 세액을 과다 신고한 경우뿐만 아니라 과세관청이 과세표준 및 세액을 증액하는 경정처분을 한 경우에도 납세의무자는 그 감액을 구하는 경정청구를 할 수 있다.

판 례

증액경정처분과 감액경정처분

판례는 증액경정처분이 있는 경우 당초 처분은 증액경정처분에 흡수되어 소멸하므로 증액경정처분만이 쟁송의 대상이 되고 당초 처분의 취소를 구하는 소송은 소의 이익이 없다고 한다(대법원 2013. 8. 22. 선고 2013두7353 판결). 따라서 전심절차의 경유 여부도 그 경정처분을 기준으로 판단하여야 할 것이지만, 당초 처분에 대하여 전심절차를 거친 경우에는 그 위법사유가 공통됨에도 납세의무자에게 다시 전심절차를 거치게 하는 것은 가혹하므로 납세의무자는 그 경정처분에 대하여 전심절차를 거치지 않고 행정소송을 제기할 수 있다고 한다(대법원 1992. 8. 14. 선고 91누13229 판결). 그러나 감액경정처분의 경우에는 당초 처분과 별개의 처분이 아니라 당초 처분의 일부를 취소한 것에 불과하고, 당초 처분 중 경정에 의하여 취소되지 않고 남아 있는 부분, 즉 감액된 당초 처분이 쟁송의 대상이 된다고 한다. 그리하여 제소기간의 준수나 전심절차의 경유 여부도 당초 처분을 기준으로 판단하여야 하고 당초 처분 중 감액된 부분은 소의 이익이 없다고 한다(대법원 1991. 9. 13. 선고 91누391 판결).

(3) 청구기간

일반적인 경정청구는 법정신고기한이 경과한 후 5년 이내에 하여야 한다. 다만, 결정 또는 경정으로 인하여 증가된 과세표준 및 세액에 대해서는 처분이 있음을 안 날(처분의 통지를 받은 때에는 그 받은 날)부터 90일 이내(법정신고기한이 경과한 후 5년 이내로 한정)에 경정청구를 하여야 한다(국세기본법 제45조의2 제1항).

사 례

납세자가 2024. 3. 31. 법인세액 100억원을 신고한 후 과세관청이 2024. 5. 1. 10억원의 증액경정처분을 한 경우 최초 신고분 100억원에 대한 경정청구기한은 2024. 4. 1.부터 5년이고(100억원에 대한 오류만 지적), 증액된 부분 10억원에 대한 경정청구기한은 증액처분의 통지를 받은 2024. 5. 1.부터 90일이다(10억원에 대한 오류만 지적). 만일 경정청구가 아니라 취소쟁송을 제기하는 경우 2024. 5. 1. 지 110억원 증액경정처분이 쟁송의 대상이 된다(판례, 흡수설)

4-2. 후발적 경정청구

(1) 청구권자

법정신고기한까지 과세표준 및 세액을 신고한 사람 또는 과세표준 및 세액의 결정을 받은 사람은 법정신고기한 이후에 과세의 기초를 이루는 법률관계나 사실상태가 변경된 경우에 경정을 청구할 수 있다(국세기본법 제45조의2 제2항). 후발적 경정청구를 할 수 있는 과세표준 및 세액의 결정을 받은 사람에는 법정신고기한까지 신고하지 않은 사람뿐만 아니라 기한후 신고를 한 사람도 포함된다. 기한후 신고에는 납세의무를 확정하는 효력이 없으므로 납세자가 기한후 신고를 한 경우에도 관할 세무서장은 신고일부터 3개월 이내에 해당 조세의 과세표준 및 세액을 결정해야 하기 때문이다. 따라서 무신고 또는 기한후 신고를 한 후 과세표준 및 세액을 결정받은 사람도 후발적 경정청구를 할 수 있다. 후발적 사유가 발생한 경우 납세자는 과세처분 자체에 대한 취소쟁송을 제기할 수도 있으나 경정청구를 할 수도 있다.

(2) 후발적 경정청구사유

후발적 경정청구를 하려면 ① 법정신고기한 이후에 과세의 기초를 이루는 법률관계나 사실관계를 변경시키는 사유가 발생하여야 하고, ② 그러한 후발적 사유로 인하여 당초 성립하였던 납세의무에 변경이 초래되어야 한다. 즉, 최초의 신고·결정 또는 경정이 이루어진 후에 그 과세표준 및 세액 산정의 기초가 된 거래 또는 행위 등의 존부나 그 법률효과 등이 다른 내용의 것으로 변경되었고, 그로 인하여 최초의 신고·결정 또는 경정이 정당하게 유지될 수 없게 된 경우에 후발적 경정청구를 할 수 있다. 구체적인 후발적 경정청구사유는 다음과 같다(국세기본법 제45조의2 제1항 및 동법 시행령 제25조의2).

① 최초의 신고·결정 또는 경정에서 과세표준 및 세액의 계산 근거가 된 거래 또는 행위 등이 그에 관한 심사청구·심판청구·감사원법상 심사청구의 결정이나 소송의 판결에 의하여 다른 것으로 확정되었을 때
② 소득이나 그 밖의 과세물건의 귀속을 제3자에게로 변경하는 결정 또는 경정이 있을 때
③ 해당 국세의 법정신고기한이 지난 후에 다음의 사유가 발생하였을 때
  ㉠ 최초의 신고·결정 또는 경정을 할 때 과세표준 및 세액의 계산 근거가 된 거래 또는 행위 등의 효력과 관계되는 관청의 허가 등이 취소된 경우
  ㉡ 최초의 신고·결정 또는 경정을 할 때 과세표준 및 세액의 계산 근거가 된 거래 또는 행위 등의 효력과 관계되는 계약이 해제되거나 취소된 경우
  ㉢ 최초의 신고·결정 또는 경정을 할 때 장부 및 증거서류의 압수, 그 밖의 부득이한 사유로 과세표준 및 세액을 계산할 수 없었으나 그 후 해당 사유가 소멸한 경우

판 례

후발적 경정청구

① 피상속인이 제3자를 위하여 연대보증채무를 부담하고 있었으나 상속개시 당시에는 아직 변제기가 도래하지 않았고 주채무자가 변제불능의 무자력 상태에 있지도 않아 과세관청이 그 채무액을 상속재산의 가액에서 공제하지 않은 채 상속세 부과처분을 하였는데, 그 후 주채무자가 변제불능의 무자력 상태가 됨에 따라 상속인들이 구상권을 행사할 수 없는 상황에서 채권자가 상속인들을 상대로 피상속인의 연대보증채무의 이행을 구하는 민사소송을 제기하여 승소판결을 받아 판결이 확정됨으로써 피상속인의 연대보증채무가 상속세 부과처분 당시와는 달리 피상속인이 종국적으로 부담하여야 할 채무로 확정된 경우에는 이러한 판결에 따른 피상속인의 연대보증채무의 확정은 후발적 경정청구사유에 해당한다(대법원 2010. 12. 9. 선고 2008두10133 판결).

② 납세의무가 성립된 후 소득의 원인이 된 채권이 채무자에 대한 회생절차에서 이를 면제하는 내용의 회생계획안이 인가됨으로써 회수불능이 되어 장래 그 소득이 실현될 가능성이 전혀 없게 된 것이 객관적으로 명백한 경우 후발적 경정청구사유에 해당한다(대법원 2018. 5. 15. 선고 2018두30471 판결; 2014. 1. 29. 선고 2013두18810 판결).

③ 형법상 뇌물, 알선수재, 배임수재 등의 범죄에서 몰수나 추징이 이루어졌다면 이는 위법소득에 내재되어 있던 경제적 이익의 상실가능성이 현실화된 경우에 해당하므로 납세의무 성립 후 후발적 사유가 발생하여 과세표준 및 세액의 산정기초에 변동인 생긴 것으로 보아 납세자는 후발적 경정청구를 통하여 납세의무의 부담에서 벗어날 수 있다(대법원 2015. 7. 16. 선고 2014두5514 전원합의체 판결; 2015. 7. 23. 선고 2012두8885 판결).

(3) 후발적 경정청구기간

후발적 경정청구는 그 사유가 발생한 것을 안 날로부터 3개월 이내에 하여야 한다(국세기본법 제45조의2 제2항). 후발적 경정청구는 제척기간이 경과한 후에도 할 수 있다. 후발적 경정청구사유가 발생한 것을 안 날이란 거래나 행위가 소멸된 것을 안 날 또는 법률효과가 변경된 것을 안 날을 말한다. 예를 들어, 형사소송에서 위법소득에 대한 몰수나 추징을 선고하는 판결이 있는 경우 경정청구기간의 기산점은 판결선고일이 아니라 몰수당하거나 추징금을 납부한 날이다.

2장 창업의 기초

제1절 사업의 개시

I 사업자등록

1. 의의

1-1. 사업자의 개념

사업자는 영리목적 유무와 관계없이 사업상 독립적으로 재화와 용역을 계속적·반복적으로 공급하는 사람을 말한다(부가가치세법 제2조 제3호). 사업자는 영리 목적의 유무와 무관하다. 따라서 국가, 지방자치단체, 비영리법인 등도 사업자가 될 수 있다. 사업자는 독립적으로 재화와 용역을 공급하는 사람이므로 종속적으로 재화와 용역을 공급하는 사람, 예를 들어 임원이나 종업원은 사업자가 아니다. 또한 사업자는 재화와 용역을 계속적·반복적으로 공급하는 사람이므로 재화와 용역을 일시적·우발적으로 공급하는 사람은 사업자가 아니다.

1-2. 사업자등록

사업자는 사업을 통하여 얻은 소득, 수입 등에 대하여 세금을 납부하여야 한다. 사업자는 과세업무의 효율적인 운영에 협조하기 위하여 사업자의 사업과 관련된 일정한 사항을 세무서의 공부에 등재하여야 하는데, 이것이 사업자등록이다. 부가가치세법에서는 사업자로 하여금 사업장마다 늦어도 사업개시일로부터 20일 이내에 세무서장에게 사업자등록을 신청하도록 하고 있다(동법 제8조 제1항). 소득세법과 법인세법에서도 사업자등록을 하도록 규정하고 있으며(소득세법 제168조 제1항, 법인세법 제111조 제1항), 부가가치세법상 사업자등록을 한 경우에는 소득세법 또는 법인세법상 사업자등록을 한 것으로 보고 있다(소득세법 동조 제2항, 법인세법 동조 제2항).

2. 사업자등록을 하지 않은 경우

2-1. 사업자등록 없이 사업을 하는 경우

사업자는 사업자등록 유무와 관계없이 각종 세금을 납부할 의무가 있다. 그럼에도 사업자가 사업자등록 없이 사업을 한 경우에는 다음과 같은 불이익이 있다.

(1) 미등록 가산세 납부

사업자가 사업개시일로부터 20일 이내에 사업자등록을 신청하지 않는 경우에는 사업개시일부터 등록을 신청한 날의 직전일까지의 공급가액 합계액의 1퍼센트에 해당하는 가산세를 부담하여야 한다(부가가치세법 제60조 제1항 제1호). 사업자등록을 하지 않고 사업을 하는 사람은 부가가치세를 비롯한 법인세 또는 소득세 등을 신고·납부하지 않는 경우가 많다. 따라서 법정신고기한까지 부가가치세 등의 과세표준 및 세액을 신고하지 않으면 무신고가산세(국세기본법 제47조의2), 법정납부기한까지 납부하지 않으면 납부지연가산세를 부담하여야 한다(동법 제47조의4).

(2) 매입세액 불공제

사업자등록을 신청하기 전의 매입세액은 공제받지 못한다. 다만, 공급시기가 속하는 부가가치세 과세기간이 끝난 후 20일 이내(7. 20. 또는 1. 20.까지)에 사업자등록을 신청한 경우 그 공급시기가 속하는 과세기간 내 매입세액은 공제받을 수 있다(부가가치세법 제38조 제1항 제8호). 그러나 사업자등록신청기한을 넘겨 등록한 경우에는 비록 매입세액공제를 받을 수 있더라도 미등록가산세는 납부하여야 한다.

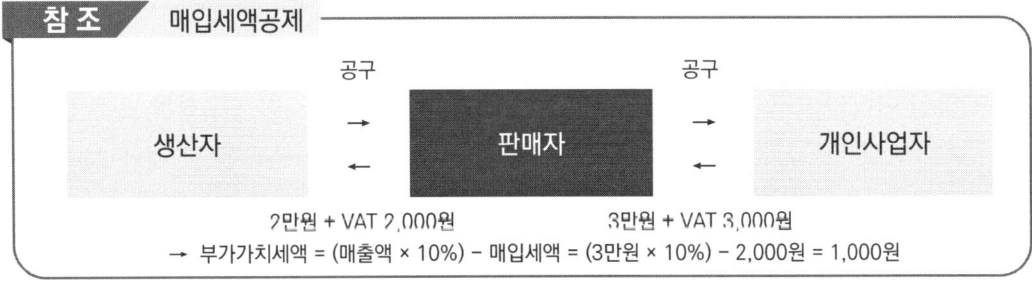

2장 창업의 기초

사업자등록을 하지 않은 사업자는 세금계산서를 발급할 수 없으므로 그와 거래한 상대방 사업자의 경우 적격증빙서류를 갖추지 못하여 매입세액공제를 받지 못하고, 필요경비나 손금을 인정받지 못하거나 필요경비나 손금을 인정받더라도 적격증빙서류 수취 불성실 가산세를 납부해야 하는 불이익을 입을 수 있다.

2-2. 타인 명의로 사업자등록을 하고 사업을 하는 경우

타인 명의로 사업자등록을 하고 사업을 하는 경우에는 다음과 같은 불이익이 있다.

(1) 각종 세금 및 보험료 납부

실질과세의 원칙에 따라 실제 사업을 운영하는 사람이 납세의무가 있으나, 실제 사업자가 따로 있음을 증명하기가 쉽지 않다. 그리하여 사업자등록증에 사업자로 기재된 명의자가 사업과 관련된 각종 세금과 국민연금·국민건강보험·고용보험 등의 보험료의 납부의무를 부담할 수 있다.

(2) 타인 명의 등록 가산세 납부

타인의 명의로 사업자등록을 하거나 타인 명의의 사업자등록을 이용하여 사업을 하는 것으로 확인된 경우에는 타인 명의의 사업개시일부터 실제 사업을 하는 것으로 확인되는 날의 직전일까지의 공급가액 합계액의 1퍼센트에 해당하는 가산세를 부담하여야 한다(부가가치세법 제38조 제1항 제2호). 다만, ① 사업자의 배우자, ② 상속으로 인하여 피상속인이 경영하던 사업이 승계되는 경우 그 피상속인(상속개시일부터 상속세 과세표준 신고기한까지의 기간 동안 상속인이 피상속인 명의의 사업자등록을 활용하여 사업을 하는 경우로 한정)은 여기의 타인에서 제외한다(동법 시행령 제108조 제1항).

(3) 행정벌

조세의 회피 또는 강제집행의 면탈을 목적으로 타인의 성명을 사용하여 사업자등록을 하거나 타인 명의의 사업자등록을 이용하여 사업을 영위한 사람은 2년 이하의 징역 또는 2,000만원 이하의 벌금에 처하고(조세범 처벌법 제11조 제1항), 조세의 회피 또는 강제집행의 면탈을 목적으로 자신의 성명을 사용하여 타인에게 사업자등록을 할 것을 허락하거나 자신 명의의 사업자등록을 타인이 이용하여 사업을 영위하도록 허락한 사람도 1년 이하의 징역 또는 1,000만원 이하의 벌금에 처한다(동조 제2항).

3. 사업자등록절차

사업자등록은 사업의 개시 사실을 관할 세무서장에게 알리고 과세업무의 효율적인 운영을 위하여 납세의무자의 인적 사항과 사업 내용을 관할 세무서의 장부에 등록하는 것을 말한다.

3-1. 사업자등록의 신청

(1) 신청기한

사업자는 늦어도 사업개시일로부터 20일 이내에 관할 세무서장에게 사업자등록을 신청하여야 한다. 그러나 신규사업자의 경우 개업을 위한 준비 과정에서 발생한 매입세액을 공제받기 위하여 사업개시일 전에 등록하는 것이 일반적이다(부가가치세법 제8조 제1항).

(2) 사업장마다 별도 등록

사업자등록은 사업장마다 따로따로 하여야 한다(부가가치세법 제8조 제1항). 법인의 경우 본점과 지점 모두 사업자등록을 해야 하고, 개인사업자도 사업장을 여러 개 운영하는 경우에는 사업장마다 사업자등록을 해야 한다. 소득세와 법인세는 사업장 단위가 아닌 납세의무자 단위, 즉 개인사업자나 법인별로 신고와 납부를 하지만, 부가가치세는 사업장별로 신고와 납부를 하도록 하고 있다. 부가가치세는 재화·용역의 공급이라는 행위에 대하여 부과하는 것이므로 재화·용역의 공급이 이루어지는 사업장을 기준으로 과세가 이루어진다. 사업장은 사업자 또는 그 사용인이 상시 거주하면서 거래의 전부 또는 일부가 행해지는 장소를 말한다.

(3) 관할 세무서장에 구비서류를 첨부하여 신청

사업장 관할 세무서장에게 사업자등록을 신청하여야 한다. 그러나 사업장 관할 세무서장이 아닌 다른 세무서장에게도 등록신청을 할 수 있고, 이 경우 관할 세무서장에게 등록신청을 한 것으로 본다(부가가치세법 제8조 제2항). 국세청 홈택스(www.hometax.go.kr)를 이용하여 인터넷으로도 신청할 수 있다. 사업자등록신청의 구비서류는 다음과 같다(동법 시행령 제11조).

개인사업자	법인
① 사업자등록신청서 ② 인감증명서 및 인감도장 ③ 사업자 본인 신분증	① 사업자등록신청서 ② 법인인감증명서 및 법인인감도장 ③ 법인등기부등본 ④ 정관 ⑤ 법인대표자 신분증

▶ 법령에 따라 허가를 받거나 등록·신고를 하여야 하는 사업의 경우 : 사업허가(등록)증 사본 또는 신고확인증 사본. 다만, 사업의 허가·등록이나 신고 전에 사업자등록을 하는 경우에는 사업허가(등록)신청서 사본, 사업신고서 사본 또는 사업계획서로 대신

▶ 사업장을 임차한 경우 : 임대차계약서 사본(상가건물의 일부만 임차한 경우 해당 부분의 도면 첨부)

▶ 공동사업자인 경우 : 동업 내용을 서술하고 동업자들의 인감도장이 날인된 동업계약서

▶ 영리법인의 경우 : 주주명부 또는 출자자명세서, 현물출자명세서 등

▶ 비영리법인의 경우 : 주무관청의 설립허가증 사본

▶ 사업자 단위로 등록신청을 한 경우 : 종된 사업장 명세서

▶ 대리인이 신청하는 경우 : 대리인 신분증과 사업자 본인의 인감도장

3-2. 사업자등록증의 발급

사업장 관할 세무서장은 신청일로부터 2일 이내에 등록증을 발급하여야 한다. 다만, 사업장시설이나 사업현황을 확인하기 위하여 필요한 경우에는 발급기한을 5일 이내에서 연장하고 조사한 사실에 따라 사업자등록증을 발급할 수 있다(부가가치세법 시행령 제11조 제5항). 실무에서는 사업자등록을 신청하는 즉시 그 자리에서 사업자등록증을 발급하고 있다. 그러나 사업장 관할 세무서장이 아닌 다른 세무서장에게 등록신청을 하거나 인터넷으로 신청한 경우에는 신청서를 관할 세무서장에게 이송하여 등록증을 발급하게 되므로 처리시간이 더 소요된다. 인터넷으로 신청한 경우에는 인터넷에서 사업자등록증을 출력할 수 있다. 사업자등록번호는 사업장마다 관할 세무서장이 부여한다. 다만, 사업자 단위로 등록신청을 한 경우에는 사업자단위과세 적용 사업장에 한 개의 등록번호를 부여한다(동법 시행령 제12조 제1항).

3-3. 사업자등록의 정정

사업자는 사업자등록 정정사유가 발생한 경우 이미 발급받은 사업자등록증을 첨부하여 사업자등록정정신고서를 작성해서 세무서장에게 제출(국세정보통신망에 따른 제출을 포함)하여야 한다(부가가치세법 제8조 제8항 및 동법 시행령 제14조 제1항). 정정신고를 받은 세무서장은 변경 내용을 확인하고 사업자등록증의 기재사항을 정정하여 재발급하여야 한다. 사업자등록정정사유는 다음과 같다(동법 시행령 제14조 제1항 제1호 내지 제11호).

① 상호의 변경
② 법인 등 단체의 대표자 변경
③ 사업 종류의 변경
④ 사업장(사업자단위과세 사업자의 경우에는 사업자단위과세 적용 사업장을 말함)의 이전
⑤ 상속으로 인한 사업자명의의 변경
⑥ 공동사업자의 구성원 또는 출자지분의 변경
⑦ 임대인, 임대차 목적물 및 그 면적, 보증금, 임차료 또는 임대차기간이 변경되거나 새로 상가건물을 임차한 경우(상가건물의 임차인이 사업자등록정정신고를 하는 경우, 임차인이 확정일자를 신청하는 경우 및 확정일자를 받은 임차인에게 변경 등이 있는 경우로 한정)
⑧ 사업자단위과세 사업자가 사업자단위과세 적용 사업장을 변경하거나 종된 사업장을 신설·이전하거나 휴업·폐업하는 경우
⑨ 사이버몰에 인적 사항 등의 정보를 등록하고 재화 또는 용역을 공급하는 사업을 하는 사업자(통신판매업자)가 사이버몰의 명칭 또는 인터넷 도메인이름을 변경하는 경우

상속이 아닌 이유로 사업자명의를 변경하는 경우는 사업자등록정정사유가 아니다. 따라서 이 경우에는 폐업한 후에 새로이 사업자등록을 해야 한다. 또한 사업자의 주소지 이전도 사업자등록정정사유가 아니다. 다만, 사업자의 주소지와 사업장이 동일한 경우에는 사업자의 주소지가 변경되면 사업장도 변경되는데, 이 경우 사업자가 주민등록전입신고를 하면 사업자등록정정신고서를 제출한 것으로 본다(동법 시행령 제14조 제5항).

3-4. 휴업·폐업의 신고와 사업자등록의 말소

사업자등록을 한 사업사가 휴업 또는 폐업을 하거나 사실상 사업을 시작하지 않게 될 경우에는 지체없이 휴업·폐업신고서를 세무서장에게 제출(국세정보통신망에 의한 제출을 포함)하여야 한다(부가가치세법 시행령 제13조 제1항). 관할 세무서장은 등록된 사업자가 폐업한 경우 지체없이 사업자등록을 말소하여야 한다. 사업 개시 전에 등록신청을 하고 사실상 사업을 시작하지 않게 되는 경우에도 마찬가지이다(부가가치세법 제8조 제8항). 사실상 사업을 시작하지 않게 되는 경우란 정당한 사유 없이 6개월 이상 사업을 시작하지 않거나 부도 발생이나 사업에 필요한 인·허가취소 등의 사유로 사업을 수행할 수 없어 폐업상태에 있는 경우 등을 말한다(동법 시행령 제15조 제2항). 사업자등록을 말소한 경우에는 관할 세무서장은 지체없이 사업자등록증을 회수하여야 하고, 회수할 수 없는 경우에는 등록말소의 사실을 공시하여야 한다(동법 시행령 제15조 제1항).

Ⅱ 허가·등록·신고

사업을 하고자 하는 업종에 따라 허가, 등록, 신고를 해야 하는 경우가 있다. 사업을 하고자 하는 업종이 허가 등이 필요한 업종인지 관할 관청에 문의하여 확인하고, 필요한 경우 허가 등을 받기 위한 신청서를 관할 관청에 제출하여 허가 등을 받아야 한다. 허가 등의 관할 관청은 대게는 사업장 소재지를 관할하는 시청, 군청 또는 구청이다. 다만, 학원 등 교육서비스업은 교육청이 관할 관청이 된다. 허가 등을 먼저 발급받은 다음 사업자등록을 하는 것이 일반적이지만, 사업자등록을 먼저 하고 허가 등을 신청해야 하는 경우도 있다. 예를 들어, 일반음식점이나 출판사 등은 영업신고나 출판사등록 등을 한 다음에 사업자등록을 하지만, 쇼핑몰 운영은 사업자등록을 먼저 하고 통신판매업신고를 하여야 한다.

1. 자유업종

신고, 등록, 허가 등 별도의 행정절차 없이 사업자등록만으로 영업이 가능한 업종이다. 이들 업종은 무허가 건물이나 건축물대장상 위반 건축물로 등재된 경우에도 영업이 가능하다.

주로 완제품을 판매하는 소매점 등으로 ① 문구·악세사리·가구·화장품·신발·의류 등의 판매점, ② 슈퍼, 마트, 편의점, ③ 서점, ④ 조명점, ⑤ 꽃집, ⑥ 핸드폰매장, ⑦ 낚시전문점, ⑧ 자동차대리점, ⑨ 볼링장, 에어로빅장, ⑩ 철물점, 고물상 등이 여기에 해당한다.

2. 신고 업종

법령이 정한 요건을 갖춘 다음 관할 관청에 신고서를 제출해 신고증을 발급받아 영업을 하는 업종이다. 신고가 형식적 요건을 갖춘 경우 신고서가 접수기관에 도달된 때에 신고의무가 이행된 것으로 본다. 여기서 신고가 형식적 요건을 갖춘 경우란 ① 신고서의 기재사항에 흠이 없고, ② 필요한 구비서류가 첨부되어 있으며, ③ 기타 법령 등에 규정된 형식상의 요건에 적합한 경우를 말한다(행정절차법 제40조 제2항). 기타 법령 등이 정한 형식상의 요건이란 해당 법령에서 요구하고 있는 것으로 관련 교육의 이수, 보건증의 발급, 일정한 사용 면적의 확보, 보험 가입, 하수도 설치, 정화조 설치, 주차장 구비 등을 가리킨다.

관할 관청은 신고가 형식적 요건을 갖춘 경우 접수하여야 하고 내용에 대한 실질적 심사를 하여 거부할 수 없다. 형식적 요건을 갖추어 신고하면 법적 효과가 발생하고 관할 관청이 접수하여야 그 효과가 발생하는 것이 아니므로 관할 관청이 접수를 거부하더라도 그 접수 거부처분에 대하여 행정소송을 제기하여 다툴 필요가 없다. 이 경우 그냥 영업을 하면 되고, 그 영업에 대하여 관할 관청이 어떤 불이익한 제재를 하면, 그 제재에 대하여 다투면 된다.

신고 업종으로는 ① 숙박업, ② 목욕장업, 세탁업, ③ 이용업, 미용업,[17] 맞춤형화장품판매업,[18] ④ 건물위생관리업,[19] ⑤ 일반음식점·휴게음식점, 영업위탁급식영업, 제과점, ⑥ 정육점, 식품냉동·냉장업, 즉석판매제조·가공업, 식품운반업, ⑦ 용기·포장류 제조업, ⑧ 동물병원, ⑨ 예식장, 결혼중개업, ⑩ 안마시술소, ⑪ 만화대여업, ⑫ 당구장·탁구장·헬쓰클럽·수영장·태권도장·무도장·테니스장, 썰매장, 실내야구장, 스크린골프장, ⑬ 방문판매업, 통신판매업(쇼핑몰 운영 포함), ⑭ 무료직업소개사업 등이 있다.

3. 등록 업종

영업을 개시하기 전에 법령이 정한 등록 요건을 갖추었는지 관할 관청이 형식적 심사를 하여 등록증을 발급하면 영업을 할 수 있는 업종이다. 등록증이 있어야 사업자등록을 할 수 있다. 등록 업종에는 사업자가 자격증이나 면허가 있어야 하는 '대인등록업종'(공인중개사, 안경점, 약국, 의원 등)과 일정한 시설 규모의 확보 등 물적 요건을 충족해야 하는 '대물등록업종'(학원, PC방, 노래방, 여행사, 인쇄소, 청소년오락실, 독서실 등)이 있다.

등록 업종으로는 ① 식품제조·가공업, 식품첨가물제조업, ② PC방, 노래방, 비디오감상실, ③ 청소년게임제공업(청소년오락실), ④ 학원, 독서실, ⑤ 여행사, ⑥ 출판사, 인쇄소, ⑦ 부동산중개업, ⑧ 안경점, ⑨ 의원, 약국, ⑩ 다단계판매업, ⑪ 화장품제조업, 화장품책임판매업,[20] ⑫ 유료직업소개사업, ⑬ 대부업, ⑭ 자동차매매·정비업 등이 있다.

---

17) 미용업에는 피부·네일·화장미용업이 포함된다(공중위생관리법 제2조 제5호).

18) 맞춤형화장품판매업이란 고객 개인별 피부 특성 및 취향에 따라 화장품의 내용물에 색소, 향료 등 원료를 추가하여 혼합한 맞춤형화장품을 판매하는 영업을 말한다(화장품법 제2조 제3호의2 및 제12호).

19) 건물위생관리업은 건축물·시설물의 청결 유지 등을 위한 청소 대행 영업을 말한다(공중위생관리법 제2조 제7호).

20) 화장품책임판매업이란 취급하는 화장품의 품질 및 안전 등을 관리하면서 이를 유통·판매하거나 수입대행형 거래를 목적으로 알선·수여하는 영업을 말한다(화장품법 제2조 제11호).

4. 허가 업종

허가란 법령에 의하여 일반적으로 금지되어 있는 행위를 법령이 정한 요건을 갖춘 경우 행정청이 해제하여 적법하게 이를 행할 수 있게 하는 행정행위를 말한다. 허가는 일정한 요건을 갖추었더라도 행정청이 실질적 심사를 하여 별도로 허가처분을 해야만 그 법적 효과 발생한다는 점에서 법령이 정한 일정한 요건을 갖춘 신고를 하기만 하면 관할 관청이 접수하지 않더라도 바로 그 법적 효과가 발생하는 신고 또는 형식적 심사를 거쳐 공적 장부에 등재가 되면 그 법적 효과가 발생하는 등록과 구별된다. 법령이 정한 일정한 요건을 갖추었어도 현장 실사 등 실질적인 심사를 거쳐 허가 여부가 결정된다. 따라서 허가는 신고나 등록보다 받기가 까다로워 신규로 허가를 신청하기보다는 기존에 허가를 받은 사람으로부터 인수하는 경우가 많다. 허가 업종으로는 ① 단란주점·유흥주점, ② 식품조사처리업,[21] ③ 신용정보업, ④ 일반게임제공업(성인오락실), ⑤ 의약품제조업 등이 있다.

III 창업자금의 마련

사업을 하려면 돈이 필요하다. 자신이 가진 돈만으로 사업을 시작하기 어려운 경우 외부에서 창업자금을 마련하여야 한다. 외부에서 창업자금을 마련하는 방법으로는 정책자금을 지원받는 방법과 금융기관으로부터 대출을 받는 방법이 있다.

1. 정책자금의 지원

1-1. 「소상공인시장진흥공단」의 소상공인 정책자금

소상공인시장진흥공단에서는 소상공인에게 저금리로 자금을 대출하고 있다. 소상공인이란 상시근로자 5인 미만 업체를 운영하는 사업자를 말하며, 제조업·건설업·운송업·광업

21) 식품조사처리업은 방사선을 쬐어 식품의 보존성을 물리적으로 높이는 업종을 말한다(식품위생법 시행령 제21조 제6호 가목). 식품조사처리업의 허가관청은 식품의약품안전처장이다(동법 시행령 제23조 제1호).

의 경우에는 상시근로자 10인 미만 업체를 말한다. 다만, 금융·보험업, 사치·향락적 소비나 투기를 조장하는 업종은 지원 대상에서 제외된다.

공단에서 운영하는 교육과정, 특히 신사업창업사관학교를 수료하면 정책자금 지원에서 우대받을 수 있다. 신사업창업사관학교는 성장가능성이 높은 유망 아이템 중심의 예비창업자를 선발하여 창업이론 교육, 점포경영체험교육, 멘토링, 사업화지원 등을 패키지로 지원하는 교육과정이다. 교육기간 약 5개월이고, 지역별로 교육을 실시한다. 교육 수료자를 대상으로 사업화지원모집을 별도 공고하고, 심사를 통해 사업화 지원 여부를 결정하여 사업비를 지원한다.

한편 공단에서는 대표자가 만 39세 이하인 청년 소상공인 또는 신청일 기준 총 상시근로자 중 과반수 이상이 청년근로자(만 39세 이하)이거나 최근 1년 이내 청년근로자 1인 이상 고용 사업주를 대상으로 특별자금을 지원하고 있다. 구체적인 정책자금 지원 내용은 소상공인시장진흥공단 홈페이지와 사업공고를 통하여 확인할 수 있다.

1-2. 「중소벤처기업진흥공단」의 창업기반지원

중소벤처기업진흥공단에서는 사업개시일로부터 7년 미만(신청접수일 기준)인 중소기업 또는 중소기업 창업을 하고자 하는 사람(최종 대출시점에는 사업자등록 필요)을 대상으로 저금리로 자금을 대출해 주고 있다. 그러나 숙박·음식점업, 기타 개인서비스업(세탁소, 이·미용업, 장의업 등), 골프장업 및 스키장업 등은 지원에서 제외된다.

공단에서는 대표자가 만 39세 이하로서 사업개시일로부터 3년 미만(신청접수일 기준)인 중소기업 또는 중소기업 창업을 하고자 하는 사람(최종 대출시점에는 사업자등록 필요)을 대상으로 청년전용창업자금을 지원하고 있다. 다만, 창업성공패키지사업(청년창업사관학교, 글로벌창업사관학교)에 참여한 기업이나 청년창업기업보증 지원기업인 경우에는 업력 7년 미만까지 지원을 받을 수 있다. 구체적인 정책자금 지원 내용은 중소벤처기업진흥공단 홈페이지와 사업공고를 통하여 확인할 수 있다.

1-3. 정책자금 신청시 사업계획서 항목

정책자금을 지원받기 위해서는 신청을 하여 선정되어야 하는데, 최종적으로 지원 대상으로 선정될 확률은 10퍼센트 미만이다. 정책자금 지원 대상으로 선정되기 위해서는 사업계획서를 잘 작성하여야 한다. 사업계획서에 대한 좋은 평가를 받기 위해서는 다음과 같은 점을 유의하여 작성할 필요가 있다.

① 창업자와 주요 경영진에 대한 정보

㉠ 창업자 및 경영진의 경력과 사업 아이템과의 연관성 : 창업자 등의 경력과 사업 아이템과 연관성이 높고 학력이 높을수록 유리하다.

㉡ 정부시책의 호응도 : 정부에서 주관하는 창업교육과정(신사업창업사관학교, 청년창업사관학교 등)을 이수하였거나 현재 창업보육센터에 입주해 있으면 우대한다.

㉢ 자금조달능력 : 보유재산정도, 타인 자금 조달 가능성이 소요 자금의 50% 이상인 경우 우대한다.

㉣ 창업자의 신용도 : 은행에 불량거래자로 등록되어 있거나 연체 사실이 있으면 불리하다. 정책자금은 별도의 담보나 보증 없이 자금을 대출해 주는 것이므로 창업자의 신용이 중요하다. 최근 3개월 금융권 거래 내역에서 대출 상환이나 카드대금 연체 사실이 없어야 하고(혼인한 경우 배우자의 신용도 함께 판단), 세금이나 국민연금 등 보험료를 체납하지 않아야 한다.

② 기술성 및 사업성 관련 정보

㉠ 사업 아이템의 독창성 : 다른 사람들이 시도하지 않았던 새로운 아이템일수록 유리하다.

㉡ 시장성 : 독창성은 인정되나 시장이 형성되지 않았거나 시장규모가 너무 협소한 경우, 현재 경쟁사가 있거나 향후 경쟁업체가 출현할 가능성이 있는 경우에는 불리하다.

㉢ 성장성 : 향후 성장할 수 있는 잠재력이 있다면 유리하다.

㉣ 안정성 : 판로가 확보되었거나 매출실적이 있으면 유리하다.

㉤ 기술수준 : 벤처평가 우수기업 또는 정보통신 신기술로 선정되거나 국제표준화기구(ISO) 등 공인기관으로부터 우수 평가 등을 받으면 유리하다.

③ 국민경제 기여도 관련 사항

사업 아이템이 수출가능성이 높거나 현재 우리나라에서 수입해서 사용하고 있는 물품을 대체할 수 있으면 유리하다(수출가능성·수입대체가능성).

2. 창업자금의 대출

2-1. 신용보증제도

정책자금은 별도의 담보나 보증 없이 저금리로 대출을 받는 것이므로 정책자금은 조기에 소진될 수 있다. 따라서 정책자금을 지원받지 못하는 경우 은행 등 금융기관으로부터 창업자금을 대출받아야 한다. 금융기관에 부동산 등을 담보로 제공하거나 연대보증인을 세워 대출을 받을 수 있으나, 담보능력이 없거나 연대보증인을 세우기 어려운 경우에는 신용보증제도를 통하여 은행으로부터 대출을 받을 수 있다. 신용보증제도는 담보능력이 취약한 중소기업이 금융기관으로부터 손쉽게 자금을 대출받을 수 있도록 신용보증기관이 보증을 해 주는 제도를 말한다.

2-2. 신용보증기관

신용보증기관으로는 「기술보증기금」, 「신용보증기금」 등이 있다. 기술보증기금은 신기술사업을 영위하는 중소기업 등을 그 대상으로 한다. 따라서 기술력 위주인 IT업체들이 주로 지원 대상이 된다. 이에 비하여 신용보증기금은 일반 중소기업을 그 대상으로 한다. 신용보증기금은 금융기관에서 일부분을 출연하고 정부에서 대부분 출연하여 설립한 정부출연기관인데, 이것과 별개로 지방자치단체에서 출연해 운영하는 신용보증기관으로 「신용보증재단」이 있다. 대전·충청 지역의 신용보증재단으로는 대전신용보증재단, 충남신용보증재단 등이 있다. 구체적인 지원 내용은 각 신용보증기관 홈페이지 또는 사업공고를 통하여 확인할 수 있다.

창업중소기업 세액감면

I 창업중소기업의 감면대상

1. 창업중소기업

세액감면의 대상인 창업중소기업은 특정 업종을 영위하고자 창업한 중소기업을 말한다. 여기서 '중소기업'이란 다음의 요건을 모두 갖춘 기업으로서 자산총액이 5천억원 미만인 기업을 말한다(조세특례제한법 제6조 제1항 및 동법 시행령 제2조 제1항)

① 매출액이 「중소기업기본법 시행령」에 따른 업종별 평균매출액 이내일 것
② 「독점규제 및 공정거래에 관한 법률」에 따른 공시대상기업집단에 속하는 회사 또는 공시대상기업집단의 국내 계열회사로 편입·통지된 것으로 보는 회사에 해당하지 않으며, 자산총액이 5천억원 이상인 법인이 주식 등의 30퍼센트 이상을 직접적 또는 간접적으로 소유한 경우로서 최다출자자인 기업이 아닐 것
③ 아래의 소비성서비스업을 주된 사업으로 영위하지 않을 것
㉠ 호텔업 및 여관업(관광숙박업은 제외)
㉡ 주점업(일반유흥주점업, 무도유흥주점업 및 단란주점 영업만 해당하되, 외국인전용유흥음식점업 및 관광유흥음식점업은 제외),
㉢ 무도장, 카지노, 안마시술소, 마사지업

한편 창업중소기업에 해당하는 '업종'은 다음과 같다(동법 제6조 제3항).

① 광업, 제조업, 건설업, ② 하수·폐기물처리, 원료재생업, ③ 통신판매업, 정보통신업, ④ 물류산업, ⑤ 음식점업, 이용·미용업, ⑥ 인력공급 및 고용알선업, ⑦ 사회복지서비스업, 노인복지시설을 운영하는 사업, ⑧ 예술·스포츠 및 여가관련 서비스업, ⑨ 개인 및 소비용품 수리업, ⑩ 직업기술 분야를 교습하는 학원 또는 직업능력개발훈련시설을 운영하는 사업, ⑪ 관광숙박업 등이 있다. 그러나 ① 비디오물 감상실 운영업, 뉴스제공업, 블록체인 기반 암호화자산 매매 및 중개업, ② 변호사, 변리사, 법무사, 공인회계사, 세무사, 수의사, 행정사, 건축사, ③ 자영예술가, 오락장운영업, 수상오락서비스업, 사행시설 관리 및 운영업, 그 외 기타 오락관련 서비스업은 제외된다

2. 청년창업중소기업

청년창업중소기업이란 창업중소기업의 대표자가 창업 당시 34세 이하인 경우를 말한다. 만일 병역을 이행한 경우에는 그 기간(6년 한도)을 창업 당시 연령에서 빼고 계산한다. 법인으로 창업하는 경우에는 법인 발행주식총수 또는 출자총액의 1퍼센트 이상 소유하고 해당 법인의 최대주주 또는 최대출자자를 기준으로 한다(조세특례제한법 시행령 제5조 제1항).

3. 창업벤처중소기업

벤처기업 중 연구개발비가 당해 연도 수입금액의 5퍼센트 이상인 중소기업으로서 창업일부터 3년 이내에 벤처기업으로 확인받은 기업을 말한다(조세특례제한법 제6조 제2항 및 동법 시행령 제5조 제4항). 창업벤처중소기업이 영위하는 업종의 범위는 위의 창업중소기업의 범위와 동일하다(동법 제6조 제3항).

4. 창업보육센터업자

「중소기업창업 지원법」에 따라 창업자에게 작업장 등 시설을 저렴하게 제공하는 창업보육센터사업자(business incubator)로 지정받은 내국인을 말한다(조세특례제한법 제6조 제1항).

Ⅱ 소득세 또는 법인세 감면

1. 기본감면

1-1. 창업중소기업, 창업보육센터사업자

창업중소기업과 창업보육센터사업자에 대해서는 해당 사업에서 최초로 소득이 발생한 과세연도(사업개시일부터 5년이 되는 날이 속하는 과세연도까지 해당 사업에서 소득이 발생하지 않은 경우에는 5년이 되는 날이 속하는 과세연도)와 그 다음 과세연도의 개시일부터 4년 이내에 끝나는 과세연도까지 해당 사업에서 발생한 소득에 대한 소득세 또는 법인세에 다음의 구분에 따른 비율을 곱한 금액에 상당하는 세액을 감면한다(조세특례제한법 제6조 제1항).

① 청년창업중소기업의 경우

㉠ 수도권 외의 지역에서 창업한 청년창업중소기업 : 100퍼센트

㉡ 수도권(수도권 과밀억제권역 제외)에서 창업한 청년창업중소기업 : 75퍼센트

㉢ 수도권과밀억제권역에서 창업한 청년창업중소기업 : 50퍼센트

② 창업중소기업의 경우

㉠ 수도권 외의 지역에서 창업한 창업중소기업 : 50퍼센트

㉡ 수도권(수도권 과밀억제권역 제외)에서 창업한 창업중소기업 : 25퍼센트

③ 창업보육센터사업자의 경우 : 50퍼센트

* 수도권 : 서울특별시, 인천광역시, 경기도

** 수도권 과밀억제권역 : 서울특별시, 인천광역시(강화군·옹진군 등 제외), 의정부시, 고양시, 구리시, 남양주시(호평동·평내동·금곡등 등 일부만 해당), 하남시, 안양시, 부천시, 광명시, 군포시, 시흥시(반월특수지역 제외), 성남시, 과천시

1-2. 창업벤처중소기업

창업벤처중소기업의 경우에는 그 확인받은 날 이후 최초로 소득이 발생한 과세연도(벤처기업으로 확인받은 날부터 5년이 되는 날이 속하는 과세연도까지 해당 사업에서 소득이 발생하지 아니하는 경우에는 5년이 되는 날이 속하는 과세연도)와 그 다음 과세연도의 개시일부터 4년 이내에 끝나는 과세연도까지 해당 사업에서 발생한 소득에 대한 소득세 또는 법인세의 50퍼센트에 상당하는 세액을 감면한다(조세특례제한법 제6조 제2항).

1-3. 수입금액이 1억 400만원 이하인 경우

창업중소기업(청년창업중소기업은 제외)에 대해서는 최초로 소득이 발생한 과세연도와 그 다음 과세연도의 개시일부터 4년 이내에 끝나는 과세연도까지의 기간에 속하는 과세연도의 수입금액(과세기간이 1년 미만인 과세연도의 수입금액은 1년으로 환산한 총수입금액)이 1억 400만원 이하인 경우 그 과세연도에 대한 소득세 또는 법인세에 다음의 구분에 따른 비율을 곱한 금액에 상당하는 세액을 감면한다(조세특례제한법 제6조 제6항).

① 수도권 외의 지역에서 창업한 창업중소기업의 경우 : 100퍼센트 ② 수도권(수도권 과밀억제권역 제외)에서 창업한 창업중소기업 : 75퍼센트 ③ 수도권과밀억제권역에서 창업한 창업중소기업의 경우: 50퍼센트

2. 추가감면

업종별 최소고용인원 이상을 고용하는 창업중소기업, 창업보육센터사업자, 창업벤처중소기업의 감면기간 중 해당 과세연도의 상시근로자 수가 직전 과세연도의 상시근로자 수(직전 과세연도의 상시근로자 수가 업종별 최소고용인원에 미달하는 경우에는 업종별 최소고용인원)보다 큰 경우에는 해당 사업에서 발생한 소득에 대한 소득세 또는 법인세에 다음의 계산식에 따른 비율을 곱하여 산출한 금액을 감면세액에 더하여 감면한다. 다만, 100퍼센트 세액을 감면받는 과세연도에는 추가감면을 적용하지 않는다(조세특례제한법 제6조 제7항). 업종별 최소고용인원은 광업·제조업·건설업·물류산업의 경우 10인 이상이고, 그 밖의 업종 5인 이상이다(동법 시행령 제5조 제14항).

$$\frac{\text{해당 연도의 상시근로자수 - 직전 연도의 상시근로자 수}}{\text{직전 연도의 상시근로자 수}}$$

* 다만, 50퍼센트(75퍼센트 세액을 감면받는 과세연도의 경우에는 25퍼센트)을 한도로 하고, 1퍼센트 미만인 부분은 없는 것으로 본다.

3. 감면절차

법인세 또는 소득세의 과세표준을 계산하여 세액을 산출하고 감면세액을 차감한다. 소득세 또는 법인세를 감면받고자 하는 사람은 법인세 또는 종합소득세를 신고하는 때 과세표준신고와 함께 기획재정부령으로 정하는 세액감면신청서를 납세지 관할 세무서장에게 제출하여야 한다(조세특례제한법 제6조 제12항 및 동법 시행령 제5조 제26항).

Ⅲ 재산세 및 취득세 감면

1. 재산세 감면

1-1. 창업중소기업, 청년창업중소기업

수도권 과밀억제권역 외의 지역에서 창업하는 창업중소기업이 창업일로부터 4년 이내(청년창업중소기업의 경우에는 5년 이내)에 창업일 당시 업종의 사업에 직접 사용하기 위하여 취득한 부동산에 대해서는 창업일부터 3년간 재산세를 면제하고, 그 다음 2년간은 재산세의 50퍼센트를 경감한다(지방세특례제한법 제58조의3 제1항 제2호). 여기서 창업일이란 법인이 창업하는 경우에는 설립등기일을 말하고, 개인이 창업하는 경우에는 사업자등록일을 말한다(동법 시행령 제29조의2 제1항).

1-2. 창업벤처중소기업

창업벤처중소기업이 최초로 확인받은 날부터 4년 이내(청년창업벤처기업의 경우에는 5년 이내)에 창업일 당시 업종의 사업에 직접 사용하기 위하여 취득한 부동산에 대해서는 확인일부터 3년간 재산세를 면제하고, 그 다음 2년간은 재산세의 50퍼센트를 경감한다(지방세특례제한법 제58조의3 제2항 제2호).

2. 취득세 경감

2-1. 창업중소기업, 청년창업중소기업

수도권 과밀억제권역 외의 지역에서 창업하는 창업중소기업이 창업일로부터 4년 이내(청년창업중소기업의 경우에는 5년 이내)에 창업일 당시 업종의 사업을 계속 영위하기 위하여 취득하는 부동산에 대해서는 취득세의 75퍼센트를 경감한다(지방세특례제한법 제58조의3 제1항 제1호).

2-2. 창업벤처중소기업

창업벤처중소기업이 최초로 확인받은 날부터 4년 이내(청년창업벤처기업의 경우에는 5년 이내)에 창업일 당시 업종의 사업을 계속 영위하기 위하여 취득하는 부동산에 대해서는 취득세의 75퍼센트를 경감한다(지방세특례제한법 제58조의3 제2항 제1호).

3. 감면절차

재산세를 납부하거나 재산을 취득하는 때에 사업자등록증, 법인등기부등본, 벤처기업확인서 등 창업중소기업 및 창업벤처중소기업임을 확인할 수 있는 서류를 첨부하여 지방세감면신청서를 관할 지방자치단체의 장에게 제출하여야 한다(지방세특례제한법 제58조의3 제9항).

제3절 사업자의 유형

사업의 주체가 개인 또는 법인인지에 따라 개인사업자와 법인사업자로 구분된다. 또한 부가가치세 납세의무를 부담하는지에 따라 면세사업자와 과세사업자로 구분된다. 면세사업자는 부가가치세 납세의무 등 부가가치세법상 의무를 부담하지 않는 사업자이고, 과세사업자는 부가가치세 납세의무를 부담하는 사업자인데, 과세사업자는 다시 일반과세자와 간이과세자로 구분된다. 한편 복식부기에 의한 기장의무가 있는지에 따라 복식부기의무자와 간편장부대상자로 구분된다. 복식부기의무자는 사업에 관한 거래사실을 복식부기에 의하여 장부에 기록·관리하여야 하지만, 간편장부대상자는 간편장부를 갖춰 놓고 거래사실을 성실히 기재하면 장부를 비치·기록한 것으로 인정된다.

I 법인사업자와 개인사업자

1. 사업자등록절차

개인사업자는 사업자등록만 마치면 사업을 개시할 수 있으나, 법인사업자는 정관의 작성, 발기인의 출자 또는 주주의 모집 등 설립절차를 거쳐 법인설립등기를 갖춘 다음 사업자등록을 하여야 한다.

2. 수익의 귀속과 책임

개인사업자는 개인이 사업의 주체이므로 그 소득과 부채가 모두 개인의 것이지만, 법인

사업자는 그 구성원과는 별개의 법인격을 갖고 사업의 주체가 되므로 법인의 소득과 부채는 그 대표자나 구성원의 것이 아닌 법인의 것이 된다. 그리하여 개인사업자의 경우 대표자의 인건비는 필요경비에 산입되지 않으나, 법인사업자의 경우 대표자의 인건비는 손금에 산입된다.

개인사업자는 사업으로 인한 소득을 전부 챙길 수 있는 반면에 사업으로 인한 부채와 손실에 대하여 전적으로 책임을 져야 한다. 그러나 법인사업자의 경우 대표자라 할지라도 법인의 수입을 전부 가질 권리가 없고, 다만 법인의 사업으로 인한 부채와 손실에 대하여 대표자 등 구성원은 자신이 출자한 한도 내에서만 유한책임을 진다.

3. 세율

개인사업자에게는 6퍼센트 내지 45퍼센트의 소득세율이 적용되고, 법인사업자에게는 9퍼센트 내지 24퍼센트의 법인세율이 적용된다. 따라서 소득이 낮은 경우에는 개인사업자가 상대적으로 세율이 낮아 유리하고, 높으면 법인사업자에게 상대적으로 유리하다.

II 간이과세자

일반과세자의 경우 매출세액에서 매입세액을 공제하여 납부세액을 계산한다. 사업자는 재화·용역을 공급할 때 거래상대방으로부터 부가가치세를 거래징수하고 세금계산서를 발급하면 거래상대방은 그 발급받은 세금계산서에 의하여 자신의 매출세액에서 매입세액을 공제받는다. 그런데 영세한 사업자에 대해서는 부가가치세 부담을 경감하고 납세의 편의를 도모하기 위하여 부가가치세가 포함된 공급대가를 과세표준으로 하여 그 과세표준에 업종별로 정한 부가가치율과 세율을 적용하여 납부세액을 계산하는 특례를 인정하고 있다. 이러한 특례가 적용되는 사업자가 간이과세자이다.

1. 적용대상자

1-1. 직전 연도의 공급대가 합계액이 1억 400만원 미만인 개인사업자

간이과세 적용대상자는 직전 연도의 재화·용역의 공급대가의 합계액이 1억 400만원 미만인 사업자이다(부가가치세법 제61조 제1항 본문 및 동법 시행령 제109조 제1항). 다만, 과세유흥장소를 경영하는 사업자와 부동산임대사업자의 경우에는 해당 업종의 직전 연도의 공급대가의 합계액이 4,800만원 미만이어야 간이과세자가 될 수 있다(부가가치세법 제61조 제1항 단서 제3호).[22] 간이과세적용 기준금액은 공급가액이 아니라 부가가치세를 포함한 공급대가를 기준으로 한다. 또한 둘 이상의 사업장이 있는 사업자의 경우에는 그 둘 이상의 사업장의 직전 연도의 공급대가를 모두 합한 금액을 기준으로 한다(동항 제4호). 간이과세자는 개인사업자에 한하고, 법인사업자에게는 간이과세가 적용되지 않는다. 부가가치세법에서는 직전 연도의 공급대가의 합계액이 4,800만원 미만인 간이과세자와 4,800만원 이상 1억 400만원 미만인 간이과세자에 대하여 각각 그 규율을 달리하고 있다. 직전 연도 공급대가의 합계액이 4,800만원 미만인 간이과세자와 4,800만원 이상인 간이과세자의 차이점을 설명하면 다음과 같다.

(1) 세금계산서의 발급

직전 연도 공급대가의 합계액이 4,800만원 미만인 간이과세자(신규사업자로서 간이과세자로 하는 최초의 과세기간 중에 있는 사업자 포함)는 재화·용역을 공급하는 때에 세금계산서를 발급할 수 없고 그 대신 영수증을 발급하여야 한다(부가가치세법 제36조 제1항 제2호). 따라서 거래상대방은 세금계산서를 수취할 수 없으므로 매입세액공제를 받지 못한다. 그러나 직전 연도 공급대가의 합계액이 4,800만원 이상인 간이과세자는 세금계산서 발급의무가 있고, 거래상대방은 세금계산서를 수취하여 매입세액공제를 받을 수 있다.

(2) 신용카드 발급 등 세액공제와 세금계산서 불성실 가산세

직전 연도 공급대가의 합계액이 4,800만원 미만인 간이과세자가 재화·용역을 공급하고

22) 시(市) 지역(해당 지역의 읍·면 지역은 제외) 및 국세청장이 고시하는 지역에서 과세유흥장소를 경영하는 사업자와 시 지역(해당 지역의 읍·면 지역은 제외)에 소재하는 국세청장이 정하는 규모 이상의 부동산임대사업장을 경영하는 사업자는 해당 업종의 직전 연도의 공급대가를 불문하고 간이과세 적용대상에서 제외한다(부가가치세법 시행규칙 제7조 제2항 및 제3항).

세금계산서의 발급시기에 신용카드매출전표나 현금영수증 등 적격증빙서류를 발급하는 경우에는 연간 500만원을 한도로 발급금액 또는 결제금액의 1퍼센트에 해당하는 금액을 부가가치세 납부세액에서 공제받을 수 있다(부가가치세법 제46조 제1항). 반면에 직전 연도 공급대가의 합계액이 4,800만원 이상인 간이과세자는 재화·용역을 공급하면서 세금계산서를 발급하지 않거나 지연 발급하는 경우에는 세금계산서 불성실 가산세가 부과된다(동법 제68조의2 제1항 및 제60조 제2항 제1호 및 제2호).

(3) 장부의 기록 및 비치

직전 연도 공급대가의 합계액이 4,800만원 이상인 간이과세자는 일반과세자와 마찬가지로 자기의 납부세액 또는 환급세액과 관계되는 모든 거래사실을 장부에 기록하여 사업장에 갖추어 두어야 하지만(부가가치세법 제71조 제1항), 직전 연도 공급대가의 합계액이 4,800만원 미만인 간이과세자는 영수증 또는 발급받은 세금계산서를 보관하였을 때에는 장부기록의무를 이행한 것으로 본다(동법 시행령 제117조 제3항).

(4) 매출처별 세금계산서합계표 제출 등

직전 연도 공급대가의 합계액이 4,800만원 이상인 간이과세자는 세금계산서를 발급할 수 있으므로 과세표준 및 세액을 신고할 때 매입처별 세금계산서합계표 이외에 매출처별 세금계산서합계표도 제출할 의무가 있다(부가가치세법 제67조 제3항). 직전 연도 공급대가의 합계액이 4,800만원 미만이든 그 이상이든 간이과세자에 대하여는 면세농산물 등의 의제매입세액공제가 적용되지 않는다.

이상에서 언급한 바와 같이 직전 연도 공급대가의 합계액이 4,800만원 이상인 사업자는 부가가치세 납부세액을 계산할 때 간이과세 특례가 적용되고, 과세기간이 1년이며, 공제세액이 아무리 크더라도 환급을 받지 못하고, 의제매입세액공제가 적용되지 않는다는 점을 제외하고 일반과세자와 동일하다.

1-2. 신규사업자

신규로 사업을 시작한 개인사업자는 일반과세자와 간이과세자 중 하나를 선택할 수 있다(부가가치세법 제61조 제3항 및 제4항). 간이과세자로 사업자등록을 하고자 하는 사람은 사업자등록신청서와 함께 간이과세적용신청서를 제출해야 한다. 간이과세적용신고를 하지 않은 사업자는 일반과세자로 한다.

1-3. 적용배제

일반과세 사업장을 보유하고 있는 사업자, 간이과세 적용 배제업종을 경영하는 사업자는 공급대가 및 신규사업자인지 여부를 불문하고 간이과세가 적용되지 않는다(부가가치세법 제61조 제1항 단서 및 제4항 단서). 간이과세 적용 배제업종은 다음과 같다(동법 시행령 제109조 제2항).

> ① 광업
> ② 제조업. 다만, 과자점업, 도정업, 제분업, 떡방앗간, 양복점업, 양화점업 등 제외
> ③ 도매업(소매업을 겸영하는 경우는 포함하되, 재생용 재료수집 및 판매업은 제외) 및 상품중개업
> ④ 부동산매매업
> ⑤ 부동산임대업 중 시(읍·면 제외) 지역에 사업장을 둔 부동산임대업으로서 국세청장이 정하여 고시한 규모 이상의 사업
> ⑥ 과세유흥장소를 경영하는 사업으로 시(읍·면 제외) 지역에서 경영하는 사업
> ⑦ 전문직 서비스업(변호사, 공인회계사, 세무사, 의사, 약사 등)
> ⑧ 소득세법에 따른 복식부기의무자가 경영하는 사업
> ⑨ 전기 · 가스 · 증기 및 수도 사업
> ⑩ 건설업. 다만, 도배. 실내장식 및 내장 목공사업, 배관 및 냉·난방공사업 등 주로 최종소비자에게 직접 재화· 용역을 공급하는 사업은 제외
> ⑪ 전문 · 과학 및 기술서비스업과 사업시설 관리 · 사업지원 및 임대서비스업. 다만, 가정용품임대업, 인물사진 및 행사용 영상 촬영업, 복사업 등 주로 최종소비자에게 직접 재화·용역을 공급하는 사업은 제외
> ⑫ 재화의 공급으로 보지 않는 사업의 양도에 따라 일반과세자로부터 양수한 사업. 다만, 간이과세 배제업종에 해당하지 않는 경우로서 사업의 양수 이후 공급대가의 합계액이 기준금액에 미달하는 경우는 제외

2. 과세유형의 변경

2-1. 의의

(1) 과세유형의 적용기간

1) 일반적인 경우

직전 연도의 공급대가의 합계액이 간이과세 기준금액에 미달하면 간이과세가 적용되고 그 이상이 되면 간이과세가 적용되지 않는다. 간이과세가 적용되거나 적용되지 않게 되는

기간은 1역년[23]의 공급대가의 합계액이 기준금액에 미달하거나 그 이상이 되는 해의 다음 해의 7월 1일부터 그다음 해의 6월 30일까지로 한다(부가가치세법 제62조 제1항). 연간 공급대가의 합계액이 기준금액에 미달하는지 여부는 다음 해 신고납부기한이 도래해야 확인할 수 있으므로 그에 따른 과세유형의 적용기간을 다음 해 7월 1일부터 개시하여 그다음 해 6월 30일까지로 한 것이다.

사 례

과세유형의 변경

① 일반과세자인 A의 2021년 공급대가의 합계액이 1억 400만원에 미달한 경우 2022. 7. 1.부터 2023. 6. 30.까지 간이과세가 적용된다. 따라서 2022년도에는 1. 1.부터 6. 30.까지는 일반과세가 적용되고, 7. 1.부터 12. 31.까지는 간이과세가 적용된다.

② 만일 2022년 공급대가의 합계액이 1억 400만원 이상인 경우 2023. 7. 1.부터 간이과세가 적용되지 않는다. 따라서 2023년도에는 1. 1부터 6. 30.까지는 간이과세가 적용되고, 7. 1.부터 12. 31.까지는 일반과세가 적용된다.

2) 신규사업자의 경우

직전 과세기간에 신규로 사업을 시작한 개인사업자에 대해서는 그 사업개시일부터 그 과세기간 종료일까지의 공급대가를 합한 금액을 12개월로 환산한 금액을 기준으로 기준금액에 미달하는지 여부를 판단한다. 이 경우 1개월 미만의 끝수가 있으면 1개월로 한다(부가가치세법 제61조 제2항). 신규사업자의 경우 간이과세가 적용되거나 적용되지 않게 되는 기간은 최초로 사업을 개시한 해의 다음 해의 7월 1일부터 그다음 해의 6월 30일까지로 한다(동법 제62조 제2항).

사 례

2021. 5. 1. 사업을 개시하여 12. 31.까지 공급대가의 합계액이 9,000만원인 경우

① 간이과세 적용 여부 : 공급대가의 연환산액 9,000만원 × (12/8) = 1억 3,500만원

② 과세유형의 적용기간 : 2022. 6. 30.까지는 간이과세가 적용되고 2022. 7. 1.부터 2023. 6. 30.까지 일반과세가 적용된다.

23) '1역년'이란 달력에 의한 1년, 즉 1월 1일부터 12월 31일까지를 말한다.

(2) 과세유형의 변경통지

과세유형이 변경되는 경우 해당 사업자의 관할 세무서장은 그 변경되는 과세기간 개시 20일 전까지 그 사실을 통지하여야 하며, 사업자등록증을 정정하여 과세기간 개시 당일까지 발급하여야 한다(부가가치세법 시행령 제110조 제1항).

2-2. 간이과세의 포기 및 재적용

(1) 간이과세의 포기

간이과세의 적용을 포기하고 일반과세를 적용받고자 하는 경우 일반과세를 적용받으려는 달의 전달의 마지막 날까지 관할 세무서장에게 간이과세포기신고를 하여야 한다(부가가치세법 제70조 제1항). 신규로 사업을 시작하는 개인사업자도 사업자등록을 신청할 때 관할 세무서장에게 간이과세의 적용을 포기하고 일반과세의 적용을 신고할 수 있다(동조 제2항). 간이과세의 적용을 포기하면 공급대가 합계액이 기준금액 미만이 되더라도 간이과세자로 전환되지 않으므로 신규사업자도 일정 기간 일반사업자의 지위를 유지하기 위하여 간이과세포기를 할 수 있다.

직전 연도의 공급대가의 합계액이 4,800만원 미만인 간이과세자는 세금계산서를 발급하지 못하는데, 거래상대방인 사업자가 매입세액공제를 받기 위하여 세금계산서의 발급을 요구하는 경우 그 거래상대방과 계속 거래하기 위해서는 간이과세의 적용을 포기할 수밖에 없다. 또한 간이과세의 적용으로 발생하는 누적효과를 제거하기 위하여 포기하기도 한다. 누적효과란 거액의 매입세액이 있을 경우 간이과세가 적용되어 일반과세자와 같은 매입세액공제를 받지 못함으로써 오히려 일반과세자보다 더 많은 부가가치세를 부담하게 되는 효과를 말한다. 예를 들어, 신규사업자가 대규모 설비투자를 한 경우에는 일반과세자와 같은 매입세액공제를 받기 위해 간이과세의 적용을 포기하고 일반과세의 적용을 신고할 수 있다.

간이과세포기신고를 하면 해당 사업장은 포기신고를 한 달의 다음 달 1일부터 일반과세자로 전환된다. 간이과세 포기신고일이 속하는 과세기간의 개시일부터 포기신고일이 속하는 달의 말일까지, 포기신고일이 속하는 달의 다음 달 1일부터 해당 과세기간의 종료일까지 각각 1기의 과세기간으로 본다. 앞의 기간은 간이과세자의 과세기간이고, 뒤의 기간은 일반과세자의 과세기간이 된다.

(2) 간이과세의 재적용

간이과세의 적용을 포기하면 간이과세 포기를 적용받고자 하는 달의 1일(신규사업자는 사업개시일이 속하는 달의 1일)부터 3년이 되는 날이 속하는 과세기간까지 간이과세를 다시 적용받을 수 없다(부가가치세법 제70조 제3항). 간이과세를 포기한 사업자가 위 기간이 지난 후 다시 간이과세를 적용받으려면 해당 과세기간 직전 1역년의 공급대가의 합계액이 기준금액에 미달하여야 하고, 그 적용받으려는 과세기간 개시 10일 전까지 간이과세적용신고를 하여야 한다(동법 시행령 제116조 제2항).

그러나 간이과세포기신고를 한 개인사업자 중 직전 연도의 공급대가의 합계액이 4,800만원 이상 1억 400만원 미만인 개인사업자로서 다음의 어느 하나에 해당하는 사람은 위의 3년이 되는 날이 속하는 과세기간 이전이라도 간이과세를 다시 적용받을 수 있다(동법 제70조 제4항 및 동법 시행령 제116조 제3항).

① 간이과세 포기 당시 직전 연도의 공급대가 합계액이 4,800만원 미만이었던 사람
② 간이과세 포기 당시 신규사업자로서 간이과세자로 하는 최초의 과세기간 중에 있던 사람

3. 일반과세자와 간이과세자의 차이

3-1. 부가가치세 납부세액

(1) 일반과세자의 경우

공급가액을 과세표준으로 하고 공급가액에 세율을 적용하여 계산한 매출세액에서 매입세액을 공제하여 납부세액을 산출한다.

납부세액 = 매출세액(공급가액의 합계액 × 10%) – 매입세액
* 공급가액은 부가가치세를 제외한 금액이다.

(2) 간이과세자의 경우

1) 납부세액의 계산

부가가치세가 포함된 공급대가를 과세표준으로 하고, 공급대가에 업종별로 정한 부가가치율과 세율을 적용하여 납부세액을 산출한다(부가가치세법 제63조 제2항 및 제3항).

납부세액 = (공급대가의 합계액 × 부가가치율 × 10%) − 공제세액
* 공급대가는 부가가치세를 포함한 금액이다.

2) 부가가치율

업종별 부가가치율은 다음과 같다(부가가치세법 시행령 제111조 제2항).

① 소매업, 재생용 재료수집 및 판매업, 음식점업 : 15퍼센트
② 제조업, 농업·임업 및 어업, 소화물 전문 운송업 : 20퍼센트
③ 숙박업 : 25퍼센트
④ 건설업, 운수업 및 창고업(소화물 전문 운송업 제외), 정보통신업 : 30퍼센트
⑤ 금융 및 보험 관련 서비스업, 전문·과학 및 기술서비스업(인물사진 및 행사용 영상 촬영업 제외), 사업시설관리·사업지원 및 임대서비스업, 부동산 관련 서비스업, 부동산임대업 : 40퍼센트
⑥ 그 밖의 서비스업 : 30퍼센트

3) 납부세액에서 공제할 세액

간이과세자가 다른 사업자로부터 세금계산서, 매입자발행세금계산서, 신용카드매출전표 등을 발급받아 매입처별 세금계산서합계표 또는 신용카드매출전표등수령명세서를 납세지 관할 세무서장에게 제출하는 경우에는 해당 과세기간에 세금계산서 등을 발급받은 재화·용역의 공급대가(매입세액공제가 되지 않는 재화·용역의 공급대가 제외)에 0.5퍼센트를 곱한 금액을 납부세액에서 공제한다(부가가치세법 제63조 제3항 제1호). 간이과세자가 제출한 매입처별 세금계산서합계표의 기재사항 중 거래처별 등록번호, 공급가액의 전부 또는 일부가 적히지 않았거나 사실과 다르게 적힌 경우에는 위의 세액공제를 적용하지 않는다(동법 시행령 제114조 제5항).

공제세액 = 세금계산서 등을 발급받은 재화·용역의 공급대가 합계액 × 0.5퍼센트

간이과세자는 일반과세자와 같은 매입세액공제를 받을 수 없으며, 공급대가에 0.5퍼센트를 곱한 금액을 납부세액에서 공제받을 뿐이다. 또한 간이과세자는 공제세액이 납부세액을 초과하더라도 그 초과 부분은 없는 것으로 보아 환급을 받을 수 없다(동법 제63조 제6항). 직전 연도의 공급대가 합계액이 4,800만원 미만인 간이과세자는 물론이고 4,800만원 이상인 간이과세자도 마찬가지이다.

사 례

소매업을 경영하는 개인사업자 A가 20,000원(부가가치세 제외)에 매입하여 30,000원(부가가치세 제외)에 매출하였다면, A가 일반과세자인 경우와 간이과세자인 경우의 각각의 부가가치세액을 계산하면 다음과 같다.

① 일반과세자 : (30,000원 × 10%) - (20,000원 × 10%) = 3,000원 - 2,000원 = 1,000원
② 간이과세자 : (33,000원 × 15% × 10%) - (22,000원 × 0.5%) = 495원 - 110원 = 385원

3-2. 세금계산서의 발급

일반과세자는 세금계산서를 발급할 수 있으나, 직전 연도 공급대가의 합계액이 4,800만원 미만인 간이과세자는 세금계산서를 발급할 수 없으며 영수증만 교부할 수 있다. 따라서 세금계산서를 요구하는 사업자와 거래하기 위해서는 일반과세자로 과세유형을 변경할 필요가 있다. 그러나 4,800만원 이상 1억 400만원 미만인 간이과세자는 세금계산서 발급 의무가 있다.

3-3. 납부의무의 면제

해당 과세기간의 공급대가의 합계액이 4,800만원 미만인 간이과세자의 경우 부가가치세 납부의무가 면제된다(부가가치세법 제69조 제1항). 신규개시 간이과세자의 경우에는 사업개시일부터 과세기간말까지의 공급대가의 합계액을 12개월로 환산한 금액을 기준으로 판단하고, 1개월 미만의 끝수가 있으면 1개월로 한다(동조 제3항). 납부의무가 면제되는 간이과세자가 사전납부한 경우에는 관할 세무서장은 납부한 금액을 환급하여야 한다(동조 제4항). 부가가치세 납부의무만 면제되고 신고의무, 재고납부세액 납부의무는 있다.

Ⅲ 면세사업자

1. 의의

면세란 재화·용역의 공급에 대한 부가가치세의 납세의무를 면제하는 것을 말한다. 부가가치세 납세의무를 면제받는 사업자를 면세사업자라고 한다. 면세제도는 사업자의 부가가치세 납세의무를 경감해 주기 위한 것이 아니라 재화·용역을 구매하는 최종소비자의 부가가치세 부담을 경감하기 위한 것이다. 그리하여 부가가치세법에서는 기초생활필수 재화·용역, 국민후생용역 등을 면세대상으로 하여 부가가치세의 역진성을 완화하고 있다(동법 제26조 제1항).

면세사업자는 부가가치세법상 사업자가 아니므로 부가가치세법상 신고의무나 납부의무를 부담하지 않는다. 또한 부가가치세법상 사업자등록, 장부의 작성·보관, 세금계산서의 발급, 매출처별 세금계산서합계표의 제출의무도 부담하지 않는다. 다만, 면세사업자도 세금계산서를 발급받은 경우 매입처별 세금계산서합계표를 제출하여야 한다. 그러나 면세사업자도 소득세법이나 법인세법상의 의무는 당연히 부담한다. 따라서 면세사업자도 소득세법이나 법인세법상 신고의무와 납부의무를 부담하며, 소득세법이나 법인세법에 따른 사업자등록, 장부의 작성·보관, 계산서의 발급과 제출의무 등을 부담한다.

면세사업자는 재화·용역을 공급할 때 세금계산서를 발급할 수 없고, 그 대신 계산서를 발급한다. 면세사업자는 납부하는 부가가치세(과세표준)가 없으므로 매입세액공제를 받지 못하고 매입세액이 매출세액보다 많더라도 환급을 받지 못한다. 이처럼 면세사업자는 재화·용역을 생산하거나 취득하기 위하여 부담한 매입세액을 공제받지 못하므로 자신이 부담한 매입세액을 해당 면세 재화·용역을 공급할 때 그 가격에 포함시켜 거래상대방에게 전가하는 경향이 있다. 그러나 면세사업자이더라도 필요경비 또는 손금에 산입하기 위해서는 세금계산서를 수취할 필요가 있다.

2. 면세의 대상

2-1. 기초생활필수 재화·용역

① 미가공식료품(국산과 외산 불문), ② 국내 생산 비식용 농·축·수·임산물로서 미가공된 것, ③ 수돗물, 연탄, ④ 여성용 생리처리 위생용품, ⑤ 여객운송용역 등은 면세이다(부가가치세법 제26조 제1항 제1호 내지 제4호 및 제7호).

참 조

기초생활필수 재화·용역

① 미가공식료품

미가공식료품이란 가공되지 않거나 탈곡, 제분, 정미, 정맥, 정육, 염장, 건조, 냉동 포장 등 원생산물 본래의 성질을 변하지 않을 정도의 1차 가공 과정을 거쳐 식용으로 제공되는 농산물, 축산물, 수산물 또는 임산물을 말한다(부가가치세법 시행령 제34조 제1항). 예를 들어, 우유는 미가공식료품이므로 면세이지만, 바나나우유·맛김·볶거나 조미한 멸치·조미하여 건조한 쥐치포 등은 가공식료품이므로 과세대상이 된다.

미가공식료품에는 단순가공식료품이 포함된다. 단순가공식료품이란 김치, 두부, 데친 채소류, 단무지, 장아찌, 젓갈, 게장, 메주, 간장, 된장, 고추장 등이다. 단순가공식료품은 가공된 상태이지만 생활필수품임을 고려하여 면세로 한 것이다. 그러나 단순가공식료품이더라도 제조시설을 갖추고 판매목적으로 독립된 거래단위로 관입·병입 또는 이와 유사한 형태로 포장하여 공급하는 경우에는 과세대상이 된다. 예를 들어, 공장에서 제조시설을 갖추고 개별 포장하여 생산·판매하는 김치, 두부, 고추장 등은 과세대상이다. 다만, 단순하게 운반의 편의를 위하여 일시적으로 관입·병입 등 포장을 한 경우는 면세이다(동법 시행규칙 제24조 제1항).

② 비식용 농산물 등

비식용 농산물 등은 국내산만 면세이고 외국산은 과세이다. 예를 들어, 국내 생산 애완견·열대어·갯지렁이는 비식용 축산물·수산물로서 면세이지만, 수입한 애완용 고양이는 외국산 비식용 축산물로서 과세대상이 된다.

③ 여객운송용역

시내버스, 시외버스, 지하철, 일반철도 등에 의한 여객운송용역은 면세이다(부가가치세법 제26조 제1항 제7호 본문). 그러나 항공기, 고속버스, 전세버스, 택시, 고속철도에 의한 여객운송용역과 유람선 등 관광 또는 유흥 목적의 운송수단에 의한 여객운송용역은 과세대상이다(동호 단서 및 동법 시행령 제37조).

2-2. 국민 후생 관련 재화·용역

① 의료보건용역과 혈액, ② 학원 등의 교육용역, ③ 우표·인지·증지·복권, 공중전화, ④ 주택 및 부수 토지의 임대용역 등은 면세이다(부가가치세법 제26조 제1항 제5호, 제6호, 제9호, 제12호).[24)]

참 조

국민 후생 관련 재화·용역

① 의료보건용역

의사, 치과의사, 한의사, 조산사 또는 간호사가 제공하는 용역은 면세이다. 다만, 「국민건강보험법」에 따라 요양급여의 대상에서 제외되는 성형수술(쌍꺼풀수술, 여드름·기미 제거수술, 치아성형 등)은 과세대상이 된다. 수의사가 제공하는 용역 중 ㉠ 가축(소·돼지·닭 등), ㉡ 수산동물, ㉢ 장애인 보조견, ㉣ 기초생활수급자가 기르는 동물에 대한 진료용역에 한하여 면세이다. 따라서 수의사의 애완동물 진료용역은 과세대상이 된다. 약사가 제공하는 의약품의 조제용역은 면세이지만, 의약품 판매는 과세대상이 된다. 한편 접골사, 안마사, 임상병리사, 방사선사, 물리치료사, 작업치료사, 치과기공사 또는 치과위생사, 응급환자이송업자, 장의업자, 분뇨수집·운반업의 허가를 받은 사업자, 소독업의 신고를 한 사업자 등이 제공하는 용역도 면세이다(부가가치세법 시행령 제35조).

② 교육용역

교육을 소비로 볼 수 없으므로 교육용역은 면세이다. 면세하는 교육용역은 주무관청의 인·허가를 받거나 등록·신고된 학교, 학원, 훈련원, 교습소 또는 그 밖의 비영리단체, 청소년수련시설, 산학협력단 등에서 학생 등에게 지식, 기술 등을 가르치는 것을 말한다(부가가치세법 시행령 제36조 제1항). 교육용역을 제공하면서 필요한 교재·교육용구의 대가를 수강료 등에 포함하여 받거나 별도로 받는 경우에는 주된 용역인 교육용역에 부수되는 재화·용역으로서 면세한다. 그러나 무도학원, 자동차운전학원에서 제공하는 교육용역은 과세대상이 된다(동조 제2항).

③ 주택의 임대용역

주택과 이에 부수되는 토지의 임대용역은 면세이다. 주택이란 상시주거용(사업을 위한 주거용의 경우는 제외)으로 사용하는 건물을 말하고, 주택에 부수되는 토지는 ㉠ 주택의 연면적(지하층의 면적, 지상층의 주차용으로 사용되는 면적 및 주민공동시설의 면적은 제외)과 ㉡ 건물정착면적의 5배(도시지역 밖의 토지의 경우에는 10배)를 곱하여 산정한 면적 중 넓은 면적을 초과하지 않는 토지를 말한다(부가가치세법 시행령 제41조 제1항).

---

24) 의료법에 따른 면허나 자격이 없는 사람이 제공하는 의료용역, 주무관청의 인·허가 등을 받지 않고 제공하는 교육용역은 과세대상이 된다.

2-3. 문화 관련 재화·용역

도서(도서대여 및 실내 도서열람 용역을 포함), 신문, 잡지, 관보, 뉴스통신 및 방송은 면세이다. 다만, 광고는 과세대상이다(부가가치세법 제26조 제1항 제8호). 예술창작품(골동품은 제외)·예술행사·문화행사 또는 아마추어 운동경기는 면세이고(동항 제16호), 도서관·과학관·박물관·미술관·동물원·식물원·민속문화자원을 소개하는 장소·전쟁기념관에 입장하게 하는 것은 면세이다(동법 제26조 제1항 제17호 및 동법 시행령 제44조).

2-4. 부가가치의 구성요소인 재화·용역

금융·보험용역, 토지의 공급, 저술가·작곡가 등의 직업상 제공하는 인적 용역은 면세이다(부가가치세법 제26조 제1항 제11호, 제14호, 제15호).

참 조

부가가치세 구성요소인 재화·용역

① 금융·보험용역

은행업무, 집합투자업·신탁업·투자매매업·투자중개업, 상호저축은행업, 신용보증기금업, 보험업, 여신전문금융업 등에 해당하는 역무 및 그 부수 업무는 면세이다. 그러나 ㉠ 복권·입장권·상품권 등의 판매대행 용역, ㉡ 기업합병 또는 기업매수의 중개·주선·대리, ㉢ 부동산 임대용역 등은 면세하는 금융·보험용역으로 보지 않는다(부가가치세법 시행령 제40조 제4항 및 동법 시행규칙 제28조).

② 토지의 공급 및 부동산임대용역

토지의 공급은 면세이다(부가가치세법 제26조 제1항 제14호). 그러나 토지의 임대용역은 과세대상이 된다. 다만, 주택에 부수하는 토지의 임대용역은 면세이다(동항 제12호). 국민주택(전용면적 85제곱미터 이하인 주택)의 공급 및 건설용역(리모델링 포함)은 면세이다(조세특례제한법 제106조 제1항 제4호). 그러나 국민주택규모를 초과하는 주택의 공급, 상가의 공급 및 임대용역은 과세대상이다.

③ 직업상 제공하는 인적 용역

㉠ 저술·서화·음악·무용··만화·배우·성우·가수, ㉡ 연예에 관한 감독·연출·촬영·조명, ㉢ 건축감독·학술용역, ㉣ 음악·무용·요리·바둑의 교수용역, ㉤ 직업운동가·기수·운동지도가(심판 포함), ㉥ 접대부·댄서, ㉦ 보험모집의 용역, 서적·음반 등의 외판용역, ㉧ 저작권료를 받는 용역, ㉨ 고용관계없이 다수인에게 강연을 하고 강연료 등의 대가를 받는 용역, ㉩ 방송 등을 통하여 해설·연기·심사를 하고 사례금 등의 대가를 받는 용역, ㉪ 장애인보조견 훈련용역, ㉫ 학술연구용역 등 직업상 제공하는 인적 용역은 면세이다(부가가치세법 제26조 제1항 제15호). 이러한 인적 용역은 근로의 제공과 그 성격이 유사하다고 보고 면세대상에 포함한 것이다. 그러나 변호사, 공인회계사, 세무사, 변리사, 법무사 등 전문직의 용역은 과세대상이다. 다만, 국선변호인의 국선변호, 국선대리인의 국선대리, 법률구조는 면세이다.

2-5. 국가 등이 공급하는 재화·용역

국가·지방자치단체·지방자치단체조합이 공급하는 재화·용역, 종교·자선·학술·구호 기타 공익단체가 실비 또는 무상으로 공급하는 재화·용역 등은 면세이다(부가가치세법 제26조 제1항 제18호 내지 제20호). 그러나 국가, 지방자치단체 또는 지방자치단체조합이 공급하는 재화 또는 용역이라고 하더라도 ① 우정사업조직이 제공하는 소포우편물을 방문접수하여 배달하는 용역(우체국택배)과 우편주문판매를 대행하는 용역, ② 고속철도에 의한 여객운송용역, ③ 부동산임대업, 도매·소매업, 음식점업·숙박업, 골프장·스키장 운영업, 기타 스포츠시설 운영업[25]은 사기업과 경쟁관계에 있으므로 면세대상에서 제외하고, ④ 의료보건용역 중 면세되지 않는 미용목적의 진료용역과 수의사용역은 과세대상이 된다(동법 시행령 제46조).

3. 사업장 현황신고

면세사업자는 부가가치세 신고의무가 없는 대신에 매년 2. 10.까지 전년도 사업의 수입금액과 필요경비 내역을 사업장의 기본사항과 함께 신고하여야 한다(소득세법 제78조 제1항). 다만, 면세사업자 가운데 보험모집인과 음료품배달원은 사업장 현황신고 대상에서 제외한다(동법 시행령 제141조 제4항). 사업장 현황신고를 하는 사업자는 사업장현황신고서와 함께 수입금액 검토표, 매입·매출처별 계산서합계표, 매입처별 세금계산서합계표, 부동산임대차계약서(부동산임대업의 경우) 등 관련 서류를 첨부하여 제출하여야 한다(동법 제78조 제1항 및 동법 시행령 제141조 제2항).

의료업·수의업·약사업을 행하는 사업자가 사업장 현황신고를 하지 않거나 수입금액을 과소 신고한 경우에는 미신고하거나 과소 신고한 수입금액의 0.5퍼센트에 해당하는 '사업장 현황신고 불성실 가산세'를 납부하여야 한다(동법 제81조의3 제1항 및 동법 시행령 제147조의2). 또한 소규모사업자[26]를 제외한 사업자가 매입·매출처별 계산서합계표, 매입처별 세금계산서합계표를 제출하지 않는 경우에는 공급가액의 0.5퍼센트(제출기한이 지난 후

25) 다만, 국방부·국군이 군인·군무원·그 직계존비속 등에게 제공하는 소매업·음식점업·숙박업·스포츠시설 운영업, 국가 등이 그 소속 직원에게 구내식당을 직접 경영하여 음식을 공급하는 용역은 제외한다(부가가치세법 시행령 제46조 제3호 단서).

26) 소규모사업자란 원천징수되는 소득만 있는 사업자, 간편장부대상자로서 직전 과세기간의 사업소득의 수입금액이 4,800만원 미만인 사업자, 신규사업자를 말한다(부가가치세법 시행령 제147조의6 제1항).

1개월 이내에 제출하는 경우 0.3퍼센트)에 해당하는 '계산서 등 제출불성실 가산세'를 납부하여야 한다(동법 제81조의10 제1항 제2호·제3호 및 동법 시행령 제147조의6 제1항).

참 조

영세율

영세율은 부가가치세율이 0인 경우를 말한다. 과세대상인 재화·용역의 공급에 대하여 0의 세율을 적용하는 경우이다. 영세율은 재화를 수출하는 것과 같이 국가 간 재화의 이동에 대하여 소비지국 과세원칙(destination principle of taxation)을 실현하기 위하여 적용한다. 영세율과 면세를 비교하면 다음과 같은 차이가 있다.

구분	영세율	면세
의의	일정한 과세거래에 0%의 세율 적용	일정한 거래에 부가가치세 납세의무 면제
취지	소비지국 과세원칙의 구현	부가가치세의 역진성 완화
적용대상	수출재화 등	기초생활필수 재화·용역 등
과세표준/매출세액	과세표준에는 포함되지만, 영의 세율이 적용되므로 매출세액을 부담하지 않음 → 공급받는 사람은 거래징수를 면함	과세표준이 없으므로 거래징수할 매출세액이 없음 → 공급받는 사람은 거래징수 없음
매입세액 공제·환급	영세율 사업자는 매입세액 전액 공제·환급	면세사업자는 매입세액 공제·환급 불가
사업자	부가가치세법상 사업자임	부가가치세법상 사업자가 아니므로 부가가치세법상 의무 부담 없음

Ⅳ 간편장부대상자와 복식부기의무자

사업자는 소득금액을 계산할 수 있도록 증빙서류 등을 갖춰 놓고 그 사업에 관한 모든 거래 사실이 객관적으로 파악될 수 있도록 복식부기에 따라 장부에 기록·관리하여야 한다(소득세법 제160조 제1항). 복식부기는 자산, 자본, 부채, 수익 및 비용 등의 증감 과정과 그 결과를 계정과목을 통하여 차변과 대변으로 구분하여 이중으로 기록하는 부기형식을 말한다. 복식부기에서는 거래의 이중성을 전제로 차변과 대변의 금액의 합계가 일치하는 대차평균의 원리가 성립하므로 복식부기는 자기통제기능 또는 자동검증기능을 수행한다.

그러나 업종별 수입금액이 일정 금액 미만인 영세사업자가 간편장부를 갖춰 놓고 그 사업에 관한 거래 사실을 성실히 기재한 경우에는 장부를 비치·기록한 것으로 보는데, 이를 간편장부대상자라고 한다(소득세법 제160조 제2항). 간편장부는 복식부기와는 달리 단일 장부에 수입·지출을 발생 시간의 순으로 기록하는 약식장부이다. 영세사업자는 회계지식이 부족하고 세무대리인을 선임하거나 전문 직원을 고용할 자금 여력이 충분하지 않아 복식부기에 따라 장부를 작성할 능력이 현저히 떨어진다. 이러한 영세사업자도 비교적 용이하게 작성할 수 있도록 하여 불필요한 납세협력비용을 줄이고자 국세청장이 마련한 것이 간편장부이다(동법 시행령 제208조 제9항). 간편장부대상자 이외의 사업자를 복식부기의무자라고 한다.

1. 간편장부대상자

간편장부대상자는 복식부기에 의하여 장부를 기록·관리할 의무가 없는 사업자를 말하는데, ① 해당 과세기간의 신규사업자와 ② 직전 과세기간의 수입금액(결정 또는 경정으로 증가된 수입금액을 포함하며, 사업용 유형자산을 양도함으로써 발생한 수입금액은 제외)이 다음의 금액 미만인 사업자가 여기에 해당한다(소득세법 제160조 제2항 및 동법 시행령 제208조 제5항 본문).

업종	직전 연도의 수입금액
농업·임업·어업·광업, 도·소매업(상품중개업 제외), 부동산매매업	3억원
제조업, 숙박 및 음식점업, 전기·가스·증기 및 공기조절 공급업, 수도·하수·폐기물처리·원료재생업, 건설업(비주거용 건물 건설업 제외), 부동산개발 및 공급업(주거용 건물 개발 및 공급업에 한정), 운수업 및 창고업, 정보통신업, 금융 및 보험업, 상품중개업	1억 5천만원
부동산임대업, 부동산업(부동산매매업 제외), 전문·과학 및 기술서비스업, 사업시설관리·사업지원 및 임대서비스업, 교육서비스업, 보건업 및 사회복지서비스업, 예술·스포츠 및 여가 관련 서비스업, 협회 및 단체·수리 및 기타 개인서비스업, 가구내 고용활동	7,500만원

2. 복식부기의무자

간편장부대상자가 아닌 사업자는 모두 복식부기의무자이다(소득세법 제160조 제3항). 그러나 변호사, 변리사, 법무사, 공인회계사, 세무사, 감정평가사, 건축사, 공인노무사, 의사, 한의사, 약사, 수의사 등 전문직 서비스업을 영위하는 사업자는 신규사업자인지를 불문하고 또한 위의 기장의무 기준금액에 미달하여도 간편장부대상자가 될 수 없으며 복식부기의무자에 해당한다(동법 시행령 제208조 제5항 단서).

3. 기장세액공제와 무기장가산세

3-1. 기장세액공제

간편장부대상자가 소득세 확정신고를 할 때 복식부기에 따라 기장하여 소득금액을 계산하고 증빙서류를 제출하는 경우에는 해당 장부에 의하여 계산한 사업소득금액이 종합소득금액에서 차지하는 비율을 종합소득 산출세액에 곱하여 계산한 금액의 20퍼센트에 해당하는 금액을 종합소득 산출세액에서 공제한다. 다만, 공제세액이 100만원을 초과하는 경우에는 100만원을 공제한다(소득세법 제56조의2 제1항).

$$\text{기장세액공제액} = \text{종합소득산출세액} \times \frac{\text{기장된 사업소득금액}}{\text{종합소득금액}} \times 20\%$$

그러나 ① 비치·기록한 장부에 의하여 신고하여야 할 소득금액의 20퍼센트 이상을 누락하여 신고한 경우, ② 기장세액공제와 관련된 장부 및 증빙서류를 해당 확정신고기간 종료일부터 5년간 보관하지 않은 경우[27]에는 기장세액공제를 적용하지 않는다(동조 제2항 본문).

3-2. 무기장가산세(장부의 기록·보관 불성실가산세)

사업자가 장부(간편장부대상자의 경우 간편장부 포함)를 비치·기록하지 않거나 비치·기록한 장부에 따른 소득금액이 기장하여야 할 금액에 미달한 경우에는 다음 계산식에 따라 계산한 금액을 가산세로 해당 과세기간의 종합소득 결정세액에 더하여 납부하여야 한다(소득세법 제81조의5). 다만, 신고불성실가산세(무신고가산세 또는 과소신고가산세)가 동시에 적용되는 경우에는 그 중 가산세액이 큰 가산세만 적용하고 가산세액이 같은 경우에는 신고불성실가산세만 적용한다(국세기본법 제47조의2 제6항 및 제47조의3 제6항).

$$\text{무기장가산세} = \text{종합소득산출세액} \times \frac{\text{무기장·미달기장 소득금액}}{\text{종합소득금액}} \times 20\%$$

그러나 간편장부대상자로서 일정한 소규모사업자에 대하여는 무기장가산세가 적용되지 않는다. 여기서 일정한 소규모사업자란 다음 중 어느 하나에 해당하는 사람을 말한다(동법 시행령 제147조 제1항 및 제132조 제4항).

① 해당 과세기간에 신규로 사업을 개시한 사업자

② 직전 과세기간의 사업소득의 수입금액(결정 또는 경정으로 증가된 수입금액을 포함)이 4,800만원에 미달하는 사업자

③ 보험모집인, 방문판매원(후원 방문판매원 포함), 음료품배달원으로서 연말정산하는 사업소득만 있는 사업자

* 연말정산하는 사업소득만 있는 사업자란 ㉠ 해당 과세기간에 신규로 사업을 개시한 사업자 또는 ㉡ 해당 사업소득만 있는 사업자로서 직전 과세기간 수입금액이 7,500만원 미만인 사업자를 말하고, 이러한 사업자에게 사업소득을 지급하는 원천징수의무자는 해당 과세기간의 사업소득 금액에 대하여 연말정산하여 소득세를 징수한다.

---

27) 다만, 천재지변, 화재·전쟁의 피해를 입거나 도난을 당한 경우에는 그렇지 않다(소득세법 제56조의2 제2항 단서 및 동법 시행령 제116조의3 제2항).

4. 추계신고

4-1. 의의

사업소득금액은 장부를 기준으로 필요경비를 차감해서 계산하는 것이 원칙이나, 장부를 작성하지 않으면 필요경비를 산정할 수 없으므로 단순경비율 또는 기준경비율을 적용하여 필요경비를 산정해서 사업소득금액을 계산하게 된다. 장부를 작성하지 않은 개인사업자는 단순경비율 또는 기준경비율을 적용하여 사업소득금액을 계산해서 소득세신고를 할 수 있는데(소득세법 제70조 제4항 제6호), 이를 추계신고라고 한다. 추계신고를 하면 무기장가산세가 발생하지만, 소규모사업자는 장부를 작성하지 않아도 무기장가산세를 부담하지 않는다.

4-2. 경비율에 의한 필요경비 차감

(1) 적용대상자

단순경비율을 적용하여 필요경비를 산정할 수 있는 사업자는 신규사업자 또는 직전 과세기간의 수입금액(결정·경정으로 증가된 수입금액 포함)의 합계액이 다음의 금액에 미달하는 사업자로서 해당 과세기간의 수입금액이 간편장부대상자 수입금액기준에 미달하는 사업자를 말한다(소득세법 시행령 제143조 제4항). 그러나 변호사·의사 등 전문직 사업자는 신규 여부 및 수입금액과 관계없이 기준경비율을 적용하고, 현금영수증미가맹사업자나 신용카드·현금영수증 상습발급거부자는 단순경비율의 적용이 배제된다(동조 제7항).

업종	수입금액
농업·임업 및 어업, 광업, 도매 및 소매업(상품중개업 제외), 부동산매매업, 그 밖에 아래에 해당하지 않는 사업	6,000만원 미만
제조업, 숙박 및 음식점업, 전기, 가스·증기 및 수도사업, 하수·폐기물처리·원료재생 및 환경복원업, 건설업(비주거용 건물 건설업은 제외, 주거용건물 개발 및 공급업을 포함), 운수업, 출판·영상·방송통신 및 정보서비스업, 금융 및 보험업, 상품중개업	3,600만원 미만
부동산임대업, 부동산관련 서비스업, 임대업(부동산임대업을 제외), 전문·과학 및 기술서비스업, 사업시설관리 및 사업지원서비스업, 교육서비스업, 보건업 및 사회복지서비스업, 예술·스포츠 및 여가 관련 서비스업, 협회 및 단체, 수리 및 기타 개인서비스업(부가가치세 면세대상인 인적 용역은 제외), 가구내 고용활동	2,400만원 미만

* 부가가치세 면세대상인 인적 용역은 직전 과세기간의 수입금액기준을 3,600만원 미만으로 한다.

(2) 단순경비율의 적용

단순경비율을 적용하는 경우 다음과 같이 소득금액을 계산한다(동법 시행령 제143조 제3항 제1호의2).

사업소득금액 = 수입금액 - (수입금액 × 단순경비율)

단순경비율이 적용되는 인적 용역 사업자 중 해당 연도 수입금액이 4,000만원 이하는 단순경비율의 기본율을 적용하고, 4,000만원 초과분에 대해서는 단순경비율의 초과율을 적용한다. 예를 들어, 인적 용역 사업자의 직전 연도 수입금액이 3,600만원이고, 해당 연도의 수입금액이 5,000만원인 경우 해당 연도의 수입금액 4,000만원까지는 단순경비율 기본율을 적용하고 4,000만원을 초과한 부분은 단순경비율 초과율을 적용한다.

4-3. 기준경비율에 의한 기타경비 차감

(1) 적용대상자

단순경비율 적용대상자가 아닌 사업자에 대해서는 기준경비율을 적용한다. 단순경비율이 적용되는 경우에는 필요경비 전부를 경비율에 의하여 계산하고, 기준경비율이 적용되는 경우에는 필요경비 중 기타경비만을 경비율에 의하여 계산한다.

(2) 기준경비율의 적용

기준경비율을 적용하는 경우 다음과 같이 소득금액을 계산한다(소득세법 시행령 제143조 제3항 제1호).

사업소득금액 = Min[①, ②] ① 수입금액 - [주요경비 + (수입금액 × 기준경비율)] ② [수입금액 - (수입금액 × 단순경비율)] × 배율

주요경비에는 ① 매입비용(사업용 유형자산 및 무형자산의 매입비용은 제외), ② 사업용 유형자산 및 무형자산의 임차료, ③ 종업원의 급여와 임금 및 퇴직급여가 있다. 매입비용에는 상품·제품·원료·소모품·전기료 등의 매입비용은 물론이고 외주가공비, 운송업의 운반비가 포함되나 음식대금, 보험료, 수리비 등은 제외된다. 주요경비에 대해서는 장부를 작성할 필요는 없으나 증빙서류에 의하여 지급하였거나 지급할 것으로 증명되는 금액에 한하

여 필요경비로 산입한다. 증빙서류에는 세금계산서·계산서, 신용카드매출전표, 현금영수증이 있고, 간이영수증을 받은 경우 주요경비지출명세서를 제출하여야 한다. 인건비는 원천징수영수증 또는 지급명세서를 구비하여야 한다.

추계소득금액을 계산할 때 복식부기의무자는 기타경비에 대하여 기준경비율의 2분의 1을 적용하여 필요경비를 산정한다. 기준경비율 적용대상자가 주요경비에 대한 증빙서류를 제대로 수취하지 않을 경우 세 부담의 급격한 증가를 완화하기 위해단순경비율로 계산한 소득금액에 배율을 곱한 금액을 상한소득으로 한다. 배율은 복식부기의무자는 3.4배이고, 간편장부대상자는 2.8배이다.

업종분류	단순경비율		기준경비율
	기본율	초과율	
소매 / 슈퍼마켓	95.2%		2.8 %
소매 / 편의점	93.7%		7.4 %
소매 / 빵, 과자, 떡	90.7%		4.7%
숙박 / 호텔	87.1%		26.1%
숙박 / 여관	85.0%		21.5%
음식 / 한식일반	89.7%		10.2%
음식 / 치킨	86.1%		9.7 %
음식 / 분식집, 간이음식점	91.0%		12.5%
서비스 / 보험설계사	77.6%	68.6%	25.0%
서비스 / 음료품배달원	80.0%	72.0%	28.7%
서비스 / 퀵서비스배달원	79.4%	71.2%	27.4%

사 례

숙박업 중 여관업종을 운영하는 개인사업자인 A의 직전 연도 수입금액의 합계액이 1억원이고, 2022년 수입금액과 경비 내역이 다음과 같다고 가정하면 A의 사업소득금액을 계산하시오.

▶ 수입금액 : 2억원

▶ 매입비용 : 4천만원(증빙자료 없음)

▶ 사업용 자산의 임차료 : 2천만원

▶ 종업원의 급여 : 6천만원

A는 간편장부대상자이고 기준경비율 적용대상 사업자이다.

소득금액 = Min[①, ②] = 77,000,000원

① 수입금액 2억원 – [주요경비 8천만원 + (수입금액 2억원 × 기준경비율 21.5%)] = 77,000,000원

② [수입금액 2억원 – (수입금액 2억원 × 단순경비율 85%)] × 배율 2.8배 = 84,000,000원

2장 창업의 기초

제4절 세금계산서 등의 발급

I 적격증빙서류

1. 의의

과세대상인 거래사실을 증명하는 적격증빙서류로는 ① 세금계산서, ② 계산서, ③ 신용카드매출전표(직불카드영수증, 기명식선불카드영수증 포함), ④ 현금영수증이 있다(소득세법 제160조의2 제2항 및 동법 시행령 제208조의2 제4항, 법인세법 제116조 제2항 및 동법 시행령 제158조 제3항). 영수증이나 간이영수증 등은 적격증빙서류가 아니다. 사업자가 사업과 관련하여 다른 사업자로부터 재화나 용역을 공급받고 그 대가를 지급하는 경우에는 적격증빙서류를 수취하여야 한다.

세금계산서는 일반과세자와 직전 연도의 공급대가의 합계액이 4,800만원 이상인 간이과세자가 발급할 의무가 있고, 면세사업자는 계산서를 발급할 의무가 있다. 영수증은 일반과세자 및 직전 연도의 공급대가의 합계액이 4,800만원 이상인 간이과세자로서 소비자 대상 업종을 영위하는 사업자가 발급할 의무가 있고, 직전 연도의 공급대가의 합계액이 4,800만원 미만인 간이과세자는 업종을 불문하고 영수증을 발급할 의무가 있다. 현금영수증과 신용카드매출전표는 일반과세자이든 간이과세자이든 불문하고 현금영수증가맹점, 신용카드가맹점으로 가입되어 있으면 발급할 수 있다.

2. 적격증빙서류를 받지 않은 경우

2-1. 증빙서류를 받지 않은 경우

거래사실을 증명하는 서류를 아예 받지 않은 경우에는 매입세액을 공제받지 못하고, 필요경비(손금)에 산입할 수 없다.

2-2. 적격증빙서류 이외의 증빙서류를 받은 경우

적격증빙서류 이외의 증빙서류, 예를 들어 간이영수증 등을 수취한 경우에는 매입세액을 공제받지 못하지만, 지출 사실이 증명되면 필요경비(손금)에 산입할 수 있다. 그러나 필요경비(손금)에 산입하더라도 건당 거래금액(부가가치세 포함)이 3만원을 초과하는 경우에는 '적격증빙서류 수취 불성실 가산세'를 납부하여야 한다.

(1) 적격증빙서류 수취 불성실가산세

적격증빙서류 수취 불성실가산세는 사업자가 사업과 관련하여 다른 사업자로부터 건당 거래금액(부가가치세 포함) 3만원을 초과하는 재화·용역을 공급받고 적격증빙서류를 받지 않거나 사실과 다른 적격증빙서류를 받은 경우에 납부하는 가산세이다. 가산세액은 적격증빙서류를 받지 않거나 사실과 다르게 받은 금액으로 필요경비 또는 손금에 산입하는 금액의 2퍼센트에 해당하는 금액이다(소득세법 제81조의6 제1항, 법인세법 제75조의5 제2항 제2호).

적격증빙서류 수취 불성실가산세는 적격증빙서류를 받지 않거나 사실과 다르게 받은 금액이 필요경비 또는 손금에 산입하는 것을 전제로 하므로 재화·용역을 공급받고 적격증빙서류를 받지 않거나 사실과 다르게 받았더라도 필요경비 또는 손금에 산입하지 않았다면 가산세가 적용되지 않는다. 그러나 ① 법인의 내부 비용(직원에게 지급한 경조금 등), ② 소규모사업자의 경우에는 필요경비(손금)에 산입하더라도 적격증빙서류 수취 불성실가산세가 적용되지 않는다(소득세법 제81조의6 제1항 및 동법 시행령 제132조 제4항).

(2) 기업업무추진비

기업업무추진비는 지출한 금액이 3만원(경조금은 20만원)을 초과하는 경우에는 적격증빙서류를 받지 않으면 필요경비(손금)에 산입하지 않는다(소득세법 제35조 제2항 및 동법 시행령 제83조 제2항, 법인세법 제25조 제2항 및 동법 시행령 제41조 제1항). 따라서 기업업무추진비에 대해서는 적격증빙서류 수취 불성실가산세가 적용되지 않는다.

법인이 신용카드, 현금영수증을 사용하여 기업업무추진비를 지출한 경우 해당 법인 명의로 발급받은 신용카드 등을 사용한 때에만 손금에 산입할 수 있다(법인세법 시행령 제41조 제6항). 임직원 명의의 신용카드 등을 사용하여 기업업무추진비를 지출한 경우에는 원칙적으로 적격증빙서류가 되지 못한다.

사 례

필요경비(손금) 산입 여부 및 가산세 부과 여부

① 식대 10만원을 지출하고 증빙서류를 받지 않은 경우 : 필요경비(손금)에 산입하지 않는다. 따라서 적격증빙서류 수취 불성실 가산세가 부과되지 않는다.

② 거래처 기업업무추진비로 1만원을 지출하고 간이영수증을 받은 경우 : (간이영수증은 적격증빙서류가 아니나 기업업무추진비 금액이 3만원을 초과하지 않았으므로) 필요경비(손금)에 산입하고 가산세가 부과되지 않는다.

③ 문구류 10만원을 지출하고 간이영수증을 받은 경우 : 필요경비(손금)에 산입하고, (3만원이 초과하였으므로 필요경비 또는 손금에 산입하는 거래금액의 2%에 해당하는) 가산세 2,000원이 부과된다.

④ 한남주식회사에서 법무팀 홍길동 사원의 결혼축의금으로 50만원을 지출하고 청첩장을 수취한 경우 : (법인 내부 비용은 금액제한 없이) 손금에 산입하고 가산세가 부과되지 않는다.

II 세금계산서의 발급

1. 의의

사업자는 재화·용역을 공급하는 경우 그 공급받은 사람으로부터 부가가치세를 징수하여야 한다(부가가치세법 제31조). 이를 거래징수라고 한다. 세금계산서는 사업자가 재화·용역을 공급하는 경우 부가가치세를 거래징수한 사실을 증명하기 위하여 공급받는 사람에게 발급하는 증빙서류이다. 세금계산서는 매출세금계산서와 매입세금계산서 2매가 1조로 되어 있다. 사업자는 재화·용역을 공급하는 경우 매출세금계산서와 매입세금계산서를 작성하여 매입세금계산서는 공급받는 사람에게 교부하고 매출세금계산서는 공급자 자신이 보관한다. 부가가치세 신고를 할 때 매입처별 세금계산서합계표와 매출처별 세금계산서합계표를 제출하여야 한다(동법 제54조 제1항). 재화·용역을 공급한 사업자가 제출한 매출처별 세금계산서합계표와 공급받은 사업자가 제출한 매입처별 세금계산서합계표를 상호 대조함으로써 매출 누락을 방지할 수 있다.

위탁매매 또는 대리인에 의한 매매를 할 때에는 위탁자 또는 본인이 직접 재화를 공급하거나 공급받은 것으로 본다(동법 제10조 제7항 본문). 따라서 위탁매매 또는 대리인에 의한 매매의 경우 수탁자 또는 대리인이 위탁자 또는 본인의 명의로 세금계산서를 발급하고, 위탁매입 또는 대리인에 의한 매입의 경우에는 공급자가 위탁자 또는 본인을 공급받는 사람으로 하여 세금계산서를 발급한다. 이 경우 수탁자 또는 대리인의 등록번호를 덧붙여 적어야 한다(동법 제32조 제6항 및 동법 시행령 제69조 제1항, 제2항). 수입하는 재화에 대해서는 세관장이 수입하는 사람에게 세금계산서를 발급하여야 한다(동법 제35조 제1항). 이를 수입세금계산서라고 한다. 수입세금계산서를 발급한 세관장은 매출처별 세금계산서합계표를 해당 세관 소재지를 관할하는 세무서장에게 제출하여야 한다(동법 제54조 제4항).

1-1. 일반과세자와 직전 연도의 공급대가 합계액이 4,800만원 이상인 간이과세자

일반과세자와 직전 연도의 공급대가 합계액이 4,800만원 이상인 간이과세자로서 재화·용역을 공급하는 사업자는 세금계산서를 발급할 의무가 있다. 그러나 다음과 같은 경우에는 세금계산서 발급의무가 면제된다.

(1) 세금계산서를 발급하기 어렵거나 세금계산서의 발급이 불필요한 경우

다음과 같은 재화·용역의 경우에는 세금계산서를 발급하지 않을 수 있다(부가가치세법 제33조 제1항 및 동법 시행령 제71조 제1항).

① 택시운송 사업자, 노점 또는 행상을 하는 사람이 공급하는 재화·용역
② 소매업 또는 미용, 욕탕 및 유사 서비스업을 경영하는 사람이 공급하는 재화·용역. 다만, 소매업의 경우에는 공급받는 사람이 세금계산서 발급을 요구하지 않는 경우로 한정한다.
③ 재화의 간주공급에 따른 재화
④ 재화의 수출, 용역의 국외공급 및 외국항행용역의 공급에 따른 재화·용역
⑤ 외교공관 등에 공급하는 재화·용역
⑥ 부동산 임대용역 중 간주임대료
⑦ 전자서명인증사업자가 인증서를 발급하는 용역. 다만, 공급받는 사람이 사업자로서 세금계산서 발급을 요구하는 경우는 제외한다.

⑧ 간편사업자등록을 한 사업자가 국내에 공급하는 전자적 용역
⑨ 그 밖에 국내사업장이 없는 비거주자 또는 외국법인에 공급하는 재화·용역. 다만, 다음 각 목의 어느 하나에 해당하는 경우는 제외한다.
  ㉠ 국내사업장이 없는 비거주자 또는 외국법인이 해당 외국의 개인사업자 또는 법인사업자임을 증명하는 서류를 제시하고 세금계산서 발급을 요구하는 경우
  ㉡ 법인세법에 따른 외국법인연락사무소에 재화 또는 용역을 공급하는 경우

(2) 신용카드매출전표 등을 발급하는 경우

일반과세자 또는 직전 연도의 공급대가 합계액이 4,800만원 이상인 간이과세자(세금계산서 발급금지 업종을 영위하는 사업자 제외)가 ① 신용카드매출전표 또는 ② 현금영수증을 발급하거나 ③ 전자화폐 등 전자적 결제수단에 의하여 대금을 결제받는 경우에는 세금계산서를 발급하지 않을 수 있다(동법 제33조 제2항 및 동법 시행령 제71조 제2항, 제88조 제1항과 제5항).

1-2. 매입자발행세금계산서

세금계산서 발급의무가 있는 사업자가 건당 공급대가 5만원 이상인 재화·용역을 공급하고 세금계산서를 발급하지 않는 경우(사업자의 부도·폐업 등으로 사업자가 수정세금계산서를 발급하지 않는 경우를 포함)에는 그 재화·용역을 공급받은 사람이 그 공급시기가 속하는 과세기간의 종료일부터 6개월 이내에 거래사실의 확인을 신청하여 세무서장으로부터 거래사실의 확인을 받아 세금계산서를 발급할 수 있다(부가가치세법 제34조의2 제1항). 이를 매입자발행세금계산서라고 한다. 매입자발행세금계산서에 의하여도 매입세액공제를 받을 수 있다(동법 제34조의2 제2항).

2. 필요적 기재사항

세금계산서의 필요적 기재사항으로는 ① 공급하는 사업자의 등록번호와 성명 또는 명칭, ② 공급받는 사업자의 등록번호(공급받는 사람이 사업자가 아니거나 등록한 사업자가 아닌 경우에는 고유번호 또는 주민등록번호), ③ 공급가액과 부가가치세액, ④ 작성 연월일이 있다(부가가치세법 제32조 제1항). 공급하는 사업자의 주소, 공급받는 사람의 상호·성명·주소, 단가와 수량, 공급연월일은 임의적 기재사항에 불과하다. 세금계산서를 발급하면서

필요적 기재사항의 전부 또는 일부를 착오 또는 과실로 기재하지 않거나 사실과 달리 기재한 경우에는 공급자는 세금계산서 불성실가산세를 부담하여야 하고(동법 제60조 제2항 제5호), 공급받는 사람은 매입세액을 공제받지 못하는 불이익을 입을 수 있다.

3. 세금계산서의 발급

3-1. 발급시기

(1) 원칙적인 발급시기

세금계산서는 재화·용역의 공급시기에 발급하여야 한다(부가가치세법 제34조 제1항). 재화·용역의 공급시기는 원칙적으로 재화의 경우 재화가 인도되거나 이용가능하게 된 때이고, 용역의 경우에는 역무의 제공이 완료된 때이다(동법 제15조 및 제16조).

(2) 다음 달 10일까지 발급

재화·용역의 공급시기가 속한 달의 다음 달 10일(그날이 공휴일 또는 토요일인 경우에는 바로 다음 영업일을 말함)까지 세금계산서를 발급할 수 있다(동조 제3항). 해당 거래일 또는 해당 달의 말일을 작성일자로 하여 그다음 달 10일까지 세금계산서를 발급하면 세금계산서의 발급시기를 준수한 것이 된다.

3-2. 수정세금계산서의 발급

세금계산서의 기재사항을 착오로 잘못 적거나 세금계산서를 발급한 후 그 기재사항을 수정해야 하는 사유가 발생한 경우 수정세금계산서를 발급할 수 있다(부가가치세법 제32조 제7항 및 동법 시행령 제70조).

(1) 당초 세금계산서를 정상적으로 발급하였으나 이후 수정사유가 발생한 경우

당초 발급한 세금계산서는 그대로 두고 이후 수정된 내용에 대한 수정세금계산서를 발급한다. 이 경우 작성일자를 소급하지 않으며 수정사유가 발생한 날이 작성일자가 된다. 수정사유가 발생한 날이 재화·용역의 공급시기가 되므로 수정사유가 발생한 날이 속한 과세기간에 부가가치세 신고를 한다. 따라서 종전의 부가가치세 신고나 세액에 아무런 영향을 미치지 않으므로 수정신고의 대상이 되지 않으며 가산세가 적용되지 않는다. 물론 수정세금계산서 자체를 그 발급기한을 넘겨 발급하였다면 지연발급 및 미발급 가산세를 부담하게 된다.

① **당초 공급한 재화가 환입된 경우** : 재화가 환입된 날이 작성일자가 되고 비고란에 당초 세금계산서 작성일을 부기한 후 공급가액은 붉은색 글씨로 쓰거나 음(-)의 표시를 하여 수정세금계산서를 발급한다. 재화가 환입된 날이 속한 달의 다음 달 10일까지 수정세금계산서를 발급하여야 한다.

② **계약의 해제로 인하여 재화·용역이 공급되지 않은 경우** : 계약해제일이 작성일자가 되고 비고란에 당초 세금계산서 작성일을 부기한 후 공급가액은 붉은색 글씨로 쓰거나 음(-)의 표시를 하여 수정세금계산서를 발급한다. 계약해제일이 속한 달의 다음 달 10일까지 수정세금계산서를 발급하여야 한다.

③ **계약의 해지 등에 따라 공급가액에 추가 또는 차감되는 금액이 발생한 경우** : 증감사유가 발생한 날이 작성일자가 되고 추가되는 금액은 검은색 글씨로 쓰고 차감되는 금액은 붉은색 글씨로 쓰거나 음(-)의 표시를 하여 수정세금계산서를 발급한다. 증감사유가 발생한 날 속한 달의 다음 달 10일까지 수정세금계산서를 발급하여야 한다.

(2) 당초 세금계산서를 잘못 발급한 경우

당초 잘못 발급한 세금계산서를 없애기 위하여 당초 세금계산서의 작성일을 작성일자로 하는 음(-)의 세금계산서를 발급하고, 추가하여 정확한 내용의 세금계산서를 발급함으로써 총 2장의 세금계산서를 발급한다. 이 경우 작성일자가 당초 세금계산서의 작성일로 소급한다. 따라서 종전의 부가가치세 신고세액의 증액을 초래할 수 있고 그 한도에서 수정신고의 대상이 되거나 가산세가 적용될 수 있다.

부가가치세 신고기한 내에 수정사유를 인식하여 신고기한 내에 수정세금계산서를 발급한 경우에는 당초 세금계산서와 수정세금계산서를 합산 신고할 것이고 수정신고를 할 것은 아니다. 그러나 신고기한 경과 후에 수정사유를 인식한 경우에는 수정세금계산서를 신고기한이 경과한 후에야 발급하게 되므로 합산 신고를 할 수 없고 수정신고를 하여야 한다. 종전에 신고한 부가가치세액의 증액을 초래할 경우에는 신고불성실 및 납부불성실 가산세가 적용된다. 공급받는 사람을 착오로 잘못 기재하여 발급한 경우 수정세금계산서를 작성일자가 속한 과세기간의 확정신고기한까지 발급하지 못한 때에는 미발급 가산세가 적용된다.

① **필요적 기재사항 등을 잘못 기재한 경우** : 당초 발급한 세금계산서의 내용대로 세금계산서를 붉은색 글씨로 쓰거나 음(-)의 표시를 하여 발급하고, 수정하여 발급하는 세금계산서는 검은색 글씨로 작성하여 발급한다. 음(-)의 세금계산서 1장과 정확한 세금계산서 1장을 합하여 총 2장의 세금계산서를 발급한다. 다만, 세무조사의 통지를 받은 경우, 세무공무원이 과세자료의 수집 또는 민원 등을 처리하기 위하여 현지출장이나 확인업무에 착수한 경우, 세무서장으로부터 과세자료 해명안내통지를 받은 경우 등 과세표준 또는 세액을 경정할 것을 미리 알고 있는 경우에는 수정세금계산서 발급사유에서 제외된다.

필요적 기재사항 등을 착오로 잘못 기재한 경우에는 그러한 착오사실을 인식한 날이 수정세금계산서의 발급기한이 된다.

② **착오로 전자세금계산서를 이중으로 발급한 경우** : 당초 발급한 세금계산서의 내용대로 음(-)의 표시를 하여 수정세금계산서를 발급한다. 착오로 이중 발급된 사실을 안 날이 수정세금계산서의 발급기한이 된다.

③ **면세 등 발급대상이 아닌 거래 등에 대하여 발급한 경우** : 당초 발급한 세금계산서의 내용대로 붉은 색 글씨로 쓰거나 음(-)의 표시를 하여 수정세금계산서를 발급한다. 세금계산서 발급대상이 아닌 거래에 발급한 사실을 안 날이 수정세금계산서의 발급기한이 된다.

4. 지연발급 또는 미발급으로 인한 불이익

세금계산서를 발급하지 않거나 지연 발급한 경우 공급자와 공급받는 사람은 다음과 같은 불이익을 입는다.

4-1. 공급자

세금계산서의 발급시기가 경과한 후 재화·용역의 공급시기가 속한 과세기간의 확정신고기한까지 세금계산서를 발급한 경우에는 그 공급가액의 1퍼센트에 해당하는 '세금계산서 지연발급가산세'를 부담한다(부가가치세법 제60조 제2항 제1호). 그러나 공급시기가 속한 과세기간의 확정신고기한까지 발급하지 않은 경우에는 그 공급가액의 2퍼센트에 해당하는 '세금계산서 미발급가산세'를 부담한다(동항 제2호). 나아가 세금계산서를 발급하지 않음으로써 부가가치세의 신고·납부가 이루어지지 않은 경우에는 매출누락으로 인한 무신고·과소신고 가산세 및 납부지연가산세를 부담할 수 있다.

4-2. 공급받는 사람

공급받는 사람은 매입세액을 공제받지 못하는 불이익을 입게 된다. 다만, 공급한 과세기간의 확정신고기한까지 세금계산서를 발급받으면 매입세액을 공제받을 수 있고(부가가치세법 제39조 제1항 제2호 단서 및 동법 시행령 제75조 제3호), 확정신고기한이 경과한 후 발급받았더라도 확정신고기한 다음 날부터 1년 이내에 세금계산서를 발급받고 과세표준수정신고서 및 경정청구서와 세금계산서를 함께 제출하여 관할 세무서장이 해당 거래사실을 확인하고 결정 또는 경정하는 경우에는 매입세액을 공제받을 수 있다(동법 시행령 제75조 제7

호). 그러나 매입세액을 공제받는 경우 그 공제받은 매입세액에 해당하는 공급가액의 0.5퍼센트에 이르는 '세금계산서 지연수취 가산세'를 부담하여야 한다(동법 제60조 제7항 제1호).

5. 전자세금계산서

5-1. 의의

전자세금계산서란 전자적 방법으로 발급하는 세금계산서를 말한다(부가가치세법 제32조 제2항). 여기서 전자적 방법이란 국세청장이 구축한 전자세금계산서 발급시스템(홈택스) 또는 전자세금계산서 발급대행사업자의 전자세금계산서 발급시스템 등을 이용하는 것을 말한다(동법 시행령 제68조 제5항). 전자세금계산서는 종이세금계산서를 주고받는 대신에 정보통신망으로 세금계산서를 주고받음으로써 사업자의 시간적·경제적 부담을 덜어주고 장부 관리와 세금계산서 보관에 있어 편의를 제공한다. 또한 전자세금계산서는 인증시스템을 거쳐 발급되므로 허위나 가공의 세금계산서 수수행위를 차단할 수 있어 조세포탈을 방지하는 효과가 있다.

5-2. 발급의무자

① 법인사업자와 ② 직전 연도(직전 과세기간이 아님)의 사업장별 재화·용역의 공급가액(면세공급가액 포함)의 합계액이 8천만원 이상인 개인사업자는 전자세금계산서를 발급할 의무가 있다(부가가치세법 제32조 제2항 및 동법 시행령 제68조 제1항). 전자세금계산서 의무발급 개인사업자는 사업장별 재화·용역의 공급가액의 합계액이 8천만원 이상인 해의 다음 해 제2기 과세기간이 시작하는 날부터 전자세금계산서를 발급해야 한다. 다만, 사업장별 재화·용역의 공급가액의 합계액이 수정신고 또는 결정·경정으로 8천만원 이상이 된 경우에는 수정신고 등을 한 날이 속하는 과세기간의 다음 과세기간이 시작하는 날부터 전자세금계산서를 발급해야 한다(동법 시행령 동조 제2항).

5-3. 절차

사업자가 재화·용역을 공급하는 경우 국세청 홈택스 또는 발급대행사업자의 시스템 등에 접속하여 세금계산서의 필요적 기재사항을 입력하고 전자서명을 하여 전자세금계산서를 발급할 수 있다. 전자세금계산서는 발급시스템에 의하여 생성된 파일이 공급받은 사람이 지정한 이메일의 수신함에 도달한 때에 발급이 완료된다. 국세청 홈택스를 이용하여 전자세금계산서를 발급하는 경우에는 홈택스에 입력된 때에 자동으로 공급받는 사람이 지정한 이메일로 전자세금계산서 파일이 전송된다. 따라서 국세청 홈택스에 입력된 때에 전자세금계산서의 발급이 완료되고 공급받는 사람이 전자세금계산서를 수신한 것으로 간주된다.

전자세금계산서는 작성일이 속한 달의 다음 달 10일까지 공급받은 사람이 지정한 이메일로 전송하고, 발급일의 다음 날까지 전자세금계산서 발급명세를 국세청장에게 전송하여야 한다(부가가치세법 제32조 제3항 및 동법 시행령 제68조 제7항). 그런데 국세청 홈택스를 이용하여 발급하는 경우에는 홈택스에 입력된 때에 발급명세가 국세청장에게 자동으로 전송된다. 따라서 별도로 전송할 필요가 없다.

전자세금계산서를 발급한 사업자가 발급명세를 국세청장에게 전송한 경우에는 부가가치세 신고를 할 때 부가가치세신고서의 전자세금계산서 발급분란에 전자세금계산서 합계금액만 기재하고, 매출·매입처별 세금계산서합계표를 제출할 의무가 없다(동법 제54조 제2항). 또한 세금계산서의 보존의무(5년간)가 면제되므로 세금계산서를 종이로 출력하여 보관할 필요가 없다(동법 제71조 제3항 단서). 따라서 전자세금계산서를 발급하는 경우에는 종이세금계산서의 작성 및 보관에 소요되는 비용을 절감할 수 있다.

5-4. 전자세금계산서 발급·전송에 대한 세액공제

직전 연도의 사업장별 재화·용역의 공급가액(면세공급가액을 포함)의 합계액이 3억원 미만인 개인사업자 또는 해당 연도 신규로 사업을 개시한 개인사업자가 전자세금계산서를 발급(전자세금계산서 발급명세를 전자세금계산서 발급일의 다음 날까지 국세청장에게 전송하는 경우로 한정)하는 경우에는 발급 건수 당 200원을 곱하여 계산한 금액을 해당 과세기간의 부가가치세 납부세액에서 공제받을 수 있다(부가가치세법 제47조 제1항 및 동법 시행령 제89조). 이 경우 세액공제의 한도는 연간 100만원이다(동법 제47조 제1항).

5-5. 가산세

전자세금계산서를 발급하지 않거나 지연발급하는 경우 지연발급·미발급 가산세가 부과되고(부가가치세법 제60조 제2항 제1호 및 제2호), 국세청장에게 발급명세를 전송하지 않는 경우 지연전송·미전송 가산세가 부과된다(동항 제3호 및 제4호). 전자세금계산서 미발급·지연발급에 대한 가산세가 부과되는 경우에는 전자세금계산서 발급명세 미전송·지연전송에 대한 가산세가 부과되지 않는다.

Ⅲ 영수증의 발급

1. 의의

영수증이란 거래의 대가를 지급받은 사실을 증명하기 위하여 교부하는 증서이다. 영수증에는 간이영수증, 현금영수증, 신용카드매출전표(직불카드영수증, 기명식선불카드영수증 포함), 공연장·유기장 사업자가 교부하는 입장권, 여객운송사업자가 교부하는 승차권 등이 있다. 이 중 현금영수증과 신용카드매출전표는 적격증빙서류이다. 사업자가 재화 · 용역을 공급할 때 세금계산서를 발급하는 것이 원칙이지만, 직전 연도의 공급대가 합계액이 4,800만원 미만인 간이과세자와 주로 사업자가 아닌 소비자를 대상으로 재화·용역을 공급하는 사업자는 영수증을 발급할 의무가 있다.

영수증 발급의무가 있는 사업자가 발급하는 영수증에는 공급자의 등록번호·상호·성명(법인의 경우 대표자의 성명), 공급대가, 작성 연월일, 그 밖에 필요한 사항을 적어야 한다(부가가치세법 시행령 제73조 제7항). 공급받는 사람의 사업자등록번호 등 인적 사항은 기재하지 않고 공급가액과 부가가치세액을 별도로 구분하여 기재하지 않는다. 다만, 주로 사업자가 아닌 소비자를 대상으로 재화·용역을 공급하는 사업자가 신용카드기 또는 직불카드기 등 기계적 장치(금전등록기는 제외)를 사용하여 영수증을 발급할 때에는 영수증에 공급가액과 세액을 별도로 구분하여 적어야 한다(동조 제8항).

영수증을 발급받은 경우 매입세액공제를 받을 수 없다. 그러나 신용카드매출전표나 현금영수증의 경우에는 일반과세자 또는 직전 연도의 공급대가 합계액이 4,800만원 이상인 간이과세자(세금계산서 발급금지 업종을 영위하는 사업자 제외)가 공급받는 사람의 사업자등록번호를 기재하고 공급가액과 부가가치세액을 별도로 구분 기재하여 발급한 때에는 매입세액을 공제받을 수 있다(동법 제46조 제3항 및 동법 시행령 제88조 제5항).

2. 영수증의 발급의무

2-1. 간이과세자

① 직전 연도의 공급대가 합계액이 4,800만원 미만인 간이과세자, ② 신규 개인사업자로

서 최초의 과세기간 중에 있는 간이과세자는 재화·용역의 공급시기에 공급을 받는 사람에게 세금계산서를 발급하는 대신 영수증을 발급하여야 한다(부가가치세법 제36조 제1항).

2-2. 주로 사업자가 아닌 소비자를 대상으로 재화·용역을 공급하는 사업자

일반과세자와 직전 연도의 공급대가 합계액이 4,800만원 이상인 간이과세자 중에서 소매업, 음식점업, 숙박업 등 주로 사업자가 아닌 소비자를 대상으로 재화·용역을 공급하는 사업자는 재화·용역의 공급시기에 공급을 받는 사람에게 세금계산서를 발급하는 대신 영수증을 발급하여야 한다(부가가치세법 제36조 제1항 및 동법 시행령 제73조 제10항). 세금계산서 대신 영수증 발급의무가 있는 사업자는 다음의 사업을 하는 사업자를 말한다(동법 시행령 제73조 제1항 및 동법 시행규칙 제53조).

① 소매업, 음식점업(다과점업 포함), 숙박업, ② 미용·욕탕 및 유사 서비스업, ③ 여객운송업
④ 입장권을 발행하여 경영하는 사업
⑤ 변호사·변리사·공인회계사·세무사·의사·한의사·약사·수의사 등 전문직 사업서비스업
⑥ 우편택배사업
⑦ 미용목적 성형수술 등 과세되는 진료용역, 수의사가 제공하는 과세되는 동물진료용역
⑧ 무도학원, 자동차운전학원, ⑨ 전자서명인증서를 발급하는 사업
⑩ 비거주자 또는 외국인으로서 간편사업자등록을 한 사업자가 국내에 전자적 용역을 공급하는 사업
⑪ 주로 사업자가 아닌 소비자에게 재화·용역을 공급하는 소비자 대상 사업
　㉠ 도정업과 떡류 제조업 중 떡방앗간, ㉡ 양복점업·양장점업 및 양화점업
　㉢ 주거용 건물공급업(주거용 건물을 자영건설하는 경우 포함), ㉣ 운수업과 주차장 운영업
　㉤ 부동산중개업, ㉥ 사회서비스업과 개인서비스업, ㉦ 가사서비스업
　㉧ 도로 및 관련시실 운영업, ㉨ 자동차 제조업 및 자동차 판매업
　㉩ 주거용 건물 수리·보수 및 개량업
　㉪ 그 밖에 이와 유사한 사업으로서 세금계산서를 발급할 수 없거나 발급하는 것이 현저히 곤란한 사업

일반과세자와 직전 연도의 공급대가 합계액이 4,800만원 이상인 간이과세자 중에서 주로 사업자 아닌 소비자를 대상으로 재화·용역을 공급하는 사업자는 세금계산서 대신 영수증을 발급할 의무가 있지만, 공급받은 사업자가 사업자등록증을 제시하고 세금계산서의 발급을 요구할 때에는 영수증을 발급할 수 없고 세금계산서를 발급하여야 한다(부가가치세법 시행령 제73조 제3항 및 제10항). 그러나 ① 목욕·이발·미용업 및 유사 서비스업, ② 여객운송업(전세버스운송사업은 제외), ③ 입장권을 발행하여 경영하는 사업, ④ 미용 목

적 성형수술 등 과세되는 진료용역, ⑤ 수의사가 제공하는 과세되는 동물진료용역, ⑥ 무도학원·자동차운전학원을 경영하는 사업자는 개인 목적의 사용이 많으므로 비록 공급받은 사업자가 세금계산서의 발급을 요구하더라도 세금계산서의 발급이 금지되며 영수증을 발급하여야 한다. 다만, 감가상각자산을 공급(목욕탕에서 온수공급기를 처분하는 경우 등)하거나 업종에 따른 역무 외의 역무를 공급하는 경우에는 공급받는 사업자가 사업자등록증을 제시하고 세금계산서의 발급을 요구할 때에는 영수증을 발급할 수 없고 세금계산서를 발급하여야 한다(동조 제4항).

3. 신용카드매출전표와 현금영수증

3-1. 신용카드매출전표

신용카드매출전표란 신용카드가맹점에서 신용카드로 결제된 영수증을 말한다. 사업자는 신용카드가맹점에 가입할 의무는 없지만, 신용카드가맹점으로 가입한 사업자는 거래상대방이 대금을 신용카드로 결제하려는 경우 이를 거부하거나 신용카드매출전표를 사실과 다르게 발급해서는 안 될 의무가 있다(소득세법 제162조의2 제2항).

3-2. 현금영수증

현금영수증이란 거래대금을 현금으로 계산한 다음 현금영수증단말기를 통해 신분을 확인하고 발급하는 영수증을 말한다. 주로 사업자가 아닌 소비자에게 재화·용역을 공급하는 사업자로서 일정한 요건에 해당하는 사업자는 그 요건에 해당하는 날부터 60일(수입금액 요건에 해당하는 사업자의 경우 그 요건에 해당하는 날이 속하는 달의 말일부터 3개월) 이내에 신용카드단말기 등에 현금영수증 발급장치를 설치함으로써 현금영수증가맹점으로 가입하여야 한다(소득세법 제162조의3 제1항 및 동법 시행령 제210조의3 제1항). 현금영수증가맹점에 가입할 의무가 있는 사업자로는 직전 과세기간의 수입금액의 합계액이 2,400만원 이상인 사업자, 변호사·공인회계사·세무사·의사·수의사·약사 등 전문직 사업자, 숙박·음식점업 또는 교육서비스업 등을 영위하는 사업자 등이 있다.

현금영수증가맹점으로 가입한 사업자는 거래상대방이 대금을 현금으로 지급한 후 현금영수증의 발급을 요청하는 경우에는 그 발급을 거부하거나 사실과 다르게 발급해서는 안 될 의무가 있다(동법 제162조의3 제3항). 현금영수증 의무발행업종(전문직 사업서비스업, 보건업, 숙박·음식점업, 교육서비스업, 통신판매업 등)을 영위하는 사업자는 건당 거래금액(부가가치세액 포함)이 10만원 이상인 재화·용역을 공급하고 그 대금을 현금으로 받은 경우에는 상대방이 현금영수증의 발급을 요청하지 않더라도 현금영수증을 발급할 의무가 있다. 다만, 세금계산서 또는 계산서를 교부한 경우에는 현금영수증을 발급하지 않을 수 있다(동법 제162조의3 제4항 및 동법 시행령 제210조의3 제11항).

4. 발급효과

4-1. 매입세액공제

재화·용역을 공급하고 영수증을 발급하는 경우 공급자는 부가가치세 매출세액을 부담하지만, 공급받는 사람은 매입세액공제를 받지 못한다. 거래상대방은 적격증빙서류인 신용카드매출전표나 현금영수증을 발급받더라도 매입세액공제를 받지 못한다. 그러나 신용카드매출전표나 현금영수증은 적격증빙서류에 해당하므로 그 지출금액(공급대가)을 필요경비 또는 손금에 산입할 수 있고 적격증빙서류 수취 불성실가산세를 부담하지 않는다.

그러나 일반과세자 또는 직전 연도의 공급대가 합계액이 4,800만원 이상인 간이과세자(세금계산서 발급금지 업종을 영위하는 사업자 제외)로부터 공급가액과 부가가치세액이 별도로 구분된 신용카드매출전표(직불카드·기명식선불카드 영수증 포함) 또는 현금영수증을 발급받은 경우에는 매입세액공제를 받을 수 있다(부가가치세법 제46조 제3항 및 동법 시행령 제88조 제5항). 이 경우 신용카드매출전표를 발급받기 위하여 사용하는 신용카드는 사업자명의의 신용카드이어야 한다. 사업자가 법인인 경우에는 법인카드이어야 하고, 개인사업자의 경우에는 회사명의 또는 사업주 본인 명의의 신용카드를 사용해야 한다. 다만, 법인 소속 임직원 명의의 신용카드 또는 개인사업자의 경우 가족명의의 신용카드를 사용하였더라도 사업과 관련한 재화·용역을 공급받고 그 공급한 사업자가 신용카드매출전표에 부가가치세액을 별도 기재하고 확인한 때에는 매입세액공제를 받을 수 있다. 이렇게 매입세액공제를 받은 경우 임직원 등은 연말정산시 신용카드소득공제를 받을 수 없다. 또 매입세액 공제를 받으려면 신용카드매출전표 또는 현금영수증에는 공급가액과 부가가치세액이 구분되어 별도 기재되어 있어야 하고, 공급받는 사람의 사업자등록번호 등 인적 사항이 적혀 있어야 한다. 매입세액공제를 받으려는 사업자는 부가가치세를 신고할 때 '신용카드매출전표 등 수령명세서'를 작성하여 제출하여야 하고, 신용카드매출전표 등을 그 거래사실이 속하는 과세기간에 대한 확정신고기한 후 5년간 보관하여야 한다.

4-2. 신용카드 등의 사용에 따른 세액공제

영수증 발급의무가 있는 사업자(법인사업자와 직전 연도 공급가액의 합계액이 10억원을 초과하는 개인사업자는 제외)가 부가가치세가 과세되는 재화·용역을 공급하고 세금계산서 발급시기에 신용카드매출전표 또는 현금영수증 등 적격증빙서류를 발급하거나 전자적 결제수단에 의하여 대금을 결제받은 경우에는 발급금액 또는 결제금액의 1퍼센트에 해당하는 금액을 연간 500만원을 한도로 부가가치세 납부세액에서 공제받을 수 있다(부가가치세법 제46조 제1항 제3호 및 동법 시행령 제88조 제1항 내지 제4항).

4-3. 발급 불성실가산세

(1) 신용카드매출전표 발급 불성실가산세

신용카드가맹점이 신용카드에 따른 거래를 거부하거나 신용카드매출전표를 사실과 다르게 발급한 경우에는 건별 발급거부금액 또는 사실과 다르게 발급한 금액의 5퍼센트에 해당하는 가산세를 부담한다(소득세법 제89조의9 제1항).

(2) 현금영수증 발급 불성실가산세

① 현금영수증가맹점으로 가입하여야 할 사업자가 가입하지 않거나 가입기간이 지나서 가입한 경우, ② 현금영수증가맹점으로 가입한 사업자가 현금영수증 발급을 거부하거나 사실과 다르게 발급한 경우(현금영수증의 발급대상 금액이 건당 5천원 이상인 경우만 해당), ③ 현금영수증가맹점으로 가입하여야 할 사업자가 건당 거래금액이 10만원 이상인 재화·용역을 공급하면서 현금영수증을 발급하지 않은 경우에는 각각 가산세가 부과된다(소득세법 제89조의9 제2항 제1호 내지 제3호).

Ⅳ 계산서

1. 의의

계산서는 부가가치세 과세대상이 아닌 면세 거래에 있어서 그 거래내역을 증명하는 서류로서 세금계산서를 발급할 수 없는 면세사업자가 발급한다. 계산서는 부가가치세가 면세되는 면세사업자만이 발급할 수 있고, 과세사업자는 일반과세자이든 간이과세자이든 계산서를 발급할 수 없다(소득세법 시행령 제211조 제3항, 법인세법 시행령 제164조 제1항). 다만, 과세사업과 면세사업을 겸영하는 사업자의 경우에는 면세사업에 대하여 계산서를 발급할 수 있다.

2. 면세사업자의 계산서 또는 영수증 발급

면세사업자는 면세 재화·용역을 공급하는 경우 계산서를 발급하여야 한다. 면세사업자는 부가가치세법상 사업자가 아니므로 세금계산서를 발급하지 못하지만, 소득세법 또는 법인세법에 따른 계산서를 발급할 의무가 있다. 그러나 주로 사업자가 아닌 소비자를 대상으로 면세 재화·용역을 공급하거나 토지 및 건축물을 공급하는 경우에는 계산서 대신에 영수증을 발급할 수 있다. 다만, 재화·용역을 공급받는 사업자가 사업자등록증을 제시하고 계산서의 발급을 요구하는 경우에는 계산서를 발급하여야 한다(소득세법 시행령 제211조 제2항, 법인세법 시행령 제164조 제1항).

2장 창업의 기초

3. 계산서의 필요적 기재사항

계산서의 필요적 기재사항으로는 ① 공급하는 사업자의 등록번호와 성명 또는 명칭, ② 공급받는 사람의 사업자등록번호(공급받는 사람이 사업자가 아니거나 등록한 사업자가 아닌 경우에는 고유번호 또는 주민등록번호), ③ 공급가액, ④ 작성 연월일이 있다(소득세법 시행령 제211조 제1항, 법인세법 시행령 제164조 제1항). 계산서에는 세금계산서와는 달리 부가가치세액이 기재되지 않으므로 공급받은 사람은 매입세액공제를 받지 못한다.

4. 전자계산서

4-1. 발급의무자

① 법인사업자, ② 부가가치세법상 전자세금계산서 발급의무가 있는 개인사업자와 ③ 그 밖의 사업자로서 직전 과세기간의 사업장별 총수입금액이 8천만원 이상인 사업자는 계산서를 발급할 때 전자계산서를 발급하여야 한다(소득세법 제163조 제1항 및 동법 시행령

제211조의2 제2항, 법인세법 제121조 제1항). 전자계산서를 발급한 때에는 발급일의 그 다음 날까지 전자계산서 발급명세를 국세청장에게 전송하여야 한다(소득세법 제163조 제8항 및 동법 시행령 제211조의2 제4항, 법인세법 제121조 제7항 및 동법 시행령 제164조 제5항).

4-2. 세액공제

직전 과세기간의 사업장별 총수입금액이 3억원 미만인 개인사업자가 전자계산서를 발급(전자계산서 발급명세를 국세청장에게 전송하는 경우로 한정)하는 경우에는 발급 건수당 200원을 곱하여 계산한 금액을 연간 100만원을 한도로 해당 과세기간의 사업소득에 대한 종합소득산출세액에서 공제받을 수 있다(소득세법 제56조의3 제1항 및 동법 시행령 제116조의4).

5. 계산서 등 제출 불성실가산세

① 계산서(전자계산서를 포함)에 필요적 기재사항의 전부나 일부가 기재되지 않거나 사실과 다르게 기재된 경우, ② 계산서를 공급시기가 경과한 후 공급시기가 속하는 과세기간의 다음 연도 1. 25.까지 발급하거나 그때까지 발급하지 않는 경우, ③ 재화·용역을 공급하지 않고 계산서를 발급하거나 발급받은 경우 또는 재화·용역을 공급하고 실제로 공급자가 아닌 사람의 명의로 계산서를 발급하거나 발급받은 경우, ④ 전자계산서를 발급하여야 하는 사업자가 종이계산서를 발급한 경우, ⑤ 전자계산서 발급명세 전송기한이 경과한 후 공급시기가 속하는 과세기간말의 다음 달 25.까지 국세청장에게 전자계산서 발급명세를 전송하거나 그때까지 전송하지 않은 경우에 각각 가산세가 부과된다(소득세법 제81조의10 제1항, 법인세법 제75조의8 제1항).

3장 회계의 기초

제1절 부기와 회계

제2절 거래, 분개와 전기

제3절 결산

부기와 회계

I 총설

1. 부기(book keeping)

부기는 장부기입의 약칭으로 장부에 기록하는 요령이나 기술을 말한다. 부기는 기록하는 방법에 따라 단식부기(single entry book keeping)와 복식부기(double entry book keeping)로 나누어진다. 복식부기에서는 거래의 이중성이라는 원칙에 의하여 장부를 기록한다. 하나의 회계상 거래를 기록할 때 차변과 대변에 동일한 금액을 기록한다. 이에 비하여 단식부기에서는 거래의 이중성이라는 거래가 가지는 두 가지 요소를 모두 기재하지 않고 거래의 한쪽만을 기록한다. 단식부기의 대표적인 예로는 가계부가 있다. 거래가 기업의 재무상태에 미치는 영향을 정확하게 기록하기 위해서는 거래의 이중성을 고려하여 거래가 계정에 미치는 두 가지 효과를 모두 기록하는 복식부기를 사용하여야 한다.

사 례

현금 100,000원으로 기계장치를 구입하다.

▶ 단식부기 : 기계구입 100,000원

▶ 복식부기 : 기계구입 100,000원 현금지급 100,000원

2. 회계(accounting)

2-1. 의의

회계는 정보이용자가 경제적 의사결정을 하는 데 도움을 주기 위하여 경제적 실체의 회계정보를 식별하고 측정하여 보고하는 수단 또는 과정(system)을 말한다. 부기가 기록을 통하여 회계정보를 생산하는 것이라면, 회계는 부기를 포함하여 더 나아가 정보이용자에게 유용한 회계정보를 제공하기 위한 것이다. 즉, 회계는 정보이용자로 하여금 합리적인 의사결정을 하도록 유용한 회계정보를 제공하는 것을 목적으로 한다. 회계정보제공자는 기업이고, 회계정보이용자로는 주주, 채권자, 소비자, 정부, 종업원, 경영자 등이 있다.

2-2. 재무제표의 종류

회계정보에는 자산, 부채, 자본 등 '재무상태'에 관한 정보와 수익과 비용 등 '경영성과'에 관한 정보가 있다. 회계에서 정보이용자에게 제공하는 보고서를 재무제표(financial statements)라고 하고, 여기에는 재무상태표, 포괄손익계산서, 자본변동표, 현금흐름표, 주석 등이 있다.

(1) 재무상태표(statement of financial position)

일정 시점에 기업의 재무상태를 구성하는 자산, 부채 및 자본에 대한 정보를 제공하는 재무보고서이다.

(2) 포괄손익계산서(statement of comprehensive income)

수익과 비용, 당기순이익에 관한 정보를 정리하여 일정 기간의 경영성과에 대한 정보를 제공하는 재무보고서이다.

(3) 자본변동표(statement of change in equity)

일정 기간 자본의 변동 내용을 상세히 제공하는 재무보고서이다. 자본을 구성하고 있는 자본금, 자본잉여금, 이익잉여금(또는 결손금), 자본조정, 기타포괄손익누계액의 변동에 대한 포괄적인 정보를 제공한다.

(4) 현금흐름표(statement of cash flow)

일정 기간 발생한 현금의 변동 내용을 파악할 수 있도록 해당 회계기간에 나타난 현금

유입과 현금유출내용을 적정하게 표시한 보고서이다. 기업의 경영활동은 영업활동, 투자활동, 재무활동으로 이루어지므로 현금흐름표에 표시되는 현금흐름도 영업활동으로 인한 현금흐름, 투자활동으로 인한 현금흐름, 재무활동으로 인한 현금흐름으로 구분하여 표시한다.

(5) 주석(Footnotes, Notes)

주석은 재무제표를 구성하는 5가지 요소 중 하나로서 다른 4개 보고서(재무상태표, 손익계산서, 자본변동표, 현금흐름표)를 더 잘 이해할 수 있도록 추가적으로 제공하는 정보를 말한다. 이는 재무제표에 표시된 항목을 구체적으로 설명하거나 세분화하며, 재무제표 인식요건을 충족하지 못하는 항목에 대한 추가적인 정보를 제공한다.

2-3. 재무제표의 작성

기업의 경영자는 외부의 이해관계인에게 재무제표를 작성하고 보고할 책임을 진다. 경영자는 「일반적으로 인정된 회계원칙」(GAAP : Generally Accepted Accounting Principles)에 근거하여 진실하고 적정한 재무제표를 작성하여야 한다. 일반적으로 인정된 회계원칙으로는 다음과 같은 것이 있다.

(1) 한국채택국제회계기준(K-IFRS)

한국채택국제회계기준이란 한국에 적용하는 국제회계기준(IFRS, International Financial Reporting Standards)을 말한다. 국제회계기준위원회(IASB)가 제정한 국제회계기준(IFRS, International Financial Reporting Standards)을 근거로 한국회계기준원(KAI, Korea Accounting Institute)의 회계기준위원회(KASB, Korea Accounting Standards Board)에서 정한 것이다. 주권상장기업이 재무제표를 작성할 때 의무적으로 적용해야 하는 회계기준이다. 그러나 비상장기업도 선택적으로 적용할 수 있다.

(2) 일반기업회계기준

일반기업회계기준은 한국회계기준원의 회계기준위원회(KASB)에서 제정한 것이다. 한국채택국제회계기준에 따라 재무제표를 작성하지 않는 비상장기업이 적용해야 하는 회계기준이다.

2-4. 회계기간

기업의 포괄손익계산서를 작성할 때 이익을 계산하는 기간을 회계기간(accounting period) 또는 회계연도(fiscal year)라고 한다. 기업의 회계기간은 1년을 넘지 않는 범위 내에서 임의로 정할 수 있다. 1년을 한 회계기간으로 하여 1월 1일부터 12월 31일까지 정하여 이익을 계산하는 것이 일반적이다. 회계연도가 시작되는 시점을 '기초'라고 하고, 끝나는 시점을 '기말'이라고 한다. 이익계산의 대상이 되는 해당 회계기간을 '당기'라고 하고, 이전 회계기간을 '전기'라고 하며, 다음 회계기간을 '차기'라고 한다.

Ⅱ 재무상태

재무상태 정보는 자금을 어떻게 조달했으며 어느 곳에 투자하여 사용되고 있는지에 대한 정보이다. 재무상태 정보는 자산, 부채, 자본으로 구성된다.

자산 =	자본(자기자본) + 부채(타인자본)
(자금이 투자된 상태)	(자금의 조달방법)

1. 자산

1-1. 의의

자산(assets)은 기업이 통제하고 있는 경제적 자원을 말한다. 예를 들어, 기업이 소유하고 있는 현금, 예금, 토지, 건물, 기계장치, 비품 등이 자산에 해당하고, 콘도이용권이나 골프장 회원권도 자산이며, 건물을 임차하면서 지급한 보증금이나 예치금 등 미래 현금의 유입을 가져오는 자원도 자산에 해당한다.

1-2. 유동자산과 비유동자산

자산에는 유동자산과 비유동자산이 있다. 유동자산은 정상영업주기(normal operating

cycle) 또는 12개월 이내에 실현될 것으로 예상하거나 그 기간 내에 판매 또는 소비할 의도가 있는 자산이고, 그렇지 않으면 비유동자산이다. 영업주기는 영업활동을 위한 자산의 취득시점부터 그 자산이 현금이나 현금성자산으로 실현되는 시점까지 소요되는 기간을 말한다. 정상영업주기를 명확히 식별할 수 없는 경우에는 그 기간을 12개월로 가정한다.

(1) 유동자산

1) 현금 및 현금성자산

현금 및 현금성자산에는 '현금', '현금성자산', '요구불예금'이 있다. 현금에는 통화(지폐, 주화)와 언제든지 통화로 교환할 수 있는 통화대용증권이 있다. 통화대용증권에는 타인발행 당좌수표, 은행발행 자기앞수표, 송금환, 우편환, 배당금지급통지표, 만기가 도래한 어음 등이 있다. 현금성자산이란 취득 당시 만기가 3개월 이내에 도래하는 단기투자금융자산을 말한다. 요구불예금이란 은행에 예치하고 있는 예금 중 언제든지 인출이 가능한 예금(보통예금, 당좌예금)을 말한다.

2) 단기투자금융자산

단기투자금융자산은 기업이 여유 자금의 활용 목적으로 보유하거나 만기가 1년 이내에 도래하는 정기예금, 정기적금, 기업어음(CP), 양도성예금증서(CD), 종합자산관리계좌(CMA), 개방형투자신탁(MMF), 환매조건부채권(RP) 등을 말한다.

3) 매출채권 및 기타채권

재고자산 매매거래에서 발생한 외상채권인 매출채권과 재고자산 이외의 매매거래에서 발생한 외상채권인 미수금, 대여금 등의 채권을 말한다.

4) 재고자산

재고자산(inventory)은 기업이 정상적인 영업과정에서 판매를 목적으로 보유한 상품이나 제품, 생산에 사용하기 위해 보유 중인 원재료, 생산과정에 이미 투입되어있는 자산인 재공품을 말한다.

(2) 비유동자산

1) 장기투자금융자산

장기투자금융자산은 기업이 여유 자금의 활용 목적으로 보유하거나 장기성 정기예금이나 장기간 보유하는 금융자산을 말한다.

2) 투자부동산

기업이 임대수익이나 장기시세차익을 얻기 위하여 보유하고 있는 토지와 건물 및 기타 부동산을 말한다.

3) 유형자산

기업이 사용할 목적으로 보유하는 물리적 형태가 있는 자산을 말한다. 예를 들어, 기업이 한 회계기간을 초과하여 사용할 것이 예상되는 토지, 건물, 구축물, 기계장치, 차량운반구, 집기, 비품 등이 여기에 해당한다.

4) 무형자산

기업이 보유하는 물리적 실체는 없지만 식별가능한 비화폐성자산을 말한다. 예를 들어, 영업권, 개발비, 산업재산권 등이 여기에 해당한다.

2. 부채

2-1. 의의

부채(liabilities)는 기업이 부담하고 있는 경제적 의무를 말한다.

2-2. 유동부채와 비유동부채

부채에는 유동부채와 비유동부채가 있다. 유동부채란 정상영업주기 또는 12개월 이내에 결제될 것으로 예상되는 부채를 말하고, 그렇지 않으면 비유동부채이다. 보고기간 후 12개월 이상 부채의 결제를 연기할 수 있는 무조건의 권리를 갖고 있으면 비유동부채이다.

(1) 유동부채

1) 매입채무 및 기타 채무

재고자산 매매거래에서 발생한 외상채무인 매입채무와 재고자산 이외의 매매거래에서 발생한 외상채무인 미지급금 등의 채무를 말한다.

2) 단기차입금

기업이 금융기관으로부터 1년 이내의 약정만기로 차입한 자금을 말한다.

3) 유동성장기차입금

기업이 금융기관으로부터 1년 초과의 약정만기로 장기차입한 자금 중 보고기간 말을 기준으로 잔여 만기가 1년 이내로 도래하는 차입금을 말한다.

4) 당기법인세부채

기업이 보고기간 말을 기준으로 납부해야 할 법인세 부담액 중 아직 납부하지 않은 금액을 말한다.

(2) 비유동부채

1) 장기차입금

기업이 금융기관으로부터 1년 초과의 약정만기로 장기차입한 자금 중 보고기간 말을 기준으로 잔여 만기가 1년을 초과하는 차입금을 말한다.

2) 이연법인세부채

기업이 보고기간 말을 기준으로 법인세법상 가산할 일시적 차이로 인하여 미래에 추가로 부담하게 될 법인세 부담액을 말한다.

3) 순확정급여부채

기업이 보고기간 말을 기준으로 종업원에게 지급할 퇴직금 관련 부채를 말한다.

4) 장기성손실충당부채

지출시기 또는 금액이 불확실하지만 당해 의무의 이행에 소요되는 금액을 신뢰성 있게 추정할 수 있어서 부채로 인식할 수 있는 항목을 말한다.

3. 자본

3-1. 의의

자본(equity)은 기업의 자산 총액에서 부채 총액을 차감한 후에 남은 잔액을 말한다. 순자산(net assets)이라고 한다. 기업의 자산 중 주주 또는 출자자 몫(소유주의 몫)에 해당하는 것으로 기업 자산에 대한 소유자의 청구권을 의미한다.

3-2. 자본의 분류

(1) 납입자본금(contributed capital)

기업과 주주 또는 출자자와의 자본거래에서 주주 등이 기업에 납입한 자본금액을 말하는 것으로서 자본금과 자본잉여금으로 구분할 수 있다. 자본금(capital stock)은 주주 등이 기업에 출자한 금액을 말한다. 상법상 자본금은 주식의 액면가액에 발행총수를 곱하여 산정한다. 자본잉여금은 자본거래로 인하여 발생한 잉여금을 말한다. 자본잉여금으로는 주식발행초과금, 자기주식소각이익, 자기주식처분이익, 감자차익, 합병차익 등이 있다.

(2) 이익잉여금(retained earning)

기업의 경영성과로 증가한 손익자본(income)이다. 손익거래로 인한 당기순이익(순손실)으로 인하여 증감한다. 이익잉여금에는 법정적립금, 임의적립금, 미처분이익잉여금이 있다. 법정적립금에는 상법의 규정에 의하여 적립하는 이익준비금과 상법 이외의 법령에 의하여 적립하는 기타법정적립금이 있다. 이익준비금은 상법상 자본금의 2분의 1에 이르기까지 배당금액의 10분의 1씩 적립하여야 하는 준비금이고, 기타법정적립금으로는 선물거래법에 따라 선물거래를 하는 증권회사가 회계연도마다 처분가능이익잉여금 중 일정 금액을 적립하는 선물거래책임준비금이 있다.

임의적립금이란 기업이 특정한 목적을 위하여 자발적으로 정관의 규정 또는 주주총회의 결의로 유보한 이익을 말한다. 예를 들어, 사업확장적립금, 감채기금적립금 등이 있다. 자본금의 2분의 1을 초과하여 적립한 준비금은 임의준비금의 성질을 갖는다. 이익준비금 등 법정적립금은 자본금으로 전입할 수 있으나 배당을 할 수는 없으며, 배당은 미처분이익잉여금으로 한다. 임의적립금은 기업이 특정 목적을 위하여 자발적으로 현금배당을 제한한 것이므로 해당 목적이 실현된 이후에는 이를 현금으로 배당할 수 있다.

(3) 기타 자본

기타 자본 구성요소는 기업의 자본 중 납입자본과 이익잉여금으로 분류되지 않는 자본항목으로 자본조정과 기타포괄손익누계액이 있다.

III 경영성과

기업은 경영활동을 통하여 수익과 비용을 발생시킨다. 기업의 경영성과(Financial Performance)는 수익과 비용을 파악하여 계산한다. 수익과 비용은 이익잉여금의 증감을 개별적으로 파악하기 위한 임시항목에 불과하고, 기말 재무상태표의 이익잉여금 항목으로 대체한다.

1. 수익(income)

수익은 일정한 기간 기업이 경영활동을 통하여 벌어들인 것을 말한다. 수익은 상품이나 용역을 제공하고 받은 것으로서 자산을 증가시키거나 부채를 감소시키고 결국 자본을 증가시킨다. 즉, 재화를 판매하거나 용역을 제공하면서 발생한 이익잉여금의 증가금액을 말한다.

이자수익, 임대료 → 현금 ↑ → 자산 ↑ → 자본(이익잉여금) ↑

수익은 자본 증가의 요인이다. 그런데 자본은 출자 등으로 증가할 수도 있으므로 수익은 자본의 증가 가운데 지분참여자의 출자를 제외한 것이다.

2. 비용(expenses)

비용은 기업이 영업활동을 통해 수익을 창출하는 과정에서 소비하거나 지출한 경제적 가치를 말한다. 비용은 자산의 감소 또는 부채의 증가를 초래하고 결국 자본을 감소시킨다. 즉, 수익을 창출하는 과정에서 발생한 이익잉여금의 감소금액을 말한다.

급여 지출 → 현금 ↓ → 자산 ↓ → 자본(이익잉여금) ↓

주주 또는 출자자에 대한 이익배당 등은 경영성과와 관련이 없으므로 자본거래로 인한 자본의 감소는 비용이 아니다. 채권자에게 자금제공의 대가로 지급한 이자는 비용으로 인식하지만, 주주 등에게 자금제공에 대한 대가로 지급한 배당은 비용으로 인식하지 않고 이익잉여금의 처분(분배, 직접 감소)으로 인식한다. 주주 등에 대한 이익배당을 비용으로 인식하면 경영성과가 왜곡될 우려가 있다.

거래, 분개와 전기

I 거래

1. 회계상 거래

회계는 기업이 영업활동을 수행하면서 재산이 증감되어 변동할 경우 이를 기록하고 정리해서 경영성과인 이익을 계산하고 재무상태를 파악하는 것이다. 따라서 회계상 거래란 기업의 재무상태와 경영성과에 영향을 미치고 그 변동에 대한 영향이 화폐단위로 측정이 가능한 사건을 말한다. 자산, 부채, 자본의 증감은 물론이고 수익과 비용의 발생과 소멸로 인한 자본의 증감을 포함한다. 그러므로 회계상 거래에 해당하려면 ① 자산, 부채, 자본(수익과 비용의 발생·소멸 포함)의 증감변화에 영향을 미쳐야 하고, ② 그 효과의 크기를 금액으로 측정할 수 있어야 한다.

회계상 거래		
· 건물 등의 화재로 인한 소실 · 도난, 분실 및 파손 · 건물이나 기계장치 등 가치 하락 · 파산으로 인한 채권회수불능(대손)	· 상품매매 거래 · 기계장치 구입 · 은행으로부터 차입	· 상품주문, 종업원 채용 · 계약의 체결 · 차입금에 대한 담보 제공 · 신약개발
	일반적 거래	

- 건물 등의 화재, 도난, 분실 및 파손 등은 자산이 감소하므로 거래에 해당한다.
- 상품을 외상으로 매입하는 경우 상품이라는 자산이 증가하고 외상매입으로 부채가 증가하므로 거래에 해당한다.

- 상품주문만으로는 거래가 아니나 더 나아가 계약금을 지급하면 자산의 감소로 거래에 해당한다.
- 매매계약의 체결만으로는 거래가 아니나 더 나아가 계약금을 지급하면 자산의 감소로 거래에 해당한다.
- 고용계약이나 임대차계약만을 체결하면 거래가 아니나 나아가 임금이나 임차료를 지급하면 자산의 감소로 거래에 해당한다.
- 제약회사가 비아그라와 같은 신약을 개발한 경우 기업의 재무상태에 있어 앞으로의 이익에 크게 영향을 미치겠지만 그 효과의 크기를 금액으로 측정할 수 없으므로 거래가 아니다.

2. 계정

계정(account)이란 기업의 자산, 부채, 자본, 수익과 비용에 속하는 여러 항목들을 구분해서 기록하고 관리하기 위한 기술적 단위를 말하고, 계정의 명칭을 계정과목(title of account)이라고 한다. 회계상 거래의 결과로 자산, 부채, 자본, 수익과 비용이 변동하는데, 자산, 부채, 자본, 수익과 비용은 합계 항목의 개념이므로 이러한 거래의 결과를 담아주는 항목을 세분화함으로써 정보이용자에게 좀 더 유용한 정보를 제공하여 해당 거래의 결과에 대한 합리적인 판단을 할 수 있도록 하기 위한 것이다.

계정에는 재무상태표계정과 포괄손익계산서계정이 있다. 재무상태표계정에는 자산계정, 부채계정, 자본계정이 있고, 포괄손익계산서계정에는 수익계정, 비용계정이 있다. 재무상태표계정은 증감변화에 따른 잔액을 기록하고 이는 차기로 이월된다는 점에서 영구계정 또는 실질계정이라고 하고, 포괄손익계산서계정은 당기순손익을 계산하고 소멸한다는 점에서 명목계정 또는 임시계정이라고 한다.

2-1. 자산계정의 주요 계정과목

(1) 채권

① 상품을 외상으로 판매한 경우의 계정과목은 '외상매출금'이다.

② 상품을 판매하고 약속어음을 수령한 경우의 계정과목은 '받을어음'이다.

③ 외상매출금과 받을어음을 통칭하는 계정과목은 '매출채권'이다.

④ 상품 이외 것(건물, 비품 등)을 외상으로 판매하거나 약속어음을 수령한 경우의 계정과목은 '미수금'이다.

(2) 선급금과 선수금

① 미리 지급한 '선급금'(계약금 지급 등), '선급비용'은 자산계정의 계정과목에 속한다.

② 미리 지급받은 '선수금', '선수수익'은 부채계정의 계정과목에 속한다.

(3) 토지, 건물

① 영업활동을 위한 '토지', '건물'은 유형자산으로서 자산계정의 계정과목에 속한다.

② 부동산매매업의 경우 판매목적인 토지, 건물의 계정과목은 '상품'이다.

(4) 차량

① 영업활동을 위한 차량의 계정과목은 '차량운반구'이다.

② 판매할 목적의 차량의 계정과목은 '상품'이다.

2-2. 부채계정의 주요 계정과목

(1) 채무

① 상품을 외상으로 매입한 경우의 계정과목은 '외상매입금'이다.

② 상품을 매입하고 약속어음을 발행한 경우의 계정과목은 '지급어음'이다.

③ 외상매입금과 지급어음을 통칭하는 계정과목은 '매입채무'이다.

④ 상품 이외 것(건물, 비품 등)을 외상으로 매입하거나 약속어음을 발행한 경우의 계정과목은 '미지급금'이다.

(2) 대여금과 차입금

① '대여금'은 자산계정의 계정과목에 속한다.

② '차입금'은 부채계정의 계정과목에 속한다.

(3) 임차보증금과 임대보증금

① 임차인이 지급한 '임차보증금'은 자산계정의 계정과목에 속한다.

② 임대인이 받은 '임대보증금'은 부채계정의 계정과목에 속한다.

(4) 미지급비용과 미수수익

① '미지급비용'은 부채계정의 계정과목에 속한다.

② '미수수익'은 자산계정의 계정과목에 속한다.

참 조

계정과목

▶ 신용거래

구분	회계상 거래	
	채권	채무
(재고자산) 매출거래	매출채권	매입채무
그 외의 거래	미수금	미지급금
금전거래	대여금	차입금

▶ 물품거래

물품계정		계정항목
상품	판매를 위하여 구입한 물품	재고자산
제품	판매를 위하여 생산(제조)한 물품	
비품	사용을 위하여 구입한 물품	유형자산
소모품	소모를 위하여 구입한 물품	

2-3. 자본계정의 계정과목

자본계정의 계정과목에는 자본금, 자본잉여금, 이익잉여금 등이 있다.

2-4. 수익계정의 주요 계정과목

수익계정의 계정과목으로 '매출'(이윤 포함), '이자수익', '현금배당'(주식배당은 수익이 아님), '임대료', '수수료수익'(수수료 수입이 주 사업목적인 경우에는 매출로 처리), 'OOOO 처분이익'(장부금액보다 더 많은 금액으로 처분, 단기자산금융처분이익, 유형자산처분이익), 'OOOO 평가이익' 등이 있다.

2-5. 비용계정의 주요 계정과목

비용계정의 계정과목으로는 '매출원가'(판매된 상품의 취득원가), '급여', '임차료', '감가상각비', '광고선전비', '수수료비용', '이자비용', '보험료', 'OOOO 처분손실'(장부금액보다 더 적은 금액으로 처분, 단기매매금융자산처분손실, 유형자산처분손실) 등이 있다.

3. 거래의 결합관계

참 조

회계등식(accounting equation)

재무상태표 등식 : 자산 = 부채 + 자본
포괄손익계산서 등식 : 비용 + 당기순이익 = 수익

⇓

차변요소	대변요소
자산의 증가 부채의 감소 자본의 감소 비용의 발생	자산의 감소 부채의 증가 자본의 증가 수익의 발생

차변과 대변은 복식부기회계의 양변을 말한다. 차변(借邊, debit)에는 기업이 빌려온 금액을 기록하고, 대변(貸邊, credit)에는 주주와 채권자가 빌려준 금액을 기록한다. 차변에는 자산계정과 비용계정을 기록하고, 대변에는 부채계정과 자본계정 및 수익계정을 기록한다. 회계상 거래는 차변과 대변에 이중적으로 기록되고, 따라서 차변과 대변의 합계금액은 항등식이므로 항상 일치한다.

거래의 요소는 자산·부채·자본의 증가와 감소, 수익과 비용의 발생을 구분하여 모두 8개의 유형이 있다. 이를 거래의 8요소라고 한다. 차변요소와 대변요소가 결합할 수 있고, 차변요소끼리만 또는 대변요소끼리만 결합할 수도 있다. 차변요소인 자산 또는 비용이 증가하면 대변요소인 부채, 자본 또는 수익이 증가하고 반대로 차변요소가 감소하면 대변요소도 감소한다. 한편 같은 차변요소 사이에는 비용이 증가하면 자산이 감소하고, 같은 대변요소 사이에는 수익이 증가하면 부채와 자본이 감소한다.

자산계정은 차변에 기록하나 자산의 감소는 차변에 음(-)으로 표시하지 않고 대변에 기록한다. 마찬가지로 부채계정과 자본계정에서도 그 감소는 대변에 음(-)으로 표시하지 않고 차변에 기록한다. 수익에서 비용을 공제한 당기순이익은 자본의 이익잉여금에 귀속되므로 수익계정과 비용계정은 차변의 자본계정에 기록되어야 하나, 비용의 발생을 차변에 음(-)으로 표시하지 않고 대변에 기록한다.

3-1. 거래의 이중성(dual effects of accounting)

회계상 거래는 차변요소와 대변요소에 이중적으로 기재되고 양쪽에 기재되는 금액은 동일하다. 거래의 양면이 계정이 미친 영향을 모두 기록함으로써 거래가 기업의 재무상태에 미친 영향을 정확하게 파악할 수 있다.

3-2. 대차평균의 원리(principle of equilibrium)

회계상 거래의 차변의 합계금액과 대변의 합계금액은 일치한다. 대차평균의 원리에 의하여 차변과 대변의 금액을 비교하여 일치하는지 확인함으로써 자동적으로 오류를 검증할 수 있다.

사 례

㈜A는 12월 1일에 영업을 개시하여 다음과 같이 영업활동을 수행한 경우 복식부기방식에 의하여 기록하시오.

- 12/1 100,000원을 현금 출자해서 회사를 설립하다.
- 12/10 200,000원을 은행에서 차입하다.
- 12/15 50,000원에 비품을 현금을 주고 취득하다.
- 12/18 20,000원의 비품을 반품하고 현금을 돌려받다.
- 12/20 40,000원의 비품을 현금을 주고 취득하다.
- 12/25 80,000원의 차입금을 현금으로 상환하다.

12/1	(차) 현금	100,000	(대) 자본금	100,000
12/10	(차) 현금	200,000	(대) 차입금	200,000
12/15	(차) 비품	50,000	(대) 현금	50,000
12/18	(차) 현금	20,000	(대) 비품	20,000
12/20	(차) 비품	40,000	(대) 현금	40,000
12/25	(차) 차입금	80,000	(대) 현금	80,000
합계		490,000		490,000

Ⅱ 분개와 전기

1. 분개(journalizing)

분개란 거래를 계정에 기록하기 전에 거래를 분석하여 복식부기의 논리에 따라 차변요소와 대변요소로 구분하고 계정과목과 금액을 결정하는 절차를 말한다. 거래의 증빙서류를 기초로 해서 이루어져야 하고, 최초의 기록이므로 주의를 기울여 작성하여야 한다.

참 조

분개장(book of journal entries)

분개장은 회계상 거래에 대한 분개의 내용을 발생한 일자의 순서대로 기록한 장부를 말한다. 분개 내용을 적요란에 기재하고 차변과 대변에 관련되는 금액을 기재하는 방식으로 작성한다.

분개장			
일자	적요	차변	대변
3월 1일	임차료 300,000을 현금지급하다		
	임차료	300,000	
	현금		300,000
3월 20일	현금 200,000을 차입하다		
	현금	200,000	
	차입금		200,000
⋮	⋮	⋮	⋮

사 례

분개

▶ 상품 500,000원을 현금으로 매입하다.

① 계정과목 : 현금, 상품

② 기록할 위치

- 상품매입 → 자산증가 → 차변
- 현금지급 → 자산감소 → 대변

③ 금액 : 차변금액 500,000원 = 대변금액 500,000원 ⇒ 일치

(차) 상품 500,000원 / (대) 현금 500,000원

▶ 차입금에 대한 이자 200,000원을 현금으로 매입하다.

① 계정과목 : 이자비용, 현금

② 기록할 위치

- 이자비용 발생 → 비용발생 → 차변
- 현금지급 → 자산감소 → 대변

③ 금액 : 차변금액 200,000원 = 대변금액 200,000원 ⇒ 일치

(차) 이자비용 200,000원 (대) 현금 200,000원

2. 전기(posting)

전기는 분개장에 기록된 분개 내용을 각 계정과목별로 분류해서 해당 계정과목에 옮겨 적는 절차를 말한다. 즉, 분개장에 분개한 것을 계정별원장(general ledger)에 옮겨 적는 절차이다. 계정별원장은 분개장의 원시기록으로부터 시산표라는 최종 결론을 수월하게 도출하기 위한 중간 절차로 작성되는 장부를 말한다.

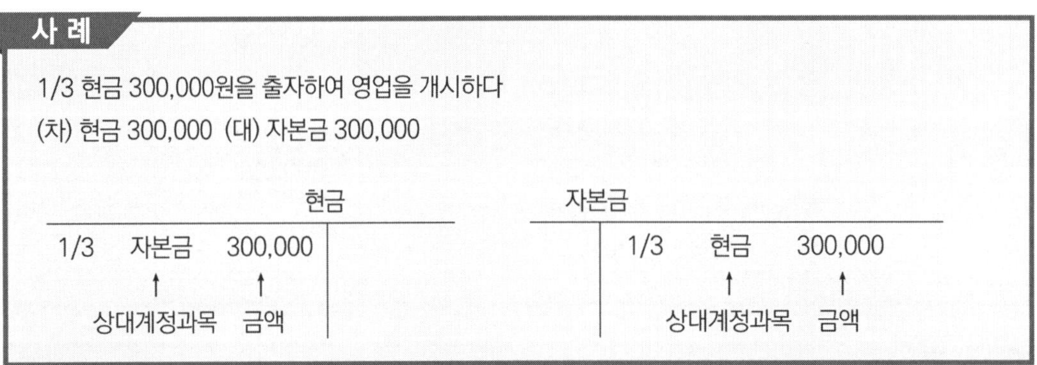
사 례

1/3 현금 300,000원을 출자하여 영업을 개시하다

(차) 현금 300,000 (대) 자본금 300,000

사 례

다음 회사의 거래를 분개하고 각 계정에 전기하시오.

- 1/10 현금 100,000원을 출자하여 영업을 개시하다.
- 2/5 비품 300,000원을 외상으로 매입하다.
- 3/11 현금 700,000원을 1년 이내에 상환하기로 하고 빌리다.
- 4/20 영업용 책상을 구입하고 대금 400,000원은 현금으로 지급하다.
- 5/7 단기차입금 500,000원과 이자 20,000원을 현금으로 지급하다.
- 6/10 미지급금 100,000원을 현금으로 지급하다.

- 9/20 임대료수익 200,000원을 현금으로 수령하다.
- 10/15 급여비용 50,000원을 현금으로 지급하다.
- 12/10 수수료수익 30,000원을 현금으로 수령하다.

▶ 분개

	차변		대변	
▪ 1/10	(차) 현금	1,000,000	(대) 자본금	1,000,000
▪ 2/5	(차) 비품	300,000	(대) 미지급금	300,000
▪ 3/11	(차) 현금	700,000	(대) 단기차입금	700,000
▪ 4/20	(차) 비품	400,000	(대) 현금	400,000
▪ 5/7	(차) 단기차입금	500,000	(대) 현금	520,000
	이자비용	20,000		
▪ 6/10	(차) 미지급금	100,000	(대) 현금	100,000
▪ 9/20	(차) 현금	200,000	(대) 임대료	200,000
▪ 10/15	(차) 급여	50,000	(대) 현금	50,000
▪ 12/10	(차) 현금	30,000	(대) 수수료	30,000

▶ 전기

현금

1/10	자본금	1,000,000	4/20	비품	400,000
3/11	단기차입금	700,000	5/7	제좌	520,000
9/20	임대료	200,000	6/10	미지급금	100,000
12/10	수수료	30,000	10/15	급여	50,000
잔액		860,000			

자본금

			1/10	현금	1,000,000

비품

2/5	미지급금	300,000			
4/20	현금	400,000			

미지급금

6/10	현금	100,000	2/5	비품	300,000
			잔액		200,000

이자비용

5/7	현금	20,000			

급여

10/15	현금	50,000			

수수료

			12/10	현금	30,000

단기차입금

5/7	현금	500,000	3/11	현금	700,000

임대료

			9/20	현금	200,000

결산

Ⅰ 의의

결산(settlement of account)이란 회계기간 동안 수행한 자산, 부채, 자본의 변동 내용과 그 결과물을 종합하여 재무상태와 포괄손익을 확정하는 절차를 말한다. 기업은 회계기간 동안 거래가 발생하면 이를 분개해서 계정별원장에 전기해 놓았다가 회계연도말이 되면 시산표를 작성하고 이를 기초로 포괄손익계산서와 재무상태표를 작성한다. 결산의 절차는 다음과 같은 순서로 진행된다.

	분개		전기		잔액 집계			
회계상 거래	⇒	분개장	⇒	계정별원장	⇒	시산표	⇒	재무상태표와 손익계산서

* 분개장과 총계정원장은 기중에 거래가 발생할 때마다 작성하고, 시산표는 기말에 일괄 작성한다.

Ⅱ 시산표의 작성

1. 의의

시산표(trial balance)란 회계기간 말에 계정별원장에 기록된 각 계정과목별 총액과 잔액을 산출하여 계정과목과 잔액을 모아놓은 표를 말한다. 시산표의 윗부분은 자산, 부채, 자본 항목으로 구성하고, 아랫부분은 수익과 비용 항목으로 구성한다. 시산표는 복식부기에서 회계등식에 따른 장부기록의 오류를 검증하고 결산재무제표의 작성을 원활하게 하기 위한 수학적 검산표이다. 대차평균의 원리에 따라 계정별원장의 각 계정의 차변합계와 대변합계가 일치해야 하고, 시산표를 작성해서 차변합계와 대변합계가 일치하지 않는다면 분개나 전기 과정에 잘못 기입된 사항이 있는 것이므로 수정해야 한다. 이처럼 시산표 작성의 목적은 거래를 분개하고 전기하는 과정에서 생긴 오류를 파악하여 수정하기 위한 것이다. 또한 각 계정의 잔액을 모아 기업의 재무상태나 경영성과를 개괄적으로 파악함으로써 재무상태표와 포괄손익계산서를 용이하게 작성하기 위한 목적도 있다.

참 조

회계등식과 시산표등식

▶ 회계등식 : 자산 = 부채 + 자본

▶ 시산표등식 : 자산 + 비용 = 부채 + 자본 + 수익

2. 시산표의 종류

2-1. 잔액시산표

잔액시산표는 회계기간 말 계정별원장의 잔액만을 집계하여 작성한 시산표이다. 각 계정의 증가와 감소의 내역을 확인할 수 없다는 단점이 있다.

차변	계정과목	대변
860,000	현금	
300,000	상품	
20,000	비품	
	외상매입금	200,000
	단기차입금	200,000
	자본금	1,000,000
400,000	급여	
50,000	이자비용	
	임대료	200,000
	수수료수익	30,000
1,630,000	계	1,630,000

2-2. 합계시산표

합계시산표는 회계기간 말 계정별원장의 합계만을 모아 놓은 시산표이다.

차변	계정과목	대변
1,930,000	현금	1,070,000
300,000	상품	
400,000	비품	
100,000	외상매입금	300,000
500,000	단기차입금	700,000
	자본금	1,000,000
50,000	급여	
20,000	이자비용	
	임대료	200,000
	수수료수익	30,000
3,300,000	계	3,300,000

2-3. 합계잔액시산표

합계잔액시산표는 계정별원장의 합계와 잔액을 모두 이용하여 작성한 시산표이다. 각 계정의 합계와 잔액을 모두 보여줌으로 실무적으로 많이 사용되고 있다.

차변		계정과목	대변	
잔액	합계		합계	잔액
860,000	1,930,000	현금	1,070,000	
300,000	300,000	상품		
400,000	400,000	비품		
	100,000	외상매입금	300,000	200,000
	500,000	단기차입금	700,000	200,000
		자본금	1,000,000	1,000,000
50,000	50,000	급여		
20,000	20,000	이자비용		
		임대료	200,000	200,000
		수수료수익	30,000	30,000
1,630,000	3,300,000	계	3,300,000	1,630,000

Ⅲ 재무제표의 작성

1. 재무상태표(statement of financial position)

1-1. 의의

재무상태표는 일정한 시점 기업이 보유하고 있는 경제적 자원인 자산과 기업이 부담해야 할 경제적 의무인 부채 그리고 자본에 대한 정보를 제공하는 보고서(정태적 재무제표)를 말한다. 과거에는 대차대조표라고 하였다. 재무상태표의 수치는 일정한 시점의 잔액으로서 당기의 기말금액은 차기의 기초금액과 일치한다. 즉, 자산·부채·자본의 기말잔액을 다음 회계기간의 기초잔액으로 이월한다. 그리하여 자산계정, 자본계정, 부채계정은 실질계정 또는 영구계정이라고 한다.

재무상태표

재무상태표 2021. 12. 31. 현재

차변	대변
자산	= 부채 + 자본
	= 타인자본 + 자기자본
	= 채권자지분 + 주주지분
	= 지분(청구권)

1-2. 계정식과 보고식

(1) 계정식 재무상태표

재무상태표

㈜A 2021. 12. 31.

자산		부채	
유동자산	100,000	유동부채	100,000
유형자산	300,000	비유동부채	200,000
무형자산	200,000	자본	
		자본금	200,000
		이익잉여금	100,000
합계	600,000	합계	600,000

(2) 보고식 재무상태표

재무상태표

㈜A 2021. 12. 31.

자산	
유동자산	100,000
유형자산	300,000
무형자산	200,000
자산합계	600,000
부채	
유동부채	100,000
비유동부채	200,000
자본	
자본금	200,000
이익잉여금	100,000
부채와 자본합계	600,000

(3) 보고식·비교식 재무상태표

재무상태표

제7기 2021년 12월 31일 현재

㈜A 제8기 2022년 12월 31일 현재 (단위 : 원)

과목	당기	전기
자산		
유동자산	×××	×××
유형자산	×××	×××
무형자산	×××	×××
자산합계	×××	×××
부채		
유동부채	×××	×××
비유동부채	×××	×××
자본		
자본금	×××	×××
이익잉여금	×××	×××
부채와 자본합계	×××	×××

2. 포괄손익계산서(statement of comprehensive income)

2-1. 의의

포괄손익계산서란 일정 기간 기업이 얻은 경영성과를 나타내는 보고서로서 기업의 수익성을 파악할 수 있는 정보를 제공하며 수익과 비용 및 이익을 보여준다. 일정 기간 기업의 수익과 비용을 기록하여 당기순손익을 계산한다. 재무상태표와 포괄손익계산서는 독립적인 것이 아니며 포괄손익계산서의 경영성과의 결과로 재무상태표상 기업의 재무상태가 변화한다. 포괄손익계산서의 수익과 비용의 차이에 따른 당기순손익은 재무상태표의 자본 중 이익잉여금 항목에 귀속되어 이익잉여금, 즉 자본을 증감시킨다.

포괄손익계산서계정은 당기의 경영성과를 측정하기 위해 설정하였다가 순이익을 확인한 뒤 소멸시키는 임시계정이다. 당기 경영활동만을 반영해야 하며 차기의 경영활동에 영향을 미쳐서는 안 되므로 포괄손익계산서계정은 회계기간이 종료되면 계정잔액이 모두 영(0)으로 되어야 하고 차기의 경영활동에 의한 경영성과를 측정하기 위한 기록은 영(0)에서 출발해야 한다.

기초 재무상태표 → 포괄손익계산서(기간의 경영성과) → 기말 재무상태표

2-2. 계정식과 보고식

(1) 계정식 포괄손익계산서

포괄손익계산서

㈜A 2021. 1. 1. ~ 12. 31.

매출원가	300,000	매출액	500,000
기타비용	70,000	기타수익	20,000
법인세비용	30,000		
당기순이익	120,000		
합계	520,000	합계	520,000

(2) 보고식 포괄손익계산서

포괄손익계산서	
㈜A	2021. 1. 1. ~ 12. 31.
매출액	500,000
매출원가	(300,000)
매출총이익	200,000
기타수익	20,000
기타비용	(70,000)
법인세비용차감전순이익	150,000
법인세비용	(30,000)
당기순이익	120,000

(3) 보고식·비교식 포괄손익계산서

포괄손익계산서

제7기 2021년 1월 1일부터 12월 31일까지

㈜A 제8기 2022년 1월 1일부터 12월 31일까지 (단위 : 원)

과목	당기	전기
매출액	×××	×××
매출원가	×××	×××
매출총이익	×××	×××
금융수익	×××	×××
기타수익	×××	×××
관리비	×××	×××
금융비용	×××	×××
기타비용	×××	×××
⋮	⋮	⋮
법인세차감전수이익	×××	×××
법인세비용	×××	×××
당기순손익	×××	×××
기타포괄손익	×××	×××
⋮	⋮	⋮
총포괄손익	×××	×××

사 례

광고회사 ㈜A가 다음과 같이 설립되어 영업활동을 수행한 경우 재무상태표와 포괄손익계산서를 작성하시오.

- 1/1 갑으로부터 3,000,000원을 출자받아 회사를 설립하다.
- 1/2 은행으로부터 2,000,000원을 이자율 연 10%의 조건으로 차입하다.
- 1/3 사무실로 사용할 건물을 매년 12월 30일 540,000원을 지급하는 조건으로 임차하다.
- 2/1 광고용역을 제공하고 1,500,000원을 현금으로 수령하다.
- 2/15 사무실 전기요금으로 380,000원을 현금으로 지급하다.
- 3/10 광고용역 2,000,000원을 제공하고 대금은 추후 수령하기로 하다.
- 4/1 사무용비품 900,000원을 외상으로 구입하다
- 4/30 사무용비품의 외상대금 중 600,000원을 현금으로 지급하다.
- 6/30 갑이 추가로 현금 1,200,000원을 출자하다.
- 9/30 3월 10일 광고용역대금 중 1,000,000원을 현금으로 수령하다.
- 12/1 종업원급여 260,000원을 지급하다.
- 12/30 건물임차료 540,000원을 지급하다.

▶ 분개

1/1	(차)	현금	3,000,000	(대)	자본금	3,000,000
1/2	(차)	현금	2,000,000	(대)	차입금	2,000,000
1/3			회계상 거래가 아님			
2/1	(차)	현금	1,500,000	(대)	용역매출	1,500,000
2/15	(차)	전기료	380,000	(대)	현금	380,000
3/10	(차)	매출채권	2,000,000	(대)	용역매출	2,000,000
4/1	(차)	비품	900,000	(대)	미지급금	900,000
4/30	(차)	미지급금	600,000	(대)	현금	600,000
6/30	(차)	현금	1,200,000	(대)	자본금	1,200,000
9/30	(차)	현금	1,000,000	(대)	매출채권	1,000,000
12/1	(차)	급여	260,000	(대)	현금	260,000
12/30	(차)	임차료	540,000	(대)	현금	540,000

▶ 전기

현금

1/1	자본금	3,000,000	2/15	전기요금	380,000
1/2	차입금	2,000,000	4/30	미지급금	600,000
2/1	용역매출	1,500,000	12/1	급여	260,000
6/30	자본금	1,200,000	12/30	임차료	540,000
9/30	매출채권	1,000,000			
잔액		6,920,000			

사 례

매출채권

3/10	용역매출	2,000,000	9/30	현금	1,000,000
잔액		1,000,000			

비품

4/1	미지급금	900,000			
잔액		900,000			

차입금

			1/2	현금	2,000,000
			잔액		2,000,000

미지급금

4/30	현금	600,000	4/1	비품	900,000
			잔액		300,000

자본금

			1/1	현금	3,000,000
			6/30	현금	1,200,000
			잔액		4,200,000

용역매출

			2/1	현금	1,500,000
			3/7	매출채권	2,000,000
			잔액		3,500,000

전기료

2/15	현금	380,000			
잔액		380,000			

임차료

12/30	현금	540,000			
잔액		540,000			

급여

12/1	현금	260,000			
잔액		260,000			

사 례

▶ 시산표 작성

시산표

현금	6,920,000	차입금	2,000,000
매출채권	1,000,000	미지급금	300,000
비품	900,000	자본금	4,200,000
		용역매출	3,500,000
전기료	380,000		
급여	260,000		
임차료	540,000		
합계	10,000,000	합계	10,000,000

▶ 포괄손익계산서

포괄손익계산서

전기료	380,000	용역매출	3,500,000
급여	260,000		
임차료	540,000		
당기순이익	2,320,000		
합계	3,500,000	합계	3,500,000

▶ 재무상태표

재무상태표

현금	6,920,000	차입금	2,000,000
매출채권	1,000,000	미지급금	300,000
비품	900,000	자본금	4,200,000
		이익잉여금	2,320,000
합계	8,820,000	합계	8,820,000

2편
개별 세법

1장 부가가치세법

총설

I 부가가치세의 의의

1. 부가가치세의 개념

부가가치세(value added tax, VAT)란 거래단계별로 재화나 용역에 생성되는 부가가치(value added)에 부과되는 조세를 말한다. 재화·용역의 매출액이 아니라 재화·용역이 생산, 제공, 유통되는 단계에서 발생하는 마진(Margin), 즉 부가가치에 대해서 과세하는 조세이다.

부가가치세는 모든 거래단계에서 생성되는 부가가치에 과세하되 그 부담이 전가되는 다단계 일반소비세이다. 부가가치세의 법률상 납세의무자는 사업자이고, 과세대상은 재화·용역에 의해 생성된 부가가치이다. 부가가치세는 과세표준이 금액으로 표시되는 종가세이고, 세율은 10퍼센트 단일세율인 비례세이다.

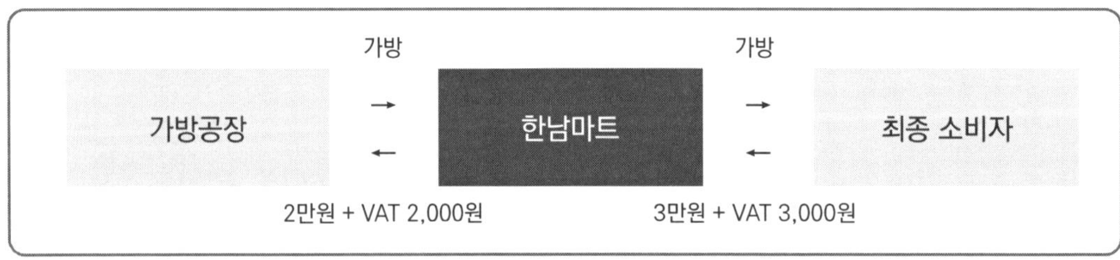

2. 우리나라 부가가치세의 특징

2-1. 전단계 세액공제법

부가가치세 산정방식에는 다음과 같이 전단계 거래액공제법과 전단계 세액공제법이 있다.

> **① 전단계 거래액공제법 : 부가가치세액 = (매출액 − 매입액) × 세율**
>
> 매출액에서 매입액을 차감하여 계산한 부가가치에 세율을 곱하여 부가가치세를 산정하는 방식이다. 과세표준은 부가가치(= 매출액 − 매입액)이다.
>
> **② 전단계 세액공제법 : 부가가치세액 = (매출액 × 세율) − 매입세액**
>
> 매출액에 세율을 곱하여 매출세액을 계산하고, 여기에 매입액에 세율을 곱하여 계산한 매입세액을 공제해서 부가가치세를 산정하는 방식이다. 과세표준은 매출액이다.

우리나라에서는 전단계 세액공제법에 의하여 부가가치세를 산정하고 있다. 전단계 세액공제법에 의하면 부가가치세의 과세표준은 부가가치액이 아니라 재화나 용역의 공급가액이다. 이러한 공급가액에 세율을 곱하여 산정한 매출세액은 해당 거래단계까지 창출되어 누적된 부가가치의 총액으로서, 여기에는 해당 거래단계에서 창출된 부가가치액뿐만 아니라 그 전단계에 창출되어 이미 과세된 부가가치액이 포함되어 있다. 따라서 그 전단계에서 창출된 부가가치액에 대하여 중복해서 과세되는 것을 회피하기 위하여 매입세액을 공제하는 것이다.

그러나 모든 매입세액이 공제되는 것은 아니며 세금계산서에 의하여 거래징수되었음이 확인되는 매입세액만이 공제된다. 따라서 납세자가 매입세액을 공제받으려면 공급자로부터 세금계산서를 수취하여 세무서장에게 제출하여야 한다. 그 결과 매입세액의 공제를 받기 위하여 공급자에게 세금계산서의 교부를 요구하게 되고, 수수된 세금계산서는 공급자와 공급받은 사람 모두 세무서장에게 제출하여야 하므로 거래당사자 사이의 상호견제를 통하여 탈세를 예방할 수 있다.

전단계 세액공제법에 의하면 부가가치세의 과세대상이 부가가치라는 점이 불분명하다는 단점이 있으나, 거래가 있을 때마다 부가가치세가 계산되고 전가되므로 개개의 재화나 용역에 부과된 부가가치세 및 부가가치가 정확하게 파악된다는 장점이 있다. 그리하여 전단계 세액공제법에 의하면 개개의 재화나 용역에 부과된 부가가치세의 전가가 명확하게 인식되고, 품목별로 면세나 영세율을 적용하는데 편리하며, 세금계산서 수수를 통한 상호 감시 기능이 이루어져 거래자료의 양성화를 도모할 수 있다는 장점이 있다.

2-2. 다단계 거래세 등

(1) 다단계 거래세

생산, 제조, 유통 등 각각의 거래단계에서 창출되는 부가가치에 과세하는 다단계 과세방식을 취하고 있다. 개별소비세는 각각의 거래단계가 아니라 제조반출가격 또는 소매판매가격에 과세되어 소비자에게 전가되는 데 비하여 부가가치세는 모든 거래단계마다 순차로 과세되어 최종적으로 소비자에게 전가된다.

(2) 일반소비세

소비의 대상인 모든 재화와 용역에 대하여 과세하는 세금이다(포괄주의). 다만, 면세로 열거된 것은 제외된다. 특정의 재화 또는 용역에 대해서만 과세되는 개별소비세와 구별된다.

(3) 간접세

조세의 부담이 최종소비자에게 전가된다. 법률상 납세의무자는 재화·용역을 공급하는 사업자이지만, 경제상 담세자는 최종소비자이다. 그리하여 부가가치세는 법률상 납세의무와 경제상 담세자가 일치하지 않는 간접세이다.

(4) 비례세

부가가치세율은 10퍼센트 단일세율이다(부가가치세법 제30조). 부가가치세는 세율이 일정한 비례세이지만 최종소비자에게 세 부담이 전가되는 일반소비세라는 점에서 역진적 성격을 갖고 있다. 부가가치세법에서는 이러한 역진성을 완화하기 위하여 기초생활필수 재화·용역 등에 대하여 부가가치세를 면제하고 있다(동법 제26조 제1항).

2-3. 소비지국 과세원칙

소비지국 과세원칙(destination principle of taxation)이란 부가가치세는 소비지국(수입국)에서 과세한다는 원칙이다. 생산지국(수출국)에서는 영세율을 적용한다. 국가별로 부가가치세율이 다름에도 생산지국(수출국)에서 부가가치세를 과세하게 되면 각국의 부가가치세율의 차이로 인하여 최종소비자 가격의 왜곡을 초래할 우려가 있다. 우리나라에서도 소비지국 과세원칙을 채택하고 있으며 수출 재화에 대해서는 영세율을 적용하고 있다(부가가치세법 제21조).

Ⅱ 납세의무자

부가가치세법상 납세의무자는 사업자와 수입자이다(부가가치세법 제3조 제1항).

1. 사업자

사업자란 영리 목적과 관계없이 사업상 독립적으로 재화와 용역을 계속적·반복적으로 공급하는 사람을 말한다(부가가치세법 제2조 제3호).

1-1. 재화·용역의 공급

부가가치세의 과세대상은 재화·용역의 공급이므로 그러한 거래가 귀속되는 사람, 즉 재화·용역을 공급하는 사람이 납세의무를 진다. 위탁매매 또는 대리인에 의한 매매를 할 때에는 위탁자 또는 본인이 직접 재화를 공급한 것으로 본다. 다만, 해당 거래 또는 재화의 특성상 위탁자 또는 본인을 알 수 없는 경우에는 수탁자 또는 대리인으로부터 재화를 공급받은 것으로 본다(부가가치세법 제10조 제7항 및 동법 시행령 제21조).

1-2. 계속·반복성

부가가치세는 생산 및 유통의 각 단계에서 부가되는 가치를 그 과세대상으로 하는 조세이므로 부가가치세의 납세의무자인 사업자란 부가가치를 창출해 낼 수 있는 정도의 사업형태를 갖추고 계속·반복적인 의사로 재화·용역을 공급하는 사람을 말한다.[28] 따라서 사업성 없이 일시적·우발적으로 재화·용역을 공급하는 사람은 사업자가 아니고, 그러한 재화·용역의 공급에는 부가가치세가 과세되지 않는다.

1-3. 독립성

재화·용역의 공급이 사업상 독립적이어야 한다. 다른 사업자에게 종속 또는 고용되어 있지 않고 자기의 계산과 책임으로 재화·용역을 공급하여야 한다. 따라서 고용계약에 의하여 사업자의 지시를 받는 종업원은 부가가치세 납세의무자가 아니다.

28) 대법원 1984. 12. 26. 선고 84누629 판결.

1-4. 영리 목적 불문

사업의 영리 목적을 불문한다. 부가가치세는 사업자가 얻은 소득에 대하여 과세하는 것이 아니라 재화·용역의 공급에 따라 창출된 부가가치에 대하여 공급받은 사람으로부터 세액을 거래징수하여 납부하는 조세이기 때문이다. 그리하여 비영리법인도 부가가치세법상 납세의무자가 될 수 있다. 국가나 지방자치단체도 부가가치세 납세의무자가 될 수 있으나 실제로는 대부분 면세되고 있다(부가가치세법 제26조 제1항 제19호).

2. 수입자

재화를 수입하는 사람은 사업자인지 여부와 관계없이 부가가치세 납세의무가 있다. 부가가치세는 공급자가 사업자인 경우에만 과세되지만, 재화를 수입하는 경우에는 소비지국 과세원칙에 따라 국내에서 부가가치세가 과세되므로 수입자는 사업자인지 여부와 관계없이 부가가치세 납세의무를 부담한다.

III 과세기간 및 납세지

1. 과세기간

1-1. 계속사업자

1년을 1기와 2기로 6월씩 나누어 과세기간으로 한다. 1기는 1. 1.부터 6. 30.까지이고, 2기는 7. 1.부터 12. 31.까지이다. 다만, 간이과세자의 경우에는 1년(1. 1.부터 12. 31.까지)을 과세기간으로 한다(부가가치세법 제5조 제1항). 간이과세자가 간이과세를 포기한 경우에는 포기 전후를 각각 1기로 본다.

사 례

> 4. 10. 간이과세를 포기하고 일반과세로 전환한 경우 포기신고를 한 날이 속한 달까지, 즉 1. 1.부터 4. 30.까지 간이과세가 적용되고, 5. 1.부터 6. 30.까지 일반과세가 적용된다. 만일 10. 30. 간이과세를 포기하고 일반과세로 전환한 경우에는 1. 1.부터 10. 31.까지 간이과세가 적용되고, 11. 1.부터 12. 31.까지 일반과세가 적용된다.

1-2. 신규사업자

신규사업자는 사업개시일로부터 그날이 속하는 과세기간의 종료일까지 최초의 과세기간으로 한다(부가가치세법 제5조 제2항 본문). 예를 들어, 3. 1. 사업을 개시한 경우 3. 1.부터 6. 30.까지 1기 과세기간이다. 다만, 사업개시일 이전에 사업자등록을 신청한 경우에는 그 신청한 날부터 그 신청일이 속하는 과세기간의 종료일까지로 한다(동항 단서).

1-3. 폐업자

폐업자는 폐업일이 속하는 과세기간의 개시일부터 폐업일까지를 최종과세기간으로 한다(부가가치세법 제5조 제3항). 예를 들어, 3. 1. 폐업한 경우 1. 1.부터 3. 30.까지 과세기간이다.

1-4. 확정신고기간과 예정신고기간

사업자는 각 과세기간의 과세표준 및 세액을 그 과세기간이 끝나는 날로부터 25일 이내에 신고·납부하여야 한다. 1기의 과세표준 및 세액은 7. 25.까지, 2기의 과세표준 및 세액은 다음해 1. 25.까지, 간이과세자는 그 다음해 1. 25.까지 각각 신고·납부하여야 한다(부가가치세법 제49조 제1항). 이를 확정신고·납부라고 한다.

그런데 부가가치세법에서는 각 과세기간 중 최초 3개월의 기간을 예정신고기간으로 구분하고 있다. 부가가치세 1기 예정신고기간은 1. 1.부터 3. 31.까지이고, 2기 예정신고기간은 7. 1.부터 9. 30.까지이다(부가가치세법 제48조 제1항). 신규사업자의 경우 예정신고기간은 사업개시일부터 그 예정신고기간의 종료일까지이다. 사업자는 예정신고기간의 과세표준 및 세액을 그 예정신고기간이 끝나는 날로부터 25일 이내에 신고·납부하여야 한다(동조 제2항). 1기 예정신고는 4. 25.까지, 2기 예정신고는 10. 25.까지 각각 예정신고·납부하여야 한다. 다만, 간이과세자는 직전 과세기간(1년)에 대한 납부세액의 50퍼센트를 고지받아 7. 25.까지 납부한다(동법 제66조 제1항).

2. 납세지

2-1. 사업장별 과세원칙

납세지란 납세의무자가 세법상 의무를 이행하고 과세관청이 부과·징수권을 행사함에 있어서 그 기준이 되는 장소를 말한다. 부가가치세는 각 사업장 소재지가 납세지이다(부가가치세법 제6조 제1항). 사업자가 한 사람이어도 사업장이 여러 개이면 사업장별로 사업자등록, 세금계산서의 발급과 수취, 신고·납부의무를 이행하여야 한다. 소득세나 법인세의 경우와는 달리 부가가치세의 납세지를 각 사업장마다 하도록 하는 이유는 부가가치세는 물세로서 과세대상인 재화·용역의 공급에 대하여 그 공급이 이루어지는 관할 세무서장이 관리·감독하는 것이 가장 적합하기 때문이다.

2-2. 사업장

(1) 의의 및 범위

사업장이란 사업자 또는 그 사용인이 상시 주재하여 거래의 전부 또는 일부를 행하는 장소를 말한다(부가가치세법 제6조 제2항). 사업자가 사업장을 두지 않는 경우 사업자의 주소 또는 거소를 사업장으로 본다(동조 제3항). 사업장의 범위는 다음과 같다(동법 시행령 제8조 제1항 및 제6항).

① **광업** : 광업사무소의 소재지
② **제조업** : 최종 제품을 완성하는 장소(예를 들어, 공장). 다만, 별도로 제품을 포장만하거나 용기에 충전만 하는 장소는 제외
③ **건설업, 운수업, 부동산매매업** : 법인은 법인등기부상 소재지. 개인은 사업에 관한 업무를 총괄하는 장소
④ **부동산임대업** : 부동산의 등기부상 소재지
⑤ **무인자동판매기를 통하여 재화·용역을 공급하는 사업** : 사업에 관한 업무를 총괄하는 장소
⑥ **방문판매 등에 관한 법률에 따른 다단계판매인이 재화·용역을 공급하는 사업** : 다단계판매업자의 주된 사업장 소재지
⑦ **비거주자, 외국법인** : 소득세법·법인세법에 따른 국내 사업장

(2) 직매장 등

1) 직매장

직매장이란 사업자가 자기의 사업과 관련하여 생산하거나 취득한 재화를 직접 판매하

기 위하여 특별히 판매시설을 갖춘 장소를 말한다. 직매장은 사업장으로 본다(동법 시행령 제8조 제3항).

2) 하치장

하치장이란 재화를 보관하고 관리할 수 있는 시설만 갖춘 장소(예를 들어, 창고 등)로서 판매행위가 이루어지지 않는 곳을 말한다. 하치장은 사업장으로 보지 않는다(동법 제6조 제5항 제1호).

3) 임시사업장

임시사업장이란 기존 사업장 이외에 각종 경기대회나 박람회 등 행사가 개최되는 장소에서 임시로 단기간 판매시설을 갖추어 개설한 사업장을 말한다. 임시사업장은 독립된 사업장으로 보지 않고 기존 사업장에 포함되는 것으로 한다(동법 제6조 제5항 제2호 및 동법 시행령 제10조 제1항).

2-3. 주사업장 총괄납부

주사업장 총괄납부란 둘 이상의 사업장이 있는 사업자(사업장이 하나이나 추가로 사업장을 개설하려는 사업자를 포함)로 하여금 각 사업장에서 발생한 납부세액과 환급세액을 주사업장에서 총괄하여 납부하거나 환급받을 수 있도록 하는 제도를 말한다(부가가치세법 제51조 제1항). 주된 사업장은 법인의 본점(주사무소를 포함) 또는 개인의 주사무소로 한다. 다만, 법인의 경우에는 지점(분사무소를 포함)을 주된 사업장으로 할 수 있다(동법 시행령 제92조 제1항).

주사업장 총괄납부 사업자가 되고자 하는 경우 그 납부하려는 과세기간 개시 20일 전에 주사업장 총괄납부 신청서를 주된 사업장의 관할 세무서장에게 제출하여야 한다(동법 시행령 제92조 제2항). 신규로 사업을 시작하는 경우에는 주된 사업장의 사업자등록증을 받은 날부터 20일까지, 사업장이 하나이나 추가로 사업장을 개설하는 경우에는 추가 사업장의 사업개시일부터 20일까지 각각 신청서를 주된 사업장의 관할 세무서장에게 제출하여야 한다(동조 제3항).

주사업장 총괄납부 사업자는 각 사업장별로 발생한 납부세액 또는 환급세액을 통산하여 그 잔액을 주된 사업장 관할 세무서장에게 납부하거나 환급받게 된다. 주사업장 총괄납부를 하더라도 납부만 주사업장에서 총괄할 뿐이고 나머지는 사업장별로 따로따로 하여야 한다. 총괄납부를 하는 경우에도 사업자는 과세표준과 세액을 각 사업장별로 별개로 계산하여 각 사업장 관할 세무서장에게 신고하여야 하고, 경정청구 등도 사업장별로 하여야 하며, 결정·경정도 각 사업장 관할 세무서장이 행한다. 또한 총괄납부를 하더라도 사업장별로 사업자등록을 하여야 하고 그 등록번호로 세금계산서를 작성하고 발급하여야 한다.

2-4. 사업자 단위 과세

사업장이 둘 이상 있는 사업자(사업장이 하나이나 추가로 사업장을 개설하려는 사업자 포함)는 사업장이 아니라 사업자 단위로 그 사업자의 본점 또는 주사무소에서 총괄하여 신고 및 납부를 할 수 있다(부가가치세법 제8조 제3항). 주사업장 총괄납부의 경우 법인의 지점도 주된 사업장으로 할 수 있지만, 사업자 단위 과세 적용 사업장은 본점만으로 한정된다. 사업자 단위 과세 사업자로 변경하고자 하는 경우 그 적용받으려는 과세기간 개시 20일 전까지 사업자의 본점 또는 주사무소 관할 세무서장에게 변경등록을 신청하여야 한다(동조 제4항).

사업자 단위 과세 사업자는 각 사업장 대신에 그 사업자의 본점 또는 주사무소의 소재지를 납세지로 한다(동법 제6조 제4항). 사업자 단위 과세 적용 사업장에 한 개의 사업자등록번호만 부여되므로 본점 또는 주사무소를 제외한 다른 사업장의 사업자등록은 말소되고, 신설하는 사업장에서는 별도의 사업자등록을 하지 않으며 사업자등록 정정신고를 해야 한다. 세금계산서의 발급 및 수취도 본점 또는 주사무소에서 사업자 단위로 이루어진다. 사업자 단위로 통산한 과세표준 및 세액을 하나의 신고서에 기재하여 본점 또는 주사무소의 관할 세무서장에게 신고하고 납부 및 환급을 받는다. 결정·경정 및 징수도 본점 또는 주사무소의 관할 세무서장이 한다. 주사업장 총괄납부는 납부만 주사업장에서 총괄할 뿐이지만, 사업자 단위 과세는 부가가치세법에 따른 모든 납세의무에 관한 사항을 사업자 단위로 이행한다는 점에서 구별된다.

제2절 과세거래

부가가치세 과세대상이 되는 거래에는 재화의 공급, 용역의 공급, 재화의 수입이 있다. 재화·용역의 공급은 사업자가 하는 경우에만 부가가치세 과세거래에 해당한다. 그러나 재화를 수입하는 경우는 수입자가 사업자인지 여부를 불문하고 과세거래에 해당한다.

I 재화의 공급

재화의 공급은 계약상 또는 법률상의 원인에 따라 재화를 인도하거나 양도하는 것을 말한다(부가가치세법 제9조 제1항). 일반적으로 대가를 받고 재화를 사용·소비할 수 있도록 재화에 관한 권리를 이전하는 경우를 재화의 공급이라고 할 수 있다. 법률상의 원인에 기하지 않는 도난이나 유실 등에 의한 경우는 공급에 포함되지 않는다.

1. 재화의 의의

재화는 재산 가치가 있는 물건 및 권리를 말한다(부가가치세법 제2조 제1호). 물건은 상품, 제품, 원료, 기계, 건물 등 유체물과 전기, 가스, 열 등 기타 관리할 수 있는 자연력을 말하고, 권리는 광업권, 특허권, 저작권 등 물건 외에 재산적 가치가 있는 모든 것을 말한다(부가가치세법 시행령 제2조 제1항). 여기의 권리에 해당하기 위해서는 그 권리가 현실적으로 이용될 수 있고 경제적 교환가치를 가지는 등 객관적인 재산적 가치가 인정되어야 한다.[29] 영업권,[30] 온실가스 감축실적[31] 등도 여기에 포함된다.

수표, 어음, 상품권 등 유가증권은 소비의 대상이 아니고 교환수단에 불과하므로 수표, 어음, 상품권 등을 수수하는 것은 부가가치세 과세대상인 재화의 공급으로 볼 수 없다.[32] 그러나 창고증권, 선하증권, 화물상환증은 유가증권이지만 증권의 교부로 증권에 화체된 재화를 직접 거래하는 효과가 발생하므로 과세대상인 재화에 포함된다. 온라인 게임머니는 과세대상인 재화이지만, 가상화폐는 본질적으로 화폐로서의 기능을 수행하고 있다는 점에서 부가가치세 과세대상인 재화에는 포함되지 않는다.[33]

2. 재화 공급의 범위

2-1. 매매계약

현금매매, 외상매매, 할부매매, 위탁매매 등을 불문하고 매매계약에 따라 재화를 인도하거나 양도하는 것은 재화의 공급으로 과세대상이 된다(부가가치세법 시행령 제18조 제1항 제1호).

2-2. 가공계약

가공계약이란 공급자가 주요 자재의 전부나 일부를 부담하고 상대방으로부터 인도받은 재화에 공작을 가하여 새로운 재화를 만드는 계약을 말한다. 가공계약에 따라 재화를 인도하는 것은 과세대상인 재화의 공급에 해당한다(부가가치세법 시행령 제18조 제1항 제2호). 그러나 주요 자재를 전혀 부담하지 않고 단순히 가공만 하여 주는 것은 용역의 공급에 해당한다.

29) 대법원 2018. 4. 12. 선고 2017두65524 판결.

30) 대법원 2014. 1. 16. 선고 2013두18827 판결.

31) 온실가스 배출 감축사업에 참여하여 정부로부터 위 감축사업을 위탁받은 에너지관리공단에 온실가스 감축실적을 판매하는 형식으로 공단으로부터 지급금을 수령하는 것은 부가가치세 과세대상인 재화의 공급에 해당한다(대법원 2018. 4. 12. 선고 2017두65524 판결).

32) 상품권 판매는 비과세이지만, 상품권으로 물건을 구입하는 경우는 과세대상이다.

33) 가상화폐는 부가가치세 과세대상은 아니지만, 소득세 또는 상속세·증여세의 과세대상이 된다. 가상화폐를 양도·대여함으로써 발생하는 소득은 기타소득으로 분리과세 된다. 양도·대여의 대가에서 실제 취득가액 등을 공제한 기타소득금액에 세율 20퍼센트를 곱한 금액을 세액으로 한다. 또한 상속 또는 증여된 경우에는 평가기준일(상속개시일·증여일) 현재의 시가를 기준으로 상속세·증여세가 부과된다.

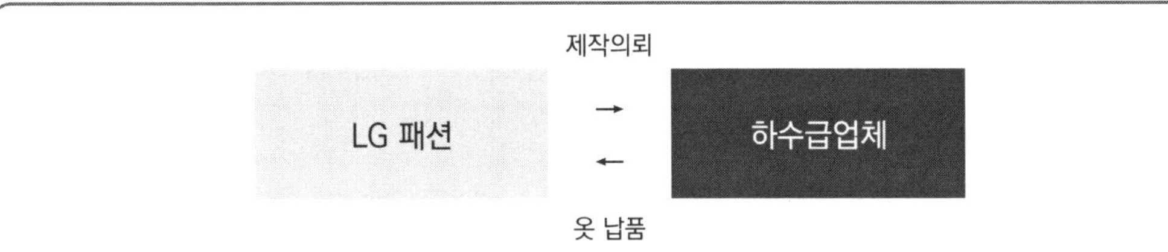

하수급업체가 원단 등 주요 자재를 직접 조달하여 옷을 제작해서 납품하였다면 재화의 공급에 해당하지만, LG 패션이 원단 등 주요 자재를 제공하고 하수급업체는 옷을 제작하여 납품한 경우라면 용역의 공급에 해당한다.

2-3. 교환계약

교환계약은 재화를 인도하고 그에 상응하는 다른 재화를 인도받거나 용역을 제공받는 계약을 말한다. 교환계약에 따라 양쪽 당사자가 인도하는 재화 또는 용역은 모두 과세대상이 된다(부가가치세법 시행령 제18조 제1항 제3호).

2-4. 기부채납

사업자가 건물 등을 신축하여 국가 또는 지방자치단체에 기부채납하고 그 대가로 일정 기간 건물 등에 대한 사용·수익권을 무상으로 얻는 경우 해당 거래는 과세대상이 된다.

2-5. 대물변제

대물변제에 따라 재화를 인도하거나 양도하는 것도 재화의 공급으로 과세대상이 된다. 대물변제 되는 재화의 이행시기에 재화의 공급이 있게 된다.

2-6. 소비대차

재화를 차용할 때와 반환하는 때에 각각 재화의 공급이 있게 된다.

2-7. 경매, 수용

경매 또는 수용에 따라 재화를 인도하거나 양도하는 것은 재화의 공급에 해당한다(부가가치세법 시행령 제18조 제1항 제4호).

2-8. 현물출자

현물출자란 사업자가 법인의 설립 또는 공동사업을 위하여 자본금 또는 출자금을 금전

이외의 재산으로 출자하는 것을 말한다. 현물출자는 재화의 공급에 해당하고 과세대상이 된다(부가가치세법 시행령 제18조 제1항 제4호). 출자자가 출자지분을 타인에게 양도하거나 출자지분을 반납하고 그 대가를 현금으로 받는 것은 재화의 공급에 해당하지 않는다. 출자지분은 과세대상인 재화에 속하지 않기 때문이다. 그러나 출자지분을 반납하고 그 대가로 현물을 받는 것은 재화의 공급에 해당한다.

3. 재화의 공급으로 보지 않는 경우

부가가치세법에서는 일정한 경우 재화의 공급으로 보지 않는 특례를 규정하고 있다(동법 제10조 제9항).

3-1. 담보제공

질권, 저당권 또는 양도담보의 목적으로 동산, 부동산 또는 부동산에 관한 권리를 제공하는 것은 재화의 공급으로 보지 않는다(부가가치세법 제10조 제9항 제1호 및 동법 시행령 제22조). 그러나 채무불이행으로 인하여 담보물의 소유권이 이전되면 재화의 공급에 해당한다.

3-2. 사업의 양도

사업의 양도란 사업장별로 그 사업에 관한 권리와 의무를 포괄적으로 승계하는 것을 말한다. 사업의 양도는 재화의 공급으로 보지 않는다(부가가치세법 제10조 제9항 제2호 본문).

3-3. 조세물납

상속세, 증여세, 지방세를 사업용 자산으로 물납하는 경우(상속세 및 증여세법 제73조, 지방세법 제117조)에는 부가가치세 과세대상이 되지 않는다(부가가치세법 제10조 제9항 제3호 및 동법 시행령 제24조).

3-4. 공매, 경매, 수용

「국세징수법」에 의한 공매(수의계약에 따른 매각 포함), 「민사집행법」에 의한 경매(강제경매, 담보권 실행을 위한 경매와 민법·상법 등 그 밖의 법률에 따른 경매 포함)에 따라 재화를 인도하거나 양도하는 것은 재화의 공급으로 보지 않는다(부가가치세법 시행령 제18조 제3항 제1호 및 제2호). 한편 「도시 및 주거환경정비법」 또는 「공익사업을 위한 토지 등의 취득 및 보상에 관한 법률」 등에 의한 수용절차에서 수용 대상 재화의 소유자가 수용된 재화에 대한 대가를 받는 경우에도 재화의 공급으로 보지 않는다(부가가치세법 시행령 제18조 제3항 제3호).

4. 재화의 간주공급

재화의 공급이란 계약상 또는 법률상 원인에 따라 대가를 받고 재화를 사용·소비할 수 있도록 재화에 관한 권리를 이전하는 행위를 말한다. 그런데 이러한 재화의 공급에 해당하지 않음에도 부가가치세법에서 재화를 공급한 것으로 간주하는 경우가 있다. 이를 재화의 간주공급이라고 한다. 본래 재화의 공급은 아니나 과세거래인 재화의 공급에서와 동일한 경제적 효과가 생기는 경우에는 부가가치세를 부담시켜 과세의 형평성을 확보하고자 하는 것이다. 당초 재화를 매입했을 때 매입세액의 공제라는 혜택을 받았다면 본래적 의미의 재화의 공급에 해당하지 않더라도 매출세액을 부담하도록 한 것이다.

4-1. 자가공급

(1) 면세사업 전용

사업자가 자기의 과세사업과 관련하여 생산하거나 취득한 재화로서 매입세액을 공제받은 재화를 자기의 면세사업을 위하여 사용하는 경우에는 자기 자신에게 재화를 공급한 것으로 간주한다(부가가치세법 제10조 제1항). 과세사업으로 취득·생산한 재화를 면세사업에 사용·소비하는 경우 부가가치의 창출에 기여하였음에도 면세사업이라는 이유로 매출세액이 발생하지 않는다면, 면세사업에 사용·소비된 재화임에도 과세사업을 통하여 매입세액만 공제받는 불합리한 결과를 낳는다. 그리하여 과세사업으로 취득·생산한 재화를 면세사업에 전용하는 경우 사업자의 내부거래이지만 매출세액을 발생시키기 위하여 재화를 공급한 것으로 간주한다.

사 례

가구판매업자(과세사업자)가 그의 판매용 가구로 구입한 책걸상을 그가 경영하는 보습학원(면세사업)의 비품으로 사용하는 경우, 운송사업자가 전세버스여객운송(과세사업)에 사용하던 차량을 시내버스여객운송(면세사업)에 사용하는 경우, 광고사업과 신문사업을 겸영하는 사업자가 광고사업(과세사업)에 사용하는 잉크를 신문사업(면세사업)에 사용한 경우, 자기가 생산한 사료(과세재화)를 자기의 축산업(면세사업)에 사용하는 경우, 업무용 임대 목적으로 오피스텔을 취득하여 매입세액을 공제받고서 그 오피스텔을 주거용으로 임대(면세사업)한 경우 등이다.

1장 부가가치세법

(2) 승용자동차 등의 비영업으로의 전용

① 사업자가 자기의 과세사업과 관련하여 생산하거나 취득한 재화를 매입세액이 공제되지 않는 개별소비세 과세대상인 자동차(비영업용 승용자동차)로 사용 또는 소비하거나 그 자동차의 유지를 위하여 사용 또는 소비하는 경우, ② 운수업, 자동차판매업, 자동차임대업, 운전학원업, 경비업을 경영하는 사업자가 자기가 생산하거나 취득한 개별소비세 과세대상인 자동차와 그 자동차의 유지를 위한 재화를 해당 업종에 직접 영업으로 사용하지 않고 다른 용도로 사용하는 경우 각각 재화를 공급한 것으로 간주한다(부가가치세법 제10조 제2항).

사 례

사업자가 자기가 생산·취득한 재화를 비영업용 승용자동차로 사용·소비하거나 그 자동차의 유지를 위하여 사용하는 사례로는 주유소 경영사업자가 휘발유를 자신의 업무용 승용자동차에 주유하여 소비하는 경우, 자동차부품판매업 경영사업자가 부품을 자신의 업무용 승용자동차에 사용하는 경우 등이 있고, 영업용 승용자동차와 그 자동차의 유지를 위한 재화를 비영업용으로 사용하거나 소비하는 사례로는 택시운수업자가 택시로 사용하기 위하여 구입한 승용자동차를 임직원의 업무용으로 사용하는 경우, 자동차의 제조·판매회사가 생산·취득한 승용자동차를 판매하지 않고 업무용으로 사용하는 경우 등이 있다.

개별소비세 과세대상인 자동차에는 ① 정원 8인 이하의 승용자동차(배기량 1,000씨씨 이하의 것으로서 길이가 3.6미터 이하이고 폭이 1.6미터 이하인 것은 제외), ② 이륜자동차(총배기량 125씨씨 또는 최고정격출력이 12킬로와트를 초과하는 것으로 한정), ③ 캠핑용자동차(캠핑용 트레일러 포함), ④ 전기자동차, 하이브리드자동차 또는 수소전기자동차로서 승용자동차가 있다(개별소비세법 제1조 제2항 제3호 및 동법 시행령 제1조 별표 1). 그 밖의 자동차, 즉 정원 8인을 초과하거나 길이가 3.6미터 이하이고 폭이 1.6미터 이하인 승용자동차, 승합자동차, 화물자동차, 특수자동차, 총배기량 125씨씨 이하 또는 최고정격출력 12킬로와트 이하인 이륜자동차 등은 개별소비세 과세대상이 아니다.

개별소비세 과세대상인 자동차는 그 자동차의 구입과 임차 및 유지에 관한 매입세액을 공제받지 못한다. 그러나 ① 운송업, ② 자동차판매업, ③ 자동차임대업, ④ 운전학원업, ⑤ 경비업에서 직접 영업으로 사용하는 자동차(영업용 승용자동차)는 매입세액을 공제받을 수 있다(동법 제39조 제1항 제5호). 즉, 운송업 등 위에 열거한 업종을 영위하는 사업자가 개별소비세 과세대상 자동차를 직접 사업의 목적물로 사용하는 경우, 예를 들어 택시운송사업자가 택시로 사용하거나 자동차판매업자나 자동차임대업자가 판매나 임대 목적으로 사용하는 경우 또는 운전학원업자가 교습용 차량으로 사용하거나 경비업자가 출동차량으로 사용하는 경우에는 매입세액을 공제받을 수 있다. 매입세액이 공제된 유류나 자동차부품 등을 매입세액이 공제되지 않는 개별소비세 과세대상 자동차(비영업용 승용자동차)의 유지를 위하여 사용·소비하거나 운송업 등 업종에 직접 영업으로 사용하기 위하여 매입세액을 공제받고 취득한 승용자동차 등을 직접 영업에 사용하지 않고 다른 용도로 사용하는 경우에는 부당하게 매입세액을 공제받는 결과가 되므로 조세의 형평성을 도모하기 위해 자기 자신에게 재화를 공급한 것으로 간주하고 매출세액을 부담시키는 것이다.

(3) 판매 목적 타사업장 반출

사업장이 둘 이상 있는 사업자가 자기의 사업과 관련하여 생산하거나 취득한 재화를 다른 사람에게 직접 판매할 목적으로 자신의 다른 사업장에 반출한 경우에는 자기 자신에게 재화를 공급한 것으로 간주한다(부가가치세법 제10조 제3항 본문). 사업자가 생산·취득한 재화를 판매 목적으로 자신의 다른 사업장에 반출하는 것은 재화의 물리적인 이동일 뿐이고 상대방으로 하여금 재화를 사용·소비하도록 하기 위하여 재화에 관한 권리를 이전하는 것이 아니므로 본래 재화의 공급에 해당하지 않는다. 그럼에도 부가가치세법에서 재화의 공급으로 간주하는 이유는 아래와 같이 사업자의 자금압박을 완화해 주기 위한 것이다. 그러나 주사업장 총괄납부 사업자나 사업자 단위 과세 사업자는 사업장별 납부세액 및 환급세액을 통산하여 주사업장에서 납부하므로 납부시기와 환급시기의 불일치로 인한 자금압박이 없기 때문에 이러한 사업자의 경우 판매 목적 타사업장 반출은 과세거래로 간주하지 않는다(동항 단서).

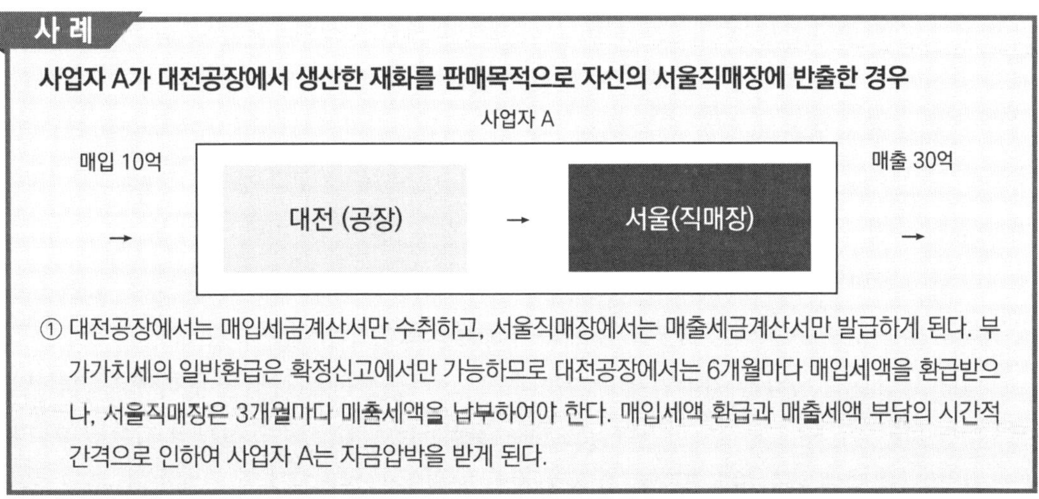

사 례

사업자 A가 대전공장에서 생산한 재화를 판매목적으로 자신의 서울직매장에 반출한 경우

① 대전공장에서는 매입세금계산서만 수취하고, 서울직매장에서는 매출세금계산서만 발급하게 된다. 부가가치세의 일반환급은 확정신고에서만 가능하므로 대전공장에서는 6개월마다 매입세액을 환급받으나, 서울직매장은 3개월마다 매출세액을 납부하여야 한다. 매입세액 환급과 매출세액 부담의 시간적 간격으로 인하여 사업자 A는 자금압박을 받게 된다.

사 례

> ② 대전공장에서 취득가액 10억원의 금액으로 서울직매장에 공급한 것으로 간주하면, 대전공장에서는 납부할 세액이 없고, 서울직매장에서는 매출세액에서 공급간주된 재화의 매입세액이 공제된 금액만을 납부하면 되므로 자금압박이 완화된다.

4-2. 개인적 공급

사업자가 자기의 과세사업과 관련하여 생산하거나 취득한 재화를 사업과 직접적인 관계 없이 자기의 개인적인 목적을 위하여 사용·소비하는 경우 또는 그 사용인 등에게 대가를 받지 않거나 시가보다 낮은 대가를 받고 사용·소비하게 하는 경우에는 재화를 공급한 것으로 간주한다(부가가치세법 제10조 제4항 전단). 예를 들어, 가방도매상이 가방 10개를 매입하고 매입세액을 공제받았는데, 가방을 7개만 판매한 상태에서 남은 3개를 명절을 맞이하여 종업원 등에게 무상으로 준 경우 등이 여기에 해당한다.

그러나 사업자가 실비변상적이거나 복리후생적인 목적으로 그 사용인에게 대가를 받지 않거나 시가보다 낮은 대가를 받고 제공하는 경우, 즉 ① 사업을 위해 착용하는 작업복, 작업모 및 작업화를 제공하는 경우, ② 직장 연예 및 직장 문화와 관련된 재화를 제공하는 경우, ③ 재화를 ㉠ 경조사 또는 ㉡ 설날·추석, 창립기념일 및 생일 등과 관련하여 제공하는 경우로서 ㉠, ㉡별로 각각 사용인 1명당 연간 10만원을 한도로 재화를 제공하는 경우(10만원을 초과하는 경우 그 초과액에 대해서는 재화의 공급으로 간주함)에는 재화의 공급으로 보지 않는다(동항 후단 및 동법 시행령 제19조의2).

4-3. 사업상 증여

사업자가 자기의 과세사업과 관련하여 생산하거나 취득한 재화를 자기의 고객이나 거래처에 증여하는 경우(증여하는 재화의 대가가 주된 거래인 재화의 공급에 대한 대가에 포함되는 경우는 제외)에는 사업상 증여로서 재화의 공급으로 간주한다(부가가치세법 제10조 제5항 본문). 예를 들어, 사업자가 자기 사업에서 생산한 제품을 고객에게 경품(추첨을 통하여 당첨된 사람에게 제공하는 재화)으로 제공하는 경우 또는 거래처에 접대 목적으로 증여하거나 판매장려품(판매촉진을 위하여 거래상대방의 판매실적에 따라 지급하는 물품)으로 증정하는 경우 등에는 사업상 증여로서 재화의 공급으로 간주하여 부가가치세가 과세된다.

그러나 사업자가 사업을 위하여 증여하는 것으로서 ① 견본품(사업을 위하여 대가를 받지 않고 다른 사업자에게 인도하거나 양도하는 물품), ② 「재난 및 안전관리 기본법」에 따라 특별재난지역에 공급하는 물품, ③ 자기적립마일리지로만 전부를 결제받고 공급하는 재화는 사업상 증여에 해당하지 않아 재화의 공급으로 간주하지 않는다(동항 단서 및 동법 시행령 제20조). 자기적립마일리지란 당초 재화·용역을 공급하고 마일리지를 적립하여 준 사업자에게 사용한 마일리지 등을 말한다(동법 시행령 제61조 제2항 제9호 나목). 또한 법령에 명문의 규정은 없으나 ④ 광고선전용 재화를 불특정다수인에게 증여하는 것도 사업상 증여에 해당하지 않는다.

참 조

판매장려금, 기증품, 경품

① 사업자가 자기 사업의 판매촉진을 위해 거래상대방의 판매실적에 따라 일정한 금전을 지급하거나 물품을 제공하는 경우 ㉠ 금전으로 지급하는 판매장려금은 과세표준에서 공제하지 않으며, ㉡ 물품으로 제공하는 판매장려품은 사업상 증여에 해당하여 과세한다. 다만, 해당 물품이 자기의 과세사업과 관련하여 생산하거나 취득한 재화에 해당하지 않는 것은 과세하지 않는다.

② 사업자가 자기의 제품 또는 상품을 구입하는 사람에게 구입 당시 그 구입액의 비율에 따라 증여하는 기증품 또는 증정품은 주된 재화의 공급에 포함하므로 과세되는 재화의 공급으로 보지 않는다. 다만, 당사자 사이의 약정에 따라 일정 기간의 판매비율에 따라 장려금품으로 공급하는 재화는 그렇지 않다.

③ 사업자가 자기의 고객 중 추첨을 통하여 당첨된 사람에게 재화를 경품으로 제공하는 경우 과세되는 재화의 공급으로 본다. 다만, 해당 경품이 자기의 과세사업과 관련하여 생산하거나 취득한 재화에 해당하지 않는 경우에는 그렇지 않는다.

4-4. 폐업시 잔존재화

사업자가 폐업할 때 자기의 과세사업과 관련하여 생산하거나 취득한 재화 중 남아 있는 재화는 자기에게 공급하는 것으로 본다. 사업개시일 이전에 사업자등록을 신청한 사람이 사실상 사업을 시작하지 않게 되는 경우에도 또한 같다(부가가치세법 제10조 제6항). 예를 들어, 가방 10개를 매입하고 매입세액을 공제받은 가방도매상이 가방을 7개만 판매한 상태에서 폐업을 한 경우 남은 3개에 대하여 나중에라도 사용·소비할 수 있으므로 미리 매출세액을 부담하고 폐업하도록 한 것이다.

Ⅱ 용역의 공급

용역의 공급은 계약상 또는 법률상의 원인에 따른 것으로서 역무를 제공하거나 시설물·권리 등 재화를 사용하게 하는 것을 말한다(부가가치세법 제11조 제1항).

1. 용역의 의의

용역이란 재화 외에 재산가치가 있는 일정한 사업에 해당하는 모든 역무와 그 밖의 행위를 말한다. 용역을 공급하는 사업에는 다음과 같은 것이 있다(부가가치세법 제2조 제2호 및 동법 시행령 제3조 제1항).

① 건설업, ② 숙박 및 음식점업, ③ 운수 및 창고업, ④ 정보통신업(출판업과 영상·오디오 기록물 제작 및 배급업은 제외), ⑤ 금융 및 보험업, ⑥ 부동산업[34](다만, ㉠ 전·답·과수원·목장용지·임야 또는 염전의 임대업, ㉡「공익사업을 위한 토지 등의 취득 및 보상에 관한 법률」에 따른 공익사업과 관련해 지역권·지상권을 설정하거나 대여하는 사업은 용역인 부동산업에서 제외), ⑦ 전문 과학 및 기술 서비스업과 사업시설 관리, 사업지원 및 임대서비스업, ⑧ 교육서비스업, ⑨ 보건업 및 사회복지 서비스업, ⑩ 예술, 스포츠 및 여가관련 서비스업, ⑪ 협회 및 단체, 수리 및 기타 개인서비스업과 제조업 중 산업용 기계 및 장비 수리업, ⑫ 가구내 고용활동 및 달리 분류되지 않은 자가소비 생산활동

2. 용역 공급의 범위

용역의 공급은 계약상 또는 법률상의 원인에 따른 것으로서 ① 역무를 제공하거나 ② 시설물, 권리 등 재화를 사용하게 하는 것을 말한다(부가가치세법 제11조 제1항).

2-1. 역무의 제공

역무를 제공하는 용역으로는 개인서비스업 등 인적 용역을 제공하는 것이 있다. 고용관계에 따라 근로를 제공하는 것은 용역의 공급으로 보지 않는다(부가가치세법 제12조 제3항). 근로의 제공은 사업자의 요건 중 독립성이 없을 뿐만 아니라 근로제공으로 받는 대가

34) 부동산업은 부동산임대업, 부동산개발 및 공급업, 부동산관리업 등 부동산 관련 서비스업을 말한다.

는 그 자체가 부가가치의 구성요소로서 과세대상이 될 수 없기 때문이다. 공급자가 주요 자재를 전혀 부담하지 않고 상대방으로부터 인도받은 재화를 단순히 가공만 해주는 것은 용역의 공급으로 본다(동법 시행령 제25조 제2호). 그러나 공급자가 주요 자재의 전부 또는 일부를 부담하는 경우에는 재화의 공급으로 본다. 다만, 건설업의 경우에는 건설사업자가 건설자재의 전부 또는 일부를 부담하는 경우에도 용역의 공급으로 본다(동조 제1호).

2-2. 시설물, 권리 등 재화의 사용

재화를 사용하게 하는 용역으로는 부동산임대업 등 물적 용역을 제공하는 것이 있고, 권리를 사용하게 하는 용역으로는 특허권의 대여 등이 있다. 부동산임대업은 용역을 공급하는 사업에 해당하지만, 부동산매매업은 재화를 공급하는 사업에 해당한다.

3. 용역의 간주공급

사업자가 대가를 받지 않고 타인에게 용역을 공급하는 것은 용역의 공급으로 보지 않는다(부가가치세법 제12조 제2항 본문). 그러나 사업자가 특수관계인에게 사업용 부동산을 무상으로 임대하는 용역을 공급하는 것은 다른 사업자와의 과세형평이 침해되므로 용역을 공급한 것으로 간주하고 과세한다. 다만, 산학협력단과 대학 간의 사업용 부동산의 임대용역, 공공주택사업자와 부동산투자회사 간의 사업용 부동산의 임대용역은 제외한다(동항 단서 및 동법 시행령 제26조 제2항).

III 재화의 수입

재화의 수입이란 외국으로부터 국내에 도착한 물품(외국 선박에 의하여 공해에서 채집되거나 잡힌 수산물을 포함) 또는 수출신고가 수리된 물품(수출신고가 수리된 물품으로서 선적되지 않은 물품을 보세구역에서 반입하는 경우는 제외)을 국내에 반입하는 것(보세구역을 거치는 것은 보세구역에서 반입하는 것)을 말한다(부가가치세법 제13조). 수출신고가 수리된 물품은 선적하면 영세율이 적용되므로 그 물품을 다시 국내에 반입하는 경우에는 수입으로 보아 부가가치세를 과세한다.

부수 재화·용역의 공급

1. 주된 거래에 부수하여 공급되는 재화·용역

주된 재화·용역의 공급에 부수하여 공급되는 것으로서 다음의 어느 하나에 해당하는 재화·용역의 공급은 주된 재화·용역의 공급에 포함되는 것으로 본다(부가가치세법 제14조 제1항). 이들 거래는 독립된 거래로 보지 않고 주된 거래인 재화·용역의 공급에 흡수되므로 별도로 세금계산서를 발급할 필요가 없고 별도로 과세표준을 계산하지 않는다.

① **해당 대가가 주된 재화·용역의 공급에 대한 대가에 통상적으로 포함되어 공급되는 재화·용역(주된 거래의 대가에 포함)** : 예를 들어, 재화를 공급하면서 포장용기 또는 운반용역을 공급하는 것, 조경공사용역을 공급하면서 제공하는 수목·화초 등이 여기에 해당한다.

② **거래의 관행상 통상적으로 주된 재화·용역의 공급에 부수하여 공급되는 재화·용역(관행상 주된 거래에 포함)** : 예를 들어, 항공기 내에서 무상으로 제공되는 식사, 케이크를 판매하면서 무상으로 제공하는 초, 아이스크림을 제공하면서 무상으로 주는 드라이아이스, 가전제품을 판매하고 일정기간 제공하는 사후 무료서비스용역 등은 사업상 증여로 보지 않으며 별도로 과세표준을 산정하여 과세하지 않는다.

부수 재화·용역의 공급에 대한 면세 여부도 주된 거래에 따른다. 면세되는 재화·용역의 공급에 통상적으로 부수되는 재화··용역의 공급은 면세되는 재화·용역의 공급에 포함되는 것으로 본다.

사 례

도서는 면세이고 CD는 과세인데, 토익책을 사면 포함되어 있는 별책부록 L/C CD는 주된 재화인 토익책이 면세이므로 부수 재화인 L/C CD도 면세이다. 조경공사업자가 조경공사(과세)에 포함하여 수목(면세)을 공급하는 경우에 그 수목은 조경공사의 부수 재화로서 조경공사에 흡수되어 과세된다. 그리하여 수목의 가액을 포함한 조경공사용역의 공급가액 전부가 과세표준이 된다. 미술학원에서 미술교육용역(면세)에 포함하여 실습자재(과세)를 공급하는 경우 그 실습자재는 미술교육용역의 부수 재화로서 미술교육용역에 흡수되어 면세된다. 장례식장 경영자가 장례식장을 방문한 문상객에게 음식용역을 제공한 경우 음식용역은 면세되는 장의용역에 통상적으로 부수되는 용역이므로 그 음식용역도 면세된다.

2. 주된 사업에 부수되는 재화·용역의 공급

주된 사업에 부수되는 다음 어느 하나에 해당하는 재화·용역의 공급은 별도의 공급으로 보되, 과세 및 면세 여부 등은 주된 사업의 과세 및 면세 여부 등을 따른다. 이들 사업은 주된 사업에 부수하여 공급되는 것이므로 독립된 사업이 아니라 주된 사업의 일부를 구성한다. 따라서 이들 사업의 과세 및 면세 여부는 주된 사업에 따른다. 그러나 이들은 별도의 독립된 거래이므로 세금계산서를 별도로 발급해야 하고 과세표준도 별도로 계산하여야 한다.

① 주된 사업과 관련하여 우연히 또는 일시적으로 공급되는 재화·용역

일시적·우발적 공급이 면세이면 언제나 면세이고, 일시적·우발적 공급이 과세이면 주된 사업 자체가 면세일 때만 면세이다. 예를 들어, 금융업자 또는 학원이나 병원을 운영하는 사업자(면세사업자)가 사업에 사용하던 건물(과세대상)을 양도한 경우 그 건물은 주된 사업에 부수하여 공급되는 재화로서 주된 사업이 면세사업이므로 면세된다. 부동산임대업자(과세사업자)가 임대하던 건물(과세대상)을 양도하는 경우 당연히 그 건물은 과세된다. 그러나 토지(면세)의 경우에는 금융업자 또는 학원이나 병원을 운영하는 사업자가 양도하든 부동산임대업자가 양도하든 주된 사업에 부수하여 공급되는 재화이지만 그 자체가 면세대상이므로 면세된다. 책걸상의 공급은 과세인데, 그것이 면세사업자인 한남대학교에서 이루어졌으면 면세이고, 과세사업자인 ㈜삼성전자에서 이루어졌으면 과세이다. 면세사업자인 한남대학교가 교내식당에서 음식을 판매(과세)하는 것은 일시적·우발적 공급이 아니므로 과세이다.

② 주된 사업과 관련하여 주된 재화의 생산 과정이나 용역의 제공 과정에서 필연적으로 생기는 재화

주산물에 따라 과세 또는 면세 여부를 판단한다. 즉, 주산물이 과세대상이면 필수 부산물이 면세대상 재화이더라도 과세하고, 주산물이 면세대상이면 필수 부산물도 면세된다. 예를 들어, 참치통조림제조업자(과세사업자)가 통조림제조의 부산물인 참치알(면세대상)을 판매하는 것, 옥수수를 원료로 전분을 제조하는 사업자(과세사업자)가 전분제조 과정에서 생산되는 옥피(면세대상)를 판매하는 것, 복숭아통조림 제조업자(과세사업자)가 통조림을 제조하고 남은 복숭아씨(면세대상)를 판매하는 것은 과세사업인 주된 사업에 부수하여 필연적으로 생기는 재화를 공급하는 것이므로 주된 사업에 따라 과세된다. 그러나 복숭아통조림 제조업자가 통조림제조에 사용하고 남은 복숭아(면세대상)를 그대로 판매하는 것은 주된 사업에 부수하여 필연적으로 생기는 재화를 공급하는 것이 아니며 독립된 거래로서 그 자체가 면세대상이므로 면세된다.

과세표준과 세액의 계산

	매출세액	매출세액 = 과세표준 × 세율(10%) ± 대손세액
−	매입세액	매입처별 세금계산서합계표상의 매입세액 등
=	납부세액	
−	세액공제·감면	신용카드 등의 사용으로 인한 세액공제, 전자신고세액공제 등
−	예정신고 미환급세액	
−	예정고지세액	예정신고시 이미 고지받아 납부한 금액 등
+	가산세	
=	차가감납부세액	

1. 일반적인 과세표준

부가가치세의 과세표준은 해당 과세기간에 공급한 재화·용역의 공급가액을 합한 금액으로 한다(부가가치세법 제29조 제1항).

1-1. 금전으로 대가를 받는 경우

재화·용역을 공급하고 금전으로 대가를 받는 경우에는 그 대가를 공급가액으로 한다. 대가에는 대금, 요금, 수수료, 그 밖에 어떤 명목이든 상관없이 재화·용역을 공급한 사람으로부터 받은 금전적 가치가 있는 모든 것을 포함한다(부가가치세법 제29조 제3항 제1호). ①

할부판매 및 장기할부판매의 이자상당액, ② 대가의 일부로 받은 운송비, 포장비, 하역비, 운송보험료, 산재보험료 등, ③ 개별소비세, 주세 및 교통·에너지·환경세가 과세되는 재화·용역에 대해서는 해당 개별소비세, 주세 및 교통·에너지·환경세, 교육세, 농어촌특별세 상당액도 공급가액에 포함한다(부가가치세법 시행령 제60조 제2항).

1-2. 금전 이외의 대가를 받는 경우

금전 이외의 대가를 받는 경우에는 자기가 공급한 재화·용역의 시가를 과세표준으로 한다(부가가치세법 제29조 제3항 제2호).

2. 과세표준에서 공제하지 않는 금액

사업자가 재화·용역을 공급받는 사람에게 지급하는 장려금이나 이와 유사한 금액, 대손금액은 과세표준에서 공제하지 않는다.

2-1. 장려금

장려금이란 판매촉진, 시장개척을 위하여 사전약정에 의하여 거래수량 또는 거래금액에 따라 지급하는 금품을 말한다. 사업자가 재화·용역을 공급받는 사람에게 장려금이나 이와 유사한 금액을 지급하거나 대가에서 공제하는 경우 과세표준에서 공제하지 않는다(부가가치세법 제29조 제6항). 그러나 재화로 지급하는 경우, 즉 장려품을 주는 경우에는 사업상 증여에 해당하여 별도 과세된다.

사 례

가방제조업체에서 한남마트에 공급가액 10만원의 가방을 판매장려금으로 1만원을 공제한 9만원으로 공급한 경우 매출활동(가방 공급)과 판매장려금의 지급을 별개로 보아 과세표준은 9만원이 아니라 10만원이다. 그러나 가방제조업체에서 판매장려품으로 1만원 상당의 물품을 주는 경우에는 과세표준은 11만원이다.

2-2. 대손금

대손금은 매출채권이 채무자의 파산, 강제집행 등으로 인하여 회수할 수 없는 경우 그 미회수 채권액을 말한다. 대손금의 경우 재화·용역의 공급이 이루어졌으므로 과세표준에서 공제하지 않는다(부가가치세법 제29조 제6항). 그러나 대손금의 110분의 10에 해당하는 금액을 대손세액으로 매출세액에서 공제하고 있으므로 실질적인 효과는 과세표준에서 차감하는 것과 차이가 없다.

2-3. 하자보수보증금

아파트 건축 등에 있어서 하자보수의무의 이행을 담보하기 위하여 건설사 등이 건축비의 일정 비율을 보증금 형태로 예치하는 하자보수보증금은 과세표준에서 공제하지 않는다.

사 례

한화건설이 아파트를 100억원에 건설 후 입주자대표회의 등에게 3%인 3억원을 하자보수보증금으로 예치한 경우 한화건설에 현금 97억원만 입금되었더라도 100억원과 3억원을 별개로 보아 과세표준은 100억원이 된다.

3. 과세표준에 포함되지 않는 금액

3-1. 부가가치세

과세표준에 부가가치세는 포함되지 않는다. 부가가치세를 포함한 공급대가가 아니라 부가가치세를 제외한 공급가액을 과세표준으로 한다.

3-2. 매출에누리액, 매출할인액 및 매출환입액

매출에누리액, 매출할인액 및 매출환입액은 공급가액에 포함하지 않는다.

① **매출에누리액** : 매출에누리액은 재화·용역을 공급할 때 그 품질, 수량, 인도조건, 공급대가의 결제방법이나 그 밖의 공급조건에 따라 통상의 대가에서 일정액을 직접 깎아주는 금액을 말한다(부가가치세법 제29조 제5항 제1호). 금전으로 대가를 받는 경우 그 대가가 공급가액이므로 대가를 받지 않는 에누리액은 당연히 공급가액에 포함되지 않는다. 예를 들어, 시가가 10만원인 물건을 특수관계가 없는 우량 고객에게 9만원을 받고 판매한 경우 공급가액은 9만원이 된다.

② **매출할인액** : 매출할인은 외상판매에 대한 공급대가의 미수금을 조기에 결제하는 경우 당초의 공급가액에서 일정액을 할인하는 것을 말한다(동법 제29조 제3항 제6호).

③ **매출환입액** : 매출환입은 상품 등이 품질 차이, 파손, 계약의 취소 등의 이유로 매출처로부터 반송되어 온 것을 말한다(동법 제29조 제5항 제2호).

3-3. 파손·훼손 또는 멸실된 재화의 가액

공급받는 사람에게 도달하기 전에 파손·훼손·멸실된 재화는 재화의 인도·양도가 이루어지지 않아 재화의 공급이 없었으므로 그 재화의 가액은 당연히 공급가액에 포함되지 않는다(부가가치세법 제29조 제5항 제3호). 그러나 도달 후에 파손, 훼손 또는 멸실된 경우에는 과세표준에서 제외하지 않는다.

3-4. 재화·용역의 공급과 직접 관련되지 않는 국고보조금과 공공보조금

재화·용역의 공급과 직접 관련되지 않는 국고보조금과 공공보조금은 공급가액에 포함하지 않는다(부가가치세법 제29조 제5항 제4호). 국고보조금이란 지방자치단체, 법인·단체 또는 개인 등이 수행하는 사무 또는 사업에 대하여 국가가 이를 조성하거나 재정상의 원조를 하기 위하여 교부하는 보조금을 말하고(보조금 관리에 관한 법률 제2조 제1호), 공공보조금이란 공공단체가 다른 공공단체, 법인·단체 또는 개인 등이 수행하는 사무 또는 사업에 대하여 이를 조성하거나 지원하기 위하여 교부하는 보조금을 말한다(지방자치단체 보조금 관리에 관한 법률 제2조 제1호 참조).

재화·용역의 공급과 직접 관련되지 않은 국고보조금 또는 공공보조금이란 부가가치세 납세의무를 지는 사업자가 보조금의 교부대상이 되는 보조금사업의 수행자로서 당해 사업을 수행하고 보조금을 교부받는 경우를 말한다. 그러나 재화·용역의 공급과 직접 관련하여 받은 국고보조금과 공공보조금은 공급가액에 포함된다. 재화·용역의 공급과 직접 관련된다는 것은 재화·용역의 공급과 보조금의 지급 사이에 대가관계가 존재하는 경우를 말한다. 따라서 사업자가 국가 또는 공공단체를 공급받는 사람으로 하여 재화·용역을 공급하고 그 대가로서 보조금을 지급받는 경우에는 공급가액에 포함되지만, 사업자가 국가 또는 공공단체의 보조금교부 대상이 되는 사업의 수행자로서 재화·용역을 공급하여 보조금사업을 수행하고 보조금을 지급받는 경우에는 공급가액에 포함되지 않는다.

> ① 전통시장의 활성화를 위하여 행정안전부장관과 해당 지방자치단체의 장이 총괄 사업자를 선정하여 전통시장 활성화를 위한 체험행사, 공연, 홍보 등의 사업을 수행하게 하고 그 비용을 정산하는 방식으로 보조금을 지급한 경우 국가나 지방자치단체가 사업자로부터 용역을 공급받았다고 보기 어렵고 위 보조금은 전통시장 활성화하기 위한 사업을 원조하기 위하여 정책적으로 지급한 것이지 위 용역의 제공과 직접적인 대가관계에 있다고 보기 어렵다는 점에서 부가가치세 과세표준에 포함될 수 없다(수원지방법원 2014. 12. 24. 선고 2013구합7088 판결).

② 한국철도공사가 노인에 대한 철도운임 감면 등 공익서비스를 제공하고 국토교통부장관으로부터 보상액을 지급받은 경우 용역을 공급받는 상대방은 공익서비스를 직접 제공받은 철도이용자로 보아야 하고, 보상액은 철도이용자에 대한 용역의 공급으로 인하여 발생하는 비용을 보상받기 위하여 공익서비스 수행자인 한국철도공사가 국가로부터 지급받은 것이어서 용역의 공급 그 자체에 대한 반대급부로서의 대가가 아닌 재정상의 원조를 목적으로 교부된 시설·운영자금에 해당하므로 부가가치세 과세표준에서 제외되는 국고보조금에 해당한다(대법원 2018. 1. 25. 선고 2017두55329 판결).

③ 지방자치단체가 한국철도공사와 관광열차 운행 협약을 체결하고 매월 한국철도공사에 지급한 관광열차 전세운임은 영업수지만으로는 기획하기 어려운 공공성 있는 사업의 진행을 위해 지방자치단체가 사업자인 한국철도공사에 교부한 보조금에 해당하고, 한국철도공사로부터 관광열차 운행 용역을 직접 공급받은 상대방은 지방자치단체가 아닌 철도이용자이며 위 전세운임은 별도로 체결한 운행 협약에 따라 지급받은 것이므로 용역의 공급 그 자체에 대한 반대급부로서의 대가가 아닌 재정상의 원조를 목적으로 교부된 운영자금에 해당한다는 점에서 위 전세운임은 용역의 공급과 직접 관련되지 않은 공공보조금에 해당하여 부가가치세 과세표준에 포함되지 않는다(대법원 2023. 12. 28. 선고 2020두56780 판결).

④ 드라마를 제작하는 사업자가 지방자치단체와의 협약에 따라 보조금을 지원받아 드라마 촬영용 야외세트를 완공하여 해당 지방자치단체에 귀속시키고 동 세트를 드라마 제작을 종료할 때까지 배타적인 우선 사용권을 무상으로 가지며 촬영이 종료되면 원상회복하고 드라마를 방영할 때마다 해당 지방자치단체의 제작 지원 명시 및 특산품 홍보 등을 하기로 한 경우 사업자가 지급받은 보조금은 용역의 공급과 직접 관련하여 수령한 공공보조금에 해당하여 부가가치세 과세표준에 포함된다(국세청 사전답변·질의회신, 2016. 5. 18.).

3-5. 공급대가의 지급이 지연되어 받은 연체이자

공급대가의 지연지급으로 인하여 받은 연체이자는 소비대차로 전환 여부 및 이자율에 관계없이 공급가액에 포함하지 않는다(부가가치세법 제29조 제5항 제5호).

3-6. 반환조건부 용기대금과 포장비용

당초 용기대금 또는 포장비용을 합한 금액을 공급가액으로 하여 재화·용역을 공급하는 경우에는 그 용기대금과 포장비용은 공급가액에 포함한다. 그러나 용기 또는 포장을 해당 사업자에게 반환할 것을 조건으로 그 용기대금 또는 포장비용을 제외한 금액으로 재화·용역을 공급하는 경우에는 그 용기대금과 포장비용은 부채의 성격을 갖고 있으므로 공급가액에 포함하지 않는다(부가가치세법 시행령 제61조 제3항). 또한 사업자가 용기 또는 포장의 회수를 보장받기 위하여 받는 보증금 상당액도 공급가액에 포함하지 않는다. 다만, 반환조건으로 공급한 용기 또는 포장을 회수할 수 없어 그 용기대금과 포장비용을 변상금 형식으로 변제받은 때에는 공급가액에 포함한다.

3-7. 용역대가와 구분하여 기재한 종업원의 봉사료

사업자가 음식·숙박용역이나 개인서비스용역을 공급하고 그 대가와 함께 받는 종업원의 봉사료는 공급가액에서 제외한다. 봉사료가 공급가액에서 제외되기 위해서는 세금계산서, 영수증 또는 신용카드매출전표 등에 용역대가와 봉사료가 구분하여 기재되어야 하고, 봉사료를 서비스를 제공한 해당 종업원에게 지급한 사실이 확인되어야 한다. 그러나 만일 사업자가 봉사료를 자기의 수입금액에 계상하는 경우에는 과세표준에 포함한다(부가가치세법 시행령 제61조 제4항).

3-8. 공급받는 사람이 부담하는 원자재 등의 가액

거래상대방으로부터 인도받은 원자재 등을 사용하여 제조·가공한 재화를 공급하거나 용역을 제공하는 경우에는 해당 원자재 등의 가액은 공급가액에 포함하지 않는다.

사 례

LG패션이 하수급업체에 옷 제작을 의뢰하면서 10만원 상당의 원단을 주었고, 나중에 하수급업체가 12만원 상당의 완성품 옷을 납품한 경우 12만원이 과세표준이 아니라 (공급받은 사람인 LG패션이 원자재를 부담하므로) 가공료인 2만원만 과세표준이 된다.

4. 거래형태별 과세표준

4-1. 외상판매 등의 경우

(1) 외상판매 및 할부판매

외상판매와 할부판매의 경우 공급한 재화의 총가액을 공급가액으로 한다(부가가치세법 제29조 제3항 제6호 및 동법 시행령 제61조 제1항 제1호).

사 례

대가로 현금판매할 때 100원, 외상판매할 때 120원을 받기로 한 경우 외상판매하고 2달 후 120원을 받았다면 과세표준은 120원이다. 만일 외상판매대금을 당초 약정한 지급시기보다 조기에 결제하여 10원을 할인해서 110원을 대가로 받았다면 과세표준은 110원이다.

(2) 장기할부판매 등

장기할부판매, 완성도기준지급조건부 또는 중간지급조건부로 재화·용역을 공급하거나 계속적으로 재화·용역을 공급하는 경우에는 실제로 받은 대가가 아니라 계약에 따라 받기로 약정한 대가의 각 부분을 공급가액으로 한다(동법 제29조 제3항 제6호 및 동법 시행령 제61조 제1항 제2호). 장기할부판매 등의 경우 총가액을 공급가액으로 하게 되면 아직 수령하지도 않은 판매금액에 대하여 부가가치세를 부담함으로써 사업자가 자금압박을 받게 된다. 그리하여 사업자의 자금압박을 덜어주기 위해 과세기간 동안 계약에 따라 받기로 약정한 대가를 공급가액으로 한 것이다.

> ① **장기할부판매** : 재화를 먼저 공급하고 그 대가를 2회 이상 분할하여 월부, 연부 또는 그 밖의 할부의 방법에 따라 받는 것으로서 재화의 인도일의 다음 날부터 최종 할부금의 지급기일까지 1년 이상인 경우를 말한다(부가가치세법 시행규칙 제17조).
> ② **완성도기준지급조건부 재화·용역의 공급** : 재화·용역의 완성비율에 따라 대금을 수령하는 경우를 말한다.
> ③ **중간지급조건부 재화·용역의 공급** : 계약금을 받기로 한 날의 다음 날부터 재화를 인도하거나 용역의 제공을 완료하는 날까지의 기간이 6개월 이상인 경우로서 그 기간 이내에 계약금 외의 대가를 분할하여 받는 경우를 말한다. 중간지급조건부 재화의 공급은 재화를 인도하기 전에 대가를 분할하여 수령한다는 점에서 재화를 인도한 후에 대가를 분할하여 수령하는 할부판매와 구별된다. 또 중간지급조건부 재화·용역의 공급은 재화를 인도하거나 용역의 제공을 완료하기 전에 대가를 분할하여 수령한다는 점에서 완성도지급조건부 재화·용역의 공급과 유사하나, 총 계약기간이 6개월 이상이고 작업의 완성도가 아니라 특정 시점에 대가를 분할하여 받는다는 점에서 차이가 있다.
> ④ **계속적으로 재화나 용역을 공급하는 경우** : 부동산임대, 전력, 도시가스 등과 같이 연속적으로 공급이 이루어지는 경우를 말한다.

4-2. 마일리지로 대금을 결제받은 경우

마일리지란 재화·용역의 구입실적에 따라 마일리지, 포인트 또는 그 밖에 이와 유사한 형태로 별도의 대가 없이 적립받은 후 다른 재화·용역의 구입시 결제수단으로 사용할 수 있는 것을 말한다(부가가치세법 시행령 제61조 제1항). 마일리지에는 자기적립마일리지와 타인적립(또는 제3자 적립)마일리지가 있다.

자기적립마일리지란 당초 재화·용역을 공급하고 마일리지를 적립(다른 사업자를 통하여 적립하여 준 경우를 포함)하여 준 사업자에게 사용하는 마일리지를 말한다(부가가치세법 시행령 제61조 제2항 제9호 나목). 타인적립마일리지는 당초 재화·용역을 공급하고 마일리지를 적립해 준 사업자가 아닌 다른 사업자에게 사용할 수 있는 마일리지를 말한다. 마일리지를 적립해 준 사업자가 직접 보상을 제공하는 것이 자기적립마일리지이고, 마일리지를 적립해 준 사업자가 아닌 제3자가 보상을 제공하는 것이 타인적립마일리지이다.

(1) 자기적립마일리지

자기적립마일리지로 대금의 일부를 결제받은 경우에는 마일리지 외의 수단으로 결제받은 금액을 공급가액으로 하고, 마일리지로 결제받은 금액은 공급가액에 포함하지 않는다(부가가치세법 시행령 제61조 제2항 제9호 가목). 자기적립마일리지로만 전부를 결제받은 경우에는 재화의 공급으로 보지 않는다.

사 례

한남마트에서 100만원의 전자제품을 구입하면서 2%에 해당하는 2만원의 마일리지를 적립하고, 한 달 후 5만원짜리 선풍기를 구입하면서 3만원은 현금결제하고 2만원을 마일리지로 결제한 경우 한남마트가 판매한 선풍기에 대한 부가가치세 과세표준은 3만원이 된다.

(3) 타인적립마일리지

타인적립마일리지로 대금의 전부 또는 일부를 결제받은 경우에는 ① 마일리지 외의 수단으로 결제받은 금액과 ② 타인적립마일리지로 결제받은 부분에 대하여 재화·용역을 공급받는 사람 외의 사람으로부터 보전받았거나 보전받을 금액을 합한 금액을 공급가액으로 한다(부가가치세법 시행령 제61조 제2항 제9호 가목 및 나목). 재화·용역을 공급받는 사람 외의 사람이란 당초 재화·용역을 공급하고 마일리지를 적립해 준 사업자를 말한다. 그러나 당초 마일리지를 적립해 준 사업자로부터 보전을 받지 못한 경우에는 타인적립마일리지로 결제받은 부분은 공급가액에 포함하지 않는다.

사 례

한남마트에서 50만원짜리 세탁기를 구입하면서 45만원은 현금결제하고 5만원은 신용카드사 포인트로 결제한 경우 한남마트가 판매한 세탁기에 대한 부가가치세 과세표준은 50만원이 된다. 그러나 나중에 한남마트가 5만원을 신용카드사로부터 보전을 받지 못한 때에는 45만원이 과세표준이 된다.

4-3. 재화의 수입

재화의 수입에 대한 부가가치세의 과세표준은 그 재화에 대한 관세의 과세가격과 관세, 개별소비세, 주세, 교육세, 농어촌특별세 및 교통·에너지·환경세를 합한 금액으로 한다(부가가치세법 제29조 제2항).

과세표준 = 관세의 과세가격 + 관세 + 개별소비세, 주세, 교육세, 농어촌특별세, 교통·에너지·환경세

4-4. 간주공급

간주공급의 경우 과세표준(공급가액)은 다음과 같다(부가가치세법 제29조 제3항 제3호 내지 제5호).

① **면세사업 전용, 승용자동차 등의 비영업으로의 전용, 개인적 공급, 사업상 증여, 용역의 자가공급의 경우** : 간주공급 당시의 시가
② **폐업시 잔존재화의 경우** : 폐업 당시 남아 있는 재화의 시가
③ **판매 목적 타사업장 반출의 경우** : 해당 재화의 취득가액

간주공급한 재화가 감가상각자산에 해당하는 경우에는 다음의 계산식에 따라 계산한 금액을 과세표준으로 한다(부가가치세법 제29조 제11항). 여기의 간주공급에는 판매 목적 타사업장 반출의 경우는 제외된다(동법 시행령 제66조 제2항).

공급가액 = 해당 재화의 취득가액 × (1- 상각률 × 경과된 과세기간의 수)

* 상각률 : 건물 또는 구축물 5%, 그 밖의 감가상각자산 25%

** 경과된 과세기간의 수는 건물·구축물은 20을, 그 밖의 감가상각자산은 4를 한도로 한다. 과세기간 개시일 후에 감가상각자산을 취득하거나 해당 재화가 공급된 것으로 간주되는 경우에는 그 과세기간의 개시일에 해당 재화를 취득하거나 공급된 것으로 본다.

사 례

신문사에서 광고사업(과세)에 사용하고자 2018. 10. 1. 잉크와 윤전기를 매입하였으나 2019. 12. 1. 신문사업(면세)에 전용한 경우 과세표준은 다음과 같다(매입 당시 윤전기의 취득가액은 1억원, 잉크는 전용 당시 시가가 10만원이라고 가정)

내용	간주공급의 과세표준
잉크	과세표준 : 2019. 12. 1. 시가 10만원, 매출세액 : 1만원
윤전기	과세표준 : 1억원 × (1 - 25% × 2기) = 5,000만원, 매출세액 : 500만원

4-5. 부동산

(1) 부동산 공급

사업자가 토지와 그 토지에 정착된 건물 또는 구축물 등을 함께 공급하는 경우 토지는 면세이고 건물 및 구축물 등은 과세된다. 다만, 국민주택규모 이하의 주택의 공급은 면세이다. 구축물이란 회계상 개념으로서 토지 위에 정착된 건물 이외에 교량, 부교, 궤도, 저수지, 갱도, 굴뚝, 정원설비 및 기타의 토목설비 또는 공작물 등(가로등, 철탑 등)을 말한다. 토지와 건물 또는 구축물 등을 일괄 공급하는 경우 토지의 공급은 면세이므로 건물 또는 구축물 등의 실지거래가액을 공급가액으로 한다. 그러나 ① 실지거래가액 중 토지의 가액과 건물 또는 구축물 등의 가액의 구분이 불분명한 경우 또는 ② 사업자가 실지거래가액으로 구분한 토지와 건물 또는 구축물 등의 가액이 법령에 따라 안분 계산한 금액과 30퍼센트 이상 차이가 있는 경우에는 법령에 따라 안분 계산한 금액을 공급가액으로 한다(부가가치세법 제29조 제9항 및 동법 시행령 제64조 제2항).

1) 감정평가가액

공급시기가 속하는 과세기간의 직전 과세기간 개시일부터 공급시기가 속하는 과세기간의 종료일까지 감정평가업자가 평가한 감정평가가액이 있는 경우에는 감정평가가액에 비례하여 안분 계산한 금액으로 한다(동법 시행령 제64조 제1호 단서).

과세표준 = 일괄공급가액 × (건물 감정평가액/부동산 감정평가액)

* 부동산 감정평가액 = 토지 감정평가액 + 건물 감정평가액

** 부동산의 일괄공급가액에 부가가치세가 포함된 경우의 과세표준
= 일괄공급가액 × (건물 감정평가액/부동산 감정평가액) × 110%

사 례

토지와 건물을 부가가치세를 제외하고 1억원에 일괄공급하고, 각각의 감정평가액이 2,000만원과 3,000만원인 경우 건물의 과세표준은 다음과 같다.
6,000만원 = 1억원 × 3,000/(2,000+ 3,000)

2) 기준시가 또는 장부가액

감정평가가액이 없는 경우에는 기준시가 또는 장부가액에 의한다. 기준시가가 모두 있는 경우에는 공급계약일의 기준시가에 따라 계산한 가액에 비례하여 안분 계산한 금액으로 한다(동법 시행령 제64조 제1호 본문). 그러나 기준시가가 모두 없거나 일부 있는 경우에는 장부가액(장부가액이 없는 경우에는 취득가액)에 비례하여 안분 계산한 후 기준시가가 있는 자산에 대해서는 그 합계액을 다시 기준시가에 의하여 안분 계산한 금액으로 한다(동조 제1호).

사 례

토지·건물·구축물을 부가가치세를 제외한 1억원에 일괄 공급하고, 토지와 건물의 기준시가가 각각 300만원과 700만원, 토지와 건물 및 구축물의 장부가액이 각각 1,000만원과 2,000만원 및 2,000만원인 경우 과세표준은 다음과 같다.

① 장부가액에 의한 1차 안분 : 토지와 건물 1억원 × (3,000/5,000) = 6,000만원
구축물 1억원 × (2,000/5,000) = 4,000만원
② 기준시가에 의한 2차 안분 : 토지 6,000만원 × (300/1,000) = 1,800만원
건물 6,000만원 × (700/1,000) = 4,200만원
③ 과세표준 : 건물 4,200만원 + 구축물 4,000만원 = 8,200만원

(2) 부동산 임대용역

사업자가 부동산 임대용역을 공급하고 임대보증금을 받는 경우 그 임대보증금에 대한 이자 상당액을 임대료로 간주하여 공급가액에 포함한다. 사업자가 부동산임대와 관련하여 받는 관리비도 공급가액에 포함한다. 다만, 임차인이 부담하여야 할 보험료, 수도료 및 공공요금을 별도로 구분·징수하여 납부를 대행하는 경우 이 금액은 과세표준에 포함하지 않는다. 따라서 임대료와 함께 보증금을 받고 관리비를 받는 경우 ① 임대료, ② 간주임대료, ③ 관리비를 합한 금액이 부동산임대용역의 공급가액이 된다.

1) 전세금 또는 임대보증금을 받은 경우

사업자가 부동산 임대용역을 공급하고 전세금 또는 임대보증금을 받은 경우 다음의 계산식에 따라 계산한 금액을 공급가액으로 한다(부가가치세법 제29조 제10항 및 동법 시행령 제65조 제1항). 전세금 또는 임대보증금은 용역의 공급에 대한 대가가 아니므로 과세표준에 포함될 수 없으나, 이를 방치하면 보증금을 받는 경우와 받지 않는 경우 간에 과세형평

이 침해될 수 있으므로 보증금에 대해서도 정기예금이자율 상당 금액을 임대료로 간주하여 공급가액에 포함한 것이다.

$$\text{공급가액(간주임대료)} = \text{해당 기간의 전세금 또는 임대보증금} \times \text{정기예금이자율} \times \frac{\text{과세대상기간의 일수}}{365(\text{윤년 } 366)}$$

사업자가 계약에 따라 전세금이나 임대보증금을 임대료에 충당하였을 때에는 그 금액을 제외한 금액을 전세금 또는 임대보증금으로 한다(동법 시행령 제65조 제3항). 정기예금이자율은 해당 예정신고기간 또는 과세기간 종료일 현재 계약기간 1년의 정기예금이자율에 의한다(동조 제1항).[35)]

사 례

부동산임대업자 A가 임대보증금 3,000만원, 월 임대료 100만원, 임대기간 1. 1.부터 12. 31.까지로 약정하여 부동산임대용역을 공급한 경우 2020년 제2기 예정신고기간(7. 1.부터 9. 30.까지)의 부가가치세 과세표준을 계산하면 다음과 같다(관리비는 없고, 임차인이 3월과 4월분 임차료를 연체하여 보증금에서 충당하였으며, 9. 30. 현재 1년 만기 정기예금이자율은 3%라고 가정).

▶ 임대료 수입 : 100만원 × 3월 = 300만원
▶ 간주임대료 : 2,800만원(= 3,000만원 - 200만원) × 3% × 92일 /365일 = 211,726원
▶ 과세표준 : 3,000,000원 + 211,726원 = 3,211,726원

2) 임대주택에 과세되는 사업용 건물이 함께 설치되어 있는 경우

임대주택에 과세되는 사업용 건물이 한께 설치되어 있는 경우에는 주택과 이에 부수되는 토지의 임대 범위는 다음과 같다(동법 시행령 제41조 제2항).

① **주택 부분의 면적이 사업용 건물 부분의 면적보다 큰 경우** : 그 전부를 주택의 임대로 본다. 이 경우 ㉠ 건물의 연면적과 ㉡ 건물의 정착면적에 5배(도시지역 밖의 토지의 경우에는 10배)를 곱하여 산정한 면적 중 넓은 면적을 주택부수토지로 보아 면세한다.

② **주택 부분의 면적이 사업용 건물 부분의 면적과 같거나 그보다 작은 경우** : 주택 부분 외의 사업용 건물 부분은 주택의 임대로 보지 않는다. 이 경우 ㉠ 주택 부분의 연면적과 ㉡ 주택 부분의 정착면적에 5배(도시지역 밖의 토지의 경우에는 10배)를 곱하여 산정한 면적 중 넓은 면적을 주택부수토지로 보아 면세한다.

35) 현재 계약기간 1년의 정기예금이자율은 3.5퍼센트이다(부가가치세법 시행규칙 제47조).

* 연면적은 건물의 층별 바닥면적을 합한 것을 말하고, 여기의 연면적에는 지하층의 면적, 지상층의 주차용으로 사용되는 면적 및 주민공동시설의 면적은 제외한다. 정착면적은 건물의 수평투영면적(건물의 위에서 내려 보았을 경우 전체 건물의 그림자 면적)을 기준으로 한다.

부동산임대용역 중 주택의 임대용역은 면세이고 토지와 사업용 건물의 임대용역은 과세이다. 과세되는 부동산임대용역과 면세되는 주택임대용역을 함께 공급하는 경우 주택임대료를 제외한 과세되는 부동산임대료만을 공급가액으로 한다. 그러나 과세되는 부동산임대용역과 면세되는 주택임대용역의 임대 구분과 임대료의 구분이 불분명한 경우에는 다음과 같이 과세되는 부동산임대용역의 공급가액을 계산한다(동법 제29조 제10항 및 동법 시행령 제65조 제4항).

$$\text{건물임대 공급가액} = (\text{임대료 총액} \times \frac{\text{건물가액}}{\text{부동산가액}}) \times (\frac{\text{과세되는 건물임대면적}}{\text{총 건물임대면적}})$$

$$\text{토지임대 공급가액} = (\text{임대료 총액} \times \frac{\text{토지가액}}{\text{부동산가액}}) \times (\frac{\text{과세되는 토지임대면적}}{\text{총 건물임대면적}})$$

* 부동산가액 = 건물가액 + 토지가액

사 례

대전시에 소재하는 주택과 상가 겸용 부동산의 임대료가 1,000만원, 건물의 기준시가 4억원, 토지의 기준시가 6억원이고, 토지면적 1,000㎡, 건물면적 100㎡인 경우 부가가치세 과세표준을 계산하면 다음과 같다.

▶ 주택면적 60㎡이고 상가건물면적 40㎡인 경우

① 건물임대료 : 주택면적 〉 상가건물면적 → 전부 주택으로 보아 면세

② 토지임대료 : 전부 주택으로 보아 주택부수토지로서 건물정착면적의 5배(500㎡)까지 면세이고 이를 초과하는 토지면적(500㎡)은 과세 → 토지임대료 과세표준 = 1,000만원 × 6억원/10억원 × 500/1,000 = 300만원

③ 과세표준 : 300만원

▶ 주택면적 40㎡이고 상가면적 60㎡인 경우

① 건물임대료 : 주택면적 〈 상가건물면적 → 상가임대료 과세. 상가임대료 과세표준 = 1,000만원 × 4억원/10억원 × 60/100 = 240만원

② 토지임대료 : 주택부수토지로서 주택정착면적의 5배(200㎡)까지는 면세이고 이를 초과하는 토지면적(800㎡)은 과세 → 토지임대료 과세표준 = 1,000만원 × 6억원/10억원 × 800/1,000 = 480만원

③ 과세표준 : 240만원 + 480만원 = 720만원

5. 대손세액의 공제

사업자가 부가가치세가 과세되는 재화·용역을 공급하고 외상매출금이나 그 밖의 매출채권의 전부 또는 일부를 공급받은 사업자의 파산·강제집행 등의 사유로 회수할 수 없게 된 경우에는 대손되어 회수할 수 없게 된 세액, 즉 대손세액을 그 대손이 확정된 날이 속하는 과세기간의 매출세액에서 공제할 수 있다(부가가치세법 제45조 제1항). 대손이 확정된 경우 과세표준에서 대손금액을 공제하는 것이 아니라 매출세액에서 대손세액을 공제한다(부가가치세법 제29조 제6항 및 제37조 제2항). 즉, 과세표준에서 세율을 곱하여 계산한 금액에서 대손세액을 공제한 금액을 매출세액으로 한다.

Ⅱ 매입세액

1. 공제하는 매입세액

사업자가 자기의 사업을 위하여 사용하였거나 사용할 목적으로 공급받은 재화·용역에 대하여 거래징수당한 매입세액은 해당 재화·용역의 공급시기가 속하는 과세기간의 매출세액에서 공제한다(부가가치세법 제38조). 공제하는 매입세액은 재화·용역을 공급받을 때 거래징수당한 부가가치세액을 말한다. 공급받을 때 거래징수한 사실이 증명되어야 하는데, 이는 세금계산서를 발급받아 그 합계표를 제출함으로써 이루어진다. 세금계산서를 발급받지 못한 경우에는 매입자발행세금계산서를 발급받아 매입세액공제를 받을 수 있다(동법 제34조의2). 공급받은 재화·용역은 자기의 과세사업을 위한 것이어야 한다. 따라서 사업과 관련이 없는 매입세액은 공제될 수 없다. 매입세액은 재화 등을 사용한 시기가 아니라 공급받은 시기가 속하는 과세기간의 매출세액에서 공제한다. 따라서 이미 사용된 것뿐만 아니라 앞으로 사용될 예정인 재화·용역에 대한 매입세액도 공제대상이 된다.

1-1. 신용카드매출전표 등에 의한 매입세액

일반과세자로부터 재화·용역을 공급받고 부가가치세액을 별도로 구분하여 적은 신용카드매출전표, 현금영수증 등을 교부받은 경우에는 매입세액을 공제받을 수 있다(부가가치세법 제46조 제3항). 그러나 세금계산서를 발급할 수 없는 업종을 영위하는 사업자는 세금계산서 대신 영수증을 발급할 의무가 있고, 이러한 영수증 발급의무를 지는 사업자로부터 재화·용역을 공급받고 신용카드매출전표 또는 현금영수증을 발급받은 경우에는 매입세액을 공제받을 수 없다.

1-2. 의제매입세액

(1) 의의

과세사업자가 면세대상인 농산물·축산물·수산물 또는 임산물을 원재료로 하여 제조·가공한 재화 또는 창출한 용역의 공급이 과세대상이 되는 경우(면세를 포기하고 영세율을 적용받는 경우는 제외)에는 농산물 등의 매입가액에서 소정의 비율을 곱한 금액을 매입세액으로 의제하여 매출세액에서 공제받을 수 있다(부가가치세법 제42조 제1항). 과세사업자가 면세농산물 등을 구입하여 제조·가공한 재화 또는 창출한 용역을 공급하였다면 부가가치를 생성한 것으로 보아 매입세액을 공제해 주는 것이다.

(2) 적용요건

1) 과세사업을 영위하는 일반과세자일 것

면세농산물 등을 공급받는 사람이 사업자등록을 한 사업자이어야 한다. 따라서 사업자등록을 하지 않은 경우에는 매입세액공제를 받을 수 없으므로 의제매입세액공제도 받지 못한다. 또한 면세농산물 등을 공급받는 사람이 일반과세자인 경우에만 의제매입세액공제를 받을 수 있다. 면세농산물 등을 공급받는 사람이 면세사업자이거나 간이과세자인 경우에는 의제매입세액공제가 적용되지 않는다. 간이과세자의 경우 업종별 부가가치율을 적용하여 납부세액을 계산하는데, 이미 부가가치율 자체에 면세농산물 등의 매입가액이 반영되어 있으므로 여기에 다시 의제매입세액공제를 하면 중복공제에 해당하기 때문이다.

2) 면세농산물 등을 공급받았을 것

의제매입세액공제의 대상이 되는 면세농산물 등은 부가가치세를 면제받아 공급하는 농산물, 축산물, 수산물, 임산물을 말한다. 면세농산물 등에는 본래의 성질이 변하지 않는 정도의 1차 가공을 거쳐 식용으로 제공한 것, 김치·두부 등 단순가공식료품, 본래의 성질이 변하지 않는 정도로 1차 가공을 하는 과정에서 필수적으로 발생하는 부산물, 미가공식료품을 단순히 혼합한 것, 쌀에 식품첨가물 등을 첨가 또는 코팅하거나 버섯균 등을 배양한 것, 소금을 포함한다(동법 시행령 제84조 제1항).

3) 면세농산물 등을 원재료로 하여 제조·가공한 재화 또는 창출한 용역이 과세대상일 것

면세농산물 등을 원재료로 하여 제조·가공한 재화 또는 창출한 용역의 공급이 과세대상이 되는 경우(면세포기를 하고 영세율을 적용받는 경우는 제외)이어야 한다. 면세농산물 등을 원재료로 사용·소비하는 것이 아니라 면세농산물 등을 그대로 양도하거나 인도한 경우(예를 들어, 과일도매상이 과일을 사서 과일을 그대로 소매상에 공급한 경우) 또는 면세농산물 등을 면세사업 또는 기타 목적을 위하여 사용·소비하는 경우에는 의제매입세액공제가 적용되지 않는다(부가가치세법 시행령 제84조 제4항). 여기서 기타 목적으로 사용·소비하는 경우란 개인적 공급 또는 사업상 증여 등을 하는 경우를 말한다.

(3) 공제시기

의제매입세액은 면세농산물 등을 공급받거나 수입한 날이 속하는 과세기간의 매출세액에서 공제한다. 즉, 면세농산물 등을 사용한 날이 아니라 매입한 날이 속하는 과세기간에서 공제한다. 그리하여 과세대상인 재화·용역의 제조·가공 등에 이미 사용·소비된 것뿐만 아니라 앞으로 사용·소비될 예정인 것도 공제대상이 된다. 확정신고를 할 때에는 물론이고 예정신고를 할 때에도 의제매입세액공제를 신청할 수 있다.

(4) 의제매입세액의 계산

의제매입세액은 다음과 같이 계산한다.

의제매입세액 = 면세농산물 등의 매입가액 × 의제매입세액 공제율

* 예정신고시 공제세액 = 예정신고기간의 공제대상금액 × 공제율

** 확정신고시 공제세액 = 해당 과세기간의 공제대상금액 × 공제율 – 예정신고시 공제받은 금액

1) 매입가액

면세농산물 등의 매입가액은 운임 등의 부대비용은 제외한 매입원가로 계산한다. 사업자가 직접 생산하거나 채취 등을 한 경우에는 소득세법 또는 법인세법상 취득가액에 의한다. 수입되는 면세농산물 등의 수입가액은 관세의 과세가격(관세 제외)으로 한다(동법 시행규칙 제56조 제1항).

2) 의제매입세액 공제율

면세농산물 등의 매입가액에 다음의 비율을 곱하여 계산한 금액을 매입세액으로 공제할 수 있다(동법 제42조 제1항).

구분		의제매입세액공제율
음식점업	일반음식점을 경영하는 개인사업자	8/108
	과세유흥장소의 경영자	2/102
	그 외의 사업자	6/106
제조업	과자점업·도정업·제분업·떡방앗간을 경영하는 개인사업자	6/106
	그 외의 제조업을 경영하는 중소기업 및 개인사업자	4/104
	그 외의 사업자	2/102
그 외의 사업		2/102

3) 의제매입세액 공제한도

해당 과세기간에 해당 사업자가 면세농산물 등과 관련하여 공급한 과세표준에 다음의 비율을 곱하여 계산한 금액을 한도로 의제매입세액공제를 한다(동법 시행령 제84조 제2항). 의제매입세액 공제한도는 예정신고를 할 때에는 적용하지 않으며 확정신고를 할 때에 적용한다. 그리하여 예정신고를 할 때 이미 공제받은 금액을 확정신고를 할 때에 정산한다.

구분		한도율
법인사업자		30%
개인사업자	과세표준 2억원 초과	40%
	과세표준 2억원 이하	50%

* 과세표준은 면세농산물 등과 관련된 사업에 대한 과세표준을 말한다.

사 례

중소기업이 아닌 ㈜A는 과일도매업과 통조림제조판매업을 겸영하고 있다. 2023년 제1기 과세기간의 자료가 다음과 같은 경우 그 과세기간의 의제매입세액 공제액을 계산하시오. ㈜A의 해당 과세기간에 과일과 관련하여 공급한 과세표준은 500,000,000원(통조림 공급가액의 합계액)이다.

사 례

> ▶ 과일의 매입과 사용명세
> • 과일의 매입원가 : 250,000,000원 (2,000㎏, 운임 8,000,000원 포함)
> • 사용명세 : 판매 800㎏, 통조림제조에 사용한 부분 1,200㎏
>
> ▶ 해당 과세기간의 공급가액 명세 (부가가치세 제외)
> • 과일 공급가액 : 400,000,000원
> • 통조림 공급가액 : 500,000,000원

▶ 과일의 매입가액
250,000,000원 – 8,000,000원 = 242,000,000원

▶ 공제대상금액
242,000,000원 × (1,200㎏/ 2,000㎏) = 145,200,000원
* 통조림 제조에 사용한 해당 과세기간의 과일의 매입가액을 말한다.

▶ 의제매입세액 공제액
145,200,000원 × (2/102) = 2,847,058원

▶ 한도액
500,000,000원 × 30% = 150,000,000원
* 해당 과세기간에 과일과 관련하여 공급한 과세표준을 말한다.

1-3. 과세사업 전환 매입세액

면세사업자가 과세사업자로 전환하면서 면세사업 당시 구입한 감가상각자산을 과세사업에서도 계속 사용하는 경우 또는 과세사업과 면세사업을 겸영하는 사업자가 당초 면세사업용으로 매입하여 매입세액이 공제되지 않았던 감가상각자산을 과세사업에 사용하는 경우에는 당초 매입세액으로 공제받지 못한 금액을 과세사업에 사용하거나 소비하는 날이 속하는 과세기간의 매입세액으로 공제받을 수 있다(부가가치세법 제43조). 이는 앞서 살펴본 재화의 간주공급 중 면세사업전용과는 반대가 되는 경우이다. 과세사업 전환 매입세액으로 공제되는 금액은 다음과 같이 계산한다(동법 시행령 제85조 제1항).

$$\text{과세사업 전환 매입세액} = \text{취득 당시 해당 재화의 면세사업과 관련하여 공제되지 않은 매입세액} \times \left(1 - \text{상각률} \times \text{경과된 과세기간의 수}\right)$$

* 상각률은 건물·구축물은 5%이고, 기타 감가상각자산은 25%이다.

** 경과된 과세기간의 수는 건물·구축물은 20을, 그 밖의 감가상각자산은 4를 한도로 한다. 과세기간 개시일 후에 감가상각자산을 취득한 경우 그 과세기간 개시일에 그 재화를 취득한 것으로 본다.

사 례

2017. 10. 1. 사업자 A는 오피스텔을 11억원(부가가치세 포함)에 분양받아 비사업자 B에게 주택으로 임대하였고, 임대기간이 끝난 2019. 10. 1. 사업자 C에게 사무실로 임대한 경우 오피스텔 주택임대를 상가임대로 전환함에 따른 매입세액 공제액을 계산하면 다음과 같다.

8,000만원 = 1억원 × (1 - 5% × 4기)

따라서 A는 2019년 2기 확정신고를 할 때에 과세사업전환 매입세액 8,000만원의 공제를 신청할 수 있다.

1-4. 재고매입세액

간이과세자에서 일반과세자로 변경하는 경우 그 변경하는 날 현재의 재고품, 건설 중인 자산, 감가상각자산의 매입세액 중 일정 금액을 납부세액을 계산할 때 매입세액으로 공제받을 수 있다(부가가치세법 제44조 및 동법 시행령 제86조). 간이과세자의 경우 재화·용역의 공급대가에 0.5퍼센트를 곱한 금액을 공제세액으로 하는데(동법 제63조 제3항 제1호), 이는 일반과세자가 공제받는 매입세액인 재화·용역의 공급가액에 10퍼센트를 적용한 금액에 비하면 훨씬 적은 금액이다. 간이과세자에서 일반과세자로 변경 당시 보유하고 있는 재고품, 건설 중인 자산, 감가상각자산은 변경 이후 부가가치의 창출에 기여하고 있음에도 변경 전의 매입세액공제액과 그 이후의 매출세액이 대응되지 않는 문제가 발생한다. 그리하여 당초 간이과세자로서 공제받은 세액과 일반과세자였다면 공제받을 세액의 차액을 추가로 공제해 주는 것이다.

참 조

재고납부세액

일반과세자에서 간이과세자로 변경하는 경우 그 변경 당시 남아 있는 재고품, 건설 중인 자산, 감가상각자산의 매입세액을 이미 공제받은 때에는 공제받은 매입세액 중 일정 금액을 납부세액에 가산하여 납부하여야 한다(부가가치세법 제64조). 일반과세자로서 매입세액을 공제받은 재고품 등을 간이과세자로서 사용·소비함으로써 결과적으로 과다 공제받은 매입세액을 정산하기 위한 것이다.

1-5. 예정신고에서 누락된 매입세액

공제받을 수 있는 매입세액을 예정신고에서 누락하여 공제받지 못한 경우에는 확정신고를 하면서 공제받을 수 있고, 수정신고나 경정청구, 기한후신고를 하면서 공제받을 수도 있다.

공제하지 않는 매입세액

1. 사업 무관 지출 매입세액

사업과 직접 관련이 없는 지출에 대한 매입세액은 매출세액에서 공제하지 않는다(부가가치세법 제39조 제1항 제4호). 사업과 직접 관련이 없는 지출이란 소득세법과 법인세법에서 규정하고 있는 업무와 관련 없이 지출한 비용, 업무와 관련 없는 자산을 취득·관리함으로써 생기는 비용, 공동경비 중 분담 금액을 초과하여 지출한 금액을 말한다(소득세법 시행령 제78조, 법인세법 시행령 제48조, 제49조 제3항 및 제50조).

2. 사업자등록 전 매입세액

사업자등록을 신청하기 전의 매입세액은 공제받을 수 없다. 다만, 공급시기가 속하는 과세기간이 끝난 후 20일 이내에 등록을 신청한 경우에는 그 과세기간 내의 매입세액은 공제받을 수 있다(부가가치세법 제39조 제1항 제8호).

3. 세금계산서 미수취 등 매입세액

3-1. 세금계산서 미수취·부실기재 매입세액

① 세금계산서를 발급받지 않은 경우 또는 ② 발급받은 세금계산서에 필요적 기재사항의 전부 또는 일부가 적히지 않았거나 사실과 다르게 적힌 경우의 매입세액은 공제받을 수 없다. 다만, 공급가액이 사실과 다르게 적힌 경우에는 실제 공급가액과 사실과 다르게 적힌 금액의 차액에 해당하는 매입세액만 공제받을 수 없다(부가가치세법 제39조 제1항 제2호 본문).

세금계산서의 필요적 기재사항이 사실과 다르게 적혔다는 의미는 세금계산서에 기재된 필요적 기재사항의 내용이 그 재화 또는 용역을 실제로 공급하거나 공급받은 주체와 가액 및 시기 등과 서로 일치하지 않는다는 것을 말한다.[36] 세금계산서의 필요적 기재사항이 사실과 다르게 적힌 경우에는 매입세액 전액을 공제받을 수 없지만, 그중 공급가액이 사실과

36) 대법원 2007. 3. 15. 선고 2007두924 판결.

다르게 적힌 경우에는 실제 공급가액과의 차액에 해당하는 매입세액만 공제받지 못한다.

그러나 필요적 기재사항이 사실과 다르게 적힌 세금계산서를 발급받았다고 하더라도 그 세금계산서를 발급받은 사업자가 사실과 다르다는 점을 알지 못했고 알지 못하는데 과실이 없다면 예외적으로 매입세액을 공제받을 수 있다. 예를 들어, 사업자가 실제 공급자와 세금계산서상의 공급자가 다른 세금계산서를 발급받았다고 하더라도 그 명의위장사실을 알지 못하였고 이를 알지 못한 데 과실이 없는 등의 특별한 사정이 있다면 그 매입세액을 매출세액에서 공제 내지 환급받을 수 있다.[37] 이 경우 선의이며 무과실이라는 점에 대한 증명책임은 매입세액의 공제를 주장하는 사람에게 있다.[38] 또한 다음과 같은 경우에도 매입세액공제를 받을 수 있다(동법 제39조 제1항 제2호 단서, 동법 시행령 제75조).

① 사업자등록을 신청한 사업자가 사업자등록증 발급일까지의 거래에 대하여 해당 사업자 또는 대표자의 주민등록번호를 적어 발급받은 경우 : 주민등록번호를 기재한 세금계산서를 발급받은 경우 매입세액을 공제받을 수 없으나, 사업자등록번호로 수정한 세금계산서를 발급받아 제출하면 매입세액을 공제받을 수 있다.

② 발급받은 세금계산서의 필요적 기재사항 중 일부가 착오로 사실과 다르게 적혔으나 그 세금계산서에 적힌 나머지 필요적 기재사항 또는 임의적 기재사항으로 보아 거래사실이 확인되는 경우 : 필요적 기재사항 등이 착오로 잘못 적힌 세금계산서를 발급받은 경우 매입세액을 공제받을 수 없으나, 수정세금계산서를 발급받아 제출하면 매입세액을 공제받을 수 있다. 다만, 공급자 상호의 일부가 잘못 적혀 있더라도 사업자등록번호가 옳게 적혀 있는 경우에는 수정세금계산서를 발급받을 필요 없이 매입세액을 공제받을 수 있다. 필요적 기재사항을 착오로 잘못 적어 발급한 경우 그 착오를 인식한 날이 발급기한이 되고 수정세금계산서의 발급에는 가산세가 적용되지 않는다.

③ 재화·용역의 공급시기 이후에 발급받은 세금계산서로서 해당 공급시기가 속하는 과세기간에 대한 확정신고기한까지 발급받은 경우

④ 전자세금계산서 의무발급 사업자로부터 발급받은 전자세금계산서로서 국세청장에게 전송되지 않았으나 발급한 사실이 확인되는 경우

⑤ 전자세금계산서 의무발급 사업자로부터 발급받은 전자세금계산서 외의 세금계산서로서 재화·용역의 공급시기가 속하는 과세기간에 대한 확정신고기한까지 발급받았고 그 거래사실도 확인되는 경우

⑥ 재화·용역의 공급시기가 속하는 과세기간에 대한 확정신고기한이 지난 후 세금계산서를 발급받았더라도 그 세금계산서의 발급일이 확정신고기한 다음 날부터 1년 이내이고 다음 중 어느 하나에 해당하는 경우
   ㉠ 수정신고서나 경정청구서를 세금계산서와 함께 제출하는 경우
   ㉡ 해당 거래사실이 확인되어 관할 세무서장, 납세지 관할 지방국세청장 또는 국세청장이 결정·경정하는 경우

37) 대법원 2013. 7. 25. 선고 2013두6527 판결.

38) 대법원 2002. 6. 28. 선고 2002두2277 판결.

세금계산서의 필요적 기재사항 중 일부가 착오로 사실과 다르게 적혔으나 그 세금계산서에 적힌 나머지 필요적 기재사항 또는 임의적 기재사항으로 보아 거래사실이 확인되는 경우에는 수정세금계산서를 발급받아 제출하면 매입세액을 공제받을 수 있다(동법 시행령 제75조 제2호). 그리하여 착오로 인하여 필요적 기재사항 중 일부가 사실과 다르게 적힌 경우에는 착오를 인식한 날이 속하는 달의 다음 달 10.까지 수정세금계산서를 발급하면 가산세가 부과되지 않는다. 예를 들어, 4. 22. 착오로 발급한 세금계산서를 5. 13. 발견하였다면 수정세금계산서 발급기한은 6. 10.까지이므로 그때까지 수정세금계산서를 발급하면 가산세가 부과되지 않는다. 만일 부가가치세 확정신고기한이 종료된 이후에 착오를 인식하였다면 그 착오를 인식한 날이 속하는 달의 다음 달 10.까지 수정세금계산서를 발급하면 가산세는 부과되지 않지만, 부가가치세 수정신고 또는 경정청구를 통하여 매입세액과 매출세액을 정정하여야 한다.

3-2. 매입처별 세금계산서합계표 미제출·부실기재 매입세액

① 매입처별 세금계산서합계표를 제출하지 않은 경우의 매입세액 또는 ② 제출한 매입처별 세금계산서합계표의 기재사항 중 거래처별 등록번호 또는 공급가액의 전부 또는 일부가 적히지 않았거나 사실과 다르게 적힌 경우 그 기재사항이 적히지 않은 부분 또는 사실과 다르게 적힌 부분의 매입세액은 공제받을 수 없다(부가가치세법 제39조 제1항 제1호). 그러나 다음과 같은 경우에는 매입세액을 공제받을 수 있다(동항 제1호 단서, 동법 시행령 제74조).

① 발급받은 세금계산서에 대한 매입처별 세금계산서합계표 또는 신용카드매출전표 등의 수령명세서를 함께 제출하면서 수정신고를 한 경우
② 발급받은 세금계산서에 대한 매입처별 세금계산서합계표 또는 신용카드매출전표 등의 수령명세서를 함께 제출하면서 경정청구를 하여 경정기관이 경정한 경우
③ 발급받은 세금계산서에 대한 매입처별 세금계산서합계표 또는 신용카드매출전표 등의 수령명세서를 함께 제출하면서 기한후신고를 하여 관할 세무서장이 결정하는 경우
④ 발급받은 세금계산서에 대한 매입처별 세금계산서합계표의 거래처별 등록번호 또는 공급가액이 착오로 사실과 다르게 적힌 경우로서 발급받은 세금계산서에 의하여 거래사실이 확인되는 경우
⑤ 관할 세무서장 등이 과세표준과 세액을 경정하는 경우 사업자가 발급받은 세금계산서 또는 신용카드매출전표 등을 경정기관의 확인을 거쳐 해당 경정기관에 제출하는 경우

4. 비영업용 승용자동차 등의 구입·임차·유지 관련 매입세액

영업용이 아닌 개별소비세 과세대상 자동차의 구입 또는 임차, 유지(유류비용)에 관한 매입세액은 공제받을 수 없다(부가가치세법 제39조 제1항 제5호). 비영업용 승용자동차 등은 개인적인 목적으로 사용하는 경우가 많아 비영업용 승용자동차 등의 구입이나 유지 등에 관한 비용이 사업 관련 비용인지 사적인 비용인지 구분하기 어렵기 때문에 매입세액을 공제해 주지 않는 것이다.

5. 면세사업 및 토지 관련 매입세액

5-1. 면세사업 관련 매입세액

면세사업에 관련된 매입세액(면세사업을 위한 투자와 관련된 매입세액을 포함)은 공제받을 수 없다(부가가치세법 제39조 제1항 제7호). 여기의 면세사업에는 부가가치세가 과세되지 않는 재화·용역을 공급하는 사업(비과세사업)을 포함한다.

5-2. 토지에 관련된 매입세액

토지에 관련된 매입세액은 공제받을 수 없다(부가가치세법 제39조 제1항 제7호). 토지에 관련된 매입세액이란 토지의 가치를 증가시키는 토지의 조성 등을 위한 자본적 지출에 관련된 매입세액으로서 ① 토지의 취득 및 형질변경, 공장부지 및 택지의 조성 등에 관련된 매입세액, ② 건축물이 있는 토지를 취득하여 그 건축물을 철거하고 토지만 사용하는 경우에는 철거한 건축물의 취득 및 철거 비용과 관련된 매입세액, ③ 토지의 가치를 현실적으로 증가시켜 토지의 취득원가를 구성하는 비용에 관련된 매입세액을 말한다(동법 시행령 제80조).

토지에 관련된 매입세액을 공제하지 않는 취지는 토지의 공급은 면세이므로 토지의 취득비용에 대한 매입세액을 비롯한 토지의 조성 등 자본적 지출에 대한 매입세액 등 토지에 관련된 매입세액도 공제하지 않는 것이다. 토지의 조성 등을 위한 자본적 지출은 토지소유자인 사업자가 토지의 조성 등을 위하여 한 자본적 지출을 의미하므로 토지의 소유자가 아닌 사업자, 예를 들어 토지를 임차한 사업자가 토지의 조성 등을 위한 자본적 지출의 성격을 갖는 비용을 지출한 경우 그에 관련된 매입세액은 토지에 관련된 매입세액이 아니므로 매입세액을 공제받을 수 있다.[39]

---

39) 대법원 2010. 1. 14. 선고 2007두20744 판결.

사 례

① 토지의 취득을 위하여 지급한 중개수수료, 감정평가비용, 명의이전비용과 관련된 매입세액, ② 공장설립 승인을 받기 위한 토지측량용역 및 토목설계용역과 관련된 매입세액, ③ 사업계획승인 또는 인허가의 조건으로 사업장 인근에 진입도로를 건설하여 지방자치단체에 무상으로 귀속시킨 경우에 진입도로 건설비용과 관련된 매입세액은 토지에 관련된 매입세액으로서 공제받을 수 없다.

그러나 ① 토지사용을 위하여 건축물이 있는 토지를 취득하여 건축물을 철거한 경우가 아니라 기존의 사업용 건축물이 노후하여 철거한 경우 그 철거비용과 관련된 매입세액, ② 건축물을 신축하면서 건축물 주변에 조경공사를 하는 경우 그 공사 관련 매입세액, ③ 회사가 토지를 임차하여 골프장을 조성하면서 지출한 토목공사와 토사매입 등의 토지조성비용과 관련된 매입세액은 토지 관련 매입세액이 아니므로 매입세액을 공제받을 수 있다.

6. 기업업무추진비 관련 매입세액

기업업무추진비 및 이와 유사한 비용은 개인적인 목적으로 사용되는 경우가 많아 사업 관련 비용인지 사적인 비용인지 구분하기 어렵기 때문에 그에 대한 매입세액은 공제받지 못한다(부가가치세법 시행령 제39조 제6호). 직원들의 회식비는 기업업무추진비는 아니며 복리후생비로서 매입세액을 공제받을 수 있다. 다만, 국세청에서는 1인 사업자의 경우 복리후생비가 발생하지 않는 것으로 보아 1인 사업자의 식대는 매입세액을 공제해 주지 않는다. 기업업무추진비는 매입세액을 공제받지 못하지만, 소득세 또는 법인세에서 필요경비 또는 손금에 산입할 수 있다.

Ⅳ 세액의 계산

매출세액에서 매입세액을 공제하여 계산한 납부세액에서 법령에 따라 세액공제 및 경감을 하고 미환급세액 및 기납부세액을 차감한 다음 가산세를 가산하여 실제 납부하는 차가감납부세액을 산출한다.

1. 세액공제 및 경감

1-1. 신용카드 등의 사용에 따른 세액공제

영수증 발급 대상 사업을 영위하는 개인사업자가 부가가치세가 과세되는 재화·용역을 공급하고 세금계산서 발급시기에 신용카드매출전표나 현금영수증 등 적격증빙서류를 발급하거나 전자적 결제수단에 의하여 대금을 결제하는 경우에는 연간 500만원을 한도로 하여 발급금액 또는 결제금액의 1퍼센트에 해당하는 금액을 납부세액에서 공제한다(부가가치세법 제46조 제1항).

1-2. 전자세금계산서 발급·전송에 대한 세액공제

직전 연도의 사업장별 재화·용역의 공급가액(면세공급가액을 포함)의 합계액이 3억원 미만인 개인사업자가 전자세금계산서를 발급하는 경우에는 연간 100만원을 한도로 하여 전자세금계산서 발급 건수당 200원을 곱하여 계산한 금액을 해당 과세기간의 부가가치세 납부세액에서 공제받을 수 있다(부가가치세법 제47조 제1항 및 동법 시행령 제89조).

1-3. 전자고지에 대한 세액공제

납세자가 전자송달의 방법으로 납부고지서의 송달을 신청한 경우 예정고지·징수하는 부가가치세의 납부세액에서 납부고지서 1건당 1,000원을 공제한다(조세특례제한법 제104조의8 제5항 및 동법 시행령 제104조의5 제7항). 다만, 납부고지세액에서 고지금액의 최저 한도에 따른 금액 1만원[40]을 차감한 금액을 한도로 한다(동법 제104조의8 제6항).

1-4. 전자신고에 대한 세액공제

납세자가 직접 전자신고방법에 의하여 부가가치세 확정신고를 하는 경우에는 해당 납부세액에서 1만원(연간 2만원)을 공제한다. 다만, 매출가액과 매입가액이 없는 일반과세자에 대해서는 세액공제를 적용하지 않으며, 간이과세자에 대해서는 공제세액이 납부세액에 재고납부세액, 매입세금계산서 등에 의한 공제에 따른 금액을 가감한 후의 금액을 초과할 때에는 그 초과하는 금액은 없는 것으로 본다(조세특례제한법 제104조의8 제2항 및 동법 시행령 제104조의5 제3항, 제4항).

---

40) 고지할 국세(인지세는 제외) 및 강제징수비를 합친 금액이 1만원 미만일 때에는 그 금액은 없는 것으로 본다(국세기본법 제83조 및 동법 시행령 제65조의3).

참 조

세무사 전자신고 세액공제

세무사(세무사등록부 또는 세무대리업무등록부에 등록한 공인회계사 및 변호사, 세무법인, 회계법인 포함)가 납세자를 대리하여 전자신고의 방법으로 부가가치세를 신고하는 경우에는 해당 세무사의 부가가치세 납부세액에서 1만원을 공제한다(조세특례제한법 제104조의8 제3항). 세무사가 공제받을 수 있는 연간 공제한도액(해당 세무사가 소득세 또는 법인세의 납부세액에서 공제받을 금액 및 부가가치세에서 공제받을 금액을 합한 금액)은 300만원(세무법인 또는 회계법인인 경우에는 750만원)으로 한다(동조 제4항).

1-5. 일반택시 운송사업자의 납부세액 경감

일반택시 운송사업자에 대하여 부가가치세 납부세액의 99퍼센트를 2026. 12. 31. 이전에 끝나는 과세기간분까지 경감한다(조세특례제한법 제106조의7 제1항).

2. 미환급세액 및 기납부세액

2-1. 예정신고 미환급세액

조기 환급을 받을 환급세액 중 예정신고를 할 때 환급되지 않은 세액은 확정신고를 할 때 납부세액에서 공제한다(부가가치세법 제49조 제2항 제1호). 일반환급은 확정신고를 할 때에만 환급받을 수 있으나, 조기환급은 예정신고를 할 때에도 환급받을 수 있다.

2-2. 예정고지세액

예정신고를 할 때 직전 과세기간에 대한 납부세액의 50퍼센트에 해당하는 금액을 관할 세무서장으로부터 고지받아 납부한 금액은 확정신고를 할 때 납부세액에서 공제한다(부가가치세법 제49조 제2항 제2호).

사 례

일반과세자로 음식점을 운영하는 개인사업자 A의 2024. 7. 1.부터 2024. 12. 31.까지 부가가치세 관련 자료가 다음과 같은 경우 2024년 제2기 확정신고시 납부할 세액을 계산하시오.

▶ 신용카드매출전표 발급금액은 220,000,000원(부가가치세 포함)이고, 조세특례제한법에 따른 현금영수증 발급금액은 110,000,000원(부가가치세 포함)이다.

▶ 현금으로 대가를 받고 조세특례제한법의 규정에 따른 현금영수증을 발급하지 않은 음식용역의 공급가액은 10,000,000원이다.

▶ 부가가치세 과세대상인 재화·용역을 공급받고 발급받은 세금계산서 등의 매입세액이 10,000,000원이고, 동 매입세액은 전액 공제대상이다.

▶ 원재료인 쌀, 채소 등 면세농산물의 매입가액이 60,750,000원이고, 모두 계산서나 신용카드매출전표를 적법하게 수취하였다.

▶ 제1기 과세기간에 대한 확정신고를 할 때 공제받은 신용카드매출전표 발급 등에 대한 세액공제액은 3,500,000원이었다.

▶ A의 2023년도 음식점업의 공급가액의 합계액은 4억원이므로 신용카드매출전표 발급 등에 대한 세액공제 대상자에 해당한다.

▶ 제2기 예정신고를 할 때 5,000,000원을 고지받아 납부하였다.

▶ A는 직접 전자신고의 방법으로 2023년 제2기 부가가치세 확정신고를 하였다.

① 매출세액

과세표준 : (220,000,000 + 110,000,000) × 100/110 + 10,000,000 = 310,000,000원

→ 310,000,000 × 10% = 31,000,000원

② 매입세액

▶ 세금계산서 등 매입세액 : 10,000,000원

▶ 의제매입세액 : 60,750,000 × 8/108 = 4,500,000원

→ 10,000,000 + 4,500,000 = 14,500,000원

* 개인사업자 A의 제2기 과세표준이 2억원을 초과하여 한도율이 40%이므로 공제한도는 310,000,000 × 40% = 124,000,000원이다.

③ 납부세액 : 31,000,000 - 14,500,000 = 16,500,000원

④ 신용카드매출전표 등 발급에 대한 세액공제

▶ 신용카드매출전표 등 발급금액 330,000,000 × 1% = 3,300,000

▶ 한도액 : 연 5,000,000원 - 3,500,000원 (제1기 세액공제액) = 1,500,000원

⑤ 예정고지세액 : 5,000,000원

⑥ 전자신고세액공제 : 1만원

⑦ 차가감 납부할 세액 : 16,500,000 - 1,500,000 - 5,000,000 - 10,000원 = 9,990,000원

제4절 신고와 납부

Ⅰ 신고와 납부

1. 예정신고와 납부

1-1. 일반적인 경우

사업자는 예정신고기간(1월부터 3월까지, 7월부터 9월까지)에 대한 과세표준과 납부세액(또는 환급세액)을 그 예정신고기간이 끝난 날로부터 25일(4. 25., 10. 25.) 이내에 관할 세무서장에게 신고·납부하여야 한다(부가가치세법 제48조 제1항). 예정신고·납부절차는 사업자의 세 부담을 덜어주기 위하여 과세기간 중 납부의무의 일부를 미리 이행하고 나중에 정산하도록 한 것이다. 이는 법인세법과 소득세법의 중간예납제도와 유사하다.

예정신고를 하는 사업자는 과세사업자이고, 영세율 적용대상 사업자도 예정신고의무가 있다. 예정신고를 할 때 신용카드 등의 사용으로 인한 세액공제와 전자세금계산서 발급·전송으로 인한 세액공제는 적용하지만, 가산세는 적용하지 않는다(동법 시행령 제90조 제1항). 대손세액공제, 과세전환 매입세액공제, 전자신고세액공제 등은 확정신고를 할 때에만 적용하고 예정신고를 할 때에는 적용하지 않는다. 예정신고기간의 환급세액은 예정신고를 할 때 환급되지 않고 확정신고를 할 때 환급된다. 그러나 조기환급은 예정신고를 할 때에도 환급받을 수 있다(동조 제2항 단서).

1-2. 개인사업자와 소규모 법인사업자의 경우

(1) 예정고지·징수

개인사업자와 직전 과세기간 공급가액의 합계액이 1억 5천만원 미만인 법인사업자는 예정신고의무가 없으며, 관할 세무서장으로부터 직전 과세기간에 대한 납부세액의 50퍼센트(1천원 미만인 단수가 있을 때에는 그 단수 금액은 버림)를 납부세액으로 고지받아 납부한다(부가가치세법 제48조 제3항 본문 및 동법 시행령 제90조 제4항).

관할 세무서장은 예정신고기간이 끝난 날로부터 10일(4. 1.부터 4. 10.까지, 10. 1.부터 10. 10.까지) 이내에 납부고지서를 발부하여야 하고, 예정신고기간 종료일로부터 25일(4. 25., 10. 25.)까지 징수한다(부가가치세법 제48조 제3항 본문 및 동법 시행령 제90조 제5항). 그러나 다음의 어느 하나에 해당하는 경우에는 징수하지 않는다(동법 제48조 제3항 단서). 이 경우에는 확정신고를 할 때 한꺼번에 징수한다.

① 징수하여야 할 금액이 50만원 미만인 경우
② 간이과세자에서 해당 과세기간 개시일 현재 일반과세자로 변경된 경우
③ 국세징수법에 따른 재난 등으로 인한 납부기한의 연장사유로 관할 세무서장이 징수하여야 할 금액을 사업자가 납부할 수 없다고 인정되는 경우

간이과세자도 관할 세무서장으로부터 직전 과세기간에 대한 납부세액의 50퍼센트를 예정부과기간(1. 1.부터 6. 30.까지)의 납부세액으로 고지받아 납부한다. 관할 세무서장은 7. 1.부터 7. 10.까지 납부고지서를 발부하여야 하고, 예정부과기간이 끝난 후 25일(7. 25.) 이내까지 징수한다(부가가치세법 제66조 제1항 본문 및 동법 시행령 제114조 제1항). 다만, 징수하여야 할 금액이 50만원 미만인 경우 등 위에 열거한 사유 중 어느 하나에 해당하는 경우에는 징수하지 않는다(동법 제66조 제1항 단서).

(2) 선택적 신고납부

다음의 어느 하나에 해당하는 사유가 있는 사업자는 예정신고를 하고 예정신고기간의 납부세액을 납부할 수 있다(부가가치세법 제48조 제4항 전단). 이 경우 관할 세무서장의 예정고지세액의 결정은 없었던 것으로 본다(동항 후단).

① 휴업 또는 사업 부진 등으로 인하여 예정신고기간의 공급가액 또는 납부세액이 직전 과세기간의 공급가액 또는 납부세액의 3분의 1에 미달하는 경우
② 예정신고기간분에 대하여 조기환급을 받으려는 경우

간이과세자도 휴업 또는 사업 부진 등으로 인하여 예정부과기간의 공급대가의 합계액 또는 납부세액이 직전 과세기간의 공급대가의 합계액 또는 납부세액의 3분의 1에 미달하는 경우에는 예정부과기간의 납부세액을 예정부과기한까지 신고하고 납부할 수 있다(부가가치세법 제66조 제2항 및 동법 시행령 제114조 제2항).

2. 확정신고와 납부

사업자는 각 과세기간에 대한 과세표준과 납부세액(또는 환급세액)을 그 과세기간이 끝난 날로부터 25일(7. 25., 1. 25.) 이내에 관할 세무서장에게 신고하여야 한다. 다만, 예정신고를 하거나 조기환급을 받기 위하여 신고한 경우에는 이미 신고한 과세표준과 납부한 납부세액은 신고대상에서 제외한다(부가가치세법 제49조 제1항). 예정고지받아 납부한 세액과 조기환급을 받을 환급세액 중 환급되지 않은 세액은 확정신고시의 납부세액에서 공제하고 납부한다(동조 제2항). 간이과세자도 과세기간에 대한 과세표준과 납부세액을 그 과세기간이 끝난 날로부터 25일(1. 25.) 이내에 관할 세무서장에게 확정신고를 하고 납부하여야 한다(부가가치세법 제67조 제1항). 예정부과기간의 납부세액은 확정신고시의 납부세액에서 공제하고 납부한다(동조 제2항).

3. 신고시 제출서류

3-1. 세금계산서합계표

사업자는 세금계산서를 발급한 경우에는 매출처별 세금계산서합계표를, 세금계산서 또는 수입세금계산서를 발급받은 경우에는 매입처별 세금계산서합계표를 예정신고 또는 확정신고를 할 때 각각 제출하여야 한다(부가가치세법 제54조 제1항). 다만, 전자세금계산서를 발급하거나 발급받고 국세청장에게 전송한 경우에는 예정신고 또는 확정신고를 할 때 매출·매입처별 세금계산서합계표를 제출하지 않을 수 있다(동조 제2항).

3-2. 현금매출명세서 등

부동산업, 전문서비스업(변호사·세무사·공인회계사·변리사·법무사 등), 과학서비스업 및 기술서비스업, 보건업, 그 밖의 개인서비스업을 경영하는 사업자는 예정신고 또는 확정신고를 할 때 현금매출명세서를 함께 제출하여야 한다(부가가치세법 제55조 제1항). 한편 부동산임대업자는 예정신고 또는 확정신고를 할 때 부동산임대공급가액명세서를 함께 제출하여야 한다(동조 제2항).

3-3. 영세율 첨부서류

영세율이 적용되는 재화 또는 용역을 공급하는 사업자는 예정신고 및 확정신고를 할 때 예정신고서 및 확정신고서에 수출실적명세서 등 서류를 첨부하여 제출하여야 한다(부가가치세법 제56조 제1항). 이러한 영세율 첨부서류를 첨부하지 않은 부분은 예정신고 및 확정신고로 보지 않는다(동조 제2항). 이 경우 영세율 과세표준 과소신고·무신고가산세가 부과된다(국세기본법 제47조의3 제2항 제2호).

Ⅱ 결정·경정, 징수 및 환급

1. 결정·경정

1-1. 의의

부가가치세는 신고납세방식의 조세이므로 신고에 의하여 세액이 확정되는데, 신고를 하지 않거나 그 신고한 내용에 오류 또는 탈루가 있는 경우에는 관할 세무서장, 지방국세청장 또는 국세청장이 과세표준과 세액을 조사하여 결정 또는 경정한다(부가가치세법 제57조 제1항). 결정은 납세의무자가 신고를 하지 않는 경우에 과세관청이 납세의무를 확정하는 행위를 말하고, 경정은 신고하여 확정된 과세표준과 세액에 오류나 탈루가 있는 경우에 과세관청의 처분에 의하여 이를 변경하는 것을 말한다.

1-2. 결정 및 경정의 방법

(1) 실지조사의 원칙

관할 세무서장이 과세표준과 세액을 조사하여 결정 또는 경정하는 경우에는 세금계산서, 수입세금계산서, 장부 또는 그 밖의 증명 자료를 근거로 하여야 한다(부가가치세법 제57조 제2

항 본문). 이를 실지조사라고 한다. 관할 세무서장이 결정 또는 경정하는 경우에 실지조사를 원칙으로 하고, 실지조사를 할 수 없는 경우에 한하여 예외적으로 추계결정·경정을 할 수 있다.

(2) 추계조사

1) 추계 사유

장부나 증빙서류가 없거나 시설규모 등에 비추어 거짓임이 명백한 경우에는 추계에 의할 수 있다(동법 제57조 제2항 단서). 추계란 추정하여 계산한다는 의미이다.

2) 추계의 방법

추계의 방법은 동업자권형, 생산수율, 영업효율, 국세청장이 정하는 기준, 입회조사 등의 방법에 의한다(동법 시행령 제104조 제1항).

3) 추계결정·경정의 경우 매입세액공제

납부세액을 추계하는 경우에 공제하는 매입세액은 발급받은 매입세금계산서를 관할 세무서장에게 제출하고 그 기재내용이 분명한 부분으로 한정한다. 다만, 재해 또는 그 밖의 불가항력으로 인하여 발급받은 매입세금계산서가 소실되어 매입세금계산서를 제출하지 못하게 된 경우에는 해당 사업자에게 재화·용역을 공급한 거래상대방이 제출한 매출세금계산서에 의하여 확인되는 것을 납부세액에서 공제하는 매입세액으로 한다(동법 시행령 제104조 제2항).

2. 징수

납세지 관할 세무서장은 사업자가 예정신고 또는 확정신고를 할 때 신고한 납부세액을 납부하지 않거나 납부하여야 할 세액보다 적게 납부한 경우에는 그 세액을 국세징수법에 따라 징수하고, 결정 또는 경정을 한 경우에는 추가로 납부하여야 할 세액을 국세징수법에 따라 징수한다(부가가치세법 제58조 제1항).

3. 환급

3-1. 일반환급

부가가치세 매입세액이 매출세액을 초과하는 경우 환급세액이 발생한다. 사업자는 확정신고기간이 끝난 날로부터 25일(7. 25., 1. 25.) 이내에 환급세액을 신고하여야 하고, 관할 세무서장은 확정신고기한(확정신고기간이 끝난 날로부터 25일)이 지난 후 30일 이내에 환급하여야 한다(부가가치세법 제59조 제1항). 환급세액은 신고서 및 이에 첨부된 증명서류와 매입처별 세금계산서합계표, 신용카드매출전표 등 수령명세서에 의하여 확인되는 금액으로 한정한다(동법 시행령 제106조 제1항). 예정신고기간의 환급세액은 환급되지 않고 확정신고를 할 때 납부할 세액에서 정산한다.

3-2. 조기환급

(1) 의의

조기환급은 확정신고에서 앞서 일찍 환급받는 것을 말한다. 영세율이 적용되거나 사업설비투자를 한 경우에는 거액의 환급세액이 발생하는 것이 일반적이므로 이를 신속히 환급해 줌으로써 사업자의 자금상 부담을 덜어주고 수출과 투자의 애로사항을 제거하기 위한 것이다.

(2) 조기환급대상

관할 세무서장은 다음의 어느 하나에 해당하는 경우 환급을 신고한 사업자에게 환급세액을 조기에 환급할 수 있다(부가가치세법 제59조 제2항 및 동법 시행령 제107조 제2항 및 제7항).

① 영세율이 적용되는 재화·용역을 공급하는 경우
② 사업설비인 감가상각자산을 신설·취득·확장·증축하는 경우
③ 조기환급기간, 예정신고기간 또는 과세기간 종료일 현재 조세특례제한법에 따른 재무구조개선계획승인권자가 승인한 재무구조개선계획을 이행 중인 경우

(3) 조기환급기간

조기환급기간은 예정신고기간 중 또는 과세기간 최종 3개월 중 매월 또는 매 2월이다(동법 시행령 제107조 제4항). 예를 들어, 부가가치세 1기의 경우 1월, 2월 3월 중 또는 4월, 5월, 6월 중 매월 또는 매 2월이 조기환급기간이 될 수 있다. 예정신고기간분에 대하여도 조기환급을 받을 수 있다. 이 경우에는 예정고지받아 납부하는 것이 아니라 예정신고를 하여 예정신고기간의 납부세액을 납부하거나 환급받게 된다(동법 제48조 제4항 및 동법 시행령 제90조 제6항 제2호).

사 례

2월분만 또는 2월분과 3월분을 함께 조기환급신고를 할 수 있으나, 3월분과 4월분을 함께 조기환급신고를 할 수는 없다.

(4) 신고

사업자는 조기환급기간이 끝난 날로부터 25일 이내(조기환급신고기한)에 조세환급기간에 대한 과세표준과 환급세액을 관할 세무서장에게 신고하여야 한다(동법 시행령 제107조 제4항).

사 례

1월 시설투자로 1월분을 조기환급 받고자 하는 경우에는 2. 25.까지 신고하여야 하고, 1월 시설투자로 1월과 2월분을 조기환급 받고자 하는 경우에는 3. 25.까지 신고하여야 한다. 물론 1월 시설투자에 대하여 예정신고기한(4. 25.)까지 예정신고를 하여 조기환급을 받을 수 있다.

조기환급을 신고할 때에는 조기환급신고서에 해당 과세표준에 대한 영세율 첨부서류와 매출·매입처별 세금계산서합계표를 첨부하여 제출하여야 하고, 사업설비의 신설 등이나 재무구조개선계획의 이행으로 인한 경우에는 건물 등 감가상각자산 취득명세서 또는 재무구조개선계획서를 첨부하여야 한다(동법 시행령 제107조 제5항). 환급세액은 영세율이 적용된 공급 부분에 관련된 매입세액이나 시설투자에 관련된 매입세액만을 가지고 계산하는 것이 아니라 조기환급기간의 총 매출세액에서 총 매입세액을 공제하여 계산한다. 조기환급신고를 한 과세표준과 환급받은 환급세액은 예정신고 및 확정신고의 대상에서 제외한다(동법 제49조 제1항 단서).

사 례

사업자가 5월분 시설투자로 4, 5월분을 조기환급신고하는 경우 반드시 4, 5월분 매출세액과 매입세액을 함께 신고하여야 한다. 7월 확정신고에서는 1월부터 3월분까지 그리고 6월분을 신고하고, 조기환급신고한 부분은 제외한다.

(5) 환급

사업자는 조기환급기간이 끝난 날로부터 25일 이내(조기환급신고기한)에 신고하고, 관할 세무서장은 조기환급신고기한이 지난 후 15일 이내에 환급하여야 한다(동법 시행령 제

107조 제4항). 일반환급은 확정신고기한이 지난 후 30일 이내에 환급하여야 하지만, 조기환급은 조기환급기한이 지난 후 15일 이내에 환급하여야 한다. 환급세액은 신고서 및 이에 첨부된 증명서류와 매입처별 세금계산서합계표, 신용카드매출전표 등 수령명세서에 의하여 확인되는 금액으로 한정한다(동법 시행령 제106조 제1항).

3-3. 결정·경정에 의한 환급

과세관청이 과세표준과 세액을 조사하여 결정·경정함에 따라 환급세액이 발생한 경우에는 관할 세무서장은 지체 없이 사업자에게 환급하여야 한다(부가가치세법 시행령 제106조 제2항). 결정·경정에 의한 환급은 지체 없이 이루어져야 하고 일반환급이나 조기환급에서와 같은 30일이나 15일의 기한을 두고 있지 않다.

2장 법인세법

제1절 총설

I 의의

1. 개념

법인세는 법인이 얻은 소득에 대하여 일정한 세율을 곱하여 과세하는 세금을 말한다. 법인세는 소득을 과세물건으로 한다는 점에서 소득세와 공통되지만, ① 소득세는 개인을 납세의무자로 하지만 법인세는 법인 또는 법인이 아닌 단체를 납세의무자로 한다는 점, ② 소득세는 소득을 발생원천별로 구분하여 각 소득유형별로 과세가 이루어지고 인적 공제를 적용하지만, 법인세는 그 원인과 형태를 불문하고 모든 수익이 소득을 구성하고 인적 공제가 인정되지 않는다는 점에서 차이가 있다.

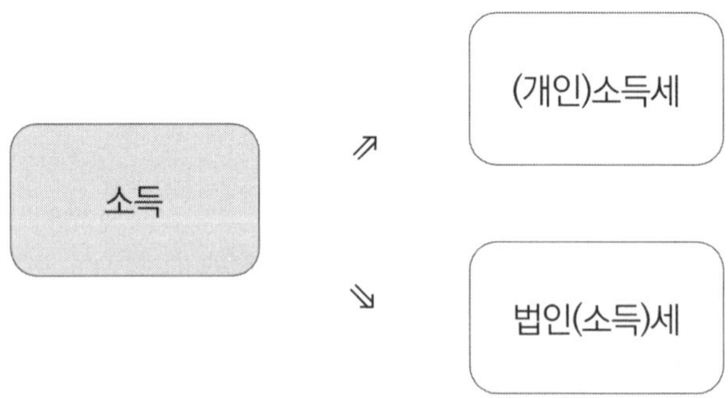

① **소득에 관한 학설**

㉠ 소득원천설 : 일정한 원천에서 경상적·계속적으로 발생하는 것만을 과세소득으로 파악한다. 일시적·우발적으로 발생한 것이거나 자본이득은 과세소득의 범위에서 제외한다. 소득은 발생원천별로 구분되며 소득의 종류와 범위로 법에 열거된 것만 과세대상이 되고, 순자산이 증가하더라도 법에 열거되지 않은 것은 과세대상이 되지 않는다(열거주의).

㉡ 순자산증가설 : 모든 순자산의 증가액을 그 원인과 형태를 불문하고 과세소득으로 파악한다. 소득은 발생원천별로 구별됨이 없이 무차별적으로 파악되며 순자산의 증가를 이루는 것이면 모두 과세소득이 된다. 따라서 경상적·계속적인 것은 물론이고 일시적·우발적으로 발생한 것이거나 자본이득도 과세소득에 포함된다. 소득의 구체적 범위를 법에 열거할 필요가 없고, 법에 열거되지 않은 것이라도 순자산의 증가를 가져오면 모두 과세대상이 된다(포괄주의).

② **세법의 입장**

㉠ 소득세법 : 소득세법에서는 기본적으로 과세소득에 대하여 소득의 원천과 소득의 종류 및 범위를 한정적으로 열거함으로써 소득원천설의 입장을 취하고 있다. 그리하여 순자산이 증가하더라도 법에 구체적으로 열거되지 않은 것은 과세대상이 되지 않는다. 그러나 일시적·우발적 소득을 기타소득으로서 과세소득으로 규정하고 있고, 보험차익이나 국고보조금을 사업자의 총수입금액에 산입하고 있는 점에서 순자산증가설을 일부 채택하고 있다. 또한 이자소득과 배당소득에서는 소득으로 열거된 것 이외에 이와 유사한 것도 소득으로 보아 과세함으로써 유형적 포괄주의를 채택하고 있다.

㉡ 법인세법 : 법인세법에서는 소득은 익금총액에서 손금총액을 공제한 것이고, 그 원인과 형태를 불문하고 순자산을 증가시키는 거래로 발생하는 수익은 익금으로 파악하며, 순자산을 감소시키는 거래로 발생하는 손비는 손금으로 파악함으로써 순자산증가설의 입장이다. 경상적·계속적인 것이든 일시적·우발적으로 발생하는 것이든 모두 과세소득에 포함되고, 법인세법에 규정된 소득은 예시적인 것에 불과하다. 그리하여 순자산만 증가하면 별도로 익금불산입으로 열거되지 않는 한 과세대상이 된다.

2. 법인세 계산구조

법인세는 각 사업연도 소득금액을 과세대상으로 한다. 각 사업연도 소득금액은 결산서상 당기순이익을 기초로 세무조정을 거쳐 구한다. 그다음 각 사업연도 소득금액에 이월결손금·비과세소득·소득공제를 차감하여 과세표준을 구하고, 과세표준에 세율을 곱하여 법인세 산출세액을 계산한다. 다시 법인세 산출세액에서 법령에 따른 세액감면과 세액공제를 하고 가산세를 더한 후 기납부세액을 차감하여 실제 납부하는 차가감납부세액을 산출한다.

	당기 순이익	
+	익금산입·손금불산입	세무조정
−	손금산입·익금불산입	
=	각 사업연도 소득금액	= 익금총액 − 손금총액
−	이월결손금	해당 사업연도 개시일 전에 발생한 결손금
−	비과세소득	
−	소득공제	
=	과세표준	
×	세율	
=	산출세액	
−	세액감면	조세특례제한법상 세액감면
−	세액공제	법인세법·조세특례제한법상 세액공제
+	가산세	
+	감면분추가납부세액	
=	총부담세액	
−	기납부세액	중간예납세액, 원천징수세액, 수시부과세액
=	차가감납부세액	

법인세의 세율은 다음과 같다.

과세표준	세율
2억원 이하	(과세표준)금액 × 9%
2억원 초과 200억원 이하	2억원 초과액 × 19% + 1,800만원
200억원 초과 3,000억원 이하	200억원 초과액 × 21% + 37억 8천만원
3,000억원 초과	3,000억원 초과액 × 24% + 625억 8천만원

〈사례〉 과세표준이 1,000억일 경우 법인세 산출세액은 다음과 같다.

2억 × 9% + (200억 − 2억) × 19% + (1,000억 − 200억) × 21%

= (1,000억 − 200억) × 21% + 37억 8천만원 = 205억 8천만원

Ⅱ 납세의무자

1. 영리법인과 비영리법인

법인이란 자연인이 아니면서 법에 의하여 권리능력이 인정된 법인격 주체를 말한다. 법인은 설립목적에 따라 영리를 목적으로 하는 영리법인과 그렇지 않은 비영리법인으로 구분된다. 여기서 영리란 이익의 추구를 목적으로 사업을 하고 사업에서 발생한 이익을 구성원에게 분배하는 것을 말한다. 비영리법인도 수익사업으로서 영리사업을 경영할 수 있으나, 그 이익을 구성원에게 귀속시킬 수 없으며 고유목적사업에 사용하여야 한다.

비영리법인에는 ① 학술·종교·자선 등 영리 아닌 사업을 목적으로 민법에 따라 설립된 법인, ② 사립학교법 등 특별법에 의하여 설립된 법인으로서 학술·종교·자선 등 영리 아닌 사업을 목적으로 하는 법인, ③ 국세기본법에서 법인으로 의제하는 법인격 없는 단체가 있다(법인세법 제2조 제2호). 사립학교법 등 특별법에 의하여 설립된 비영리법인으로는 학교법인, 의료법인, 사회복지법인, 조합법인[41]등이 있다. 영리법인은 국내외 모든 소득이 법인세 과세대상이 된다. 그러나 비영리법인은 고유목적사업으로 인한 소득은 비과세이고, 수익사업로 인한 소득만 과세대상이 된다(법인세법 제4조 제3항).

사 례

학교법인의 대학교 등록금의 수입 등은 고유목적사업에 해당하여 비과세이지만, 연세우유 등 학교우유의 판매 수입, 건물임대수입 등은 수익사업에 해당하여 과세대상이 된다.

2. 법인으로 의제하는 단체

2-1. 의의

국세기본법에서는 법인이 아닌 사단, 재단, 그 밖의 단체 중 일정한 요건을 충족하는 경우 법인으로 의제하고 있다(동법 제13조). 법인으로 의제하는 단체에는 별도의 승인절차

41) 조합법인에는 농업협동조합, 수산업협동조합, 산림조합, 소비자생활협동조합, 엽연초생산협동조합, 염업조합, 중소기업협동조합, 신용협동조합, 새마을금고가 있다(법인세법 시행령 제2조 제1항).

없이 법률상 당연히 법인으로 의제하는 단체(당연의제법인)와 관할 세무서장에게 신청하여 승인을 받으면 법인으로 의제하는 단체(승인의제법인)가 있다.

(1) 당연의제법인

법인이 아닌 단체 중에서 다음의 어느 하나에 해당하고 수익을 구성원에게 분배하지 않는 단체는 별도의 승인절차 없이 법인으로 의제하여 세법을 적용한다(국세기본법 제13조 제1항). 이를 당연의제법인이라고 한다.

① 주무관청의 인·허가를 받아 설립되거나 법령에 따라 주무관청에 등록한 단체로서 등기되지 않은 단체
② 공익을 목적으로 출연된 기본재산이 있는 재단으로서 등기되지 않은 단체

(2) 승인의제법인

법인이 아닌 단체 중에서 중 다음의 요건을 모두 갖추고 대표자나 관리인이 관할 세무서장에게 신청하여 승인을 받은 단체도 법인으로 의제하여 세법을 적용한다(동법 제13조 제2항). 이를 승인의제법인이라고 한다.

① 단체의 조직과 운영에 관한 규정을 가지고 대표자나 관리인을 선임하고 있을 것
② 단체 자신의 계산과 명의로 수익과 재산을 독립적으로 소유·관리할 것
③ 단체의 수익을 구성원에게 분배하지 않을 것

2-2. 법인으로 의제하는 단체의 납세의무 이행방법

법인으로 의제하는 단체는 법인세법상 비영리법인으로 취급된다(법인세법 제2조 제2호 다목). 따라서 단체 자체가 법인세의 납세의무자가 되고, 수익사업에서 발생하는 소득에 대해서만 법인세 납세의무를 진다. 다만, 법인격이 없으므로 법인으로 의제하는 단체의 납세의무는 그 대표자나 관리인이 이행하여야 한다(국세기본법 제13조 제4항).

그러나 법인으로 의제하지 않는 경우에는 법인 아닌 단체를 거주자 또는 비거주자로 보거나 그 단체의 구성원이 거주자 또는 비거주자로서 소득세의 납세의무를 진다. 예를 들어, 종중, 종교단체 등이 요건을 갖추고 관할 세무서장에게 신청하여 승인을 받은 경우에는 비영리법인으로 의제하여 법인세 납세의무자가 되지만, 종중 등이 관할 세무서장에게 승인을 신청하지 않거나 수익을 구성원에게 분배하는 경우에는 법인으로 의제되지 않으므로 법인 아닌 단체 또는 그 구성원이 거주자 또는 비거주자로서 소득세 납세의무자가 된다.

3. 외국법인

외국법인이란 본점 또는 주사무소가 외국에 있는 법인을 말한다. 법인의 본점 또는 주사무소란 법인등기부에 등재된 본점 또는 주소지를 말한다. 그러나 본점 또는 주사무소가 외국에 있더라도 사업의 실질적 관리장소가 국내에 있으면 내국법인이다(법인세법 제2조 제3호). 여기서 실질적 관리장소란 법인의 사업 수행에 필요한 중요한 관리 및 상업적 결정이 실제로 이루어지는 장소를 말한다.[42)]

내국법인은 소득의 원천지가 국내이든 국외이든 불문하고 모든 소득에 대하여 무제한 납세의무를 부담한다. 그러나 외국법인은 국내원천소득에 한하여 제한적 납세의무를 부담한다(법인세법 제3조 제1항). 다만, 비영리외국법인은 국내원천소득 중 수익사업으로 생기는 소득만 과세대상이 된다(법인세법 제4조 제5항). 비영리외국법인이란 외국법인 중 외국의 정부·지방자치단체 및 영리를 목적으로 하지 않는 법인(법인으로 보는 단체 포함)을 말한다(동법 제2조 제4호).

4. 비과세법인

내국법인 중 국가와 지방자치단체(지방자치단체조합 포함)는 그 소득에 대한 법인세를 납부할 의무가 없다(법인세법 제3조 제2항). 외국의 정부와 지방자치단체는 비영리외국법인에 해당하고 비과세법인은 아니다.

III 사업연도 및 납세지

1. 사업연도

법인세법상 사업연도란 기업회계의 회계연도와 유사한 의미로서 법인세를 과세하는 일정한 기간을 의미한다. 법인세법상 사업연도는 법인세 과세소득의 시간적 단위가 되어 과세단위를 구성하는 요소가 되며 사업연도가 달라지면 과세단위도 달라진다.

42) 대법원 2021. 2. 25. 선고 2017두237 판결; 2016. 1. 14. 선고 2014두8896 판결.

1-1. 사업연도의 기간

(1) 법령 또는 법인의 정관에서 정하고 있는 경우

사업연도는 법령 또는 법인의 정관에서 정하는 1회계기간으로 한다. 다만, 그 기간은 1년을 초과하지 못한다(법인세법 제6조 제1항).

사 례

12월말 결산법인은 사업연도의 기간이 1월 1일부터 12월 31일까지이고 대부분의 법인이 여기에 해당한다. 2월말 결산법인은 3월 1일부터 2월 말일까지이고 주로 학교법인이 여기에 해당한다. 3월말 결산법인은 4월 1일부터 3월 31일까지인데, 일부 금융기관과 회계법인이 채택하고 있다.

(2) 법령 또는 정관의 규정이 없는 경우

법령 또는 정관에 사업연도에 관한 규정이 없는 경우에는 법인설립신고 또는 사업자등록을 할 때 관할 세무서장에게 사업연도를 신고하여야 한다(법인세법 제6조 제2항). 그러나 신고를 하여야 할 법인이 그 신고를 하지 않는 경우에는 매년 1월 1일부터 12월 31일까지를 그 법인의 사업연도로 한다(동조 제5항).

1-2. 신설법인의 최초 사업연도의 개시일

법인의 최초 사업연도의 개시일은 설립등기일이다(법인세법 시행령 제4조 제1항 제1호). 그러나 설립등기일 이전에 거래로 인한 손익이 법인에 귀속된 경우에는 최초 사업연도의 기간이 1년을 초과하지 않는 범위 내에서 손익이 최초로 발생한 날이 최초 사업연도의 개시일이 된다(동법 제4조 제2항).

사 례

12월말 결산 신설법인의 최초 사업연도

- ▶ 2019. 9. 20. 설립등기를 한 경우 최초 사업연도는 2019. 9. 20.부터 12. 31.까지이다.
- ▶ 만일 설립등기 전인 9. 1. 매출이 발생하였다면, 최초 사업연도는 2019. 9. 1.부터 12. 31.까지이다.
- ▶ 만일 2018. 12. 29. 손익이 발생하였다면, 최초 사업연도는 2018. 12. 29.부터 12. 31.까지이고, 다음 사업연도가 2019. 1. 1.부터 12. 31.까지이다. 2018. 12. 29.부터 2019. 12. 31.까지는 1년이 초과하므로 허용되지 않는다.

2. 납세지

납세지는 납세자가 세법상 규정된 각종 의무를 이행하고 환급청구권 등 권리를 행사하는 장소이며, 과세관청이 법인세의 부과·징수를 관할하는 장소이다.

2-1. 내국법인의 납세지

내국법인의 법인세 납세지는 법인등기부상 본점 또는 주사무소의 소재지(국내에 본점 또는 주사무소가 있지 않는 경우에는 사업을 실질적으로 관리하는 장소의 소재지)로 한다(법인세법 제9조 제1항 본문).

2-2. 외국법인의 납세지

외국법인의 법인세 납세지는 국내사업장의 소재지로 한다(법인세법 제9조 제2항 본문). 둘 이상의 국내사업장이 있는 경우에는 주된 사업장의 소재지를 납세지로 한다. 여기서 주된 사업장의 소재지란 직전 사업연도의 사업수입금액이 가장 많은 사업장의 소재지를 말하고, 주된 사업장 소재지의 판정은 최초로 납세지를 정하는 경우에만 적용한다(동조 제3항 및 동법 시행령 제7조 제3항). 그러나 국내사업장이 없는 외국법인으로서 국내원천 부동산소득 또는 국내원천 부동산 등 양도소득이 있는 경우에는 그 자산의 소재지를 납세지로 한다(동법 제9조 제2항 단서).

2-3. 원천징수한 법인세의 납세지

원천징수한 법인세의 납세지는 해당 원천징수의무자의 소재지로 한다. 원천징수의무자가 거주자 또는 비거주자인 경우에는 그 거주자 또는 비거주자의 주된 사업장 소재지이다. 원천징수의무자가 법인인 경우 해당 법인의 본점 또는 주사무소(국내에 본점이나 주사무소가 소재하지 않는 경우에는 사업의 실질적 관리장소의 소재지)가 납세지이다. 다만, 법인의 지점·영업소 또는 그 밖의 사업장이 독립채산제에 의해 독자적으로 회계사무를 처리하는 경우에는 그 사업장의 소재지(그 사업장의 소재지가 국외에 있는 경우는 제외)로 한다(법인세법 제9조 제4항 본문 및 동법 시행령 제7조 제6항).

각 사업연도 소득금액의 계산

I 세무조정과 소득처분

1. 세무조정

1-1. 의의

법인세는 결산서상의 당기순이익을 기준으로 산출하는 것이 아니라 법인세법상 각 사업연도 소득금액을 기준으로 산출한다. 당기순이익은 기업의 결산서(손익계산서)상 총수익에서 총비용을 공제한 금액이다. 세무조정은 결산서상의 당기순이익에서 출발하여 법인세법상 각 사업연도 소득금액에 도달하는 과정이다. 즉, 세무조정은 기업의 결산서(손익계산서)에 계상된 수익·비용과 법인세법상 규정하는 익금·손금 사이의 차이를 조정하는 과정이라고 할 수 있다. 결산서에 계상된 수익·비용과 법인세법상 익금·손금 사이에 차이가 없다면 세무조정이 없지만, 차이가 생기면 세무조정을 하게 된다.

〈기업회계〉		〈법인세법〉
수익(100)	세무조정 ⇒	익금
-		-
비용(80)		손금
=		=
당기순이익(20)	(+) 익금산입(20) / 손금불산입(50) (-) 손금산입(30) / 익금불산입(10) 가산조정 + 70 / 차감조정 - 40	각 사업연도 소득금액(50)
		× 세율
		= 법인세

1-2. 세무조정의 종류

(1) 가산조정

각 사업연도 소득금액에 가산하는 세무조정을 가산조정이라고 한다. 가산조정에는 익금산입과 손금불산입이 있다. 익금산입은 결산서(손익계산서)에는 수익으로 계상되어 있지 않지만 법인세법상 익금에 해당되어 소득금액에 가산하는 세무조정을 말한다. 손금불산입은 결산서에는 비용으로 계상되어 있지만 법인세법상 손금에 해당되지 않아 손금으로 산입하지 않는 세무조정을 말한다. 손금불산입한 금액만큼 소득금액에 가산한다.

(2) 차감조정

각 사업연도 소득금액에서 차감하는 세무조정을 차감조정이라고 한다. 차감조정에는 익금불산입과 손금산입이 있다. 익금불산입은 결산서에는 수익으로 계상되어 있으나 법인세법상 익금에 해당되지 않아 소득금액에서 차감하는 세무조정을 말한다. 손금산입은 결산서에는 비용으로 계상되어 있지 않으나 법인세법상 손금에 해당되어 소득금액에서 차감하는 세무조정을 말한다.

1-3. 결산조정과 신고조정

결산조정이란 익금 또는 손금을 결산서에 수익 또는 비용으로 계상하여 과세소득에 반영하는 것을 말하고, 신고조정이란 결산서에 수익 또는 비용으로 계상되거나 계상되지 않은 항목을 세무조정에 의하여 익금 또는 손금으로 산입 또는 불산입하여 과세소득에 반영하는 것을 말한다. 익금항목은 모두 신고조정사항이고 손금항목도 대부분은 신고조정사항이다. 다만, 예외적으로 감가상각비, 대손충당금 등의 손금항목은 결산조정사항이다.

결산조정사항이란 결산서에 과소계상된 경우에 세무조정에 의하여 손금에 산입할 수 없는 손금항목을 말한다. 즉, 손금의 산입 여부가 법인의 의사에 맡겨져 있으며 강제되지 않는 사항(임의사항)이다. 이러한 비용이 과대계상된 경우에는 손금불산입의 세무조정을 해야 하지만, 계상되지 않거나 과소계상된 경우에는 손금산입의 세무조정을 할 수 없다. 따라서 법인이 이러한 비용을 손금으로 인정받으려면 결산서에 비용으로 계상하여야 한다.

2. 소득처분

2-1. 의의

소득처분이란 세무조정을 한 사항에 대하여 (추가적인) 귀속자를 결정하는 것을 말한다. 가산조정을 한 항목에 대한 소득처분으로는 유보, 사외유출(배당·상여·기타사외유출·기타소득), 기타가 있고, 차감조정을 한 항목에 대한 소득처분으로는 △유보, 기타가 있다. 유보와 △유보는 세법상 자산·부채와 관련이 있고, 사외유출은 (추가적인) 귀속자의 소득세 납세의무를 유발한다.

2-2. 가산조정의 소득처분

(1) 유보

유보는 세무조정으로 인하여 가산된 소득금액이 기업의 외부로 유출되지 않고 기업의 내부에 남아 있는 것으로 인정하는 소득처분이다. 즉, 그 금액만큼 당기순이익에 비하여 각 사업연도 소득금액이 증가할 뿐만 아니라 결산서상 자본에 비하여 세법상 자본이 증가한 것으로 인정되는 소득처분이다(법인세법 제67조 및 동법 시행령 제106조 제1항 제2호). 자본은 자산이 증가하거나 부채가 감소하는 경우에 증가하게 된다. 따라서 세무조정에 의하여 결산서상 자산 또는 부채에 비하여 세법상 자산이 증가하거나 부채가 감소하는 경우의 소득처분이 유보이다.

사 례

유보

▶ 회사가 당기에 기부금 약정만 하고 차기에 현금으로 기부금을 지급하였으나 당기에 비용으로 회계처리한 경우 세무조정과 소득처분

구분	당기	차기
B	(차) 기부금 1,000 (대) 미지급금 1,000	(차) 미지급금 1,000 (대) 현금 1,000
T		(차) 기부금 1,000 (대) 현금 1,000
T/A	〈손금불산입(익금산입)〉 기부금(미지급금) 1,000 (유보)	〈손금산입(익금불산입)〉 기부금(미지급금) 1,000 (△유보)

세무조정(기업회계를 세법과 일치)

(당기) 세무조정분개 : 미지급금 1,000 / 기부금 1,000
BS계정 IS계정

〈손금불산입(익금산입)〉 미지급금 1,000 (유보)
세무조정 소득처분

(차기) 세무조정분개 : 기부금 1,000 / 미지급금 1,000
IS계정 BS계정

〈익금불산입(손금산입)〉 미지급금 1,000 (△유보)
세무조정 소득처분

- IS계정 → 차변 : 차감조정〈손금산입·익금불산입〉, 대변 : 가산조정〈익금산입·손금불산입〉
- BS계정 → 소득처분

▶ 회사가 당기 1,000원의 토지를 취득하고 100원의 취득세를 비용으로 회계처리 한 후 차기에 1,500원에 토지를 처분한 경우 세무조정과 소득처분

구분	당기	차기
B	(차) 토지 1,000 (대) 현금 1,100 비용 100	(차) 현금 1,500 (대) 토지 1,000 처분이익 500
T	(차) 토지 1,100 (대) 현금 1,100	(차) 현금 1,500 (대) 토지 1,100 처분이익 400
T/A	〈손금불산입〉 토지 100 (유보)	〈익금불산입〉 토지 100 (△유보)

세무조정

(당기) 세무조정분개 : 토지 100 / 비용 100
BS계정 IS계정

〈손금불산입(익금산입)〉 토지 100 (유보)
세무조정 소득처분

(차기) 세무조정분개 : 처분이익 100 / 토지 100
IS계정 BS계정

〈익금불산입(손금산입)〉 토지 100 (△유보)
세무조정 소득처분

(2) 사외유출

사외유출이란 세무조정으로 인하여 가산된 소득금액이 사외(법인 외부)로 유출되어 특정인에게 귀속된 경우의 소득처분을 말한다(법인세법 제67조 및 동법 시행령 제106조 제1항 제1호). 법인의 소득금액이 증가하여야 법인의 외부로 유출될 수 있으므로 사외유출은 가산조정에만 있다. 세무조정에 의하여 생긴 소득이 법인 외부로 유출됨으로써 자산, 부채, 자본에는 아무런 변동이 없다.

세무조정에 의하여 생긴 소득이 사외에 유출된 경우 사외로 유출된 소득의 ① 귀속자가 주주 또는 출자자인 경우에는 배당, ② 귀속자가 임원 또는 직원인 경우에는 상여, ③ 귀속자가 법인이거나 사업을 영위하는 개인사업자인 경우에는 기타사외유출, ④ 귀속자가 그 이외의 사람인 경우에는 기타소득으로 각각 소득처분한다. 기타사외유출로 소득처분하는 것은 그 귀속된 이익이 귀속자인 법인 또는 개인사업자의 사업소득을 구성하는 경우에 한한다(법인세법 시행령 제106조 제1항 제1호 각 목).

배당으로 소득처분하는 경우의 귀속자인 주주 또는 출자자는 보충성을 갖는다. 따라서 사외로 유출된 소득의 귀속자인 주주 또는 출자자가 임원 또는 직원인 경우에는 상여로 소득처분하고, 귀속자인 주주 또는 출자자가 법인사업자로서 그 귀속된 이익이 사업소득을 구성하는 경우에는 기타사외유출로 소득처분한다. 배당, 상여, 기타소득으로 소득처분된 경우에는 각각 귀속자에게 배당소득, 근로소득, 기타소득으로 과세되고, 기타사외유출로 소득처분된 경우에는 이미 법인 또는 개인사업자의 소득을 구성하였으므로 추가적인 과세가 일어나지 않는다.

귀속자	소득처분	귀속자에 대한 과세	소득세 원천징수
주주	배당	배당소득으로 과세	O
임직원	상여	근로소득으로 과세	O
법인·개인사업자	기타사외유출	추가적 과세 없음	×
그 밖의 경우	기타소득	기타소득으로 과세	O

사 례

사외유출

▶ A변호사가 재직 중인 법무법인의 법인카드로 가족과 10만원의 저녁식사를 하고 법무법인의 복리후생비로 회계처리한 경우

구분	당기	차기
B	(차) 복리후생비 10만원 (대) 현금 10만원	유보(△유보)가 아니므로 차기 이후 별도의 세무조정 없음
T	(차) 인정상여 10만원 (대) 현금 10만원	
T/A	〈손금불산입〉 인정상여 10만원 (상여)	

* 만일 A변호사의 연봉이 1억원이라면 당기는 연봉이 1억10만원이 되고 이 금액에 대하여 소득세를 부담한다.

세무조정분개 : 인정상여(자산 → 사외유출) 10만원 / 복리후생비 10만원
BS계정 IS계정
〈손금불산입(익금산입)〉 인정상여 10만원 (상여)
세무조정 소득처분

▶ 인허가를 받기 위해 담당공무원에게 뇌물 1억원을 제공하고 비용(세금과 공과)으로 회계처리 하였으나 적발된 경우

구분	처리	
B	(차) 세금과 공과 1억원	(대) 현금 1억원
T	(차) 뇌물 1억원	(대) 현금 1억원
T/A	〈손금불산입〉 뇌물 1억원 (기타소득)	

(3) 기타

기타는 세무조정으로 인하여 가산된 소득금액이 법인 내부에 남아 있으나, 결산서와 세법 사이에 자본의 차이가 없는 경우에 행하는 소득처분을 말한다. 이는 자본 내의 변동을 의미한다.

사 례

기타(자기주식처분이익)

장부가 29,000원인 자기주식을 현금 30,000원에 처분 후 기업회계대로 자기주식처분이익을 자본잉여금(자본거래)으로 처리한 경우(세법상 자기주식처분이익은 손익거래)

구분	처리		
B	(차) 현금 30,000	(대) 자기주식 자기주식처분이익(자본)	29,000 1,000
T	(차) 현금 30,000	(대) 자기주식 자기주식처분이익(손익)	29,000 1,000
T/A	〈익금산입〉 자기주식처분이익 1,000 (기타)		

세무조정분개 : 자기주식처분이익(자본) 1,000 / 자기주식처분이익(손익) 1,000

BS계정 IS계정

〈익금산입(손금불산입)〉 자기주식처분이익(손익) 1,000 (기타)

세무조정 소득처분

기업회계상 자기주식처분이익은 수익이 아니므로 손익계산서 당기순이익에 반영되지 않고 바로 자본의 자본잉여금으로 귀속되지만, 세법상 자기주식처분이익은 익금으로 처리되어 사업연도 소득금액을 구성하고 결국 자본의 이익잉여금으로 귀속된다. 자기주식처분이익은 기업회계나 세법에서 모두 자본을 구성하므로 자본 총액은 동일하고 자본 내의 분류만 달리할 뿐이다.

2-3. 차감조정의 소득처분

차감조정은 법인의 소득금액이 감소하는 경우인데, 법인의 소득금액이 증가하는 가산조정이어야만 증가한 금액이 사외에 유출될 수 있으므로 차감조정에서는 사외유출이 없다.

(1) △유보

△유보는 세무조정으로 인하여 소득금액이 차감됨에 따라 결산서상 자본보다 세법상 자본이 감소하는 경우의 소득처분을 말한다. 자본은 자산이 감소하거나 부채가 증가하는 경우에 감소하게 된다. 따라서 △유보는 세무조정에 의하여 세법상 자산이 감소하거나 부채가 증가하는 경우의 소득처분이라고 할 수 있다.

사 례

회사가 기말에 인건비 1,000원을 지급하지 않고 회계처리도 누락하였으나 차기에 인건비 1,000원을 현금으로 지급하면서 회계처리를 한 경우

구분	당기	차기
B	회계누락	(차) 인건비 1,000 (대) 현금 1,000
T	(차) 인건비 1,000 (대) 미지급급여 1,000	(차) 미지급급여 1,000 (대) 현금 1,000
T/A	〈손금산입〉 미지급급여 1,000 (△유보)	〈손금불산입〉 미지급급여 1,000 (유보)

(2) 기타

기타는 세무조정으로 인하여 소득금액이 차감되었으나 결산서와 세법 사이에 자본의 차이가 없는 경우에 행하는 소득처분을 말한다. 이는 자본 내의 변동을 의미한다.

사 례

환급금의 이자

종합부동산세 20만원을 납부하였으나 10만원을 환급받고 환급금의 이자로 1만원을 받은 경우

구분	처리
B	(차) 현금 1만원 (대) 환급금 이자(수익) 1만원
T	(차) 현금 1만원 (대) 환급금 이자(자본) 1만원
T/A	〈익금불산입〉 환급금이자 10,000 (기타)

세무조정분개 : 환급금 이자(수익) 1만원 / 환급금의 이자(자본) 1만원
IS계정 BS계정
〈익금불산입(손금산입)〉 환급금 이자 1만원 (기타)
세무조정 소득처분

기업회계상 환급금의 이자는 수익에 해당하고 손익계산서 당기순이익에 포함되어 재무상태표 자본의 이익잉여금으로 귀속되지만, 세법상으로는 환급금의 이자는 보상적 성격으로 인하여 익금이 아니며 사업연도 소득금액을 거치지 않고 바로 자본의 자본잉여금에 귀속된다. 환급금의 이자는 기업회계나 세법에서 모두 자본을 구성하므로 자본 총액은 동일하고 자본 내의 분류만 달리할 뿐이다.

2-4. 소득처분의 특례

(1) 소득의 귀속이 분명하지 않은 경우

1) 원칙(대표자 상여)

사외유출된 것은 분명하나 그 소득의 귀속자가 불분명한 경우에는 대표자에게 귀속된 것으로 보고 대표자에 대한 상여로 소득처분한다.

2) 기타사외유출

대표자 상여로 소득처분하여 대표자에게 귀속된 소득세를 당해 법인이 대납하고 이를 손비로 계상하거나 그 대표자와의 특수관계가 소멸될 때까지 회수하지 않아 손금불산입된 금액은 기타사외유출로 소득처분한다(법인세법 시행령 제106조 제1항 제3호 아목).

3) 유보

법인이 수정신고기한 내에 매출누락·가공경비 등 부당히 사외유출된 금액을 회수하고 세무조정으로 익금에 산입하여 신고하는 경우에는 유보로 소득처분한다. 다만, 세무조사에

착수한 것을 알게 된 경우 등 경정이 있을 것을 미리 알고 사외유출된 금액을 익금산입하는 경우에는 대표자 상여로 소득처분한다(법인세법 시행령 제106조 제4항).

(2) 무조건 기타사외유출

다음의 경우에는 귀속자를 묻지 않고 반드시 기타사외유출로 소득처분하여야 한다.

1) 실지귀속을 밝히기 어려운 경우

① 특례기부금·일반기부금·우리사주조합기부금 한도초과액의 손금불산입액, ② 기업업무추진비 한도초과액 및 법정증명 미수취 기업업무추진비의 손금불산입액, ③ 업무무관자산 또는 특수관계인에게 업무와 관련 없이 지급한 가지급금 등이 있는 법인이 지급한 차입금의 이자 중 손금불산입액은 기타사외유출로 소득처분한다(법인세법 시행령 제106조 제1항 제3호 가목, 나목, 마목).

2) 귀속자가 없는 경우

① 간주임대료 : 임대보증금에 대한 간주임대료를 익금산입한 금액은 기타사외유출로 소득처분한다(동법 시행령 제106조 제1항 제3호 사목). 다만, 추계결정·경정하는 경우에는 대표자 상여로 소득처분한다.

② 업무용 승용차의 한도초과액 : 업무용 승용차의 감가상각비 한도초과액 및 업무용 승용차의 처분손실 한도초과액을 손금불산입한 금액은 기타사외유출로 소득처분한다(동호 다목).

③ 국가에 귀속되는 경우 : 채권자불분명 사채이자와 비실명 채권·증권의 이자·할인액은 손금불산입하고 대표자 상여로 소득처분하지만, 법인이 원천징수한 경우에는 그 원천징수세액 상당 금액은 기타사외유출로 소득처분한다(동호 라목).

④ 실무관행의 인정 : 귀속자가 불분명하여 대표자상여로 소득처분하거나 추계결정·경정된 과세표준과 당기순이익과의 차액을 대표자상여로 소득처분한 경우 해당 법인이 그 처분에 따른 소득세 등을 대납하고 이를 손비로 계상하거나 그 대표자와의 특수관계가 소멸될 때까지 회수하지 않음에 따라 손금불산입한 금액은 기타사외유출로 소득처분한다(동호 아목).

(3) 추계결정·경정하는 경우의 소득처분

추계결정·경정된 과세표준과 손익계산서상 당기순이익(법인세 상당액을 공제하지 않은 금액) 사이의 차액은 대표자에 대한 상여로 소득처분한다. 다만, 천재지변 기타 불가항력의 사유로 장부나 그 밖의 증명서류가 멸실되어 추계결정·경정하는 경우에는 기타사외유출로 소득처분한다(법인세법 시행령 제106조 제2항).

1. 익금의 의의

익금이란 세법상 법인의 순자산을 증가시키는 거래로 인하여 발생하는 이익 또는 수입의 금액을 말한다(법인세법 제15조 제1항). 법인세법에서는 순자산증가설의 입장에서 순자산을 증가시키는 것이면 그 원인과 형태를 불문하고 모두 익금으로 파악한다. 따라서 경상적·계속적으로 발생하는 것뿐만 아니라 일시적·우발적으로 발생하는 것도 모두 과세소득에 포함된다.

그러나 법인의 순자산을 증가시키는 수익이더라도 법인세법상 익금불산입항목으로 규정된 것은 익금에 산입하지 않으며, 또한 자본 또는 출자의 납입 등은 거래로 인하여 발생하는 수익이 아니므로 익금에 산입하지 않는다. 법인세법은 순자산증가설의 입장이므로 법인세법에서 규정하고 있는 익금항목은 예시적인 것에 불과하지만, 법인세법에서 규정하고 있는 익금불산입항목은 법인의 순자산을 증가시키는 것임에도 예외적으로 익금에서 제외되는 경우이므로 열거적인 것으로 보아야 한다.

2. 일반적인 익금항목

2-1. 사업수입금액(기업회계의 매출액)

각종 사업에서 생기는 수입금액은 전형적인 영업수입금액으로 익금항목이다. 매출에누리금액과 매출할인금액은 사업수입금액에서 차감한다(법인세법 시행령 제11조 제1호 본문).

2-2. 자산의 양도금액

재고자산 이외의 자산의 양도금액은 익금항목이다(법인세법 시행령 제11조 제2호). 기업회계에서는 재고자산 외의 자산을 양도한 경우 그 양도금액에서 장부가액을 차감한 금액을 자산처분손익으로 하여 영업외손익으로 계상하지만(순액법), 법인세법에서는 자산의 양도금액 전액을 익금에 산입하고 양도 당시의 장부가액을 손금에 산입한다(총액법). 자산의 장부가액이란 자산의 취득원가에서 감가상각누계액과 손상차손비용을 차감한 금액을 말한다.

사 례

10억원에 매입한 토지를 12억원에 처분한 경우

기업회계	법인세법
현금 12억 / 토지 10억 처분이익 2억	현금 12억 / 익금 12억 손금 10억 토지 10억

기업회계에서는 자산의 양도금액에서 장부가액을 차감한 금액 2억원을 자산처분이익으로 계상한다(순액법). 그러나 법인세법에서는 자산의 양도금액 12억원을 익금에 산입하고, 장부가액 10억원을 손금에 산입한다(총액법). 기업회계와 법인세법 모두 손익은 2억이므로 별도 세무조정을 하지 않으며, 기업회계에서 계상한 자산처분손익과 세법상 자산처분손익이 순액에서 차이가 나는 경우에만 세무조정을 한다.

2-3. 자기주식의 양도금액

기업회계에서는 자기주식의 처분으로 인한 손익과 자기주식을 취득하여 소각함으로써 생긴 손익을 자본거래로 인한 손익으로 보아 수익 또는 비용으로 계상하지 않는다. 그러나 법인세법에서는 자기주식의 소각손익은 자본거래로 인한 감자차손익으로 보아 익금 또는 손금에 산입하지 않지만, 자기주식의 처분손익은 손익거래로 보아 익금 또는 손금에 산입한다. 따라서 자기주식을 처분한 경우 양도금액은 익금에 해당하고, 그 장부가액은 손금에 해당한다(법인세법 시행령 제11조 제2호의2).

참 조

자본거래와 손익거래

자본거래는 법인과 그 주주 또는 출자자 사이에 자산의 이전이 발생하는 거래를 말한다. 자본의 변동을 초래하는 것으로서 주주 또는 출자자가 법인에 대하여 하는 자본 또는 출자의 납입, 법인이 그 주주 또는 출자자에게 하는 자본 또는 출자의 환급 등이 여기에 해당한다. 자본거래는 자본변동표에 표시된다. 이에 대하여 손익거래는 수익과 비용을 발생시키는 거래를 말한다. 손익거래는 손익계산서에 표시된다.

2-4. 자산의 임대료

자산의 임대료는 익금항목이다(법인세법 시행령 제11조 제3호). 이것은 임대업을 영업으로 하지 않는 법인이 일시적으로 자산을 임대하여 얻는 수익을 말한다. 임대업을 영업으로 하는 법인이 얻는 임대료는 사업수입금액으로 익금에 산입된다.

2-5. 자산의 평가이익

법인이 보유하고 있는 자산을 시가로 평가하여 그 시가가 장부가액을 초과하는 경우 시가와 장부가액과의 차액을 자산의 평가이익이라고 한다. 기업회계에서는 자산의 평가이익을 인정하여 수익으로 계상하고 있으나, 법인세법에서는 원칙적으로 자산의 평가이익을 인정하지 않고 있다(원가법). 자산의 평가이익을 인정하는 경우 물가상승에 따른 기업의 재무구조개선을 도모할 수 있다는 장점이 있으나, 자산의 평가이익을 자의적으로 산정하여 감가상각비 등을 과다 계상함으로써 소득금액을 조작할 우려가 있다. 그리하여 법인세법에서는 자산의 평가이익을 익금불산입항목으로 규정하고 있다(법인세법 제18조 제1호 본문).

그러나 법률에 따른 평가이익은 익금항목이다(법인세법 제18조 제1호 단서). 평가이익의 자의적 산정으로 인한 소득금액의 조작 우려가 없기 때문이다. 그리하여 ① 보험업법이나 그 밖의 법률에 따른 유형자산 및 무형자산의 평가이익(장부가액을 증액한 경우만 해당), ② 법인세법상 재고자산, 유가증권, 가상자산 등의 평가이익은 익금항목이다(동법 제42조 제1항 각호 및 동법 시행령 제73조).

2-6. 자산수증이익

반대급부 없이 무상으로 받은 자산의 가액은 익금항목이다(법인세법 시행령 제11조 제5호). 현금 이외의 자산을 무상으로 받은 경우에는 그 시가를 익금에 산입한다.

2-7. 채무면제이익

채무의 면제 또는 소멸로 인하여 생기는 부채의 감소액은 익금항목이다(법인세법 시행령 제11조 제6호). 무상으로 받은 자산의 가액이 적극적인 자산의 증가라면 채무면제이익은 소극적인 수증익에 해당한다. 이러한 수증익은 개인의 경우 증여세로 과세되지만, 법인의 경우에는 익금에 산입되어 사업연도의 소득으로 과세되고 증여세가 부과되지 않는다. 채무의 출자전환으로 주식 등을 발행하는 경우 그 주식 등의 시가 또는 액면가액을 초과하여 발행된 금액도 채무면제이익으로 본다(동호). 이 경우 주식의 시가 또는 액면가액 중 높은 금액과 발행가액과의 차액이 채무면제이익이 된다.

2-8. 손금에 산입한 금액 중 환입된 금액

지난 사업연도에 손금에 산입한 금액 중 환입된 금액은 해당 사업연도의 순자산을 증가시켰으므로 익금항목이다(법인세법 시행령 제11조 제7호). 그러나 당초 손금에 불산입한 금액이 환입된 경우에는 익금불산입항목이다. 사업용 자산에 대한 재산세는 손금에 산입하나, 법인세는 손금에 산입하지 않는다. 따라서 재산세 환급금은 익금에 산입하지만, 법인세 환급금은 익금에 산입하지 않는다(법인세법 제18조 제3호). 환급금의 이자는 보상적 성격이 있으므로 환급금이 손금에 산입한 금액이든 아니든 불문하고 무조건 익금불산입항목이다(동조 제4호).

2-9. 정당한 사유없이 회수하지 않는 가지급금 및 그 이자

법인이 업무와 관련 없이 특수관계인에게 지급한 가지급금 및 그 이자에 해당하는 금액은 익금에 산입한다(법인세법 시행령 제11조 제9호 본문). 이와 같이 익금에 산입한 금액은 특수관계인에게 소득처분하고 법인은 이에 대한 원천징수의무를 부담한다. 그러나 채권·채무에 대한 쟁송으로 회수가 불가능하거나 특수관계인의 재산에 대한 강제집행이나 담보 등으로 채권을 확보하고 있는 경우 등에는 그렇지 않다(법인세법 시행령 제11조 제9호 단서 및 동법 시행규칙 제6조의2)

2-10. 그 밖의 수익으로서 그 법인에 귀속되었거나 귀속될 금액

법인세법에 규정된 익금항목은 예시적인 것에 불과하다(순자산증가설). 따라서 그 밖의 수익으로서 이자수익, 배당금수익, 저작권 등의 사용대가로 받는 사용료, 보험차익, 손해배상금 등 법인의 순자산을 증가시키는 것으로 법인세법에서 익금불산입항목으로 열거되지 않은 것은 모두 익금에 해당한다(법인세법 제11조 제11호).

3. 간주익금

3-1. 간주임대료

부동산을 임대하고 임대료를 받는 경우 임대료수익은 익금에 산입한다. 그런데 전세금 또는 임대보증금을 받는 경우 그 금액은 기업회계상 부채에 해당한다. 동일한 부동산인데 임대료를 받으면 과세되고 전세금 또는 임대보증금을 받으면 과세되지 않는 것은 과세형평에 맞지 않는다. 그리하여 전세금 또는 임대보증금에 대해서도 정기예금이자 상당액을 임대료로 간주하고 익금에 산입하도록 한 것이다(법인세법 시행령 제11조 제1호 단서, 조세특례제한법 제138조 및 동법 시행령 제132조).

(1) 장부 등에 의하여 정상적으로 소득금액을 계산하는 경우

① 영리내국법인이고 ② 차입금 과다법인이며 ③ 부동산임대업을 주업으로 하는 법인이 주택을 제외한 부동산 또는 부동산의 권리 등을 대여하고 보증금, 전세금 또는 이에 준하는 것을 받은 경우에는 간주임대료를 계산하여 익금에 산입한다(조세특례제한법 제138조 제1항). 간주임대료로 익금산입한 금액은 기타사외유출로 소득처분한다(법인세법 시행령 제106조 제1항 제3호 사목).

차입금과다법인이란 차입금 적수가 자기자본 적수의 2배를 초과하는 법인을 말하고, 부동산임대업을 주업으로 하는 법인이란 해당 사업연도 종료일 현재 자산 총액 중 임대사업에 사용된 자산의 가액이 50퍼센트 이상인 법인을 말한다. 주택에 대한 보증금 등은 간주임대료 계산에서 제외한다. 간주임대료는 다음과 같이 계산한다(조세특례제한법 시행령 제132조 제1항 내지 제6항 및 동법 시행규칙 제59조).

간주임대료 = (보증금 등 적수 − 임대용 부동산의 건설비상당액 적수) × 1/365(윤년인 경우 366) × 정기예금이자율 − 보증금 등에서 발생한 금융수익

* 보증금 등 적수는 사업연도 개시일부터 종료일까지의 매일의 보증금을 합산한 것이다. 실제지급일이 아닌 계약상 일자를 기준으로 계산하고 초일을 산입한다,

** 임대용 부동산의 건설비상당액은 당해 건축물의 취득가액(자본적 지출액을 포함)을 말하고 토지의 취득가액은 포함하지 않는다. 각 사업연도 중에 임대사업을 개시한 경우에는 임대사업을 개시한 날부터 적수를 계산한다.

*** 이중과세를 조정하기 위하여 보증금 등에서 발생한 금융수익을 차감한다. 차감하는 금융수익은 당해 사업연도의 임대사업 부분에서 발생한 ① 이자수익(수입이자와 할인료), ② 배당금수익, ③ 신주인수권처분익 및 ④ 유가증권처분익의 합계액이다.

(2) 장부나 그 밖의 증명서류가 없어 추계에 의하여 소득금액을 계산하는 경우

추계하는 경우 부동산임대에 의한 전세금 또는 임대보증금에 대한 수입금액은 정기예금 이자율을 적용하여 계산한다(법인세법 시행령 제11조 제1호 단서). 추계하는 경우의 간주임대료는 대표자상여로 소득처분한다(동법 시행령 제106조 제1항 제1호 단서).

차입금 과다 여부 및 부동산임대업이 주업인지 여부와 관계없이 모든 법인에 대하여 간주임대료가 적용된다. 법인이 보유 중인 주택도 간주임대료 계산 대상에 포함되고, 건설비 상당액 적수와 금융수익을 차감하지 않는다. 추계하는 경우의 간주임대료는 다음의 계산식에 따라 계산한다.

간주임대료 = 보증금 등 적수 × 1/365(윤년인 경우 366) × 정기예금이자율

사 례

부동산 임대업을 주업으로 하며 법인세법상 차입금 과다법인에 해당하는 내국법인 A의 제7기 사업연도(2018. 1. 1. ~ 12. 31.) 임대사업에 관한 자료가 다음과 같은 경우 A가 장부를 기장하여 정상적으로 신고한 경우와 추계 결정하는 경우 간주임대료를 계산하시오.

▶ 임대면적 : 주택부분 150㎡, 상가부분 600㎡
▶ 임대보증금 : 주택부분 6,000만원, 상가부분 6억원
▶ 주택임대사업부문의 수입금액 : 이자수입 240만원
▶ 상가임대사업부문의 수입금액 : 이자수입 380만원, 배당금수입 640만원, 유가증권처분손실 200만원
▶ 2017. 8. 해당 부동산을 5억원(토지가액 3억원 포함)에 취득
▶ 임대기간은 2018 1. 1.부터 3년간이고, 정기예금이자율은 연 5%로 가정

① 장부를 기장하는 경우 : {6억원 – [2억원 × (600/750)]} × 5% – (380만원 + 640만원) = 1,180만원
② 추계하는 경우 : (6,000만원 + 6억원) × 5% = 3,300만원

3-2. 의제배당

의제배당이란 형식상 배당이 아니더라도 사실상 회사의 이익이 주주 등에게 귀속되는 경우에 배당으로 간주하는 것을 말한다. 즉, 의제배당은 기업회계상 배당이 아니지만 세법상으로는 배당으로 의제하여 과세가 이루어진다. 법인이 배당하지 않고 사내에 유보하였던 이익이 자본전입, 자본금의 감소, 해산, 합병 등의 사유로 주주 또는 출자자 등에게 실질적으로 분배되는 경우에는 과세형평의 원칙에 비추어 그 경제적 이익을 배당한 것으로 의제하는 것이다.

(1) 의제배당의 유형

1) 잉여금의 자본전입으로 인한 의제배당

잉여금의 자본전입에 의한 의제배당소득 = 교부받은 무상주 × 액면가액

법인의 잉여금의 전부 또는 일부를 자본금에 전입함으로써 주주 등인 법인이 취득하는 주식 등의 가액은 각 사업연도의 소득금액을 계산할 때 이익이나 잉여금을 배당받았거나 분배받은 금액으로 의제한다(법인세법 제16조 제1항 제2호). 잉여금의 자본전입으로 인한 의제배당소득은 취득한 주식 등의 액면가액 또는 출자금액이다.

기업회계상 현금배당만 배당이고 무상증자, 주식배당은 배당이 아니다. 무상증자란 자본잉여금 또는 이익잉여금 중 법정적립금을 자본금에 전입함에 따라 주주에게 주식을 발행하는 것을 말하고, 주식배당이란 이익잉여금 중 임의적립금 또는 미처분이익잉여금을 자본금에 전입함으로써 주주에게 주식을 발행하는 것을 말한다. 기업회계에서는 잉여금을 자본금에 전입함에 따라 무상으로 주식을 발행한 경우 법인의 자본에는 변화가 없고 단지 주식의 수만 증가한 것에 불과하므로 배당으로 보지 않는다. 그러나 세법에서는 잉여금을 자본금에 전입하여 주식을 발행하게 되면 법인이 벌어들인 소득이 주주의 지분으로 대체된 것으로 파악하고 자본금에 전입된 잉여금의 성격에 따라 배당으로 의제한다.

기업회계상 이익잉여금은 손익계산서상 당기순이익이 귀속된 것이므로 세법상 익금항목인 잉여금에 해당하고, 따라서 이익잉여금을 자본금에 전입함에 따른 주식발행은 배당으로 의제된다. 기업회계상 자기주식처분이익, 출자전환채무면제이익 등은 자본거래로 인한 잉여금이지만, 세법에서는 손익거래로 인한 잉여금으로 익금에 산입한다. 따라서 기업회계상 자본잉여금에 속하지만 세법상 익금항목인 잉여금, 즉 자기주식 처분이익, 채무의 출자전환시 채무면제이익 등을 자본금에 전입하여 주식을 발행하면 배당으로 의제된다.

2) 자본금의 감소, 해산, 합병, 분할 등으로 인한 의제배당

자본금의 감소, 사원의 퇴사, 탈퇴 또는 해산 등으로 인하여 주주·사원 또는 출자자가 취득하는 금전 기타 재산가액의 합계액이 주주 등이 당해 주식 또는 출자지분을 취득하기 위하여 사용한 금액을 초과하는 경우 그 초과 금액을 배당받은 금액으로 의제하여 과세한다(법인세법 제16조 제1항 제1호, 제4호 내지 제6호).

자본감소 등의 의제배당소득 = 감자·퇴사·해산 등으로 받은 대가 − 주식의 취득가액

4. 익금불산입항목

4-1. 자본거래로 인한 수익

자본거래는 법인과 그 주주 또는 출자자 사이에 자산의 이전이 발생하는 거래를 말한다. 자본거래로 인한 수익, 즉 주식발행초과금, 감자차익, 합병차익, 분할차익은 익금에 산입하지 않는다(법인세법 제17조 제1항).

참 조

자본거래로 인한 수익

① 주식발행초과금 = 발행가액 – 액면금액
  * 출자전환시 채무면제이익 = 발행가액 – Max[시가, 액면가액]

② 감자차익 = 자본금 감소액 – (주식소각 등에 소요된 금액 + 결손 보전에 충당한 금액)

③ 합병차익 = 승계한 순자산가액 – 합병대가
  * 합병대가 = 합병교부금 + 합병교부주식가액(액면가액)

④ 분할차익 = 승계한 순자산가액 – 분할대가
  * 분할대가 = 분할교부금 + 분할교부주식가액(액면가액)

4-2. 자산수증이익과 채무면제이익 중 이월결손금의 보전에 충당한 금액

자산수증이익과 채무면제이익은 익금에 산입하지만, 자산수증이익 또는 채무면제이익을 이월결손금을 보전하는데 충당한 경우에는 그 충당한 금액은 익금에 산입하지 않는다(법인세법 제18조 제6호). 이월결손금은 해당 사업연도 개시일 15년 이내에 개시한 사업연도에서 발생한 것만 공제할 수 있으나, 자산수증익이나 채무면제이익을 이용하여 공제하는 경우에는 자본충실을 기하기 위하여 공제기간에 제한이 없다.

4-3. 이월익금

이월익금이란 당기 이전에 각 사업연도의 소득으로 이미 과세된 소득(법인세법과 다른 법률에 따라 비과세되거나 면제되는 소득을 포함)이 당기에 기업회계에서 수익으로 다시 계상된 금액을 말한다. 이를 익금산입하면 동일한 소득에 대하여 중복과세하는 것이 되므로 익금불산입한다(법인세법 제18조 제2호).

4-4. 수입배당금액 중 일정 금액

당기순이익이 자본의 이익잉여금에 귀속되어 이를 재원으로 주주 등에게 배당이 이루어지는데, 기업회계상 당기순이익은 법인세비용이 공제된 금액이다. 법인의 사업소득에 대하여 법인세를 과세하고 그 사업소득을 재원으로 이루어진 배당에 대하여 주주 등에게 다시 소득세 또는 법인세를 과세하는 경우 동일한 소득에 대하여 이중과세하는 문제가 생기게 된다. 그리하여 개인주주의 경우에는 소득세법에서 배당가산액(gross-up)을 합산하여 금융소득금액을 산정하고 이후 소득세 산출세액에서 배당가산액을 공제함으로써 이중과세를 조정하고 있고, 법인주주의 경우에는 법인세법에서 수입배당금 중 다음과 같이 계산한 금액을 익금불산입함으로써 이중과세를 조정하고 있다(법인세법 제18조의2 제1항).

익금불산입액 = 익금불산입 대상금액 − 차입금이자 차감액

* 익금불산입 대상금액 = 수입배당금액 × 익금불산입률

피출자법인에 대한 출자비율	익금불산입률
20% 미만	30%
20% 이상 50% 미만	80%
50% 이상	100%

** 익금불산입대상 주식 관련 차입금이 있는 경우 다음과 같이 계산한 차입금의 이자를 차감한다.

$$\text{차입금이자 차감액} = \text{차입금이자} \times \text{익금불산입률} \times \frac{\text{익금불산입대상 주식의 장부가액 적수}}{\text{자산총액 적수}}$$

4-5. 법인세 환급금 등

(1) 법인세 환급금

손금에 산입하지 않은 법인세 또는 법인지방소득세를 환급받았거나 환급받을 금액을 다른 세액에 충당한 금액은 익금에 산입하지 않는다(법인세법 제18조 제3호).

(2) 환급금의 이자

환급금의 이자는 보상적 성격을 가지므로 익금에 산입하지 않는다(법인세법 제18조 제4호).

(3) 부가가치세 매출세액

재화·용역을 공급하는 사업자가 공급받는 사람으로부터 받은 부가가치세 매출세액은 익금에 해당하지 않는다(법인세법 제18조 제5호). 이는 정부에 납부할 금액으로서 예수금(부채항목)에 불과하기 때문이다. 마찬가지로 재화·용역을 공급받은 사업자가 거래징수당한 부가가치세 매입세액은 손금에 해당하지 않는다. 이는 매출세액에서 공제되거나 환급되므로 일종의 대급금(자산항목)에 불과하기 때문이다.

Ⅲ 손금

1. 손금의 의의

손금이란 법인의 순자산을 감소시키는 거래로 인하여 발생하는 손실 또는 비용을 말한다. 법인세법에서는 순자산증가설의 입장에서 순자산을 감소시키는 것이면 그 원인과 형태를 불문하고 모두 손금으로 파악한다. 다만, 순자산의 감소에도 불구하고 ① 자본 또는 출자의 환급, ② 잉여금의 처분을 손비로 계산한 금액, ③ 법인세법에서 손금불산입항목으로 열거한 것은 손금에서 제외된다(법인세법 제19조 제1항). 법인세법 시행령 제19조에서는 손금의 범위를 구체적으로 규정하고 있다. 그러나 이는 예시적인 것에 불과하고, 여기에 열거되지 않은 것이라도 업무와 관련하여 통상적으로 이루어지는 순자산감소액은 원칙적으로 손금에 해당한다.

손금은 법인의 사업과 관련하여 발생하거나 지출된 것으로서 ① 일반적으로 인정되는 통상적인 것이거나 ② 수익과 직접 관련된 것이어야 한다(동조 제2항). 이것을 손비의 일반원칙이라고 한다. 그리하여 손금으로 인정받으려면 통상성 또는 수익성이 인정되어야 한다. 위법소득을 얻기 위해 지출하거나 위법한 수단을 통해 지출된 비용을 손금에 산입할 수 있는지는 통상성 또는 수익성의 기준에 따라 판단하여야 한다. 판례는 불법폐기물처리업자에게 산업폐기물의 매립을 위탁하면서 지출한 비용은 손금에 산입하였으나, 뇌물이나 탈세경비의 지출, 리베이트의 지급 등과 같이 사회질서에 현저히 반하는 지출에 대하여는 손금산입을 부인하였다.

2. 손금항목

2-1. 판매한 상품·제품에 대한 원료의 매입가액과 그 부대비용

판매한 상품 또는 제품에 대한 원료의 매입가액과 그 부대비용은 손금항목이다(법인세법 시행령 제19조 제1호). 이는 기업회계에서 말하는 판매업 또는 제조업에서의 매출원가에 해당한다. 여기의 매입가액은 총매입액에서 매입에누리, 매입환입, 매입할인액을 차감한 순매입액을 의미한다. 판매한 상품 또는 제품의 보관료, 포장비, 운반비, 판매장려금,

판매수당 등 판매와 관련된 부대비용(판매장려금 및 판매수당은 사전약정 여부 불문)도 손금에 산입한다.

2-2. 양도한 자산의 양도 당시의 장부가액

자산을 양도한 때에는 양도 당시의 장부가액을 손금산입한다(법인세법 시행령 제19조 제2호). 자산의 장부가액은 취득가액에서 자본적 지출, 법률에 의한 자산평가이익 등을 가산하고 감가상각, 손상차손 등을 차감한 금액을 말한다.

2-3. 인건비

인건비는 법인의 순자산을 감소시키는 거래로 인하여 발생하는 비용이므로 손금으로 인정된다(법인세법 시행령 제19조 제3호). 인건비는 근로의 대가로 지급되는 비용으로서 봉급, 보수, 급료 및 수당, 상여금, 연금 또는 퇴직금과 이와 유사한 성질의 급여를 모두 포함한다.

2-4. 유형자산의 수선비

유형자산의 수선비 중 원상회복이나 기능유지를 위해 지출된 비용은 수익적 지출로 보아 지출한 사업연도의 손금에 산입한다(법인세법 시행령 제19조 제4호). 그러나 내용연수를 연장하거나 증대하기 위하여 지출한 비용은 자본적 지출에 해당하여 취득원가에 계상한 후 감가상각을 통하여 손금에 산입한다(동법 시행령 제31조 제2항).

참 조

자본적 지출과 수익적 지출

① 자본적 지출이란 감가상각자산의 내용연수를 연장하거나 해당 자산의 가치를 현실적으로 증가시키기 위하여 지출한 수선비를 말한다. 예를 들어, ㉠ 본래의 용도를 변경하기 위한 개조, ㉡ 엘리베이터 또는 냉난방장치의 설치, ㉢ 빌딩 등에 피난시설 등의 설치, ㉣ 재해 등으로 인하여 멸실·훼손되어 본래의 용도에 이용할 가치가 없는 건축물·기계·설비 등의 복구, ㉤ 그 밖에 개량·확장·증설 등 위의 지출과 유사한 성질의 것에 대한 지출이 자본적 지출에 해당한다(법인세법 시행령 제31조 제2항). 자본적 지출은 자산의 취득원가에 가산한다.

② 수익적 지출이란 자산의 원상회복 및 능력을 유지하기 위하여 지출한 수선비를 말한다. 예를 들어, 건물벽의 도장, 파손된 유리·기와 대체, 기계의 소모된 부속품·벨트 대체, 자동차 타이어 교체, 재해 입은 자산의 외장 복구를 위한 도장·유리삽입, 기타 조업이 가능한 상태를 유지하기 위한 지출이 여기에 해당한다. 수익적 지출은 손금에 산입한다.

2-5. 감가상각비

건물, 기계장치 등 자산은 사용하거나 시간의 경과에 따라 노후화되어 가치가 감소하는데, 이러한 가치감소를 일정한 기간에 걸쳐 비용으로 배분하는 회계절차가 감가상각이다. 법인이 각 사업연도의 결산을 확정할 때 감가상각자산에 대한 감가상각비를 손비로 계상한 경우에는 상각범위액의 범위에서 해당 사업연도에 계상한 감가상각비를 손금에 산입하고, 상각범위액을 초과하는 상각부인액은 손금에 산입하지 않는다(법인세법 제23조 제1항). 상각부인액은 이후의 사업연도에 시인부족액이 발생한 경우 그 시인부족액의 범위 내에서 손금에 산입한다.

> **참 조**
>
> **상각범위액, 상각부인액, 시인부족액**
>
> 법인이 계상한 감가상각비 중 법인세법에서 손금으로 인정하는 한도액을 '상각범위액'이라고 하고, 상각범위액을 초과하는 금액을 '상각부인액'이라고 한다. 법인이 계상한 감가상각비 중 상각범위액에 미달하는 금액을 '시인부족액'이라고 한다. 상각부인액은 손금에 산입하지 않고 유보로 소득처분한다. 상각부인액은 추후 시인부족액이 발생하면 그 범위 내에서 손금에 산입한다.

(1) 세법상 감가상각의 특징

1) 결산조정사항

감가상각비는 결산조정사항이다. 따라서 법인이 결산을 할 때 감가상각비를 손비로 계상한 경우에만 세법상 손금으로 인정받을 수 있다. 법인이 계상한 감가상각비가 상각범위액에 미달하더라도 누락된 감가상각비를 세무조정에 의하여 추가로 손금에 산입할 수 없으며, 누락된 감가상각비나 시인부족액에 대한 수정신고나 경정청구는 허용되지 않는다.

2) 임의상각

법인세가 면제·감면되는 사업을 영위하는 법인을 제외하고 감가상각이 강제되지 않는다. 법인 스스로 감가상각비를 비용으로 계상한 경우에만 손금에 산입한다. 따라서 법인은 상각범위액 내에서 상각 여부, 상각금액, 상각시기를 임의로 선택할 수 있다. 법인은 감가상각비를 상각범위액보다 과소 계상하여 내용연수보다 오랜 기간 상각할 수 있다. 세법상 내용연수는 상각기간이 아니라 최소한의 상각연수를 의미한다. 그러나 감가상각비를 상각범위액보다 과다 계상하여 내용연수보다 짧게 상각하는 것은 허용되지 않는다.

참 조

의제상각

각 사업연도 소득에 대하여 법인세를 면제받거나 감면받은 경우에는 법인이 감가상각비를 계상하지 않거나 과소계상하였더라도 법인세법상 상각범위액까지 상각한 것으로 간주하고(법인세법 시행령 제30조 제1항), 장부나 그 밖의 증명서류에 의하여 소득금액을 계산할 수 없어 추계결정 또는 경정을 하는 경우에도 감가상각비를 손금에 산입한 것으로 간주한다(동조 제2항). 이렇게 법률상 감가상각이 강제되는 경우를 의제상각이라고 한다.

3) 상각방법의 법정

법인세법에서는 자산 종류별로 상각방법을 규정하고 있다. 법인은 세법에 규정된 상각방법 중 어느 하나의 상각방법을 적용하여야 하고 그 밖의 상각방법을 채택할 수 없다(법인세법 시행령 제26조 제1항).

4) 개별자산별 시부인

감가상각비의 시부인은 개별 감가상각자산별로 이루어진다. 따라서 어느 한 자산의 상각부인액을 다른 자산의 시인부족액과 상계하는 것은 허용되지 않는다.

(2) 감가상각자산의 범위

1) 사업용 자산

감가상각자산은 법인의 사업용으로 제공된 자산이어야 한다. 따라서 ① 업무무관자산, ② 건설 중인 자산, ③ 사용 중 철거하여 사업에 사용하지 않는 자산, ④ 취득 후 사용하지 않고 창고 등에 보관 중인 자산 등 사업에 사용하지 않는 자산은 감가상각자산이 아니다. 그러나 건설 중인 자산이더라도 일부가 완성되어 해당 부분을 사업에 사용하는 경우에는 감가상각의 대상이 되고, 가동할 수 있는 상태에 있는 설비로서 조업 중단 등으로 인하여 일시적으로 사용하지 않고 있는 유휴설비도 감가상각자산이 된다.

감가상각자산은 사업자 소유의 자산에 한하므로 임차한 건물 등은 감가상각의 대상이 되지 않는다. 그러나 소유권이 유보되어 있어도 장기할부조건 등으로 법인이 취득하여 사용하는 자산은 대금청산이나 소유권의 이전 여부와 상관없이 기업회계에서 해당 자산의 가액 전액을 자산으로 계상하고 사업에 사용하는 경우에는 감가상각자산에 포함된다.

2) 유형자산과 무형자산

감가상각은 비유동자산 중에서 유형자산과 무형자산을 그 대상으로 한다. 비유동자산 중 투자자산과 유동자산은 감가상각의 대상이 되지 않는다(동법 시행령 제24조 제1항). 유형자산이더라도 시간의 경과에 따라 그 가치가 감소되지 않는 자산은 감가상각자산이 되지 않는다. 예를 들어, 토지, 서화, 골동품, 정원수 등이 여기에 해당한다. 건설회사가 보유하는 미분양아파트는 재고자산에 해당하여 감각상각의 대상이 되지 않으나, 미분양아파트를 임대함으로써 임대사업에 제공하고 있다면 사업용 유형자산에 해당하여 감가상각의 대상이 된다.

(3) 즉시상각의제

법인이 감가상각자산을 취득하기 위하여 지출한 금액이나 감가상각자산에 대한 자본적 지출에 해당하는 금액을 손비로 계상한 경우에는 이를 감가상각비로 계상한 것으로 보아 상각범위액을 계산한다(동법 제23조 제4항). 이를 즉시상각의제라고 한다. 본래 자산으로 계상하여야 할 것을 비용으로 계상한 경우에 감가상각비로 계상한 것으로 보고 손금에 산입하는 것이다. 즉시상각한 것으로 의제되는 금액과 법인이 계상한 감가상각비를 합한 금액이 상각범위액 내에서 손금에 산입된다. 즉시상각한 것으로 의제되는 금액은 본래 자산의 취득가액에 포함되는 것이므로 상각범위액을 계산할 때 취득가액에 가산한다.

그러나 일정한 경우에는 감가상각의 시부인계산을 하지 않고 법인이 손비로 계상한 금액을 전액 손금으로 산입하는 특례가 허용되고 있다(동법 시행령 제31조 제3항 내지 제7항). 이를 즉시상각의제의 특례 또는 즉시상각이라고 한다. 이 경우에는 감가상각비로 손금에 산입하는 것이 아니므로 손금 산입의 한도가 없다.

참 조

즉시상각의제의 특례

시점	구분	내용
취득시	소액자산	거래단위별로 100만원 이하인 자산을 취득하는 경우. 그러나 ① 고유 업무의 성질상 대량으로 보유하는 자산, ② 사업의 개시 또는 확장을 위하여 취득하는 자산은 제외한다.
	단기사용 자산 및 소모성 자산	① 어업에 사용되는 어구(어선용구 포함) ② 영화필름, 공구(금형 포함), 가구, 전기기구, 가스기기, 가정용 기구·비품, 시계, 시험기기, 측정기기 및 간판 ③ 대여사업용 비디오테이프 및 음악용 콤팩트디스크로서 30만원 미만인 것 ④ 전화기(휴대전화 포함), 개인용 컴퓨터(주변기기 포함)
보유시	소액수선비	각 사업연도에 개별자산별로 수선비(자본적 지출과 수익적 지출)로 지출한 금액이 ① 600만원 미만이거나 ② 직전 사업연도 종료일 현재 재무상태표상 자산의 장부가액의 5퍼센트 미만인 경우
	주기적수선비	3년 미만의 기간마다 주기적인 수선을 위하여 지출하는 수선비(용광로 내벽 등)
처분시	생산설비 폐기손실	다음 중 어느 하나에 해당하는 경우 해당 자산의 장부가액에서 1,000원(비망가액)을 공제한 금액 ① 시설개체 또는 기술낙후(다른 사유는 인정되지 않음)로 인한 생산설비(다른 자산은 인정되지 않음)의 일부를 폐기한 경우 ② 사업의 폐지 또는 사업장의 이전으로 임대차계약에 따라 임차한 사업장의 원상회복을 위하여 시설물을 철거하는 경우

* 거래단위란 이를 취득한 법인이 그 취득한 자산을 독립적으로 사업에 직접 사용할 수 있는 것을 말한다.

** 소액자산 등을 실제 사업에 사용하는 날이 속하는 사업연도에 손비로 계상한 경우에 한하여 손금에 산입하고, 수선비를 지출한 사업연도에 손비로 계상한 경우에 한하여 이를 자본적 지출에 포함하지 않고 손금에 산입하며, 생산설비폐기손실은 폐기일(처분일이 아님)이 속하는 사업연도의 손금에 산입한다.

*** 자산의 폐기란 유휴설비와 달리 일단 폐기한 후에는 다시 사용가능한 자산으로 환원될 수 없는 것을 말하고, 1,000원을 비망금액으로 남겨 놓는 이유는 당해 자산의 매각시점까지 자산을 관리하기 위한 것이다.

사 례

기업회계에서 다음과 같이 비용으로 처리한 경우

① 책걸상 세트를 30만원에 취득하고 비용처리 : 손금(소액자산) 산입

② 학원업을 개시하면서 책걸상 세트 30만원짜리 100세트를 취득하고 비용처리 : 즉시상각의제(소액자산의 예외)되어 상각범위액 내에서 손금 산입

③ 법무팀에서 사용할 개인용 컴퓨터를 120만원에 취득하고 비용처리 : 손금(단기사용자산) 산입

④ 기계장치에 대한 수익적 지출 100만원, 자본적 지출 200만원을 모두 비용처리 : 손금(600만원 미만 소액수선비) 산입

⑤ 기계장치에 대한 수리비 700만원(지출금액이 자산가액의 5% 초과)을 모두 비용처리 : 즉시상각의제되어 상각범위액 내에서 손금 산입

⑥ 기술낙후로 생산설비를 폐기하고 비용처리 : 손금 산입. 다만, 비망금액 1,000원은 〈손·불〉로 남긴다.

(4) 세법상 상각범위액의 계산

세법상 상각범위액은 일정한 감가상각방법이 주어지면 해당 자산의 취득가액, 잔존가액 및 내용연수에 따라 결정된다.

1) 취득가액과 잔존가액

감가상각의 대상금액인 취득가액에는 취득 후 지출한 자본적 지출액과 법률에 의한 자산의 평가이익 등을 가산하여 계산한다(동법 시행령 제72조 제5항). 잔존가액이란 자산을 처분할 때 회수할 금액에서 그 자산의 제거판매비용을 차감한 금액이다. 세법에서는 상각범위액을 계산함에 있어서 감가상각자산의 잔존가액을 획일적으로 0으로 규정하고 있다. 다만, 정률법에 의하여 상각범위액을 계산하는 경우에는 취득가액의 5퍼센트에 상당하는 금액을 잔존가액으로 한다(동법 시행령 제26조 제6항).

2) 내용연수

기업회계에서는 내용연수를 추정하여 감가상각을 할 수 있으나, 법인세법에서는 ① 시험연구용자산, ② 무형자산, ③ 건축물 등, ④ 업종별 자산으로 구분하여 각각의 내용연수를 일률적으로 규정하고 있다(동법 시행규칙 제15조). 이를 기준내용연수라고 한다. 다만, ③과 ④에 대해서는 기준내용연수의 25퍼센트를 가감한 내용연수범위 안에서 법인이 선택하여 관할 세무서장에게 신고한 내용연수에 의할 수 있다(동조 제1항 제2호). 신고를 하지 않으면 기준내용연수를 적용한다.

참 조

내용연수

구분	대상 자산	내용연수(하한~상한)
시험연구용 자산	건물부속설비, 구축물, 기계장치	5년
	광학기기, 시험기기, 측정기기, 공구, 기타 설비	3년
무형자산	영업권, 디자인권, 실용신안권, 상표권	5년
	특허권	7년
	어업권, 전기가스공급시설이용권 등	10년
	광업권, 전신전화전용시설이용권 등	20년
	댐사용권	50년
건축물 등	차량 및 운반구, 공구, 기구 및 비품	5년 (4년~6년)
	선박 및 항공기	12년 (9년~15년)
	연와조, 블록조, 콘크리트조, 토조, 목조 등의 건물과 구축물	20년 (15년~25년)
	철골·철근콘크리트조, 석조 등의 건물과 구축물	40년 (30년~50년)
업종별 자산	한국표준산업분류상 중분류업종을 기준으로 구분	4년(3년~5년) 내지 20년(15년~20년)

3) 상각방법

법인세법에서는 자산의 종류별로 상각방법을 정하고 있다(동법 시행령 제26조 제1항). 따라서 법인은 법정된 상각방법 중 어느 하나의 상각방법을 적용하여야 하고, 그 이외의 상각방법을 채택할 수 없다. 법인은 법정된 상각방법 중 적용하고자 하는 상각방법을 관할 세무서장에게 신고하여야 하고(동조 제3항), 상각방법을 신고하지 않는 경우에는 법인세법에서 정한 상각방법에 의한다(동조 제4항).

참 조

감가상각방법의 법정

구분	신고시	무신고시
건축물(건물·구축물)	정액법	정액법
건축물 외 유형자산	정액법·정률법	정률법
광업용 유형자산	정액법·정률법·생산량비례법	생산량비례법
폐기물매립시설	정액법·생산량비례법	생산량비례법
일반적인 무형자산	정액법	정액법
광업권(채취권 포함)	정액법·생산량비례법	생산량비례법

정액법은 해당 감가상각자산의 취득가액에 해당 자산의 내용연수에 따른 상각률을 곱하여 계산한 각 사업연도의 상각범위액이 매년 균등하게 되는 상각방법이고, 정률법은 해당 감가상각자산의 취득가액에서 이미 감가상각비로 손금에 산입한 금액(업무용승용차의 경우에는 손금에 산입하지 않은 금액을 포함)을 공제한 미상각 잔액에 해당 자산의 내용연수에 따른 상각률을 곱하여 계산한 금액을 상각범위액으로 하는 상각방법이다. 생산량비례법은 해당 감가상각자산의 취득가액에 그 자산이 속하는 광구의 총채굴예정량에 대한 해당 사업연도의 기간 중 그 광구에서 채굴한 양의 비율을 곱하여 계산한 금액을 각 사업연도의 상각범위액으로 하는 상각방법이다(동법 시행령 제26조 제2항).

참 조

상각방법별 상각범위액

① 정액법 : 상각범위액 = 세법상 취득가액 × 상각률

* 상각률 = 1/내용연수

② 정률법 : 상각범위액 = 세법상 미상각잔액 × 상각률

③ 생산량비례법 : 상각범위액 = 취득가액 × (해당 사업연도 채굴량 / 광구의 총채굴예정량)

2-6. 자산의 임차료

임대차계약에 따른 임차료는 물론이고 임차와 관련하여 임차인이 부담하는 각종 비용이나 부담액도 포함된다.

2-7. 차입금이자

사업의 자금수요에 충당하기 위하여 차입한 금액에 대한 지급이자는 법인의 순자산을 감소시키는 손비로서 손금에 산입한다(법인세법 시행령 제19조 제7호).

2-8. 대손금

법인이 보유하고 있는 채권 중 채무자의 파산 등의 사유로 회수할 수 없는 채권의 금액을 대손금이라고 하고, 이는 법인의 순자산을 감소시키는 손비이므로 손금에 산입한다(법인세법 제19조의2 제1항).

2-9. 조합 또는 협회에 지급한 회비

영업자단체인 조합 또는 협회에 지급한 회비는 손금에 산입한다(법인세법 시행령 제19

조 제11호). 영업자단체가 법정단체인 경우(예를 들어, 대한상공회의소 등)에만 지급한 회비를 손금에 산입하고, 임의단체에 지급한 회비는 손금에 산입하지 않는다. 법정단체란 영업자가 조직한 단체로서 법인이거나 주무관청에 등록된 조합 또는 협회를 말한다. 또한 일반회비만 손금에 산입하고 특별회비는 손금에 산입하지 않는다. 일반회비란 조합 또는 협회가 법령 또는 정관이 정하는 바에 따른 정상적인 회비징수방식에 의하여 경상경비의 충당 등을 목적으로 조합원 또는 회원에게 부과하는 회비를 말한다. 임의단체에 지급한 회비, 특별회비는 기부금에 해당할 수 있다.

2-10. 잉여 식품 및 생활용품의 무상 기증

「식품 등 기부 활성화에 관한 법률」에 따른 식품 및 생활용품(세제·기저귀 등)의 제조업·도매업 또는 소매업을 영위하는 법인이 해당 사업에서 발생한 잉여 식품 등을 같은 법에 따른 제공자 또는 제공자가 지정하는 사람에게 무상으로 기증하는 경우 기증한 잉여 식품 등의 장부가액은 손금에 산입한다(법인세법 시행령 제19조 제13호의2). 이 경우 이 금액은 기부금에 포함하지 않는다. 예를 들어, 파리바게트에서 푸드뱅크(food bank)에 남는 빵을 무상으로 기증한 경우 그 빵의 장부가액은 전액 손금에 산입한다.

2-11. 장식·환경미화 등 목적의 미술품 취득가액

장식·환경미화 등의 목적으로 사무실·복도 등 여러 사람이 볼 수 있는 공간에 항상 전시하는 미술품의 취득가액을 그 취득한 날이 속하는 사업연도의 손비로 계상한 경우에는 그 취득가액은 손금에 산입한다(법인세법 시행령 제19조 제17호). 그러나 예를 들어, 미술품을 구입하여 대표이사실에 비치하는 것과 같이 특정인이 볼 수 있는 공간에 전시하는 경우에는 자산에 해당하고 손금에 산입하지 않는다. 취득가액이 거래단위별로 1,000만원 이하인 경우에만 손금에 산입하고, 1,000만원을 초과하는 경우에는 손금에 산입하지 않는다.

2-12. 기부금

(1) 의의

기부금이란 법인이 사업과 직접적인 관계없이 무상으로 지출하는 금액을 말한다(법인세법 제24조 제1항). 기부금은 법인의 업무수행과 직접적인 관련이 없는 지출이라는 점에서 업무수행과의 관련성이 요구되는 기업업무추진비 등의 비용과 구별된다. 기부금은 업무와 직접 관련이 없는 지출이므로 손금으로 인정받을 수 없는 것이 원칙이지만, 기업의 사회적 책임과 기부행위가 갖는 사회적 유익성에 비추어 세법에서는 일정한 범위에서 손금산입을 허용하고 있다.

(2) 기부금의 종류

법인세법에서는 특례기부금과 일반기부금의 손금산입에 관하여 규정하고 있고(동법 제24조 및 동법 시행령 제38조, 제39조), 조세특례제한법에서는 우리사주조합에 지출하는 기부금의 손금산입에 관하여 규정하고 있다(동법 제88조의4 제13항 제3호). 특례기부금, 우리사주조합기부금, 일반기부금은 기부의 상대방과 용도, 손금산입의 범위 등에 있어서 차이가 있다. 법인세법과 조세특례제한법에서 열거하고 있지 않은 기부금을 비지정기부금이라고 하고, 비지정기부금은 전액 손금에 산입하지 않는다(법인세법 제24조 제4항).

종류	내용
특례기부금	① 국가나 지방자치단체에 무상으로 기증하는 금품가액 * 국·공립학교에 대한 기부금도 여기에 포함 ② 국방헌금과 국군장병 위문금액 ③ 천재지변으로 인한 이재민을 위한 구호금품가액 ④ 사립학교, 비영리교육재단, 기능대학, 전공대학·원격대학 형태의 평생교육시설, 국제학교, 산학협력단, 한국과학기술원, 국립대학법인(서울대, 인천대) 등에 시설비, 교육비, 장학금으로 지출하는 기부금 ⑤ 국립대학병원, 서울대병원, 국립중앙의료원·지방의료원, 보훈병원, 원자력병원, 적십자사·국민건강보험공단이 운용하는 병원, 산재보상보험법에 따른 의료기관, 사립학교가 운영하는 병원 등에 시설비, 교육비, 연구비로 지출하는 기부금 ⑥ 사회복지공동모금회, 재단법인 바보의 나눔 등에 대한 기부금
우리사주조합 기부금	우리사주제도를 실시하는 회사의 법인주주가 우리사주조합에 지출하는 기부금
일반기부금	① 사회복지법인, 비영리법인의 고유목적사업비로 지출하는 기부금 ② 어린이집, 유치원, 학교, 기능대학, 전공대학·원격대학 형태의 평생교육시설의 고유목적사업비로 지출하는 기부금 ③ 종교단체의 고유목적사업비로 지출하는 기부금 ④ 의료법인의 고유목적사업비로 지출하는 기부금 ⑤ 유치원·학교·기능대학·전공대학·원격대학 형태의 평생교육시설의 장이 추천하는 개인에게 교육비, 연구비, 장학금으로 지출하는 기부금 ⑥ 사회복지·문화·예술·교육·종교·자선·학술 등 공익목적으로 지출하는 기부금으로서 기획재정부장관이 지정하여 고시하는 기부금(불우이웃돕기 기부금, 근로복지진흥기금 출연금, 국민체육진흥기금 출연금 등)
비지정기부금	① 정당에 대한 정치자금 기부금 ② 동창회, 종친회, 향우회 등에 지출하는 기부금 ③ 새마을금고, 신용협동조합 등에 지출하는 기부금

참 조

우리사주조합기부금

법인이 우리사주조합에 지출하는 기부금이란 우리사주제도를 실시하는 회사의 법인주주 등이 우리사주 취득을 위한 재원 마련을 위해서 우리사주조합에 지출하는 기부금을 말하고, 우리사주제도를 실시하는 법인이 자기의 근로자가 설립한 우리사주조합에 출연하는 금품은 기부금이 아니며 전액 손금에 산입한다(법인세법 시행령 제19조 제16호).

예를 들어, 우리사주제도를 실시하는 A법인이 우리사주조합에 출연하는 자사주의 장부가액이나 금품은 기부금이 아니고 전액 손금산입한다. A법인의 주주 가운데 법인주주가 우리사주조합에 기부하는 것은 기부금으로 손금에 산입하고, 개인주주가 기부하는 것은 기부금으로 필요경비에 산입하거나 기부금 세액공제를 받는다. A법인의 근로자인 조합원이 우리사주조합에 출자한 출자금은 소득공제를 받을 수 있다.

(3) 현물기부금, 기부금의 귀속시기

1) 현물기부금

현물기부금은 장부가액으로 평가한다. 다만, 비지정기부금과 특수관계인에 대한 일반기부금의 경우에는 장부가액과 시가 중 큰 금액에 의한다(법인세법 시행령 제36조 제1항). 여기서 시가란 일반적이고 정상적인 거래에 의하여 형성된 객관적인 교환가치를 의미한다. 시가가 불분명한 경우에는 감정가액, 「상속세 및 증여세법」에 따른 평가가액을 차례로 적용하여 계산한 금액에 의한다(동법 시행령 제89조 제2항 준용).

2) 기부금 귀속시기

기부금의 귀속시기는 기부금을 지출한 날이 속하는 사업연도이다(현금주의). 기부금을 지출한 날이란 기부금을 현금으로 지출한 경우에는 그 현금지출일을 말하고, 현물로 기부한 경우에는 현물제공일을 말한다. 법인이 기부금의 지출을 위하여 어음을 발행(배서를 포함)한 경우에는 그 어음이 실제로 결제된 날에 지출한 것으로 보며, 수표를 발행한 경우에는 해당 수표를 교부한 날에 지출한 것으로 본다(법인세법 시행규칙 제18조).

(4) 기부금의 한도

1) 차가감소득금액의 계산

기부금의 손금한도액을 계산하기 위해서는 먼저 차가감소득금액을 계산하여야 한다. 차가감소득금액은 결산서(손익계산서)상 당기순이익에 세법상 가산조정과 차감조정을 한 소득금액을 말한다. 당기순이익은 손익계산서상 총수익에서 총비용을 공제하여 계산하고,

손익계산서상 비용에는 특례기부금, 일반기부금, 우리사주조합기부금의 각 지출액이 포함되어 있다. 비지정기부금은 세법상 세무조정에서 손금불산입되고 기타사외유출로 소득처분된다. 즉, 차가감소득금액은 기부금 세무조정을 하기에 앞서 나머지 세무조정을 모두 반영한 소득금액을 말한다.

차가감소득금액 = 결산서상 당기순이익 + 익금산입·손금불산입 − 손금산입·익금불산입

	당기 순이익	(= 수익 − 비용)
+	익금산입·손금불산입	(세법상 세무조정)
−	손금산입·익금불산입	
=	차가감소득금액	
+	기부금 한도초과액	(기부금 세무조정)
−	기부금 이월액	
=	각 사업연도 소득금액	

2) 기부금 한도액의 계산

기부금의 손금산입의 한도는 다음과 같다(법인세법 제24조 제2항 제2호 및 제3항 제2호, 조세특례제한법 제88조의4 제13항 제3호). 특례기부금, 우리사주조합기부금, 일반기부금의 순서로 한도액을 계산한다.

구분	한도
특례기부금	(기준소득금액 − 이월결손금 공제액) × 50%
우리사주 조합기부금	(기준소득금액 − 이월결손금 공제액 − 특례기부금 손금산입액) × 30%
일반기부금	(기준소득금액 − 이월결손금 공제액 − 특례·우리사주조합기부금 손금산입액) × 10%

기준소득금액은 특례기부금, 우리사주조합기부금, 일반기부금을 손금에 산입하기 전의 해당 사업연도의 소득금액을 말한다(법인세법 제24조 제2항 제2호). 기부금 한도는 기부금을 지출하기 이전의 금액을 기준으로 산정하여야 하므로 차가감소득금액에 (비용에 산입되어 당기순이익에서 차감된) 기부금 지출액을 가산하여 기준소득금액을 산정한다. 비지정기부금은 비용에서 제외되어 당기순이익에 포함되어 있으므로 별도 가산하지 않는다. 기준소득금액은 다음과 같이 계산한다.

기준소득금액 = 차가감소득금액 + 특례·우리사주·일반기부금 지출액(기부금지출 전으로 환원)

3) 기부금 한도초과액의 이월 손금산입

기부금 한도액을 초과한 금액은 손금에 산입하지 않으며 기타사외유출로 소득처분한다. 특례기부금과 일반기부금의 한도초과액은 해당 사업연도의 다음 사업연도 개시일부터 10년 이내에 끝나는 각 사업연도로 이월하여 그 이월된 사업연도의 소득금액을 계산할 때 특례기부금 및 일반기부금 각각의 손금산입 한도액의 범위에서 손금에 산입한다(동법 제24조 제5항). 우리사주조합기부금은 이월 손금산입이 적용되지 않는다. 이월 손금산입하는 경우에는 이월된 기부금액을 해당 사업연도에 지출한 기부금보다 먼저 손금에 산입한다. 이 경우 이월된 금액은 먼저 발생한 이월금액부터 손금에 산입한다(동조 제6항). 이월된 기부금액을 손금에 산입하는 경우에는 기타로 소득처분한다.

사 례

일반기부금 한도 초과액

㈜A의 제14기(2015. 1. 1. ~ 12. 31.) 손익계산서상 당기순이익은 2억원이고, 기부금을 제외한 세무조정내역은 다음과 같다.

- ▶ 법인세비용 2,000만원
- ▶ 감가상각비 한도 초과 500만원
- ▶ 수입배당금 익금불산입액 300만원

제14기 손익계산서에 계상된 기부금 내역은 다음과 같다.

- ▶ 국방헌금 1,000만원(현금)
- ▶ 대표이사 송친회 기부금 500만원(현금)
- ▶ 내한석십사사에 기부금 200만원을 어음(발행일 2015 9. 1., 만기 2016 2. 1.)으로 교부
- ▶ 정부의 인가를 받은 문화예술단체(특수관계 없음)에 ㈜A의 제품을 기부했는데, 장부가액 3,000만원으로 계상되어 있으며 시가는 5,000만원임

제14기말 현재 법인세 과세표준을 계산할 때 공제할 수 있는 이월결손금과 이월된 법정기부금 및 지정기부금의 한도 초과액은 없다.

① 차가감소득금액의 계산

익산·손불	손산·익불
법인세비용 2,000만원(기사) 감가상각비 한도초과 500만원(유보) 비지정기부금 500만원(기사) 어음기부 200만원(유보)	수입배당금 300만원(기타)
가산조정 합계 3,200만원	차감조정 합계 300만원

차가감소득금액 2억 2,900만원 = 당기순이익 2억원 + 가산조정 3,200만원 - 차감조정 300만원

② 기부금 한도액 계산

기준소득금액 2억 6,900만원 = 차가감소득금액 2억 2,900만원 + 기부금지출액 4,000만원

구분	지출액	한도	T/A
특례	국방헌금 1,000만원	2억 6,900만원 × 50% = 1억 3,450만원	세무조정 없음
일반	문화예술단체 3,000만원	(2억 6,900만원 - 1,000만원) × 10% = 2,590만원	〈손불〉 지정기부금한도초과 410만원 (기사)

따라서 일반기부금 한도 초과액은 410만원(= 3,000만원 - 2,590만원)이다.

2-13. 기업업무추진비

(1) 의의

기업업무추진비란 접대·교제·사례 기타 이와 유사한 목적으로 지출한 비용으로서 직·간접적으로 업무와 관련이 있는 사람과 업무를 원활하게 진행하기 위하여 지출한 금액을 말한다(법인세법 제25조 제1항). 기업업무추진비는 사업관계자들과 업무를 원활하게 진행하기 위하여 지출하는 비용으로서 업무와 관련된 순자산의 감소액이므로 손금으로 인정된다. 그러나 기업업무추진비의 지출은 사적으로 유용할 가능성이 있고 법인재무구조의 부실화를 초래할 우려가 있으므로 일정한 금액의 한도 내에서만 손금에 산입하고 그 금액을 초과하는 기업업무추진비는 손금에 산입하지 않는다(동조 제2항 본문 및 제4항).

참 조

기업업무추진비, 광고선전비, 기부금

	기업업무추진비	광고선전비	기부금
업무관련	O	O	×
지출대상	특정인	불특정인	특정인
한도	O	×	O

(2) 현물기업업무추진비

현물기업업무추진비는 시가와 장부가액 중 큰 금액에 의한다(법인세법 시행령 제42조 제6항). 법인이 자신이 생산하거나 취득한 재화를 접대 목적으로 제공한 경우 사업상 증여에 해당하므로 부가가치세 매출세액을 부담하게 되는데, 이러한 부가가치세 매출세액도 기업업무추진비에 포함된다.

현물기업업무추진비 = Max[시가, 장부가액]

(3) 귀속시기와 지출증빙

1) 귀속시기

기업업무추진비의 귀속시기는 접대행위를 한 날이 속하는 사업연도이다(발생주의). 기업업무추진비를 지출한 날이 속하는 사업연도가 아니다.

사 례

2018년도에 100원 상당의 접대행위를 하고 2019년도에 기업업무추진비를 지출하였는데, 2019년에 기업업무추진비를 계상한 경우

구분	전기	당기
B	회계처리 누락	(차) 접대비 100 (대) 현금 100
T	(차) 접대비 100 (대) 미지급비용 100	(차) 미지급비용 100 (대) 현금 100
T/A	〈손금산입〉 접대비 100 (△유보)	〈손금불산입〉 접대비 100 (유부)

2장 법인세법

2) 지출증명

법인이 한 차례의 접대에 지출한 기업업무추진비가 3만원(경조금은 20만원)을 초과하는 경우에는 적격증빙서류를 수취하지 않으면 전액 손금에 산입하지 않는다(법인세법 제25조 제2항 본문 및 동법 시행령 제41조 제1항). 그러나 건당 기업업무추진비가 3만원(경조금은 20만원) 이하인 경우에는 적격증빙서류를 수취하지 않았더라도 손금에 산입한다. 적격증빙서류를 수취하지 않아 손금불산입하는 경우에는 기타사외유출로 소득처분하고(동법 시행령 제106조 제1항 제3호 나목), 아예 증빙서류를 수취하지 않아 손금불산입하는 경우에는 대표자상여로 소득처분한다(동조 제1항 제1호 단서).

(4) 기업업무추진비 한도액

법인이 지출한 기업업무추진비(적격증빙서류를 수취하지 않아 손금에 산입하지 않는 금액은 제외)로서 일정한 한도액을 초과하는 금액은 손금에 산입하지 않는다. 기업업무추진비 한도액에는 법인세법에 규정된 일반기업업무추진비 한도액 이외에 조세특례제한법에 규정된 문화기업업무추진비 한도액이 있다. 기업업무추진비 한도액을 초과하여 손금에 산입하지 않는 금액은 기타사외유출로 처분한다(동법 시행령 제106조 제1항 제3호 나목).

기업업무추진비 한도액 = 일반기업업무추진비 한도액 + 문화기업업무추진비 한도액

1) 일반기업업무추진비 한도액

일반기업업무추진비 한도액은 기본한도액과 수입금액별 한도액을 합한 합계액에 의한다.

일반기업업무추진비 한도액 = 기본한도액 + 수입금액별 한도액

기본한도액은 다음의 계산식에 따라 계산한다(동법 제25조 제4항 제1호).[43]

기본한도액 = 1,200만원(중소기업의 경우 3,600만원) × 해당 사업연도 개월수/12 * 해당 사업연도 개월수는 역(歷)에 따라 계산하되 1개월 미만의 일수는 1개월로 한다.

43) 법인세법상 1개월 미만의 일수는 기업업무추진비 한도, 감가상각 한도, 산출 세액의 계산 등 대부분의 경우에는 1개월로 하고, 임원 퇴직급여 한도 계산에서는 절사한다.

수입금액별 한도액은 다음의 계산식에 따라 계산한다(동법 제25조 제4항 제2호). 기업업무추진비는 기업의 수익을 창출하기 위하여 지출하는 금액이므로 소득금액이 아니라 수입금액을 기준으로 한도액을 산정한다.

수입금액별 한도액 = (일반수입금액 × 적용률) + (특정수입금액 × 적용률 × 10%)

* 수입금액은 기업회계에 따른 매출액을 말한다. 중단사업의 매출액, (매출액이 아닌 기타수익이지만) 반제품·부산물의 매각대금은 포함하지만, 매출에누리·매출할인·매출환입, 목적사업 아닌 임대료, 간주임대료, 부가가치세 등 간접세, 부당행위계산부인금액, 부가가치세법상 재화의 간주공급이 적용되는 경우의 매출세액은 포함하지 않는다.

** 특정수입금액은 특수관계인과의 거래로 인한 수입금액을 말하고, 일반수입금액은 특정수입금액을 제외한 나머지 수입금액을 말한다.

*** 적용률(일반수입금액과 특정수입금액이 함께 있는 경우 일반수입금액부터 먼저 적용)

수입금액	적용률
100억 이하	0.3%
100억 초과 500억 이하	3천만원 + 초과액 × 0.2%
500억 초과	1억1천만원 + 초과액 × 0.03%

2) 문화기업업무추진비 한도액

문화비로 지출한 기업업무추진비에 대해서는 일반기업업무추진비 한도액의 20퍼센트에 상당하는 금액의 범위에서 손금에 산입한다(조세특례제한법 제136조 제3항). 여기서 문화비란 ① 문화·예술의 공연이나 진시회 또는 박물관의 입장권 구입, ② 체육활동의 관람을 위한 입장권 구입, ③ 비디오물·음반 및 음악영상물·간행물의 구입, ④ 문화관광축제·관광공연장·문화재관람을 위한 입장권 구입, ⑤ 문화예술 관련 강연의 입장권 구입, ⑥ 자체시설 또는 외부임대시설을 활용해 직접 개최하는 공연 등 문화예술행사비, ⑦ 문화체육관광부의 후원을 받아 진행하는 문화예술·체육행사에 지출하는 경비, ⑧ 미술품의 구입(취득가액이 건당 1백만원 이하인 것으로 한정) 등으로 지출한 비용을 말한다(동법 시행령 제130조 제5항).

문화기업업무추진비 한도액 = Min[문화기업업무추진비 지출액, 일반기업업무추진비 한도액 × 20%]

사 례

제조업을 영위하는 중소기업 ㈜A의 기업회계상 전체 매출액이 120억인데, 여기에는 특수관계인과의 거래로 인한 매출액 40억원이 포함되어 있다. ㈜A의 기업회계상 계상된 기업업무추진비는 8,700만원인데, 이 중에서 문화기업업무추진비로 지출한 비용이 1,500만원이고, 거래처에 현물로 증정한 자사 제품(장부가액 500만원, 시가 700만원)이 기업업무추진비 470만원으로 계상되어 있다.

▶ 기업업무추진비 총액

① 회사에서 계상한 기업업무추진비는 8,700만원이다.

② 현물기업업무추진비는 기업회계상 470만원이다. 그러나 세법상 기업업무추진비는 700만원(= Max[500만원, 700만원])과 부가가치세 매출세액 70만원을 합한 770만원이다.

③ 현물기업업무추진비 차액인 300만원(= 770만원 - 470만원)을 가산하면 기업업무추진비 총액은 9,000만원(= 9,000만원 + 300만원)이다.

▶ 기업업무추진비 한도

① 기본한도는 중소기업에 해당되어 3,600만원이다. 수입금액별 한도는 2,500만원{= [(전체 매출액 120억 - 특수관계인과의 거래로 인한 매출액 40억) × 0.3%] + [(20억 × 0.3% + 20억 × 0.2%) × 10%] = 2,400만원 + 100만원}이다. 따라서 일반기업업무추진비 한도는 6,100만원(= 기본한도 3,600만원 + 수입금액별 한도 2,500만원)이다.

② 문화기업업무추진비 한도는 1,220만원(= 6,100만원 × 20%)이다.

③ 기업업무추진비 한도는 6,100만원 + 1,220만원 = 7,320만원

▶ 세무조정

지출된 기업업무추진비 9,000만원 중 7,320만원은 손금에 산입하고, 1,680만원은 손금불산입하며 기타사외유출로 소득처분한다.

 주요 손금불산입항목

1. 자산의 평가차손

세법에서는 원가법이 원칙이므로 법인이 보유하는 자산의 평가차손은 손금에 산입하지 않는다. 그러나 파손·부패 등의 사유로 정상가격으로 판매할 수 없는 재고자산 등은 그 장부가액을 감액할 수 있고 그 감액한 금액은 손금에 산입한다(법인세법 제42조 제3항 및 동법 시행령 제78조).

2. 인건비

인건비는 근로의 대가로 지급되는 비용으로서 법인의 순자산을 감소시키는 거래로 인한 것이므로 손금에 산입한다. 그러나 인건비 중 과다하거나 부당하다고 인정되는 인건비는 손금에 산입되지 않는다(법인세법 제26조 제1호). 인건비가 예외적으로 손금에 산입되지 않는 경우는 다음과 같다.

2-1. 비상근임원의 인건비 중 부당행위계산부인 해당액

법인의 비상근임원에 대한 인건비는 사업상 필요에 의하여 적절한 보수를 지급하는 경우에는 손금에 산입한다. 그러나 부당행위계산부인에 해당하는 경우에는 손금에 산입하지 않으며 상여로 소득처분한다(법인세법 시행령 제43조 제4항). 그리하여 비상근임원에게 보수를 지급하는 것이 법인의 규모과 영업내용, 비상근임원의 실제 근로 제공 및 경영 참여 여부 등을 모두 판단하여 법인의 소득을 부당히 감소시키는 것으로 인정되는 경우에는 손금에 산입하지 않는다.

2-2. 지배주주인 임직원에게 과다 지급한 인건비

지배주주(특수관계인 포함)인 임직원에게 정당한 사유없이 동일 직위에 있는 다른 임직원에게 지급하는 금액을 초과하여 보수를 지급한 경우 그 초과금액은 이를 손금에 산입하지 않는다(법인세법 시행령 제43조 제3항). 여기서 지배주주란 법인의 발행주식총수 또는 출자총액의 1퍼센트 이상의 주식 또는 출자지분을 소유한 주주 등으로서 그와 특수관계에 있는 사람과의 소유 주식 또는 출자지분의 합계가 해당 법인의 주주 등 중 가장 많은 경우의 해당 주주 등을 말한다(동조 제7항).

2-3. 임원 상여금 한도 초과액

법인이 임원에게 정관, 주주총회(사원총회) 또는 이사회결의로 정한 급여지급기준을 초과하여 상여금을 지급한 경우 그 초과금액은 손금에 산입하지 않는다(법인세법 시행령 제43조 제2항). 상여금 지급기준에 관하여는 정관, 주주총회(사원총회) 또는 이사회결의로 정하여야 하고, 그렇지 않은 경우에는 임원에게 지급한 상여금은 전액 손금에 산입하지 않는다.

2-5. 임원 퇴직급여 한도 초과액

법인이 임원에게 지급한 퇴직급여(퇴직위로금 등 포함)는 일정한 한도액 내에서 손금에 산입하고 그 한도액을 초과하는 금액은 손금에 산입하지 않는다.

(1) 정관에 임원의 퇴직급여로 지급할 금액이 정해진 경우

정관에 임원의 퇴직급여(퇴직위로금 등을 포함)로 지급할 금액이 정해진 경우에는 정관에서 정해진 금액을 초과하는 금액은 손금에 산입하지 않는다(법인세법 시행령 제44조 제4항 제1호). 정관에 임원의 퇴직급여로 지급할 금액이 정하여진 경우란 정관에 임원의 퇴직급여를 계산할 수 있는 기준이 정하여져 있거나 정관의 위임에 의하여 주주총회(사원총회)에서 퇴직급여 지급기준을 정하고 있는 경우를 말한다. 정관의 위임 없이 주주총회(사원총회)의 결의로 퇴직급여를 지급하는 경우 또는 정관의 위임에 따라 이사회에서 정한 퇴직급여 지급규정에 의하여 퇴직금을 지급한 경우에는 정관에 퇴직급여로 지급할 금액이 정해지지 않은 경우로 본다.

정관에서 위임된 퇴직급여 지급규정은 모든 임원에 대하여 일반적으로 적용되는 것이어야 하고 법인의 재정형편을 감안하거나 사원의 평가에 따라 지급금액을 달리하는 등 임원이 퇴직할 때마다 그 지급기준이 달라지는 것이어서는 안 된다. 또한 구체적인 기준으로 정해져야 하고 "별도의 퇴직금 지급규정에 의한다."라고만 규정하여 임원이 퇴직할 때마다 임의로 변경하여 지급할 수 있는 경우에는 법인세법상 손금으로 인정할 수 있는 적정한 퇴직급여 지급규정이라고 할 수 없다.

(2) 정관에 규정이 없는 경우

정관에 임원의 퇴직급여로 지급할 금액이 정해져 있지 않은 경우에는 다음의 계산식에 따른 금액에 한하여 손금에 산입한다(동법 시행령 제44조 제4항 제2호 및 동법 시행규칙 제22조 제3항).

퇴직 직전 1년간 총급여액 × 10% × 근속연수

* 퇴직 직전 1년간 총급여액에는 이익처분에 의하여 지급받은 상여금을 포함하고, 비과세근로소득과 임원상여금한도초과액 등 손금불산입되는 금액은 제외한다.

** 근속연수는 역(달력)에 따라 계산하되, 1년 미만의 기간은 월수로 계산하고 1개월 미만은 절사한다. 해당 임원이 직원에서 임원으로 된 때에 퇴직금을 지급하지 않은 경우에는 직원으로 근무한 기간을 근속연수에 합산할 수 있다.

사 례

임원퇴직급여규정이 없는 ㈜A에서 4년 3개월 28일 근무한 김상무가 퇴직 직전 1년간 총급여액이 2억원인데, ㈜A에서 퇴직금으로 1억원을 지급한 경우 세법상 퇴직급 한도액은 8,500만원(= 2억원 × 10% × 4와 3/12)이고, 따라서 1,500만원을 손금불산입하고 상여로 소득처분한다.

3. 임직원이 아닌 지배주주 등에게 지급한 여비

법인이 임직원이 아닌 지배주주 등(특수관계인 포함)에게 지급한 여비 또는 교육훈련비는 해당 사업연도의 소득금액을 계산할 때 손금에 산입하지 않는다(법인세법 시행령 제46조). 그러나 임직원인 지배주주 등에게 지급한 여비 또는 교육훈련비는 손금에 산입한다.

4. 업무와 관련 없는 비용

법인이 지출한 비용 중 업무와 관련이 없는 비용은 손금에 산입하지 않는다(법인세법 제27조 및 동법 시행령 제49조, 제50조 제1항).

4-1. 업무무관자산의 유지·관리비

법인의 업무와 직접 관련이 없다고 인정되는 자산을 유지·관리함으로써 생기는 유지비, 수선비 및 이와 관련되는 비용은 손금에 산입하지 않는다(법인세법 제27조 제1호 및 동법 시행령 제49조 제3항). 업무무관자산도 법인의 자산이므로 양도 당시의 장부가액은 손금에 산입한다. 그러나 보유단계에서 업무무관자산을 유지·관리함으로써 생긴 비용은 손금에 산입하지 않는다. 손금에 산입하지 않는 업무무관자산에 대한 비용 중 재산세, 수선비, 관리비, 지급이자 등은 기타사외유출로 소득처분하고, 감가상각비는 유보로 소득처분한다.

4-2. 법인이 아닌 다른 사람이 주로 사용하는 자산에 대한 지출비용

법인이 직접 사용하지 않고 다른 사람(주주 등이 아닌 임원과 소액주주 등인 임직원은 제외)이 주로 사용하고 있는 장소·건축물·물건 등의 유지비·관리비·사용료와 이와 관련되는 지출금은 손금에 산입하지 않는다. 예를 들어, 법인 건물에 헬스장을 짓고 대표이사 가족만 이용하고 관련 비용을 법인의 비용으로 처리한 경우에는 법인의 사업연도 소득금액을 계산할 때 손금에 산입하지 않는다. 여기서 소액주주 등이란 발행주식총수 또는 출자총액의 1퍼센트에 미달하는 주식 등을 소유한 주주 등(해당 법인의 국가, 지방자치단체가 아닌 지배주주 등의 특수관계인은 제외)을 말한다(동법 시행령 제50조 제2항).

4-3. 출자자인 임원에게 제공한 사택의 유지비

해당 법인의 주주 등(소액주주 등은 제외)이거나 출연자인 임원 또는 그 친족이 사용하고 있는 사택의 유지비·관리비·사용료와 이와 관련되는 지출금은 손금에 산입하지 않는다(법인세법 제27조 제2호 및 동법 시행령 제50조 제1항 제2호).

4-4. 업무무관자산의 취득을 위한 자금의 차입비용

업무무관자산을 취득하기 위하여 지출한 자금의 차입과 관련되는 비용은 손금에 산입하지 않는다(법인세법 제27조 제2호 및 동법 시행령 제50조 제1항 제3호). 업무무관자산의 취득을 위한 자금의 차입비용으로는 차입금이자, 차입과 관련된 지급보증료, 알선수수료 등이 있다.

4-5. 뇌물

법인이 공여한 형법 또는 「국제상거래에 있어서 외국공무원에 대한 뇌물방지법」에 따른 뇌물에 해당하는 금전 및 금전 외의 자산과 경제적 이익의 합계액은 손금에 산입하지 않는다(법인세법 제27조 제2호 및 동법 시행령 제50조 제1항 제4호).

4-6. 업무용승용차 관련비용

(1) 의의

법인이 승용자동차를 취득하거나 임차하여 법인의 업무용이 아닌 임직원의 개인적인 용도로 사용하고 있음에도 불구하고 감가상각비, 임차료, 유류비 등을 모두 손금에 산입하여 법인세를 부당하게 감소시키고 해당 임직원에게 귀속되는 이익에 대한 소득세까지 탈루하는 경우가 있다. 법인세법에서는 이러한 행위를 방지하기 위하여 업무용승용차 관련 비용 중 업무사용금액에 해당하지 않는 금액은 손금에 산입하지 못하게 하고 있다.

업무용승용차 관련 비용이란 업무용승용차에 대한 감가상각비, 임차료, 유류비, 보험료, 수선비, 자동차세, 통행료 및 금융리스부채에 대한 이자비용 등 업무용승용차의 취득 및 유지를 위하여 지출한 비용을 말한다(법인세법 시행령 제50조의2 제2항). 여기서 업무용승용차란 개별소비세 과세대상인 승용자동차로서 다음 중 어느 하나에 해당하는 승용자동차를 제외한 것을 말한다(동법 제27조의2 제1항 및 동법 시행령 제50조의2 제1항).

① 운수업, 자동차판매업, 자동차임대업, 운전학원업, 기계경비업무를 하는 경비업에 해당하는 업종 또는 시설대여업에서 사업상 수익을 얻기 위하여 직접 사용하는 승용차 ② 장례식장 및 장의 관련 서비스업을 영위하는 법인이 소유하거나 임차한 운구용 승용자동차 ③ 연구개발을 목적으로 사용하는 승용차로서 국토교통부장관의 임시운행허가를 받은 자율주행자동차

(2) 업무용 사용금액에 해당하지 않는 금액의 손금불산입

법인이 업무용승용차를 취득·임차하여 지출한 업무용승용차 관련 비용 중 업무사용금액에 해당하지 않는 금액은 손금에 산입하지 않는다(동법 제27조의2 제2항). 업무사용금액은 업무용승용차 관련 비용에 업무사용비율을 곱한 금액에 의한다. 업무사용비율은 국세청장이 기획재정부장관과 협의하여 고시하는 운행기록 방법에 따라 작성·비치한 운행기록에 따라 확인되는 총 주행거리 중 업무용 사용거리가 차지하는 비율을 말한다(동조 제5항). 만일 법인이 운행기록을 작성·비치하지 않은 경우에는 해당 업무용 승용차의 업무사용비율은 해당 사업연도의 업무용승용차 관련 비용이 1,500만원(부동산임대업을 주된 사업으로 하는 법인은 500만원) 이하인 경우에는 100퍼센트로 하고, 업무용 승용차 관련 비용이 1,500만원을 초과하는 경우에는 1,500만원을 업무용승용차 관련 비용으로 나눈 비율에 의한다(동법 시행령 제50조의2 제7항 및 제15항).

참 조

업무사용금액과 업무사용비율

▶ 업무사용금액 = 업무용승용차 관련 비용 × 업무사용비율

▶ 업무사용비율

① 운행기록을 작성·비치한 경우 : 업무용 사용거리 / 총 주행거리

② 운행기록을 작성·비치하지 않은 경우

㉠ 업무용 승용차 관련비용이 1,500만원 이하 : 100퍼센트

㉡ 1,500만원 초과 : 1,500만원 / 업무용 승용차 관련 비용

* 부동산임대업을 주된 사업으로 하는 법인은 500만원

그러나 업무사용금액은 업무전용자동차보험에 가입한 경우에만 손금에 산입할 수 있고, 가입하지 않은 경우에는 전액 손금에 산입하지 않는다(동법 시행령 제50조의2 제4항). 업무전용자동차보험이란 해당 사업연도 전체 기간(임차한 승용차의 경우 해당 사업연도 중에 임차한 기간) 동안 ① 해당 법인의 임직원, ② 계약에 따라 해당 법인의 업무를 위하여 운전하는 사람, ③ 해당 법인의 운전자 채용을 위한 면접에 응시한 지원자가 운전하는 경우에만 보상하는 자동차보험을 말한다(동항 제1호 및 동법 시행규칙 제27조의2 제2항).

(3) 업무용승용차의 감가상각비

업무용승용차의 감가상각비는 차량에 대한 상각방법과 내용연수 적용에 관한 규정에 불구하고 ① 정액법을 상각방법으로 하고 ② 내용연수를 5년으로 하여 계산한 금액(상각범위액)을 손금에 산입하여야 한다(동법 시행령 제50조의2 제3항). 업무용승용차의 감가상각은 강제상각이다.

업무용승용차별 감가상각비에 업무사용비율을 곱하여 산출한 금액, 업무용승용차별 임차료 중 감가상각비 상당액에 업무사용비율을 곱하여 산출한 금액이 각각 800만원(부동산임대업을 주된 사업으로 하는 법인은 400만원)을 초과하는 경우 그 초과하는 금액(감가상각비 한도초과액)은 손금에 산입하지 않는다(동법 제27조의2 제3항 및 동법 시행령 제50조의2 제15항). 임차료 중 감가상각비 상당액이란 「여신전문금융업법」에 따라 등록한 시설대여업자로부터 임차한 승용차의 경우 임차료에서 해당 임차료에 포함되어 있는 보험료, 자동차세 및 수선유지비를 차감한 금액을 말하고, 그 이외의 자동차대여사업자로부터 승용차를 임차한 경우에는 임차료의 70퍼센트에 해당하는 금액으로 한다(동법 시행령 제50조의2 제12항 및 동법 시행규칙 제27조의2 제5항).

감가상각비 한도초과액은 해당 사업연도의 손금에 산입하지 않고 기타사외유출로 처분한다(동법 제27조의2 제3항 및 동법 시행령 제106조 제1항 제3호 다목). 감가상각비 한도초과액은 이월하여 다음 사업연도부터 800만원에 미달하는 금액을 한도로 하여 손금에 산입한다(동법 제27조의2 제3항 및 동법 시행령 제50조의2 제11항).

(4) 업무용승용차의 처분손실

업무용승용차를 처분하여 발생하는 손실로서 업무용승용차별로 800만원(부동산임대업을 주된 사업으로 하는 법인은 400만원)을 초과하는 금액은 해당 사업연도의 손금에 산입하지 않고, 이월하여 다음 사업연도부터 800만원을 균등하게 손금에 산입하되, 남은 금액이 800만원 미만인 사업연도에는 남은 금액을 모두 손금에 산입한다(동법 제27조의2 제4항 및 동법 시행령 제50조의2 제13항, 제15항).

5. 지급이자

지급이자는 순자산을 감소시키는 손비이므로 손금에 산입하는 것이 원칙이다. 그러나 채권자 불분명 사채의 이자, 비실명 채권·증권의 이자, 건설자금이자, 업무무관자산 등에 대한 지급이자는 예외적으로 손금에 산입하지 않는다(법인세법 제28조 제1항).

5-1. 채권자 불분명 사채의 이자

채권자가 불분명한 사채의 이자란 ① 채권자의 주소 및 성명을 확인할 수 없는 차입금, ② 채권자의 능력 및 자산상태로 보아 금전을 대여한 것으로 인정할 수 없는 차입금, ③ 채권자와의 금전거래사실 및 거래내용이 불분명한 차입금에 대하여 지급한 이자를 말한다(법인세법 제28조 제1항 제1호 및 동법 시행령 제51조 제1항).

5-2. 비실명 채권·증권의 이자

비실명 채권·증권의 이자란 채권·증권의 이자·할인액 또는 차익을 당해 채권·증권의 발행법인이 직접 지급하는 경우 그 지급사실이 객관적으로 인정되지 않는 이자·할인액 또는 차익을 말한다(법인세법 제28조 제1항 제2호 및 동법 시행령 제51조 제2항).

5-3. 건설자금이자

건설자금이자는 사업용 자산의 매입·제작 또는 건설에 사용된 차입금에 대한 이자를 말한다(법인세법 시행령 제52조 제1항). 기업회계에서는 차입원가라고 한다. 건설자금이자는 당기에 손금에 산입하지 않고 자산의 취득원가에 산입하여 감가상각 또는 자산 매각을 통하여 손금에 산입한다.

5-4. 업무무관자산 등에 대한 지급이자

법인이 ① 업무무관자산을 취득·보유하고 있거나 ② 특수관계인에게 업무와 관련 없는 가지급금 및 그 이자를 지급하고 있는 경우 그에 해당하는 지급이자는 손금에 산입하지 않는다(법인세법 제28조 제1항 제4호). 업무무관자산이란 법인의 업무에 직접 사용하지 않는 부동산, 서화 및 골동품, 자동차·선박 및 항공기, 기타 이와 유사한 자산을 말한다(법인세법 제27조 제1항 제1호 및 동법 시행령 제49조 제1항). 업무무관가지급금이란 특수관계인에게 해당 법인의 업무와 관련 없이 지급한 자금의 대여액을 말한다(동법 제28조 제1항 제4호 및 동법 시행령 제53조 제1항 본문). 적정 이자를 수령하고 있는지 여부를 불문하고 손금에 산입하지 않는다.

6. 세금 등

6-1. 세금

법인이 납부하였거나 납부할 조세는 순자산의 감소액이므로 세금은 손금에 산입한다. 그러나 일정한 경우에는 손금에 산입하지 않는다(법인세법 제21조).

(1) 취득원가에 산입하는 세금

자산을 취득하면서 납부한 취득세, 등록면허세 및 등록면허세분 지방교육세는 당해 자산의 취득원가에 포함되고 감가상각 등을 통하여 손금에 산입한다. 그러나 재산세, 종합부동산세, 자동차세, 주민세, 인지세, 증권거래세 등은 즉시 손금에 산입한다.

(2) 법인세 및 그 부가세

법인세는 손금에 산입하지 않는다. 법인지방소득세와 법인세를 본세로 하는 농어촌특별세 및 교육세도 마찬가지 이유로 손금에 산입하지 않는다(법인세법 제21조 제1호, 농어촌특별세법 제13조, 교육세법 제13조).

(3) 부가가치세 매입세액

부가가치세의 매입세액은 손금에 산입하지 않는다. 부가가치세 매입세액은 매출세액에서 공제하거나 환급받기 때문이다.

> **참 조**
>
> **부가가치세 매입세액의 손금 산입**
>
> 부가가치세법에 따라 공제되지 않는 매입세액은 손금에 산입한다. ① 부가가치세가 면제되는 경우 재고자산 관련 매입세액은 원재료의 매입가액에 포함되고 유형자산의 취득과 관련된 매입세액은 취득원가를 구성하여 감가상각을 통하여 손금에 산입한다. ② 영업용이 아닌 승용자동차의 구입·임차 및 유지에 관한 매입세액은 업무용 승용자동차의 관련 비용으로서 일정한 한도 내에서 손금에 산입하고, ③ 기업업무추진비의 지출에 관한 매입세액은 기업업무추진비에 포함되어 일정한 한도액 내에서 손금에 산입한다. ④ 영수증을 교부받은 거래분에 포함된 매입세액(공급가액과 세액이 구분 기재되어 매입세액공제가 가능한 경우는 제외)과 ⑤ 부동산 임차인이 부담한 전세금 및 임차보증금(간주임대료)에 대한 매입세액도 손금에 산입한다(법인세법 제21조 제1호 및 동법 시행령 제22조 제1항, 동법 시행규칙 제11조).
>
> 그러나 의무불이행 또는 업무 무관으로 인하여 공제받지 못하는 매입세액은 손금에 산입하지 않는다. 이 경우에는 자산으로도 계상할 수 없다. ① 세금계산서 미수취·불분명분 매입세액, ② 매입처별 세금계산서합계표 미제출·불분명분 매입세액, ③ 사업자등록 전 매입세액, ④ 사업과 관련 없는 매입세액은 손금에 산입하지 않는다.

(4) 개별소비세 또는 주세의 미납액

납부하였거나 납부할 개별소비세, 주세, 교통·에너지·환경세는 손금에 산입하지 않는다. 이는 모두 거래상대방에게 전가되는 간접세로서 해당 법인에게 귀속되는 순자산의 감소액이 아니기 때문이다.

(5) 세법에 따른 의무불이행으로 인한 세액

세법에 규정된 의무불이행으로 인하여 납부하였거나 납부할 세액(가산세를 포함)은 손금에 산입하지 않으며 기타사외유출로 처분한다(법인세법 제21조 제1호).

6-2. 공과금

공과금이란 조세 외의 강제적 부담금을 말한다. 공과금은 손금에 산입한다. 공과금은 지출하는 사업연도에 즉시 손금에 산입하는 것과 자산의 취득가액에 산입한 후 나중에 손금에 산입하는 것이 있다. 예를 들어, 교통유발부담금, 폐기물처리부담금 등은 즉시 손금에 산입하고, 개발부담금, 재건축부담금 등은 자산에 취득가액에 포함되었다가 감가상각 또는 매각을 통하여 손금에 산입한다.

그러나 ① 법령에 따라 의무적으로 납부하는 것이 아닌 공과금, ② 법령에 따른 의무의 불이행 또는 금지·제한 등의 위반에 대한 제재로서 부과되는 공과금 등은 손금에 산입하지 않는다(법인세법 제21조 제4호 및 제5호). 예를 들어, 임의출연금 등은 전자에 해당하고, 폐수배출부담금, 장애인부담금 등은 후자에 해당한다.

6-3. 벌금, 과료, 과태료 및 강제징수비

벌금, 과료는 형벌의 일종이고, 과태료는 행정법상 의무위반에 대한 제재로서 가해지는 행정질서벌에 해당한다. 벌금, 과료, 과태료(과태금 포함)는 손금에 산입하지 않는다(법인세법 제21조 제3호). 강제징수비도 손금에 산입하지 않는다(동호). 그러나 계약상 의무불이행으로 인하여 부담하는 지체상금, 연체이자 등은 벌과금에 해당하지 않으므로 손금에 산입한다.

6-4. 손해배상금

(1) 고의 또는 중과실로 인한 손해배상금

법인의 임원 또는 사용인의 행위로 인하여 법인이 지급하는 손해배상금은 사회통념상 타당하다고 인정되는 범위 내에서 손금에 산입할 수 있다(법인세법 제19조 제2항). 따라서 법인의 임원 또는 사용인 등의 행위가 법인의 업무수행과 관련된 것이고 그것이 임원 또는 사용인의 선량한 관리자로서의 주의의무 위반(경과실)으로 인한 경우에는 손금에 산입할 수 있다. 그러나 법인의 업무수행과 관련이 없거나 임원 또는 사용인의 고의 또는 중대한 과실로 인하여 지급하는 손해배상금은 손금에 산입할 수 없다.

(2) 징벌적 손해배상금

법인이 일정한 법률의 규정에 따라 지급한 징벌적 목적의 손해배상금 중 실제 발생한 손해를 초과하여 지급하는 금액은 손금에 산입하지 않는다(동법 제21조의2 동법 시행령 제23조 제1항). 실제 발생한 손해액이 분명하지 않은 경우에는 법인이 지급한 손해배상금의 3분의 2를 곱한 금액을 손금불산입 대상 손해배상금으로 한다(동법 시행령 제23조 제2항).

과세표준과 세액의 계산

I 과세표준의 계산

참 조

과세표준의 계산구조

	당기 순이익
+	익금산입·손금불산입
−	손금산입·익금불산입
=	각 사업연도 소득금액
−	이월결손금
−	비과세소득
−	소득공제
=	과세표준
×	세율
=	산출세액

법인세의 과세표준은 각 사업연도 소득금액에서 이월결손금, 비과세소득, 소득공제액을 순차로 공제한 금액으로 한다(법인세법 제13조). 이렇게 산정한 법인세 과세표준에 세율을 적용하여 계산한 금액이 법인세 산출세액이 된다(동법 제55조 제1항).

1. 이월결손금

1-1. 이월결손금의 공제

(1) 의의

해당 사업연도의 소득금액을 계산함에 있어서 손금의 총액이 익금의 총액을 초과하는 경우 그 초과금액을 결손금이라고 한다. 결손금 가운데 해당 사업연도 이전에 발생한 결손금으로서 전 사업연도에 전보되지 못하고 해당 사업연도로 이월된 결손금을 이월결손금이라고 한다. 이월결손금은 법인세의 과세표준을 계산할 때 각 사업연도 소득금액에서 공제한다(법인세법 제13조 제1항 제1호).

(2) 공제기간

공제되는 결손금은 해당 사업연도의 개시일 전 15년 이내에 개시한 사업연도에서 발생한 결손금이어야 한다(동법 제13조 제1항 제1호 가목). 공제기간이 지난 이월결손금은 과세표준을 계산할 때 공제할 수는 없으나, 자산수증이익과 채무면제이익으로 보전하면 익금불산입의 혜택은 받을 수 있다

(3) 공제의 효과

이월결손금이 있는 경우에는 각 사업연도 소득금액에서 반드시 공제하여야 한다(강제 공제). 여러 사업연도의 결손금이 누적된 경우에는 먼저 발생한 사업연도의 결손금부터 차례대로 공제하여야 한다(동법 시행령 제10조 제2항). 법인이 공제 여부 및 공제 순서를 임의로 선택할 수 없다.

(4) 이월결손금 공제한도

이월결손금 공제가 특정 사업연도에 집중되지 않도록 각 사업연도 소득금액의 60퍼센트를 한도로 이월결손금을 공제한다. 이월결손금 공제한도 초과로 미공제된 금액은 잔여 공제기간 내에 공제할 수 있다. 다만, 중소기업 등에 대해서는 각 사업연도 소득금액을 한도로 공제할 수 있다(동법 제13조 제1항 및 동법 시행령 제10조 제1항).

(5) 추계하는 경우

소득금액을 계산할 때 필요한 장부나 증명서류가 없거나 기장 내용이 허위임이 명백하여

법인세의 과세표준과 세액을 추계하는 경우에는 해당 사업연도에서는 그 사업연도 개시일 전 15년 이내에 발생한 이월결손금이 있어도 이를 공제하지 못한다. 다만, 천재지변 등으로 장부나 그 밖의 증명서류가 멸실되어 추계하는 경우에는 그렇지 않다(동법 제68조).

1-2. 결손금 소급공제

(1) 의의

결손금소급공제란 해당 사업연도에 결손금이 발생한 중소기업에 대하여 직전 사업연도에 납부한 법인세액에서 해당 결손금을 소급공제하여 환급해 주는 것을 말한다(법인세법 제72조 제1항). 중소기업만 적용대상이 되며, 소급공제 기간은 1년, 환급세액은 직전 사업연도의 법인세액을 한도로 한다.

(2) 소급공제의 요건

결손금소급공제는 다음 요건을 모두 충족한 경우에 적용한다(동법 제72조 제1항).

1) 결손금이 발생한 사업연도에 「조세특례제한법 시행령」 제2조에 따른 중소기업일 것

결손금이 발생한 사업연도에 중소기업인 경우에는 직전 사업연도에 중소기업이 아닌 때에도 결손금 소급공제를 받을 수 있다. 연결납세방식을 적용하는 내국법인은 중소기업인 경우에도 결손금소급공제 규정을 적용하지 않는다. 또한 외국법인의 국내지점도 소급공제 규정을 적용하지 않는다.

2) 직전 사업연도 및 해당 사업연도의 법인세를 기한 내에 신고하였을 것

결손금이 발생한 해당 사업연도 및 직전 사업연도의 법인세 과세표준 및 세액을 신고기한 내에 신고한 경우에만 결손금소급공제를 받을 수 있다(동법 제72조 제4항). 직전 사업연도 및 해당 사업연도의 법인세를 신고하지 않거나 기한 후에 신고한 법인은 결손금소급공제를 받지 못한다. 이는 성실납세법인만 소급공제대상으로 하겠다는 의미이다.

3) 환급신청할 것

결손금 소급공제에 따른 환급을 받으려는 법인은 법인세 신고기한 내에 소급공제환급신청서를 납세지 관할 세무서장에게 제출하여야 한다(동법 제72조 제2항). 납세지 관할 세무서장은 결손금소급공제환급신청을 받으면 지체없이 환급세액을 결정하여 환급하여야 한다(동조 제3항).

(3) 소급공제 대상기간

결손금소급공제 대상기간은 직전 사업연도이다. 따라서 직전 사업연도의 소득금액에 한하여 결손금소급공제가 가능하다.

(4) 소급공제의 효과

결손금소급공제를 하면 직전 사업연도에 이미 납부한 법인세를 환급받고 소급공제된 금액만큼 결손금이 소멸한다. 결손금 중 얼마를 소급공제할 것인지는 법인의 의사에 달려 있다. 법인이 결손금소급공제환급신청서에 소급공제받을 결손금을 기재하여 제출하면, 그 금액을 소급공제하고 잔액은 이월공제한다. 실무에서는 소급공제로 돌려받기보다는 이월공제를 활용하는 것이 일반적이다.

2. 비과세소득

각 사업연도 소득 중 「공익신탁법」에 따른 공익신탁의 신탁재산에서 생기는 소득에 대하여는 각 사업연도의 소득에 대한 법인세를 과세하지 않는다(법인세법 제51조). 그밖에 조세특례제한법상 비과세소득, 예를 들어 벤처투자회사 등의 주식양도차익에 대한 비과세 등에 해당하는 경우에는 법인세를 과세하지 않는다(동법 제13조 내지 동조의4).

비과세소득은 익금항목으로 각 사업연도 소득금액을 구성하고 과세표준의 계산단계에서 공제한다. 비과세소득을 공제받기 위하여 별도로 신청을 하여야 하는 것은 아니다. 비과세소득은 해당 사업연도의 소득에서 과세되지 않는 데 그치고 비과세소득이 이월되어 공제되는 것은 아니다.[44]

법인세 과세표준을 계산함에 있어서 비과세소득과 소득공제액의 합계액이 각 사업연도 소득에서 이월결손금을 공제한 잔액을 초과하는 경우 그 초과금액은 없는 것으로 계산한다.

3. 소득공제

소득공제란 조세정책적 목적에 따라 특정 소득에 대한 법인세를 부과하지 않기 위하여 법인세 과세표준을 계산할 때 각 사업연도 소득금액에서 공제하는 것을 말한다.

44) 서울고등법원 1974. 12. 24. 선고 74구67 판결.

3-1. 유동화전문회사 등에 대한 소득공제

유동화전문회사 등은 일반법인과 달리 영업에 따른 투자수익을 그대로 주주 등에게 배당할 것을 목적으로 설립된 도관(conduit)회사에 해당하므로 그 설립목적에 따라 배당가능이익의 90퍼센트 이상을 주주 등에게 배당하는 경우 과세표준을 계산함에 있어서 그 배당금을 소득공제하여 법인세를 과세하지 않는다(법인세법 제51조의2 제1항).

3-2. 고용유지중소기업에 대한 소득공제

중소기업이 해당 과세연도의 상시근로자의 수와 1인당 시간당 임금이 감소하지 않고, 상시근로자 1인당 연간 임금총액이 직전 과세연도에 비하여 감소한 경우 일정한 금액을 법인세액에서 공제한다(법인세법 제30조의3 제1항, 제2항 및 동법 시행령 제27조의3).

II 세액의 계산

참 조

세액의 계산구조

	과세표준	
×	세율	
=	산출세액	
-	세액감면	→ 조세특례제한법상 세액감면
-	세액공제	→ 법인세법·조세특례제한법상 세액공제
+	가산세	
+	감면분추가납부세액	→ 미사용준비금으로 인한 이자상당액
=	총부담세액	
-	기납부세액	→ 원천징수세액·중간예납세액·수시부과세액
=	차감납부세액	→ 실제 납부할 세액

1. 산출세액

법인세 산출세액은 과세표준에 다음과 같은 세율을 적용하여 계산한 금액으로 한다(제55조 제1항).

참 조

세율

과세표준	세율
2억원 이하	(과세표준)금액 × 9%
2억원 초과 200억원 이하	2억원 초과액 × 19% + 1,800만원
200억원 초과 3,000억원 이하	200억원 초과액 × 21% + 37억 8천만원
3,000억원 초과	3,000억원 초과액 × 24% + 625억 8천만원

사업연도가 1년 미만인 내국법인의 각 사업연도의 소득에 대한 법인세는 다음과 같이 계산한다. 사업연도의 월수 계산에서 1개월 미만의 일수는 1개월로 한다(제55조 제2항 및 시행령 제92조).

산출세액 = (과세표준 × 12/사업연도월수) × 세율 × 사업연도월수/12

2. 세액감면

세액감면을 하는 경우 감면되는 세액은 산출세액에 감면율을 곱하여 산출한 금액으로 한다(제59조 제2항). 비과세소득에서와는 달리 세액감면을 받기 위해서는 원칙적으로 감면신청을 하여야 한다. 세액감면에 관하여 법인세법에는 규정이 없고 「조세특례제한법」에 규정이 있다. 대표적인 세액감면으로는 조세특례제한법에 따른 창업중소기업 등에 대한 세액감면(제6조), 중소기업에 대한 특별세액감면(제7조), 기술이전 및 기술취득 등에 대한 세액감면(제12조 제1항 및 제3항), 연구개발특구에 입주하는 첨단기술기업 등에 대한 법인세 등의 감면(제12조의2), 수도권 밖으로 공장 또는 본사를 이전하는 기업에 대한 세액감면(제63조, 제63조의2), 농공단지 입주기업 등에 대한 세액감면(제64조), 영농조합법인 등에 대한 법인세의 면제(제66조 내지 제68조), 외국인투자에 대한 조세 감면(제121조의2) 등이 있다.

참 조

세액감면과 세액공제의 차이

세액감면은 산출세액을 기준으로 일정한 비율에 해당하는 금액을 산출세액에서 감액하는 것이고, 세액공제는 산출세액과 관계없이 일정한 금액을 산출세액에서 공제하는 것이다. 양자의 가장 큰 차이점은 세액감면은 산출세액을 기준으로 하지만, 세액공제는 산출세액과 관계가 없다는 것이다. 세액감면은 산출세액을 기준으로 계산하기 때문에 납부할 법인세가 없는 경우 세액감면을 받는 금액이 없게 된다. 그러나 세액공제는 산출세액이 없더라도 일정 금액을 공제하고 경우에 따라 해당 세액공제액을 이월하여 공제를 받을 수 있다.

세액감면과 세액공제가 동시에 적용되는 경우 별도의 규정이 없는 한 ① 세액감면, ② 이월공제가 인정되지 않는 세액공제, ③ 이월공제가 인정되는 세액공제, ④ 사실과 다른 회계처리로 인한 경정에 따른 세액공제의 순서로 적용한다. ③과 ④의 경우에는 해당 사업연도 중에 발생한 세액공제액과 이월된 미공제액이 함께 있을 때에는 이월된 미공제액을 먼저 공제한다.

3. 세액공제

세액공제는 일정한 사유로 인하여 발생한 금액을 산출세액에서 공제하는 것을 말한다. 법인세법에 따른 외국납부세액공제, 재해손실세액공제, 사실과 다른 회계처리로 인한 경정에 따른 세액공제와 조세특례제한법에 따른 각종 투자세액공제 등이 있다. 외국납부세액공제와 투자세액공제 등은 이월공제가 허용되지만, 재해손실세액공제는 이월공제가 허용되지 않는다.

3-1. 외국납부세액공제

내국법인은 국내외를 불문하고 벌어들인 소득 모두가 법인세 과세대상이 된다. 국외의 소득에 대하여 해당 국가에서 과세가 이루어지더라도 다시 국내에서 과세가 이루어지므로 이중과세를 조정할 필요가 있다. 이러한 국제적인 이중과세를 조정하기 위한 방법으로 외국법인세액을 손금에 산입하는 방법과 세액공제하는 방법이 있다. 같은 사업연도에 일부는 손금산입하고 나머지는 세액공제하는 방법을 사용할 수는 없으나, 사업연도마다 같은 방법을 적용해야 하는 것은 아니다.

외국법인세액이 해당 사업연도의 공제한도금액을 초과하는 경우 그 초과하는 금액은 해당 사입연도의 다음 사업연도 개시일부터 10년 이내에 끝나는 각 사업연도(이월공제기간)로 이월하여 그 이월된 사업연도의 공제한도금액 내에서 공제받을 수 있다. 다만, 외국정부에 납부하였거나 납부할 외국법인세액을 이월공제기간 내에 공제받지 못한 경우 그 공제받지 못한 외국법인세액은 이월공제기간의 종료일 다음 날이 속하는 사업연도의 소득금액을 계산할 때 손금에 산입할 수 있다(법인세법 제57조 제2항). 법인세의 과세표준과 세액을 추계하는 경우에는 외국납부세액공제를 적용하지 않는다. 다만, 천재지변 등으로 장부나 그 밖의 증명서류가 멸실되어 추계하는 경우에는 그렇지 않다(동법 제68조).

3-2. 재해손실세액공제

법인이 각 사업연도 중 천재지변이나 그 밖의 재해로 인하여 자산총액의 20퍼센트 이상을 상실하여 납세가 곤란하다고 인정되는 경우에는 법인세액에 그 상실된 자산의 가액이 상실 전의 자산총액에서 차지하는 비율(자산상실비율)을 곱하여 계산한 금액을 그 세액에서 공제한다. 세액공제는 상실된 자산의 가액을 한도로 한다. 재해손실세액공제를 받으려는 법인은 과세표준신고기한까지 또는 재해발생일로부터 3개월(재해발생일 현재 미납된 법인세의 경우) 이내에 재해손실세액공제신청서를 납세지 관할 세무서장에게 제출하여 세액공제를 신청하여야 한다(법인세법 제58조 및 동법 시행령 제95조).

자산상실비율 = 상실된 자산의 가액 / 상실 전 자산총액 * 자산의 가액에는 토지의 가액을 포함하지 않는다.

3-3. 사실과 다른 회계처리로 인한 경정에 따른 세액공제

법인이 사실과 다른 회계처리를 하여 과세표준 및 세액을 과다하게 계상함으로써 경정을 청구하여 경정을 받은 경우 관할 세무서장이 과다납부한 세액을 즉시 환급하지 않고 그 경정일이 속하는 사업연도부터 각 사업연도의 법인세액에서 과다납부한 세액의 20퍼센트를 한도로 공제한다. 공제 후 남아 있는 과다납부한 세액은 이후 사업연도에 이월하여 공제한다(법인세법 제58조의3 제1항).

3-4. 조세특례제한법상 세액공제

상생협력을 위한 기금 출연에 대한 세액공제(제8조의3), 연구 및 인력개발비 세액공제(제10조), 경력단절 여성 고용 기업 등에 대한 세액공제(제29조의3), 근로소득을 증대시킨 기업에 대한 세액공제(제29조의4), 고용을 증대시킨 기업에 대한 세액공제(제29조의7), 정규직 근로자로의 전환에 따른 세액공제(제30조의2), 고용유지중소기업 등에 대한 과세특례(제30조의3), 중소기업 사회보험료 세액공제(제30조의4), 전자신고 등에 대한 세액공제(제104조의8) 등이 있다.

4. 감면분 추가납부세액

종전에 손금에 산입했던 금액을 익금에 산입하는 경우 익금산입한 금액에 대한 법인세액 및 이자상당액을 추가로 납부하여야 하고, 종전에 법인세를 감면 내지 공제받았으나 이후 감면 내지 공제의 요건을 충족하지 못하는 경우 세액공제액 및 이자상당액을 추가로 납부하여야 한다. 이를 감면분 추가납부세액이라고 한다.

제4절 신고 및 납부

I 신고

1. 과세표준과 세액의 신고

법인은 각 사업연도의 종료일이 속하는 달의 말일부터 3개월 이내에 그 사업연도의 소득에 대한 법인세의 과세표준과 세액을 납세지 관할 세무서장에게 신고하여야 한다(법인세법 제60조 제1항). 다만, 「주식회사 등의 외부감사에 관한 법률」에 따라 감사인에 의한 감사를 받아야 하는 법인이 해당 사업연도의 감사가 종결되지 않아 결산이 확정되지 않았다는 사유로 신고기한의 연장을 신청한 경우에는 그 신고기한을 1개월의 범위에서 연장할 수 있다(동조 제7항). 각 사업연도의 소득금액이 없거나 결손금이 있는 법인의 경우에도 납부의무는 없으나 위 기간 내에 신고를 해야 하는 의무는 있다(동조 제3항).

법인세 과세표준 및 세액을 신고할 때에는 각 사업연도의 소득에 대한 법인세의 과세표준과 세액 및 그 밖에 필요한 사항을 적은 법인세 과세표준 및 세액신고서로 하여야 한다(동법 시행령 제97조 제1항 및 제2항). 신고서에서 재무상태표, 포괄손익계산서 및 이익잉여금처분계산서(또는 결손금처리계산서), 법인세 과세표준 및 세액조정계산서를 반드시 첨부하여야 한다(동법 제60조 제4항 및 시행령 제97조 제5항, 제6항). 신고를 할 때 신고서에 필수적 첨부서류를 첨부하지 않은 경우에는 법인세법에 따른 신고로 보지 않는다. 다만, 수익사업을 하지 않는 비영리내국법인은 그렇지 않다(동법 제60조 제5항). 현금흐름표, 세무조정계산서 부속서류 등 임의적 첨부서류는 첨부하지 않더라도 특별한 불이익은 없다.

2. 성실신고확인서 제출

2-1. 의의

부동산임대업을 주된 사업으로 하는 소규모 법인 또는 성실신고확인대상 개인사업자가 법인으로 전환한 경우 그 법인은 성실한 납세를 위하여 법인세의 과세표준과 세액을 신고할 때 비치·기록된 장부와 증명서류에 의하여 계산한 과세표준금액의 적정성을 세무사, 세무법인 또는 회계법인이 확인하고 작성한 성실신고확인서를 납세지 관할 세무서장에게 제출하여야 한다. 다만, 「주식회사 등의 외부감사에 관한 법률」 제4조에 따라 감사인에 의한 감사를 받은 법인은 이를 제출하지 않을 수 있다(법인세법 제60조의2 제1항). 성실신고확인대상 법인은 성실신고를 확인하는 세무사 등을 선임하여 각 사업연도의 종료일이 속하는 달의 말일부터 2개월 이내에 관할 세무서장에게 신고하여야 한다.

2-2. 성실신고확인에 대한 지원

(1) 법인세 신고·납부기한 연장

성실신고확인대상 법인이 성실신고확인서를 제출하는 경우 신고·납부기한이 1개월 연장되어 법인세의 과세표준과 세액을 각 사업연도의 종료일이 속하는 달의 말일부터 4개월 이내에 납세자 관할 세무서장에 신고·납부하면 된다(법인세법 제60조 제1항).

(2) 성실신고확인비용에 대한 세액공제

성실신고확인서를 제출하는 경우 성실신고확인에 직접 사용한 비용의 60퍼센트에 해당하는 금액을 해당 과세연도의 법인세에서 공제한다. 다만, 150만원을 공제세액의 한도로 한다(조세특례제한법 제126조의6 제1항 및 동법 시행령 제121조의6 제1항 제2호).

2-3. 성실신고확인의무 위반에 대한 제재

(1) 성실신고확인서 제출 불성실 가산세

성실신고확인대상인 법인이 각 사업연도의 종료일이 속하는 달의 말일부터 4개월 이내에 성실신고확인서를 납세지 관할 세무서장에게 제출하지 않는 경우에는 법인세 산출세액의 5퍼센트에 해당하는 금액과 수입금액의 0.02퍼센트에 해당하는 금액 중 큰 금액을 가산세로 해당 사업연도의 법인세액에 더하여 납부하여야 한다(법인세법 제75조 제1항). 성실신고확인 제출 불성실 가산세는 산출세액이 없는 경우에도 적용한다(동조 제3항).

(2) 세무조사

성실신고확인서의 제출 등 납세협력의무를 이행하지 않는 경우에는 세무조사의 대상으로 선정될 수 있다(국세기본법 제81조의6 제3항 제1호).

(3) 성실신고확인자(세무대리인)에 대한 제재

추후 세무조사 등을 통하여 성실신고확인 세무대리인이 확인을 제대로 하지 못한 사실이 밝혀지는 경우 성실신고확인 세무대리인에게 징계 등의 제재가 가해질 수 있다.

II 납부

법인은 해당 사업연도의 소득에 대한 과세표준에 세율을 적용하여 계산한 법인세 산출세액에서 해당 사업연도의 감면세액·공제세액, 중간예납세액, 원천징수세액 등을 공제한 금액을 각 사업연도의 소득에 대한 법인세로 신고기한까지 관할 세무서에 납부하여야 한다(법인세법 제64조 제1항).

1. 분납

납부할 세액이 1천만원을 초과하는 경우에는 납부할 세액의 일부를 납부기한이 지난 날부터 1개월(중소기업의 경우에는 2개월) 이내에 분납할 수 있다(법인세법 제64조 제2항). 다만, 가산세와 감면분 추가납부세액은 분납대상 세액에서 제외한다. 분납할 수 있는 세액은 납부할 세액이 2천만원 이하인 경우에는 1천만원을 초과하는 금액이고, 납부할 세액이 2천만원을 초과하는 경우에는 그 세액의 50퍼센트 이하의 금액이다(법인세법 시행령 제101조 제2항).

사 례

중소기업 A가 납부할 법인세액이 3,000만원(가산세 200만원 포함)일 경우 분납할 수 있는 세액 및 납부기한은 다음과 같다.
분납대상 세액은 2,800만원(= 3,000만원 - 200만원)이고, 분납할 수 있는 세액은 1,400만원(= 2,800만원 × 50%)이다. 따라서 A는 3. 31.까지 1,600만원을 납부하고, 5. 31.까지 1,400만원을 납부하면 된다.

2. 중간예납

2-1. 의의

사업연도의 기간이 6개월을 초과하는 법인은 각 사업연도 중 중간예납기간에 대한 법인세액(중간예납세액)을 납부할 의무가 있다. 미리 납부한 중간예납세액은 나중에 법인세 납부를 할 때 기납부세액으로 차감한다. 중간예납제도는 납부해야 할 법인세의 일부를 중간에 미리 납부하는 제도로서 신고제도가 아니라 납부제도에 해당한다. 따라서 만약 중간예납의무가 있는 법인이 중간예납세액을 납부하지 않는 경우에는 신고불성실 가산세는 부과되지 않고 납부불성실 가산세만 부과된다. 종합소득세의 중간예납은 과세관청이 중간예납세액을 고지하여 징수하여야 하지만(소득세법 제65조 제1항), 법인세의 중간예납은 납세의무자가 자진하여 납부하여야 한다는 점에서 차이가 있다.

2-2. 중간예납기간 및 분납

중간예납기간은 해당 사업연도의 개시일부터 6개월이 되는 날까지로 하고(법인세법 제63조 제2항), 법인은 중간예납기간이 지난 날부터 2개월 이내에 중간예납세액을 납부하여야 한다(동조 제3항). 예를 들어, 12월말 결산법인의 경우 1. 1.부터 6. 30.까지를 중간예납기간으로 하고, 2개월 이내인 8. 31.까지 중간예납세액을 납부하여야 한다. 또한 납부할 중간예납세액이 1천만원을 초과하는 경우에는 납부할 세액의 일부를 납부기한이 지난 날부터 1개월(중소기업의 경우에는 2개월) 이내에 분납할 수 있다(동조 제4항).

2-3. 중간예납의무 있는 법인

중간예납의무가 있는 법인은 사업연도의 기간이 6개월을 초과하는 법인이다. 다만, 학교법인, 중간예납세액이 30만원 미만인 법인, 새로 설립된 법인, 중간예납기간 중 휴업 등의 사유로 사업수입금액이 없는 법인, 국내사업장이 없는 외국법인, 청산법인은 중간예납의무가 없다(법인세법 제63조 제1항).

2-4. 중간예납세액의 계산

(1) 계산방법의 선택

중간예납세액은 다음의 어느 하나의 방법을 선택하여 계산한다(법인세법 제63조의2 제1항).

1) 직전 사업연도의 산출세액을 기준으로 하는 방법

중간예납세액 = [직전 사업연도의 법인세 산출세액 – (직전 사업연도의 감면된 법인세액 + 직전 사업연도의 원천징수세액)] × (6/직전 사업연도 개월 수)

* 법인세 산출세액에는 가산세를 포함하고, 감면된 법인세액에는 소득공제금액은 제외한다.
** 직전 사업연도 개월 수는 역에 따라 계산하되, 1개월 미만의 일수는 1개월로 한다.

2) 해당 중간예납기간의 법인세액을 기준으로 하는 방법

중간예납세액 = 중간예납기간의 법인세액 – (중간예납기간에 감면된 법인세액 + 중간예납기간에 납부한 원천징수세액)

* 중간예납기간의 법인세액 = (중간예납기간의 과세표준 × 12/6 × 세율) × 6/12
** 감면된 법인세액에는 소득공제금액은 제외한다.

(2) 계산방법의 법정

중간예납의 납부기한까지 중간예납세액을 납부하지 않는 경우에는 직전 사업연도의 산출세액을 기준으로 중간예납세액을 계산한다(법인세법 제63조의2 제2항 제1호). 그러나 직전 사업연도의 법인세로서 확정된 산출세액이 없는 경우, 해당 중간예납기간 만료일까지 직전 사업연도의 법인세액이 확정되지 않은 경우, 분할신설법인 또는 분할합병의 상대방 법인의 분할 후 최초의 사업연도인 경우에는 해당 중간예납기간의 법인세액을 기준으로 중간예납세액을 계산한다(동항 제2호).

3. 세액의 결정·경정

3-1. 의의

법인세의 과세표준과 세액은 법인의 신고에 의하여 확정된다(법인세법 제60조). 그러나

법인이 신고기한까지 법인세 과세표준과 세액을 신고하지 않는 경우에는 납세지 관할 세무서장 또는 관할 지방국세청장이 법인세 과세표준과 세액을 결정하고(동법 제66조 제1항), 법인이 신고는 하였으나 신고내용에 오류 또는 누락 등이 있는 경우에는 납세지 관할 세무서장 등은 그 법인세 과세표준과 세액을 경정한다(동조 제2항).

3-2. 결정·경정의 방법

(1) 실지조사의 원칙

납세지 관할 세무서장 또는 관할 지방국세청장은 법인세의 과세표준과 세액을 결정 또는 경정하는 경우에는 장부나 그 밖의 증명서류를 근거로 하여야 한다(법인세법 제66조 제3항 본문). 즉, 과세표준과 세액을 결정·경정하는 방법은 실지조사가 원칙이다.

(2) 추계조사에 의한 결정·경정

장부나 그 밖의 증명서류가 없거나 시설규모 등에 비추어 허위임이 명백하여 소득금액을 계산할 수 없는 경우에는 과세표준과 세액을 추계할 수 있다(동항 단서). 즉, 실지조사에 의하여 소득금액을 계산할 수 없는 경우에는 추계에 의하여 과세표준과 세액을 결정·경정할 수 있다. 추계의 방법은 다음과 같다.

1) 기준경비율에 의한 추계방법

사업수입금액에서 나음의 금액을 공제한 금액을 과세표준으로 하여 세액을 결정 또는 경정하는 방법이다(시행령 제104조 제2항 제1호).

> **과세표준 = 사업수입금액 − [매입비용 + 임차료 + 인건비 + (사업수입금액 × 기준경비율)]**
>
> * 매입비용에는 사업용 유형자산 및 무형자산의 매입비용 제외하고, 임차료는 사업용 자산에 대한 임차료를 말한다.

2) 동업자권형에 의한 추계방법

기준경비율이 결정되지 않았거나 천재지변 등으로 장부나 그 밖의 증명서류가 멸실된 경우 기장이 가장 정확하다고 인정되는 동일업종의 다른 법인의 소득금액을 고려하여 과세표준을 결정·경정하는 방법이다(동법 시행령 제104조 제2항 제2호).

3) 소기업이 폐업한 경우의 추계방법

소기업이 폐업한 경우에는 다음과 같이 계산한 금액 중 적은 금액을 과세표준으로 하여 결정·경정하는 방법이다(동법 시행령 제104조 제2항 제3호 및 동법 시행규칙 제53조 제2항 제3호). 소기업은 조세특례제한법에 따른 중소기업 중 주된 업종별 평균매출액이 「중소기업기본법 시행령」 별표 3의 기준 이내인 기업을 말한다(조세특례제한법 제7조 제1항 제2호 가목 및 동법 시행령 제6조 제5항).

Min[①, ②, ③]
① 사업수입금액 – (사업수입금액 × 단순경비율)
② 사업수입금액 × 직전 사업연도의 소득률
③ 기준경비율에 의한 추계방법에 따라 계산한 금액

법인의 각 사업연도의 사업수입금액을 장부나 그 밖의 증명서류에 의하여 계산할 수 없는 경우 사업수입금액은 동업자권형, 영업효율, 생산수율, 국세청장이 정하는 기준, 입회조사 중 어느 하나의 방법으로 계산한 금액으로 한다(동법 시행령 제105조 제1항). 법인세 과세표준과 세액을 추계하는 경우 이월결손금공제와 외국납부세액공제를 적용하지 않는다. 다만, 천재지변 등으로 장부나 그 밖의 증명서류가 멸실되어 동업자권형방법에 의하여 추계하는 경우에는 그렇지 않다(동법 제68조 및 동법 시행령 제107조).

소득세법

제1절 총설

I 의의

1. 개념 및 특징

1-1. 개념

소득세는 개인이 얻은 소득에 대하여 일정한 세율을 곱하여 과세하는 조세를 말한다. 소득세는 개인의 소득을 과세대상으로 한다는 점에서 법인의 소득을 과세대상으로 하는 법인세와 구별된다. 소득세는 인적 공제제도와 누진세율구조를 통하여 소득재분배의 기능을 수행한다. 그리하여 소득세는 내재적 경기조절 능력을 가진다. 경기가 과열되었을 때에는 세수를 올려 경기를 억제하는 효과가 생기고, 경기가 침체되었을 때에는 세수를 감소시켜 경기를 촉진하는 효과가 생긴다. 특히 원천징수제도와 예납제도는 소득의 발생 시점과 세액 납부 시점과의 차이를 단축시킴으로써 경기조절기능을 강화하는 요인으로 작용한다.

1-2. 소득세의 특징

(1) 열거주의 과세방식

과세방식에는 세법에 열거하지 않은 소득에 대해서도 세금을 부과할 수 있는 포괄주의와 세법에서 과세대상으로 열거한 소득만을 과세대상으로 하는 열거주의가 있다. 소득세는 열거주의 과세방식을 채택하고 있다. 소득세법에서는 소득을 그 발생원천에 따라 이자소득, 배당소득, 사업소득, 근로소득, 연금소득, 기타소득, 퇴직소득, 양도소득의 8가지로 구분하여 제한적으로 열거하고 이에 대하여만 과세를 한다. 다만, 이자소득과 배당소득에서는 이자 또는 배당과 유사한 소득에 대하여 법률에서 열거하고 있지 않더라도 과세대상으로 하는 유형적 포괄주의를 채택하고 있다.

판례는 소득세법에서는 과세대상 소득을 그 원천 또는 성격에 따라 구분하여 열거하고 있으므로 소득세법이 열거하지 않은 소득은 과세대상이 아니며, 어느 개인에게 소득이 발생하였더라도 그 소득이 소득세법에 열거된 소득에 해당하지 않으면 소득세 납세의무가 성립하지 않는다고 한다. 따라서 어느 소득이 소득세 과세대상인지 여부가 다투어지는 경우 특별한 사정이 없는 한 과세를 주장하는 자가 해당 소득이 소득세법에 열거된 특정 과세대상 소득에 해당한다는 점까지 주장·증명하여야 한다고 한다.[45]

(2) 개인단위 과세방식

소득세는 개인단위로 과세가 이루어진다. 원칙적으로 개인을 단위로 하여 소득세를 과세하며 부부 또는 가족의 소득을 합산하여 과세하지 않는다. 다만, 조세회피목적 공동사업장의 경우에는 가족단위로 과세가 이루어진다.

(3) 신고납세주의

소득세는 신고납세주의방식을 취하고 있다. 납세의무자가 과세기간의 다음 해 5. 1.부터 5. 31.까지 관할세무서에 과세표준과 세액을 신고함으로써 소득세의 납세의무가 확정된다.

(4) 원천징수제도

원천징수는 소득을 지급하는 사람(원천징수의무자)이 그 소득을 지급받는 사람(원천납세의무자)이 부담하는 조세를 과세관청을 대신하여 징수하고 납부하는 조세징수방법을 말한다. 원천징수대상 소득을 지급하는 사람은 원칙적으로 개인·법인을 불문하고 사업자인지 여부와 관계없이 그리고 별도의 절차 없이 원천징수의무를 부담한다. 소득세의 납세의무자는 그 수가 대단히 많고 사업자가 아닌 사람도 상당수 포함되어 있다. 그리하여 소득세법에서는 조세의 탈루를 최소화하고 납세편의를 도모하기 위하여 원천징수제도를 광범위하게 활용하고 있다.

45) 대법원 2022. 3. 31. 선고 2018다286390 판결.

소득세법상 원천징수대상 소득으로는 이자소득, 배당소득, 근로소득, 연금소득, 기타소득, 퇴직소득이 있다(소득세법 제127조 제1항). 국내에서 거주자나 비거주자에게 원천징수대상 소득을 지급하는 사람은 그 거주자나 비거주자에 대한 소득세를 원천징수하여 다음 달 10일까지 과세관청에 납부하여야 한다(동법 제128조 제1항). 사업소득은 원칙적으로는 원천징수의 대상이 되지 않지만, 의료보건용역과 저술가·연예인·직업운동선수 등 직업상 제공하는 인적 용역의 공급에서 발생하는 사업소득 등은 예외적으로 원천징수의 대상이 될 수 있고(동법 시행령 제184조 제1항), 양도소득은 원천징수의 대상이 되지 않는다.

참 조

원천징수제도의 유형

원천징수제도의 유형에는 완납적 원천징수와 예납적 원천징수가 있다. 완납적 원천징수는 원천징수만으로 과세가 종결되는 경우이고 예납적 원천징수는 추후의 확정신고·납부를 전제로 예납적으로 징수가 이루어지는 경우이다. 예납적 원천징수의 경우에는 원천징수를 하더라도 원천징수하기 전의 소득을 신고하고 원천징수액은 기납부세액으로 공제한다. 현행법상 원천징수는 예납적 원천징수가 원칙이고, 완납적 원천징수로는 일용근로자의 근로소득에 대한 원천징수, 이자소득과 배당소득의 합계액이 종합과세기준금액 이하인 경우의 이자소득과 배당소득에 대한 원천징수 등이 있다.

(5) 누진과세, 인적 공제 및 원천별 차별과세

소득세는 개인에게 과세되는 것이므로 부담능력에 따른 과세와 소득재분배기능이 강조된다. 그리하여 소득세법에서는 (초과)누진세율[46]을 채택하고 있으며, 납세의무자의 부양가족 등 인적 사정을 감안하여 소득공제를 하는 인적 공제제도를 두고 있다. 또한 소득의 크기가 같더라고 그 종류에 따라 담세력이 다르기 때문에 소득종류별로 차별적인 취급을 하고 있다. 예를 들어, 양도소득은 중과세하는 반면에 근로소득에 대해서는 세 부담을 경감하는 각종 제도를 운용하고 있다.

46) 누진세율에는 단순누진세율과 초과누진세율이 있다. 단순누진세율은 가장 높은 구간의 누진세율을 과세표준의 전체에 대하여 적용하는 방법이고, 초과누진세율은 각 소득구간별로 해당 누진세율을 곱한 후 이를 합산하여 전체 세액을 구하는 방법이다. 초과누진세율은 단순누진세율에 의하면 각 과세단계의 경계부근에 위치하는 한계소득자의 세 부담이 불리해지는 문제점을 해소하기 위하여 고안된 세율구조이다. 그리하여 일반적으로 초과누진세율을 적용하고 있으며, 우리나라 소득세법에서도 초과누진세율을 채택하고 있다.

2. 소득세 과세방법

2-1. 종합과세

소득의 원천이나 소득의 종류와 관계없이 모든 소득을 종합하여 누진세율에 의하여 과세하는 방식이다. 소득세법에서는 이자소득, 배당소득, 사업소득, 근로소득, 연금소득, 기타소득에 대하여 1년 단위로 종합 합산하여 누진세율을 적용하여 과세한다.

2-2. 분류과세

소득을 개별 발생원천별로 분류하고 각 소득원천에 따라 단일 또는 복수의 비례세율을 적용하여 과세하는 방식이다. 소득세법에서는 퇴직소득과 양도소득은 종합소득과 합산하지 않고 별도로 분류하여 과세한다. 퇴직소득과 양도소득은 장기간에 걸쳐 발생하는 소득으로서 종합과세하게 되면 누진 과세되어 결집효과가 발생할 우려가 있기 때문이다. 결집효과란 오랜 기간에 걸쳐 발생한 소득을 한꺼번에 과세함으로써 세 부담이 급증하는 효과를 말한다.

2-3. 분리과세

일정한 소득에 대하여 종합과세하지 않고 소득이 지급될 때 소득세를 원천징수함으로써 과세가 종결되는 방식이다. 이 경우의 원천징수는 완납적 원천징수이다. 소득세법에서는 종합소득으로 합산하여 과세되는 소득 중에서 이자소득, 배당소득, 일용근로자의 근로소득, 연금소득, 기타소득에 대하여 분리과세를 채택하고 있다. 예를 들어, 이자소득과 배당소득을 합한 금융소득의 합계액이 2,000만원 이하인 경우에는 소득세를 원천징수함으로써 과세가 종결되는데. 이때 이자소득이나 배당소득을 지급하는 사람이 세금을 원천징수하여 과세관청에 내는 것을 분리과세라고 한다.

3. 종합소득세 계산구조

3-1. 종합소득금액

이자소득, 배당소득, 사업소득, 근로소득, 연금소득, 기타소득은 종합 합산하여 누진세율을 적용하여 과세한다. 먼저 이자소득금액, 배당소득금액, 사업소득금액, 근로소득금액, 연금소득금액, 기타소득금액을 계산하고 이를 합산한 금액이 종합소득금액이다. 이자소득은 총수입금액이 이자소득금액이 되고, 배당소득은 총수입금액에 귀속법인세(또는 배당가산액)을 합한 금액이 배당소득금액이 된다. 사업소득과 기타소득에서는 총수입금액에서 필요경비를 공제한 금액이 사업소득금액과 기타소득금액이 된다. 근로소득과 연금소득에서는 각각 총급여액과 총연금액에서 근로소득공제와 연금소득공제를 한 금액이 근로소득금액과 연금소득금액이 된다.

이자소득 :	총수입금액	= 이자소득금액
배당소득 :	총수입금액 + 귀속법인세	= 배당소득금액
사업소득 :	총수입금액 - 필요경비	= 사업소득금액
근로소득 :	총급여액 - 근로소득공제	= 근로소득금액
연금소득 :	총연금액 - 연금소득공제	= 연금소득금액
기타소득 :	총수입금액 - 필요경비	= 기타소득금액

종합소득금액
= 이자소득금액 + 배당소득금액 + 사업소득금액 + 근로소득금액 + 연금소득금액 + 기타소득금액

3-2. 종합소득산출세액

종합소득금액에서 종합소득공제 및 조세특례제한법상 소득공제를 하여 종합소득과세표준을 계산하고 여기에 세율을 적용하여 종합소득산출세액을 산정한다.

	종합소득금액
-	종합소득공제
=	종합소득과세표준
×	기본세율
=	종합소득산출세액

참 조

종합소득공제

구분		내용
인적공제	기본공제	1인당 150만원
	추가공제	장애인공제, 경로우대공제, 부녀자공제, 한부모공제
연금보험료공제		공적연금(국민연금 등)보험료 전액 공제
주택담보노후연금 이자비용공제		Min[해당 과세기간 발생 이자비용, 200만원]
특별소득공제		보험료공제(건강·고용·노인장기요양보험), 주택자금(청약금·임차금·차입금)공제
조세특례제한법상 소득공제		신용카드 등의 소득공제 등

3. 소득세율

종합소득에 대한 세율은 다음과 같다.

과세표준	일반적인 경우
1,400만원 이하	(과세표준)금액 × 6%
1,400만원 초과 5,000만원 이하	1,400만원 초과액 × 15% + 84만원
5,000만원 초과 8,800만원 이하	5,000만원 초과액 × 24% + 624만원
8,800만원 초과 1억5천만원 이하	8,800만원 초과액 × 35% + 1,536만원
1억5천만원 초과 3억원 이하	1억5천만원 초과액 × 38% + 3,706만원
3억원 초과 5억원 이하	3억원 초과액 × 40% + 9,406만원
5억원 초과 10억원 이하	5억원 초과액 × 42% + 1억7,406만원
10억원 초과	10억원 초과액 × 45% + 3억8,406만원

사 례

개인사업자 A의 과세표준이 6,000만원일 경우 산출세액은 678만원이다.
(1,400만원 × 6%) + (3,600만원 × 15%) + (1,000만원 × 24%) = 1,000만원(= 6,000만원 – 5,000만원) × 24% + 624만원 = 864만원

Ⅱ 납세의무자, 과세기간 및 납세지

1. 납세의무자

1-1. 거주자와 비거주자

(1) 개인

거주자 또는 국내원천소득이 있는 비거주자는 소득세 납세의무를 진다(소득세법 제2조 제1항). 거주자란 국내에 주소를 두거나 183일 이상의 거소를 둔 개인을 말하고(제1조의2 제1항 제1호), 비거주자란 거주자가 아닌 개인을 말한다(동항 제2호). 거주자는 국내외 모든 소득에 대해서 소득세 납세의무를 진다(무제한 납세의무). 그러나 비거주자는 국내원천소득에 대해서만 소득세 납세의무를 진다(제한납세의무, 동조 제2항).

(2) 법인 아닌 단체

법인 아닌 단체 중 국세기본법에 따른 법인으로 보는 단체 외의 법인 아닌 단체는 국내에 주사무소 또는 사업의 실질적 관리장소를 둔 경우에는 거주자로, 그 밖의 경우에는 비거주자로 보아 소득세법을 적용한다. 즉, 법인 아닌 단체가 거주자 또는 비거주자로서 소득세 납세의무를 부담하고 법인 아닌 단체의 소득이 대표자 또는 관리인의 소득으로 합산되지 않는다(소득세법 제2조 제3항 본문). 법인이 아닌 단체에 대해서도 사회적 실체로서 독립적인 경제활동을 하는 경우 그에 따른 납세의무를 인정한 것이다. 국세기본법에 따른 법인으로 보는 단체 외의 법인 아닌 단체로는 종중, 학교동창회, 상가번영회, 미인가 주택조합 등이 있다.

그러나 다음 중 어느 하나에 해당하는 경우에는 법인 아닌 단체의 각 구성원별로 소득세 또는 법인세(해당 구성원이 법인세법에 따른 법인인 경우)를 납부할 의무를 진다(소득세법 제2조 제3항 단서). 즉, 법인 아닌 단체의 소득을 각 구성원별로 분배하고 각각의 구성원이 각자의 다른 소득과 합산하여 세액을 계산한다.

① 구성원 간 이익의 분배비율이 정하여져 있고 해당 구성원별로 이익의 분배비율이 확인되는 경우 ② 구성원 간 이익의 분배비율이 정하여져 있지 않으나 사실상 구성원별로 이익이 분배되는 것으로 확인되는 경우

사 례

정선 전씨 종친회(법인으로 보는 단체로 승인을 받지 않은 법인 아닌 단체)에 소득이 있는 경우 이익의 분배비율이 정해져 있지 않다면 종친회의 소득으로 보고 종친회에 소득세가 과세되지만, 이익의 분배비율이 정해져 있다면 구성원별로 그 이익의 분배비율에 따라 각각의 소득으로 귀속되고 구성원 각자의 다른 소득과 합산하여 소득세가 과세된다.

1-2. 원천징수하는 소득세의 납부의무

① 거주자, ② 비거주자, ③ 내국법인, ④ 외국법인의 국내지점 또는 국내영업소(출장소, 그 밖에 이에 준하는 것을 포함)는 원천징수한 소득세를 납부할 의무가 있다(소득세법 제2조 제2항). 원천징수되는 소득으로서 종합소득에 합산되지 않는 소득, 즉 완납적 원천징수의 대상이 되는 분리과세소득에 대하여 해당 소득이 귀속되는 사람(원천납세의무자)이 소득세 납세의무를 부담한다(동법 제2조의2 제4항).

2. 과세기간 및 납세지

2-1. 과세기간

소득세의 과세기간은 1월1일부터 12월31일까지 1년으로 한다(소득세법 제5조 제1항). 정관 등으로 사업연도의 선택이 가능한 법인과는 달리 개인은 임의로 과세기간을 설정할 수 없으며 1월1일부터 12월31일까지 1년을 과세기간으로 한다. 과세기간 중에 취업 또는 퇴직하거나 사업을 개시 또는 폐업함으로써 소득발생기간이 1년에 미달하더라도 과세기간은 동일하다. 다만, 거주자가 사망한 경우에는 1월1일부터 사망일까지 과세기간이 되고(동조 제2항), 거주자가 주소 또는 거소를 국외로 이전하여 비거주자가 되는 경우에는 1월1일부터 출국한 날까지 과세기간이 된다(동조 제3항).

2-2. 납세지

소득세의 납세지란 납세의무자가 소득세에 관한 신고·납부 등의 행위를 하고 과세관청이 납세의무자에 대한 소득세의 결정·경정 및 징수 등의 처분을 하는 경우에 관할 과세관청을 정하는 기준이 되는 장소를 말한다.

(1) 거주자의 납세지

거주자의 소득세 납세지는 그 주소지로 한다. 다만, 주소지가 없는 경우에는 그 거소지로 한다(소득세법 제6조 제1항).

(2) 비거주자의 납세지

비거주자의 소득세 납세지는 국내사업장의 소재지로 한다. 다만, 국내사업장이 둘 이상 있는 경우에는 주된 국내사업장의 소재지로 하고, 국내사업장이 없는 경우에는 국내원천 소득이 발생하는 장소로 한다(소득세법 제6조 제2항). 국내에 둘 이상의 사업장이 있는 경우 그 주된 사업장을 판단하기가 곤란한 때에는 당해 비거주자가 납세지로 신고한 장소를 납세지로 한다(동법 시행령 제5조 제1항 제2호). 비거주자가 납세지로 신고를 하지 않은 경우에는 소득상황 및 세무관리의 적정성 등을 참작하여 국세청장 또는 관할 지방국세청장이 지정하는 장소를 납세지로 한다(동항 제4호).

(3) 원천징수하는 소득세의 납세지

1) 원천징수자가 거주자인 경우

원천징수자가 거주자인 경우 원천징수하는 소득세의 납세지는 거주자의 주된 사업장 소재지로 한다(소득세법 제7조 제1항 제1호).

2) 원천징수자가 비거주자인 경우

원천징수자가 비거주자인 경우 원천징수하는 소득세의 납세지는 비거주자의 주된 국내사업장 소재지로 한다(소득세법 제7조 제1항 제2호).

3) 원천징수자가 법인인 경우

원천징수자가 법인인 경우 원천징수하는 소득세의 납세지는 그 법인의 본점 또는 주사무소의 소재지로 한다(소득세법 제7조 제1항 제3호). 그러나 원천징수자가 법인인 경우로서 그 법인의 지점, 영업소 등 사업장이 독립채산제에 따라 독자적으로 회계사무를 처리하는 경우에는 지점, 영업소 등 사업장의 소재지(그 사업장의 소재지가 국외에 있는 경우는 제외)를 납세지로 한다(동항 제4호 본문).

사 례

대전시 서구 둔산동에 있는 식당에서 주인의 주소지는 동구 용전동이고 종업원의 주소지는 대덕구 오정동인 경우 식당 주인의 사업소득의 납세지는 동구 용전동, 종업원의 근로소득의 납세지는 대덕구 오정동, 종업원으로부터 원천징수한 소득세의 납세지는 서구 둔산동이다. 따라서 관할 세무서는 식당 주인의 사업소득은 대전세무서, 종업원의 근로소득은 북대전세무서, 원천징수한 소득세는 서대전세무서이다.

* 대전세무서는 대전광역시 중구와 동구, 충청남도 금산군을 관할하고, 북대전세무서는 대전광역시 유성구와 대덕구를 관할하며, 서대전세무서는 대전광역시 서구를 관할한다.

소득의 범위와 소득금액 계산

I 금융소득

1. 금융소득의 범위

1-1. 이자소득의 범위

(1) 예금의 이자

국내·외에서 받는 예금(적금·부금·예탁금과 우편대체를 포함)의 이자(소득세법 제16조 제1항 제3호 및 제7호), 「상호저축은행법」에 의한 신용계 또는 신용부금으로 인한 이자(동항 제4호)는 이자소득에 해당한다.

(2) 채권(債券) 또는 증권의 이자와 할인액

국가, 지방자치단체, 법인(내·외국법인, 외국법인의 국내지점 또는 국내영업소를 포함)이 발행한 채권 또는 증권의 이자와 할인액(소득세법 제16조 제1항 제1호, 제2호, 제5호, 제6호)은 이자소득에 해당한다. 할인액은 발행가액 또는 매각가액과 액면가액의 차액을 말한다. 그러나 국채, 「한국산업은행법」에 따른 산업금융채권, 「예금자보호법」에 따른 예금보험기금채권과 예금보험기금채권상환기금채권, 「한국은행법」에 따른 한국은행통화안정증권을 공개시장에서 통합발행[47]하는 경우 해당 채권의 매각가액과 액면가액의 차액은 이자 및 할인액에 포함하지 않는다(동법 시행령 제22조의2 제2항).

47) 통합발행이란 일정 기간 발행할 채권의 표면금리와 만기 등 발행조건을 통일하여 발행하는 것을 말한다. 발행 시점이 달라도 표면금리와 만기 등을 단일화하여 동일 종목으로 통합 발행함으로써 종목당 발행 규모를 대형화하여 국채 등의 유동성을 제고하기 위한 것이다.

사 례

액면가액 10,000원이고 만기 1년에 액면(표면)이자율 5%인 회사채를 발행 당시 9,800원에 매입하고 만기에 이자를 포함하여 10,500원을 수령한 경우 액면(표면)이자 500원과 할인액 200원을 합한 700원이 이자소득에 해당한다. 그러나 국채를 통합발행한 경우에는 액면(표면)이자 500원만 이자소득이고 할인액 200원은 이자소득이 아니다.

(3) 환매조건부(Repurchase Agreements) 채권 또는 증권의 매매차익

환매조건부 채권 또는 증권의 매매차익은 약정이자의 성격을 갖고 있으므로 이자소득으로 과세한다(소득세법 제16조 제1항 제8호). 환매조건부 채권 또는 증권이란 금융기관이 일정 기간 경과 후 확정금리를 지급하고 다시 사는 조건으로 발행하는 채권 또는 증권을 말한다. 그러나 환매조건부(RP)가 아닌 일반 채권이나 증권의 매매차익은 과세대상이 되지 않는다.[48] 일반 채권이나 주식에 대한 투자의 대가, 즉 이자와 할인액 또는 배당금에 대하여는 각각 이자소득과 배당소득이 과세되나, 일반 채권이나 주식의 매매차익은 과세되지 않는다.

(4) 저축성보험의 보험차익

저축성보험의 보험차익은 이자소득으로 과세한다(소득세법 제16조 제1항 제9호 본문). 저축성보험이란 만기에 받는 보험금 또는 중도해약 환급금이 납입보험료를 초과하는 보험을 말한다. 만기에 받는 보험금 또는 중도해약 환급금이 납입보험료를 초과하지 않는 보험을 보장성보험이라고 한다. 보장성보험은 저축이나 투자목적의 보험이 아니므로 그 보험차익에 대하여 이자소득으로 과세하지 않는다. 다만, 사업과 관련되면 사업소득으로 과세된다. 사업과 관련된 보장성보험의 납입보험료는 비용으로 인정되므로 수익과 비용 대응의 원칙에 따라 그 보험차익은 과세대상이 된다.

보험차익은 보험계약에 따라 만기 또는 보험의 계약기간 중에 받는 보험금 또는 계약기간 중도에 해당 보험계약이 해지됨에 따라 받는 환급금에서 납입보험료를 뺀 금액을 말한다. 그러나 ① 보험유지기간(최초로 보험료를 납입한 날부터 만기일 또는 중도해지일까지의 기간)이 10년 이상으로서 일정한 요건을 갖춘 저축성보험의 보험차익, ② 일정한 요건을 갖춘 종신형 연금보험의 보험차익은 이자소득의 과세대상에서 제외한다(동법 제16조 제1항 제9호 단서 및 동법 시행령 제25조 제3항, 제4항).

48) 채권(債券)의 매매차익에 대하여는 비과세이고, 국내 상장주식의 경우 지분율 1퍼센트 또는 종목별 보유액 50억원 이상인 대주주에게만 주식의 양도차익에 대한 양도소득세가 부과된다.

보험차익 = 보험계약에 따른 보험금 또는 중도해약 환급금 - 납입보험료

(5) 직장공제회 초과반환금

직장공제회란 동일 직장이나 직종에 종사하는 근로자들의 생활 안정, 복리증진 또는 상호부조 등을 목적으로 구성된 단체를 말한다(소득세법 시행령 제26조 제1항). 직장공제회에 납입한 공제료보다 반환금이 크다면, 그만큼 이자가 붙은 것으로 보고 이자소득으로 과세한다(동법 제16조 제1항 제10호). 초과반환금을 분할하여 지급하는 경우 그 분할지급받는 기간 중 추가로 발생하는 이자 상당의 이익도 초과반환금에 포함한다. 따라서 직장공제회 초과반환금은 근로자가 퇴직하거나 탈퇴하여 그 규약에 따라 직장공제회로부터 받는 반환금에서 납입공제료를 뺀 금액(납입금 초과이익)과 반환금을 분할하여 지급하는 경우 그 지급하는 기간 동안 추가로 발생하는 이익(반환금 추가이익)으로 구성된다(동조 제2항).

초과반환금 = (직장공제회 반환금 - 납입한 공제료) + 반환금 추가이익

(6) 비영업대금(非營業貸金)의 이익

비영업대금의 이익은 금전의 대여를 사업목적으로 하지 않는 사람이 일시적·우발적으로 금전을 대여함에 따라 지급받는 이자 또는 수수료 등을 말한다(소득세법 시행령 제26조 제3항). 비영업대금의 이익은 이자소득으로 과세한다(동법 제16조 제1항 제11호). 영업으로 하는 금전대여, 즉 영리를 목적으로 계속적·반복적으로 하는 금전대여는 대부업에 해당하고, 그로 인한 이익은 사업소득에 해당한다. 이자소득에는 필요경비가 인정되지 않으므로 이자소득의 총수입금액이 이자소득금액이 된다. 그러나 영업으로 하는 금전대여의 경우 그로 인한 이익은 사업소득에 해당하므로 필요경비가 인정된다.

(7) 파생금융상품의 이자

이자소득이 발생하는 상품과 결합된 파생상품에서 발생하는 이익도 이자소득으로 과세된다.

(8) 유형별 포괄주의

금전의 사용에 따른 대가로서의 성격이 있는 것, 예를 들어 어음의 할인료, 신종펀드의 이자 등도 이자소득으로 과세된다.

1-2. 배당소득의 범위

(1) 법인으로부터 받는 이익

배당이란 출자자가 법인으로부터 그 투자비율에 따라 받는 이익을 말한다. 내국법인 또는 외국법인으로부터 받는 이익이나 잉여금의 배당 또는 분배금(소득세법 제17조 제1항 제1호 및 제6호), 법인으로 보는 단체로부터 받는 배당금 또는 분배금(동항 제2호) 등이 여기에 해당한다.

(2) 의제배당

의제배당이란 기업회계상 배당이 아니지만 세법상 배당으로 의제하여 과세하는 것을 말한다(소득세법 제17조 제1항 제3호). 법인이 배당하지 않고 사내에 유보하였던 법인의 이익이 자본금 전입, 자본의 감소·해산·합병 등의 사유로 주주, 사원, 출자자 등에게 실질적으로 분배되는 경우 과세형평의 원칙에 비추어 그 경제적 이익을 배당한 것으로 의제한다.

1) 잉여금의 자본금 전입으로 인한 의제배당

기업회계에서는 법인의 잉여금을 자본금에 전입함에 따라 무상으로 주식을 교부받은 경우 법인의 순자산에는 변화가 없고 단지 주식수만 증가한 것에 불과하므로 수익으로 보지 않는다. 그러나 세법에서는 법인의 잉여금을 자본금에 전입하게 되면 법인이 벌어들인 소득이 주주지분으로 대체된 것으로 파악하고 자본전입된 잉여금의 성격에 따라 주주의 배당소득으로 의제한다. 잉여금의 자본전입에 의한 의제배당소득은 다음과 같이 계산한다.

잉여금의 자본전입에 의한 의제배당소득 = 교부받은 무상주 × 액면가액

2) 감자·퇴사·탈퇴·해산·합병·분할로 인한 의제배당

자본의 감소, 사원의 퇴사, 탈퇴 또는 해산 등으로 인하여 주주·사원 또는 출자자가 취득하는 금전 기타 재산가액의 합계액이 주주 등이 당해 주식 또는 출자지분을 취득하기 위하여 소요된 금액을 초과하는 경우 그 초과금액을 배당금으로 의제하여 과세한다. 감자·퇴사·탈퇴·해산·합병·분할로 인한 의제배당소득은 다음과 같이 계산한다.

감자 등으로 인한 의제배당소득 = 감자 등으로 받은 대가 − 소멸하는 주식의 취득가액

(3) 인정배당

인정배당이란 법인세법에 따라 배당으로 처분된 금액을 말한다(소득세법 제1항 제4호). 법인이 법인세 신고를 하지 않거나 신고에 오류·탈루가 있어 과세관청이 과세표준 및 세액을 결정 또는 경정하여 익금산입 또는 손금불산입한 금액이 사외에 유출되었고 그 귀속자가 주주나 출자자인 경우에 그 귀속자에게 배당한 것으로 소득처분한 것이다.

(4) 집합투자기구로부터의 이익

국내 또는 국외에서 받는 집합투자기구로부터의 이익은 배당소득에 해당한다(소득세법 제17조 제1항 제5호). 집합투자기구에는 ① 신탁 형태의 투자신탁, ② 회사 형태의 투자회사·투자유한회사 및 투자합자회사, ③ 조합 형태의 투자조합 및 투자익명조합 등이 있다. 소득세법에서는 거주자가 집합투자기구로부터 받은 이익은 집합투자업자가 어떤 투자대상자산에 투자·운용하여 발생한 이익인지를 묻지 않고 배당소득으로 보고 있다. 그러나 집합투자증권의 환매·양도 및 집합투자기구의 해지·해산으로 발생한 이익은 제외한다(동법 시행령 제26조의2 제1항).

(5) 출자공동사업자의 분배금

공동사업에서 발생하는 소득금액 중 출자공동사업자의 손익분배비율에 해당하는 금액은 배당소득에 해당한다(소득세법 제17조 제1항 제8호). 공동사업자에는 업무집행공동사업자와 출자공동사업자가 있는데, 전자는 공동사업의 경영에 참여하고 그 채무에 대하여 무한책임을 지는 사업자이지만, 후자는 경영에 참여하지 않고 그 채무에 대하여 무한책임을 지지 않는 사업자이다. 공동사업에 성명이나 상호를 사용하게 하거나 공동사업에서 발생한 채무에 대하여 무한책임을 지기로 약정한 사람은 출자공동사업자에 해당하지 않는다. 출자공동사업자의 손익분배비율에 따른 분배금은 배당소득에 해당하지만, 업무집행공동사업자의 분배금은 사업소득에 해당한다.

참 조

공동사업자 A와 B의 사업소득이 100만원인 경우

구분	출자비율	손익분배비율	자격	소득분배	소득구분
A	50%	40%	출자공동사업자	40만원	배당소득
B	50%	60%	업무집행공동사업자	60만원	사업소득

* 공동사업장에서 발생한 소득금액은 약정된 손익분배비율이 있으면 그 비율에 따라 분배하고, 약정된 손익분배비율이 없으면 출자지분비율에 따라 분배한다.

(6) 유형별 포괄주의

배당과 유사한 소득으로서 수익분배의 성격이 있는 것은 배당소득에 해당한다(소득세법 시행령 제17조 제9호).

2. 금융소득금액의 계산

2-1. 이자소득금액의 계산

이자소득금액은 해당 과세기간의 총수입금액으로 하며, 필요경비는 인정되지 않는다(소득세법 제16조 제2항).

이자소득금액 = 이자소득 총수입금액(비과세소득과 분리과세소득 제외)

2-2. 배당소득금액의 계산

(1) 소득금액의 계산

배당소득금액은 해당 과세기간의 총수입금액으로 하며, 이자소득과 마찬가지로 필요경비가 인정되지 않는다(소득세법 제17조 제3항 본문). 다만, 이중과세조정대상이 되는 배당소득의 경우에는 해당 과세기간의 총수입금액에 귀속법인세(또는 배당가산액)를 합한 금액을 배당소득금액으로 한다(동항 단서).

배당소득금액 = 배당소득 총수입금액(비과세소득과 분리과세소득 제외) + 귀속법인세

(2) 배당소득에 대한 이중과세의 조정

1) 의의

배당소득에 대해서는 법인단계에서 법인세가 과세되고 다시 주주단계에서 소득세가 과세되는 이중과세의 문제가 발생한다. 그리하여 소득세법에서는 이러한 이중과세를 조정하기 위하여 귀속법인세를 가산(Gross-up)하는 제도를 채택하고 있다. 주주단계에게 소득세를 과세할 때 해당 배당소득에 이미 과세된 법인세 상당액, 즉 귀속법인세를 배당소득의 총수입금액에 가산하여 금융소득금액을 계산하고, 이후 소득세 산출세액에서 귀속법인세를 세액공제하는 방식으로 이중과세를 조정한다.

① 귀속법인세 가산(Gross-up) : 배당소득 총수입금액 + 귀속법인세 = 배당소득금액
② 배당세액공제 : 종합소득 산출세액 - 귀속법인세 = 종합소득세

이 경우 귀속법인세는 일률적으로 10퍼센트의 법인세가 부과되었다고 가정하고 다음과 같이 계산한다(소득세법 제17조 제3항).

귀속법인세(배당가산액) = 이중과세조정 대상 배당소득의 총수입금액 × 10퍼센트

사 례

법인의 세전 소득 10,000원, 법인세율 9%, 법인의 소득 중 법인세를 제외한 나머지 금액을 전부 주주에게 배당하고 주주의 소득세율이 42%로 가정하고 배당소득에 대한 소득세를 계산하면 다음과 같다.

① 주주 개인이 소득 10,000원을 얻고 소득세가 과세된 경우
- ▶ 개인 소득세 : 10,000원 × 42% = 4,200원

② 귀속법인세를 가산하지 않은 경우
- ▶ 법인세 : 10,000원 × 9% = 900원
- ▶ 주주 소득세 : 9,100원 × 42% = 3,822원
- ▶ 전체 세액 : 900원 + 3,822원 = 4,722원

③ 귀속법인세를 가산한 경우
- ▶ 법인세 : 10,000원 × 9% = 900원
- ▶ 주주 소득세 : [9,100원 + (9,100원 × 10%)] × 42% = 4,204원 - 910원 = 3,294원
- ▶ 전체 세액 : 900원 + 3,294원 = 4,194원

2) 구체적인 조정방법

조정대상 배당소득, 즉 Gross-up 대상인 배당소득은 ① 내국법인으로부터 받은 배당소득이고, ② 법인세가 과세된 소득을 재원으로 하는 배당소득이어야 한다(소득세법 제17조 제3항). 따라서 외국법인으로부터 받은 배당소득, 자기주식소각이익의 자본전입으로 인한 의제배당, 출자공동사업자의 배당소득 등은 Gross-up 대상인 배당소득에서 제외된다.

종합과세되는 배당소득이라 하더라도 기준금액 이하로서 일반산출세액을 계산할 때 14퍼센트의 세율을 적용받는 배당소득은 이중과세조정을 하지 않는다. 종합과세되는 배당소득 중 2,000만원까지는 분리과세되는 경우와 동일하게 취급하여야 하기 때문이다. 따라서

이중과세조정 대상이 되는 배당소득이 되기 위해서는 Gross-up 대상 배당소득이 2,000만원 초과분에 포함되어 기본세율을 적용받아야 한다(소득세법 제56조 제4항). 이 경우 종합과세되는 금융소득 중 어떤 소득이 먼저 2,000만원을 구성하는지 그 순서를 정해야 하는데, 가능하면 Gross-up 대상 배당소득이 2,000만원 초과분에 포함되도록 하기 위하여 종합과세되는 금융소득은 다음의 순서대로 구성된 것으로 본다(동법 시행령 제116조의2).

① 이자소득 → ② Gross-up 대상이 아닌 배당소득 → ③ Gross-up 대상 배당소득

따라서 이중과세조정 대상 배당소득은 다음과 같이 정리할 수 있다.

조정대상 배당소득 = Min[①, ②]
① Gross-up 대상 배당소득 총수입금액
② 기본세율 적용 금융소득 = 종합과세되는 금융소득 총수입금액 - 2,000만원

사 례

정기예금이자 1,000만원, G/U 대상 아닌 배당소득 600만원, G/U 대상 배당소득 1,400만원인 경우 금융소득금액을 계산하시오.

기본세율	G/U 대상 배당	(1,000만원)	1,000만원
14% 세율	1,400만원	(400만원)	2,000만원
	G/U 아닌 배당 600만원		
	이자 1,000만원		

① 조정대상 배당소득 = Min[Gross-up 대상 배당소득 총수입금액 1,400만원, 기본세율 적용 금융소득 1,000만원] = 1,000만원
② 귀속법인세(배당가산액) = 1,000만원 × 10% = 100만
③ 금융소득금액 = 금융소득 총수입금액 + 귀속법인세(배당가산액) = 3,000만 + 100만 = 3,100만

3. 금융소득에 대한 과세방법

3-1. 원천징수

국내에서 거주자에게 이자소득, 배당소득을 지급하는 사람은 그 거주자에 대한 소득세를 원천징수하여 그 징수일이 속하는 달의 다음 달 10일까지 납부하여야 한다(소득세법 제127조 제1항 제1호 및 제2호, 제128조). 따라서 국내에서 지급되는 모든 이자소득과 배당소득(귀속법인세 제외)은 원칙적으로 원천징수의 대상이 된다. 그러나 국외에서 지급되는 이자소득과 배당소득은 원칙적으로 원천징수의 대상이 되지 않는다. 다만, 외국법인이 발행한 채권 또는 증권에서 발생하는 이자소득과 배당소득을 거주자에게 지급하는 경우에는 국내에서 그 지급을 대리하거나 그 지급 권한을 위임 또는 위탁받은 사람이 그 소득에 대한 소득세를 원천징수하여야 한다(동법 제127조 제5항).

원천징수의무자가 이자소득 또는 배당소득을 지급할 때에는 그 지급금액에 원천징수세율을 적용하여 계산한 소득세를 원천징수한다(소득세법 제130조). 이자소득 또는 배당소득에 대한 원천징수세율은 다음과 같다(동법 제129조 제1항 제1호, 제2호 및 제2항).

① 이자소득에 대한 원천징수세율

㉠ 일반적인 이자소득 : 14퍼센트

㉡ 직장공제회 초과반환금 : 기본세율

㉢ 비영업대금의 이익 : 25퍼센트

㉣ 실지명의가 확인되지 않은 이자소득 : 45퍼센트. 실지명의란 주민등록표 또는 사업자등록증상의 명의를 말한다. 다만, 실명에 의하지 않고 거래한 금융자산에서 발생하는 이자소득에 대해서는 소득세의 원천징수세율을 90퍼센트로 한다(금융실명거래 및 비밀보장에 관한 법률 제5조).

② 배당소득에 대한 원천징수세율

㉠ 일반적인 배당소득 : 14퍼센트

㉡ 출자공동사업자의 배당소득 : 25퍼센트

㉢ 실지명의가 확인되지 않은 배당소득 : 45퍼센트. 다만, 「금융실명거래 및 비밀보장에 관한 법률」 제5조가 적용되는 경우에는 소득세의 원천징수세율을 90퍼센트로 한다.

3-2. 종합과세와 분리과세

(1) 과세방법의 구분

1) 무조건 분리과세

국내에서 지급받은 다음의 이자소득과 배당소득은 종합소득에 합산하지 않고 원천징수로 과세를 종결한다(소득세법 제14조 제3항 제3호 내지 제5호).

① 법원에 납부한 보증금 및 경락대금의 이자소득 (원천징수세율 14퍼센트)
② 실지명의가 확인되지 않은 금융소득 (45퍼센트 또는 90퍼센트)
③ 직장공제회 초과반환금 (기본세율)
④ 법인으로 보는 단체 외의 단체 중 수익을 구성원에게 배분하지 않는 단체로서 단체명을 표기하여 금융거래를 하는 단체가 금융회사 등으로부터 받는 금융소득 (14퍼센트)
⑤ 조세특례제한법에 따라 분리과세되는 금융소득 (9퍼센트 또는 14퍼센트)

참 조

고배당기업 주식 배당소득 분리과세 특례

거주자가 배당성향, 배당금액 증가 등 일정한 요건을 충족하는 고배당기업으로부터 받은 배당소득에 대해서는 종합소득에 합산하지 않고 분리과세되는 특례가 적용된다(조세특례제한법 제104조의27). 특례가 적용되는 요건은 다음과 같다.

① 고배당기업으로부터 받은 배당소득이어야 한다. 고배당기업이란 다음의 요건을 모두 갖춘 내국법인을 말한다. 고배당기업은 매년 사업연도 결산이 종료된 후 정기주주총회에서 이익배당을 결의한 날의 다음 날까지 해당 기업이 고배당기업의 요건을 갖추었음을 공시하여야 한다.
㉠ 해당 사업연도 종료일 현재 주권상장법인(코넥스상장기업 제외)일 것
㉡ 직전 사업연도 발생한 배당소득이 2024. 12. 31.이 속하는 사업연도보다 감소하지 않을 것
㉢ 직전 사업연도의 이익배당금액이 당기순이익에서 차지하는 비율(배당성향)이 40% 이상일 것 또는 직전 사업연도의 배당성향이 25%이고 이익배당금액이 전전 사업연도 이익배당금액 대비 10% 이상 증가하였을 것

② 종합소득에 합산하지 않는 특례배당소득의 산출세액은 다음의 세율을 적용하여 계산한 금액으로 한다.

특례배당소득	세율
2천만원 이하	총 금액의 14%
2천만원 초과 3억원 이하	280만원 + 2천만원 초과 금액의 20%
3억원 초과 50억원 이하	5,880만원 + 3억원 초과 금액의 25%
50억원 초과	123,380만원 + 50억원 초과 금액의 30%

③ 이 특례를 적용받으려는 거주자는 합산배제 신청을 하여야 한다.

2) 조건부 종합과세[49]

무조건 분리과세 되는 금융소득 이외의 금융소득으로서 그 합계액이 2,000만원 이하이면서 원천징수된 소득은 종합소득에 합산하지 않고 원천징수로 과세를 종결한다(소득세법 제14조 제3항 제6호). 그러나 2,000만원을 초과하는 경우에는 그 초과분만 종합과세하는 것이 아니라 그 합계액의 전부를 종합과세한다. 조건부 종합과세되는 금융소득의 원천징수세율은 14퍼센트이다. 다만, 비영업대금의 이익은 25퍼센트이다.

3) 무조건 종합과세

무조건 분리과세 되는 금융소득 이외의 금융소득으로서 그 합계액이 2,000만원 이하인 경우에도 다음의 금융소득은 종합소득에 합산하여 과세한다.

① 원천징수되지 않는 이자소득과 배당소득

㉠ 국내에서 지급되는 이자소득과 배당소득 중 원천징수되지 않은 소득 (14퍼센트, 비영업대금의 이익 25퍼센트)

㉡ 원천징수대상이 아닌 국외에서 받은 이자소득과 배당소득

② 출자공동사업자의 배당소득 (25퍼센트)

(2) 종합과세의 구체적인 방법

1) 종합과세되는 금융소득이 2,000만원을 초과하는 경우

종합과세되는 금융소득이란 무조건 분리과세되는 금융소득을 제외하고 조건부 종합과세되는 금융소득과 무조건 종합과세되는 금융소득을 말한다. 금융소득의 합계액이 종합과세기준금액인 2,000만원을 초과하는지 여부를 계산함에 있어서 귀속법인세를 가산하지 않은 금액으로 한다. 금융소득의 합계액이 종합과세기준금액을 초과하는 경우에는 귀속법인세를 가산한 금액을 종합과세 되는 금융소득금액으로 한다. 종합소득과세표준에 포함된 금융소득이 종합과세기준금액을 초과하는 경우에는 그 종합소득산출세액은 다음의 금액 중 큰 금액으로 한다(소득세법 제62조 제1항 전단).

49) 조건부 종합과세는 특정 소득(예를 들어, 금융소득)이 일정 기준금액을 초과하면 종합과세가 강제되는 반면, 선택적 분리과세는 특정 소득(예를 들어, 연금소득이나 기타소득)이 일정 기준금액 이하일 경우 납세자가 종합과세 또는 분리과세를 선택할 수 있다는 점에서 차이가 있다.

종합소득산출세액 = Max [① 일반산출세액, ② 비교산출세액]

① [(종합과세기준금액 초과 금융소득금액 + 다른 종합소득금액 - 종합소득공제) × 기본세율] + (종합과세기준금액 × 14퍼센트)
= [(종합소득과세표준 - 2,000만원) × 기본세율] + (2,000만원 × 14퍼센트)

* 종합과세기준금액 초과 금융소득금액에는 배당소득에 대한 귀속법인세가 포함된다.
** 금융소득금액 + 다른 종합소득금액 - 종합소득공제 = 종합소득과세표준

② (금융소득 × 원천징수세율) + [(금융소득을 제외한 다른 종합소득금액 - 종합소득공제) × 기본세율]
= (금융소득 × 원천징수세율) + [(종합소득과세표준 - 금융소득) × 기본세율]

* 금융소득은 금융소득의 총수입금액을 말하며, 여기에는 귀속법인세가 포함되지 않는다.
** 원천징수세율은 원칙적으로 14퍼센트이고, 비영업대금의 이익은 25퍼센트이다.

일반산출세액을 계산함에 있어서 종합과세기준금액인 2,000만원을 기점으로 급격히 세 부담이 증가하는 문턱효과(threshold effect)를 방지하고, 금융소득을 종합과세할 때 최소한 원천징수세율 이상의 세 부담이 이루어지도록 하기 위하여 2,000만원을 초과하는 금융소득만 다른 종합소득과 합산해서 기본세율을 적용하여 산출세액을 계산하고, 2,000만원 이하의 금액은 14퍼센트의 세율을 적용하여 산출세액을 계산한다.

비교산출세액은 금융소득이 모두 분리과세되었을 경우를 가정하여 계산한 세액이다. 종합과세되는 경우의 산출세액과 금융소득이 전부 분리과세되었을 경우의 산출세액을 비교하여 더 큰 금액에 의한다는 것은 비교산출세액을 종합소득산출세액의 최저한으로 한다는 의미이다. 그 취지는 분리과세되었을 경우에 비하여 종합과세로 인한 세 부담이 오히려 줄어드는 결과를 방지하기 위한 것이다. 즉, 종합과세시 최저세율은 6퍼센트이므로 분리과세되는 경우보다 오히려 세 부담이 감소되어 이미 원천징수된 세액이 환급되는 경우가 생길 수 있는데, 이를 방지하기 위한 것이다.

2) 종합과세되는 금융소득이 2,000만원 이하인 경우

종합소득과세표준에 포함된 금융소득이 종합과세기준금액을 초과하지 않는 경우에는 다음의 금액을 종합소득산출세액으로 한다(소득세법 제62조 제1항 후단).

종합소득산출세액
= (금융소득 × 원천징수세율) + [(금융소득금액을 제외한 다른 종합소득금액 - 종합소득공제) × 기본세율]
= (금융소득 × 원천징수세율) + [(종합소득과세표준 - 금융소득금액) × 기본세율]

* 금융소득은 금융소득의 총수입금액을 말하며, 여기에는 귀속법인세가 포함되지 않는다.
** 원천징수세율은 원칙적으로 14퍼센트이고, 비영업대금의 이익은 25퍼센트이다.
*** 금융소득금액 + 다른 종합소득금액 - 종합소득공제 = 종합소득과세표준

원천징수되지 않은 금융소득은 그 금액이 2,000만원 이하인 경우에도 종합과세하지만, 기본세율을 적용하지 않고 원천징수되었을 경우를 가정하여 14퍼센트(비영업대금의 이익은 25퍼센트)의 세율을 적용한다.

II 사업소득

1. 사업소득의 범위

1-1. 일정한 사업에서 얻는 소득

사업소득이란 일정한 사업에서 얻는 소득을 말한다. 여기서 사업이란 영리를 목적으로 자기의 계산과 책임하에 계속·반복적으로 행하는 활동을 말한다. 따라서 사업소득은 영리목적성, 독립성, 계속·반복성을 그 특징으로 한다. 사업소득은 독립성을 그 특징으로 한다는 점에서 비독립적인 지위에서 근로를 제공하고 받는 대가인 근로소득과 구별되고, 사업소득은 계속·반복성을 그 특징으로 한다는 점에서 일시적·우발적 소득인 기타소득과 구별된다. 사업소득이 있는 거주자를 사업자라고 한다. 그러나 다음과 같은 경우는 사업에서 제외되므로 소득세 과세대상이 되지 않는다(동법 제19조 제1항 및 동법 시행령 제31조 내지 제37조).

참 조

사업의 범위에서 제외

① 작물재배업 중 곡물 등 식량작물 재배업, ② 연구개발업(계약 등에 따라 그 대가를 받고 연구 또는 개발용역을 제공하는 것을 제외한 연구개발업을 말함), ③ 유치원, 초·중·고등학교, 대학교, 「근로자직업능력개발법」에 따른 직업능력개발훈련시설, 노인학교 등이 제공하는 교육서비스업, ④ 「사회복지사업법」에 따른 사회복지사업 및 「노인장기요양보험법」에 따른 장기요양사업은 각각 농업, 전문·과학 및 기술서비스업, 교육서비스업, 보건업 및 사회복지서비스업에서 제외된다. ⑤ 협회 및 단체에서 발생한 소득도 사업소득으로 과세되지만, 한국표준산업분류의 중분류에 따른 협회 및 단체는 여기서 제외된다. 한국표준산업분류의 중분류에 따른 협회 및 단체로는 경영자단체, 전문가단체, 노동조합, 종교단체, 정당 등 정치단체, 시민운동단체, 환경운동단체, 자선단체, 장학기금운영단체, 동창회 등이 있다. 다만, 해당 협회 및 단체가 특정사업을 경영하는 경우에는 그 사업의 내용에 따라 분류한다.

1-2. 비과세 사업소득

사업소득 중 다음의 소득은 소득세를 과세하지 않는다.

(1) 논·밭임대소득

논·밭을 작물생산에 이용하게 함으로써 발생하는 소득은 과세하지 않는다(소득세법 제12조 제2호 가목). 그러나 예를 들어, 논·밭을 주차장 등 다른 용도로 사용하면 과세한다. 비과세한도는 없다.

(2) 주택임대소득

1개의 주택을 소유하는 사람의 주택임대소득은 과세하지 않는다. 다만, 기준시가가 12억원을 초과하는 주택 및 국외에 소재하는 주택의 임대소득은 비과세대상에서 제외한다(소득세법 제12조 제2호 나목). 기준시가가 12억원을 초과하는지 여부는 과세기간 종료일 또는 해당 주택의 양도일을 기준으로 판단한다(동법 시행령 제8조의2 제5항).

(3) 농어가부업소득

농·어민이 부업으로 경영하는 축산, 고공품제조, 민박, 음식물판매, 특산물제조, 전통차제조, 양어 및 그 밖에 이와 유사한 활동에서 발생한 소득 중 다음의 소득은 과세하지 않는다(소득세법 제12조 제2호 다목 및 동법 시행령 제9조).

① 농가부업규모의 축산에서 발생하는 소득

농가부업규모의 축산은 가축별로 이를 적용한다. 이 경우 공동으로 축산을 영위하는 경우에는 각 사업자의 지분을 기준으로 이를 적용한다.

㉠ 가축별 규모 : 젖소 50마리, 소 50마리, 돼지 700마리, 산양 300마리, 면양 300마리, 토끼 5,000마리, 닭 15,000마리, 오리 15,000마리, 양봉 100군

㉡ 성축을 기준으로 한다. 다만, 육성우의 경우에는 2마리를 1마리로 본다.

㉢ 사육두수는 매월 말 현황에 의한 평균 두수로 한다.

② 위 ① 외의 소득으로서 소득금액의 합계액이 연 3,000만원 이하인 소득

농가부업규모를 초과하는 사육두수에서 발생한 소득과 기타의 부업에서 발생한 소득이 있는 경우에는 이를 합산하여 연 3,000만원까지 비과세하고, 초과하면 초과하는 부분만 과세한다.

농·어민이어야 비과세대상에 해당할 수 있고 농·어민이 아닌 근로소득자나 사업자가 부업으로 하더라도 비과세대상이 되지 않는다. 예를 들어, 농·어민이 아닌 전문양봉업자가 양봉에서 생산한 벌꿀을 판매하여 얻은 소득, 농·어민이 상설판매장을 설치하여 농·축산물을 판매하여 얻은 소득은 농가부업소득에 해당하지 않아 과세대상이 된다. 그러나 어민이 경영하는 양식어업에서 발생하는 소득, 농·어민이 부업으로 특정 고정설비 내에서 버섯 등을 재배하여 발생하는 소득, 농민이 부업으로 트랙터 등 농업용 기계장치를 임대하여 받은 소득은 농가부업소득에 해당하여 비과세대상이 된다.

사 례

농민 A에게 다음과 같은 소득이 있을 경우 비과세소득과 과세소득을 계산하시오.

▶ 축산에서 발생한 소득 7,000만원(소 사육두수 70마리, 비과세 규모 50마리)

▶ 민박을 운영하면서 연간 3,000만원의 수입이 있었고, 경비로 1,000만원을 지출

① 농가부업규모 축산에서 발생하는 소득 : 7,000만원 × 50/70 = 5,000만원 비과세

② 민박 운영으로 인한 부업소득 : 수입금액 - 필요경비 = 3,000만원 - 1,000만원 = 2,000만원

③ 농가부업규모를 초과하는 축산에서 발생하는 소득 2,000만원 + 민박 운영 소득 2,000만원 = 4,000만원 중 3,000만원까지 비과세, 초과분 1,000만원 과세

그리하여 농민 A의 소득 9,000만원 중 비과세소득은 8,000만원이고, 과세소득은 1,000만원이다.

(4) 전통주제조 소득

「주세법」에 따른 전통주를 수도권 밖의 읍·면지역에서 제조함으로써 발생하는 소득으로서 소득금액의 합계액이 연 1,200만원 이하인 것은 비과세한다(소득세법 제12조 제2호 라목 및 동법 시행령 제9조의2). 전통주의 제조에서 발생하는 소득금액이 연 1,200만원을 초과하면 초과분뿐만 아니라 그 소득 전액에 대하여 과세한다. 예를 들어, 수도권 밖의 읍·면지역에서 농민이 전통주를 제조하여 연 1,500만원의 소득이 있을 경우 연 1,200만원을 초과하였으므로 그 전액에 대하여 과세한다. 전통주의 제조에서 발생하는 소득과 농가부업소득이 함께 있는 경우에는 각각의 소득에 대하여 비과세 범위를 판단하여야 한다.

참 조

전통주

전통주에는 민속주와 지역특산주가 있다(주세법 제2조 제8호).

① 민속주 : 주류부문의 무형문화재보유자 또는 대한민국식품명인이 제조하는 주류

② 지역특산주 : 「농업·농촌 및 식품산업 기본법」에 따른 농업경영체 및 생산자단체와 「수산업·어촌 발전 기본법」에 따른 어업경영체 및 생산자단체가 직접 생산하거나 주류제조장 소재지 시·군·구에서 생산한 농산물을 주원료로 하여 제조하는 주류로서 특별시장·광역시장·도지사 등의 추천을 받아 제조하는 주류. 예를 들어, 서울에 소재한 양조장에서 다른 지역에서 생산한 쌀 또는 밀가루를 주원료로 하여 제조하는 장수막걸리는 전통주가 아니다.

(5) 임목의 벌채·양도 소득

조림기간 5년 이상인 임지(林地)의 임목(林木)의 벌채 또는 양도로 발생하는 소득금액으로서 연 3천만원 이하의 금액은 비과세한다(소득세법 제12조 제2호 마목 및 동법 시행령 제9조의3). 조림하지 않은 자연림과 조림기간이 5년 미만인 임목의 벌채 또는 양도로 발생하는 소득금액은 비과세대상에서 제외한다.

(6) 작물재배업 소득

작물재배업에서 발생하는 소득으로서 해당 과세기간의 수입금액(소득금액이 아님)의 합계액이 10억원 이하인 것은 비과세한다(소득세법 제12조 제2호 바목 및 동법 시행령 제9조의4 제1항). 곡물 등 식량작물재배업(벼, 보리, 밀, 수수, 감자, 고구마, 메밀, 옥수수, 콩. 녹두 등)에서 발생하는 소득은 사업소득에서 제외되므로 비과세 대상인 작물재배업은 곡물 등 식량작물재배업을 제외한 나머지 작물재배업(채소, 화훼, 정원수, 과일, 인삼, 커피, 차, 코코아 등)을 말한다.

비과세 사업소득금액 =	(곡물 등 식량작물재배업을 제외한) 작물재배업의 소W득금액	×	10억원 / 수입금액

사 례

사과와 복숭아를 재배하는 사업에서 매출액이 12억원이고 필요경비가 10억 8,000만원인 경우 소득금액은 1억 2,000만원(= 12억원 - 10억 8천만원)이고, 이 중 10/12에 해당하는 1억원은 비과세 사업소득금액, 나머지 2천만원이 과세대상 소득이 된다.

(7) 어로어업 소득

한국표준산업분류에 따른 연근해어업과 내수면어업에서 발생하는 소득으로서 해당 과세기간의 소득금액의 합계액이 5,000만원 이하인 소득은 비과세한다(소득세법 제12조 제2호 사목 및 동법 시행령 제9조의5 제1항). 어업을 하는 어선의 대표자도 경영자로서 직접 어로행위를 하지 않더라도 어민에 해당하므로 그 대표자가 연근해어업 또는 내수면어업을 경영함으로써 발생하는 소득은 어로어업에서 발생하는 소득에 해당하여 비과세대상이 된다.

2. 사업소득금액의 계산

사업소득금액은 해당 과세기간의 총수입금액에서 이에 사용된 필요경비를 공제한 금액으로 하고, 필요경비가 총수입금액을 초과하는 경우 그 초과하는 금액을 결손금이라고 한다(소득세법 제19조 제2항). 그러나 실제로는 법인세법에서의 각 사업연도 소득금액의 계산과 마찬가지로 손익계산서상 당기순이익을 바탕으로 세무조정을 하여 사업소득금액을 계산한다.

〈 직접법 〉		〈 간접법 〉
		당기순이익
총수입금액		+ 총수입금액산입 및 필요경비불산입
- 필요경비	⇒	- 필요경비산입 및 총수입금액불산입
= 사업소득금액		= 사업소득금액

2-1. 총수입금액 산입항목

사업소득의 수입금액은 사업과 관련된 것이어야 한다. 사업관련성이 인정되어야 하므로 사업자금의 운용으로 인한 예금이자 등은 사업소득이 아닌 이자소득의 대상이 되고, 사업용 유형자산 중에서 부동산의 처분소득은 사업소득이 아닌 양도소득의 대상이 된다. 사업소득의 총수입금액은 사업과 관련된 수입금액으로서 해당 과세기간에 수입하였거나 수입할 금액의 합계액으로 한다(소득세법 제24조 제1항 및 동법 시행령 제51조 제3항 제5호). 총

(1) 사업수입금액(기업회계의 매출액)

각종 사업에서 생기는 수입금액은 전형적인 영업수입금액으로 총수입금액항목이다. 환입된 물품의 가액과 매출에누리는 해당 과세기간의 총수입금액에 산입하지 않는다. 외상매출금을 결제하는 경우의 매출할인금액은 거래상대방과의 약정에 의한 지급기일(지급기일이 정하여져 있지 않은 경우에는 지급한 날)이 속하는 과세기간의 총수입금액에서 이를 차감한다(소득세법 시행령 제51조 제1호의3). 그러나 거래수량 또는 거래금액에 따라 상대방에게 지급하는 장려금과 그 밖에 이와 유사한 성질의 금액과 대손금은 총수입금액에서 차감하지 않고 필요경비에 산입한다(동조 제1호의2).

(2) 거래상대방으로부터 받은 장려금

거래상대방으로부터 받은 장려금 기타 이와 유사한 성질의 금액은 사업의 일환으로 수수하는 것이므로 사업관련성이 인정되어 총수입금액에 산입한다(소득세법 시행령 제51조 제2호). 장려금 등을 지급한 상대방은 그 지급한 금액을 필요경비에 산입한다.

(3) 필요경비로 지출된 세액의 환입액

필요경비로 지출된 세액이 환입되었거나 환입될 경우 그 금액은 총수입금액에 산입한다(소득세법 시행령 제51조 제3호). 예를 들어, 업무용 자산에 대한 재산세는 필요경비에 산입하나, 소득세는 필요경비에 산입하지 않는다. 따라서 재산세 환급금은 총수입금액에 산입하지만, 소득세 환급금은 총수입금액에 산입하지 않는다.

(4) 사업과 관련된 자산수증익 또는 채무면제이익

사업과 관련하여 무상으로 받은 자산의 가액과 채무의 면제 또는 소멸로 인하여 발생하

는 부채의 감소액은 총수입금액에 산입한다(소득세법 시행령 제51조 제4호). 다만, 이월결손금의 보전에 충당한 경우에는 총수입금액에 산입하지 않는다(동법 제26조 제2항). 사업과 관련이 없는 자산수증익 또는 채무면제이익은 증여세 과세대상이 될 수는 있어도 사업소득의 총수입금액에 산입하지 않는다.

(5) 보험차익 등

사업과 관련하여 해당 사업용 자산의 손실로 인하여 취득하는 보험차익은 총수입금액에 산입한다(소득세법 시행령 제51조 제4호의2 라목). 사업용 자산에 대하여 납부한 보험료는 필요경비에 산입하므로 이에 대응하여 사업용 자산의 손실로 발생하는 보험차익에 대해서는 총수입금액에 산입하는 것이다.

사 례

화재보험에 가입한 사업장에서 화재가 발생하여 장부가액 7,000만원 상당의 손실을 입었는데, 보험회사로부터 1억원의 화재보험금을 수령한 경우 보험금 수령액과 장부가액의 차액인 3,000만원은 보험차익으로 총수입금액에 산입하고 과세대상이 된다.

(6) 재고자산의 가사용(家使用) 소비

재고자산 또는 임목을 가사용으로 소비하거나 종업원 또는 타인에게 지급한 경우에도 이를 소비하거나 지급하였을 때의 가액에 해당하는 금액은 그 소비하거나 지급한 날이 속하는 과세기간의 총수입금액에 산입하고(소득세법 제25조 제2항), 원가를 필요경비에 산입한다. 예를 들어, 페인트판매업자가 재고자산인 페인트를 사용하여 자기 가게에 페인트칠을 한 경우, 주택신축판매업자가 폐업시점에 판매되지 않은 주택을 자기가 사용하거나 종업원이나 타인에게 양도한 경우 등이 여기에 해당한다. 이는 부가가치세법에 따른 개인적 공급 및 사업상 증여에 해당하는 경우이다.

(7) 사업용 유형자산의 양도가액

복식부기의무자가 사업용 유형자산을 양도하는 경우 그 양도가액은 총수입금액에 산입하고(소득세법 제19조 제1항 제20호), 그 양도 당시의 장부가액은 필요경비에 산입한다(동법 시행령 제55조 제1항 제7호의2). 사업용 유형자산이란 당해 사업에 직접 사용하는 감가상각자산으로서 차량운반구, 공구, 기구 및 비품, 선박 및 항공기, 기계장치, 동물과 식물 등의 유형자산을 말한다. 다만, 양도소득세 과세대상이 되는 부동산은 제외한다(동법 제19

조 제1항 제20호). 사업자의 수입금액을 장부 기타 증빙서류에 의하여 계산할 수 없어 추계결정·경정하는 경우에는 사업용 유형자산의 양도가액은 총수입금액에 산입하지만, 장부가액은 필요경비로 인정되지 않는다(동법 시행령 제144조 제3항 제4호).

사 례

2017년 8,000만원에 취득한 업무용 차량(감가상각누계액 3,200만원)을 부가가치세 포함 5,500만원에 매각한 경우 부가가치세를 제외한 차량의 매각대금 5,000만원은 총수입금액에 산입하고 차량의 장부가액 4,800만원(= 8,000만원 - 3,200만원)은 필요경비에 산입한다.

2-2. 총수입금액 불산입항목

(1) 필요경비 불산입 금액의 환급액

소득세와 개인지방소득세는 필요경비에 산입하지 않으므로 소득세 또는 개인지방소득세를 환급받은 금액은 총수입금액에 산입하지 않는다(소득세법 제26조 제1항).

(2) 자산수증익과 채무면제이익 중 이월결손금의 보전에 충당한 금액

무상으로 받은 자산의 가액과 채무의 면제나 소멸로 인한 부채의 감소액 중 이월결손금의 보전에 충당된 금액은 총수입금액에 산입하지 않는다(소득세법 제26조 제2항).

(3) 이월된 소득금액

이전 과세기간으로부터 이월된 소득금액은 해당 과세기간의 소득금액을 계산할 때 총수입금액에 산입하지 않는다(소득세법 제26조 제3항).

(4) 자기가 생산한 제품 등을 자기가 생산하는 다른 제품의 원료로 사용한 금액

농업, 임업, 어업. 광업 또는 제조업을 경영하는 사업자가 자기가 생산한 제품을 자기가 생산하는 다른 제품의 원재료 또는 제조용 연료로 사용한 경우 그 사용된 부분에 상당하는 금액은 해당 과세기간의 소득금액을 계산할 때 총수입금액에 산입하지 않는다(소득세법 제26조 제4항). 건설업을 경영하는 거주자가 자기가 생산한 물품을 자기가 도급받은 건설공사의 자재로 사용한 경우, 전기·가스·증기 및 수도사업을 경영하는 거주자가 자기가 생산한 전력·가스·증기 또는 수돗물을 자기가 경영하는 다른 사업의 동력·연료 또는 용수로 사용한 경우에도 그 사용한 부분에 상당하는 금액은 해당 과세기간의 소득금액을 계산할 때 총수입금액에 산입하지 않는다(동조 제5항 및 제6항). 이 경우는 외부로 매출이 발생한 것이 아니므로 총수입금액에 산입하지 않는다.

(5) 개별소비세 및 주세

개별소비세 및 주세의 납세의무자인 사업자가 자기의 총수입금액으로 수입하였거나 수입할 금액에 따라 납부하였거나 납부할 개별소비세 및 주세는 해당 과세기간의 소득금액을 계산할 때 총수입금액에 산입하지 않는다. 다만, 원재료, 연료, 그 밖의 물품을 매입·수입 또는 사용함에 따라 부담하는 세액은 그렇지 않다(소득세법 제26조 제7항).

(6) 환급금의 이자

국세환급가산금, 지방세환급가산금, 그 밖의 과오납금의 환급금에 대한 이자는 해당 과세기간의 소득금액을 계산할 때 총수입금액에 산입하지 않는다(소득세법 제26조 제8항). 환급금의 이자는 보상적 성격이 있으므로 환급금이 필요경비에 산입한 금액이든 아니든 불문하고 무조건 총수입금액 불산입항목이다.

(7) 부가가치세 매출세액

부가가치세의 매출세액은 해당 과세기간의 소득금액을 계산할 때 총수입금액에 산입하지 않는다(소득세법 제26조 제9항). 이는 정부에 납부할 금액으로서 예수금(부채항목)에 불과하기 때문이다.

2-3. 필요경비 산입항목

필요경비에 산입할 금액은 해당 과세기간의 총수입금액에 대응하는 비용으로서 일반적으로 인정되는 통상적인 것의 합계액으로 한다(소득세법 제27조 제1항). 사업소득의 각 과세기간의 총수입금액에 대응하는 필요경비는 법령에서 달리 정하는 것 외에는 다음에 규정한 것으로 한다(동법 시행령 제55조 제1항).

(1) 판매한 상품 또는 제품에 대한 원료의 매입가격과 그 부대비용

판매한 상품 또는 제품에 대한 원료의 매입가액과 그 부대비용은 필요경비 산입항목이다. 이는 기업회계에서 말하는 판매업 또는 제조업에서의 매출원가에 해당한다. 여기의 매입가격은 매입에누리, 매입할인금, 매입환입액을 차감한 금액을 말한다. 원료의 매입부대비용은 원료의 취득가액에 가산한다. 매입부대비용에는 운임과 운송보험료 등 매입운반비(freight in), 매입수수료, 매입 관련 제세공과금을 포함한다(소득세법 시행령 제55조 제1항 제1호).

3장 소득세법

(2) 판매부대비용

판매한 상품·제품의 보관료, 포장비, 운반비, 판매장려금, 판매수당 등 판매와 관련된 부대비용은 필요경비에 산입한다. 판매장려금 및 판매수당의 경우 사전약정 없이 지급하는 경우를 포함한다(소득세법 시행령 제55조 제1항 제1호의2).

(3) 종업원의 급여

종업원의 급여는 필요경비에 산입한다(소득세법 시행령 제55조 제1항 제6호). 여기의 종업원에는 해당 사업자의 사업에 직접 종사하고 있는 그 사업자의 배우자 또는 부양가족을 포함한다(동법 시행규칙 제24조 제1항). 그러나 대표자의 급여는 필요경비에 산입하지 않는다.

참 조

급여의 필요경비 산입 여부

구분	필요경비 산입 여부
대표자 급여(퇴직급여 포함)	필요경비 불산입(공동사업자도 불산입)
대표자 가족에 대한 급여	사업에 직접 종사하고 있는 경우에만 필요경비 산입
일반 종업원에 대한 급여	필요경비 산입

* 법인세의 경우 대표자 급여 손금산입

(4) 사업용 자산에 대한 비용

사업용 자산의 현상 유지를 위한 수선비, 관리비와 유지비, 사업용 자산에 대한 임차료, 사업용 자산의 손해보험료는 필요경비에 산입한다. 사업용 자산에는 그 사업에 속하는 일부 유휴시설을 포함한다(소득세법 시행령 제55조 제1항 제7호). 또한 사업과 관련이 있는 제세공과금도 필요경비에 산입한다. 여기의 제세공과금에는 외국납부세액공제를 적용하지 않는 경우의 외국소득세액을 포함한다(동항 제8호).

(5) 복식부기의무자의 사업용 유형자산의 양도 당시 장부가액

복식부기의무자가 사업용 유형자산의 양도가액을 총수입금액에 산입한 경우에는 해당 사업용 유형자산의 양도 당시 장부가액을 필요경비에 산입한다. 업무용승용차의 감가상각비 중 업무사용금액에 해당하지 않는 금액이 있는 경우에는 그 금액을 차감한 금액을 장부가액으로 한다(소득세법 시행령 제55조 제1항 제7조의2).

(6) 부담금 및 분담금

「건설근로자의 고용개선 등에 관한 법률」에 따라 공제계약사업주가 건설근로자퇴직공제회에 납부한 공제부금, 「근로자퇴직급여 보장법」에 따라 사용자가 부담하는 부담금, 「중소기업 인력지원 특별법」에 따른 중소기업이 부담하는 기여금은 필요경비에 산입한다(소득세법 시행령 제55조 제1항 제10조 내지 동조의3). 또한 「국민건강보험법」, 「고용보험법」 및 「노인장기요양보험법」에 의하여 사용자로서 부담하는 보험료 또는 부담금뿐만 아니라 「국민건강보험법」 및 「노인장기요양보험법」에 의한 직장가입자로서 부담하는 사용자 본인의 보험료 또는 지역가입자로서 부담하는 보험료도 필요경비에 산입한다(동항 제11조 내지 제11조의3). 개인사업자의 경우 사용자 본인은 곧 기업이므로 사용자 본인의 보험료도 기업의 필요경비에 산입한다.

(7) 단체순수보장성보험 및 단체환급부보장성보험의 보험료

종업원의 사망, 상해 또는 질병을 보험금 지급사유로 하는 보험으로서 만기에 납입보험료를 환급하지 않는 보험을 단체순수보장성보험이라고 하고, 만기에 납입보험료를 초과하지 않는 범위에서 환급하는 보험을 단체환급부보장성보험이라고 한다. 보험계약자는 사용자이고 피보험자는 종업원이지만, 보험수익자는 종업원인 경우와 사용자인 경우가 있다. 보험수익자가 종업원인 경우와 사용자인 경우를 구분하여 살펴보면 다음과 같다.

1) 보험수익자가 종업원인 경우

피보험자와 보험수익자가 모두 종업원인 경우 단체순수보장성보험 및 단체환급부보장성보험의 보험료 전액을 필요경비에 산입한다(소득세법 시행령 제55조 제1항 제12호). 사용자가 지급한 보험료는 종업원의 근로소득에 해당하지만, 연 70만원 이하의 보험료는 과세하지 않는다(동법 시행령 제17조의4 제3호 가목). 그리하여 사용자가 지급한 보험료의 성격은 연 보험료 70만원 이하 부분은 복리후생비에 해당하고, 70만원 초과 부분은 인건비에 해당한다. 단체환급부보장성보험에서 계약기간의 만료 전 또는 만기에 종업원에게 귀속되는 환급금은 종업원의 근로소득에 해당하고(동법 시행령 제38조 제16호), 단체순수보장성보험 및 단체환급부보장성보험에서 종업원 또는 그 유족이 지급받는 보험금은 근로제공과 관련하여 부상·질병 또는 사망하여 위자(慰藉)의 성격으로 지급하는 경우에는 비과세 근로소득으로 본다.

2) 보험수익자가 사용자인 경우

피보험자가 종업원이고 보험수익자가 사용자인 경우에는 단체순수보장성보험의 보험료는 그 전액을 필요경비에 산입하고, 단체환급부보장성보험은 만기환급금에 해당하는 보험료 상당액은 자산[50]으로 계상하되 그 나머지 부분을 보험기간의 경과에 따라 필요경비에 산입한다. 단체환급부보장성보험에서 계약기간의 만료 전 또는 만기에 귀속되는 환급금과 보험금의 지급사유가 발생하여 지급받은 보험금은 사용자의 사업소득으로 총수입금액에 산입한다. 사용자가 지급받은 보험금을 종업원에게 지급하면 종업원의 근로소득에 해당하고, 사용자는 지급한 보험금을 필요경비에 산입할 수 있다.

(8) 지급이자

총수입금액을 얻기 위하여 직접 사용된 부채에 대한 지급이자는 필요경비에 산입한다(소득세법 시행령 제55조 제1항 제13호).

(9) 감가상각비

1) 의의

사업용 유형자산 및 무형자산의 감가상각비는 필요경비에 산입한다(소득세법 시행령 제55조 제1항 제14호). 건물, 기계장치 등 자산은 사용하거나 시간의 경과에 따라 노후화되어 가치가 감소하는데, 이러한 가치감소를 일정한 기간에 걸쳐 비용으로 배분하는 회계절차가 감가상각이다. 사업자가 각 과세기간의 결산을 확정할 때 감가상각자산에 대한 감가상각비를 손비로 계상한 경우에는 상각범위액의 범위에서 해당 과세기간에 계상한 감가상각비를 필요경비에 산입하고, 상각범위액을 초과하는 상각부인액은 필요경비에 산입하지 않는다(동법 시행령 제62조 제5항). 상각부인액은 이후의 과세기간에 시인부족액이 발생한 경우 그 시인부족액의 범위 내에서 필요경비에 산입한다(동조 제6항).

참 조

의제상각

사업소득금액에 대하여 소득세를 면제받거나 감면받는 경우와 사업소득금액을 추계하는 경우에 의제상각이 적용된다. 감가상각이 강제되는 경우이다. 사업소득에 대하여 소득세를 면제받거나 감면받은 경우에는 사업자가 감가상각비를 계상하지 않거나 과소계상하였더라도 세법상 상각범위액까지는 상각한 것으로 간주한다. 장부나 그 밖의 증명서류에 의하여 소득금액을 계산할 수 없어 추계결정 또는 경정을 하는 경우에도 감가상각자산에 대한 감가상각비를 필요경비에 산입한 것으로 간주한다.

---

50) 장기금융상품, 보험료 관련 자산 등 계정과목을 사용하여 자산으로 계상한다.

2) 감가상각자산의 범위

감가상각자산은 사업자의 사업용으로 제공된 자산이어야 한다(소득세법 시행령 제62조 제1항 및 제2항). 따라서 업무무관자산, 건설 중인 자산, 사용 중 철거하여 사업에 사용하지 않는 자산, 취득 후 사용하지 않고 창고 등에 보관 중인 자산 등 사업에 사용하지 않는 자산은 감가상각자산이 아니다. 그러나 건설 중인 자산이더라도 일부가 완성되어 해당 부분이 사업에 사용되는 경우에는 감가상각의 대상이 되고, 가동할 수 있는 상태에 있는 설비로서 조업 중단 등으로 인하여 일시적으로 사용하지 않고 있는 유휴설비도 감가상각자산이 된다.

한편 감가상각자산은 사업자 소유의 자산에 한하므로 임차한 건물 등은 감가상각의 대상이 되지 않는다. 그러나 소유권이 유보되어 있어도 장기할부조건 등으로 사업자가 취득하여 사용하는 자산은 대금청산이나 소유권의 이전 여부와 상관없이 기업회계에서 해당 자산의 가액 전액을 자산으로 계상하고 사업에 사용하는 경우에는 감가상각자산에 포함된다.

감가상각은 비유동자산 중에서 유형자산과 무형자산을 그 대상으로 한다(소득세법 시행령 제62조 제2항). 비유동자산 중 투자자산과 유동자산은 감가상각의 대상이 되지 않는다. 따라서 재고자산은 감가상각의 대상이 되지 않는다. 유형자산이더라도 시간의 경과에 따라 그 가치가 감소되지 않는 자산은 감가상각자산이 되지 않는다. 예를 들어, 토지, 서화, 골동품, 정원수 등이 여기에 해당한다. 건설회사가 보유하는 미분양아파트는 재고자산에 해당하여 감각상각의 대상이 되지 않으나, 미분양아파트를 임대함으로써 임대사업에 제공하고 있다면 사업용 유형자산에 해당하여 감가상각의 대상이 된다.

3) 즉시상각의제

사업자가 감가상각자산을 취득하기 위하여 지출한 금액이나 감가상각자산에 대한 자본적 지출에 해당하는 금액을 손비로 계상한 경우에는 이를 감가상각비로 계상한 것으로 보아 상각범위액까지 필요경비에 산입한다. 이를 즉시상각의제라고 한다. 본래 자산으로 계상하여야 할 것을 비용으로 계상한 경우에 감가상각비로 계상한 것으로 보고 필요경비에 산입하는 것이다. 그러나 일정한 경우에는 감가상각의 시부인계산을 하지 않고 사업자가 손비로 계상한 금액을 전액 필요경비로 산입하는 특례가 허용되고 있다. 이를 즉시상각의제의 특례 또는 즉시상각이라고 한다. 이 경우에는 감가상각비로 필요경비에 산입하는 것이 아니므로 필요경비 산입의 한도가 없다. 즉시상각의제의 특례가 적용되는 경우는 다음과 같다.

참 조

즉시상각의제의 특례

① 거래단위별로 100만원 이하인 소액자산을 취득하는 경우. 다만, ㉠ 고유업무의 성질상 대량으로 보유하는 자산, ㉡ 사업의 개시 또는 확장을 위하여 취득하는 자산은 제외

② 전화기(휴대전화 포함), 개인용 컴퓨터(주변기기 포함), 전기기구, 가스기기, 시험기기, 측정기기 및 간판 등 단기사용자산 및 소모성 자산

③ 각 사업연도에 개별자산별로 수선비(자본적 지출과 수익적 지출)로 지출한 금액이 600만원 미만이거나 직전 사업연도 종료일 현재 재무상태표상 장부가액의 5퍼센트 미만인 소액수선비

④ 3년 미만의 기간마다 주기적인 수선을 위하여 지출하는 주기적 수선비

⑤ 시설개체 또는 기술낙후(다른 사유는 인정되지 않음)로 인하여 생산설비(다른 자산은 인정되지 않음)의 일부를 폐기하는 경우 또는 사업의 폐지나 사업장의 이전으로 임대차계약에 따라 임차한 사업장의 원상회복을 위하여 시설물을 철거하는 경우의 생산설비 폐기손실

4) 세법상 상각범위액의 계산

세법상 상각범위액은 일정한 감가상각방법이 주어지면 해당 자산의 취득가액, 잔존가액 및 내용연수에 따라 결정된다. 잔존가액이란 자산을 처분할 때 회수할 금액에서 그 자산의 제거·판매비용을 차감한 금액이다. 기업회계에서는 이러한 잔존가액에 대한 추정을 허용하고 있으나, 세법에서는 상각범위액을 계산함에 있어서 감가상각자산의 잔존가액을 획일적으로 0으로 규정하고 있다. 다만, 정률법에 의하여 상각범위액을 계산하는 경우에는 취득가액의 5퍼센트에 상당하는 금액을 잔존가액으로 하고, 그 금액은 해당 감가상각자산에 대한 미상각잔액이 최초로 취득가액의 5퍼센트 이하가 되는 사업연도의 상각범위액에 가산하도록 하고 있다.

기업회계에서는 내용연수를 추정하여 감가상각을 할 수 있으나, 소득세법에서는 시험연구용자산, 무형자산, 건축물 등, 업종별 자산으로 구분하여 각각의 내용연수를 일률적으로 규정하고 있다. 이를 기준내용연수라고 한다(소득세법 시행령 제63조 제1항 제1호). 시험용연구자산과 무형자산에 대하여는 기준내용연수만 적용되지만, 건축물 등과 업종별 자산에 대하여는 신고내용연수를 적용한다. 신고내용연수는 기준내용연수의 25퍼센트를 가감한 내용연수범위 안에서 사업자가 선택하여 관할 세무서장에게 신고한 내용연수를 말한다(동항 제2호).

소득세법에서는 자산의 종류별로 상각방법을 규정하고 있으며, 사업자는 법정된 상각방법 중 어느 하나의 상각방법을 적용하여야 하고, 그 이외의 상각방법을 채택할 수 없다(소득세법 시행령 제64조 제1항). 사업자는 법정된 상각방법 중 적용하고자 하는 상각방법을

관할 세무서장에게 신고하여야 하고(동조 제2항), 상각방법을 신고하지 않는 경우에는 세법에서 정한 상각방법에 의한다(동조 제4항).

(10) 재고자산의 평가차손

재고자산의 평가차손은 필요경비에 산입한다(소득세법 시행령 제55조 제1항 제15호). 재고자산의 평가차손이란 재고자산의 손상이나 진부화 또는 판매 가격 하락 등으로 인하여 재고자산의 취득원가가 시가보다 하락하여 발생하는 손실을 말한다.

(11) 대손금

대손금은 필요경비에 산입한다. 여기의 대손금에는 부가가치세 매출세액의 미수금으로서 회수할 수 없는 것 중 대손세액공제를 받지 않은 것을 포함한다(소득세법 시행령 제55조 제1항 제16호).

(12) 장려금

거래수량 또는 거래금액에 따라 상대방에게 지급하는 장려금 기타 이와 유사한 성질의 금액은 필요경비에 산입한다(소득세법 시행령 제55조 제1항 제17호)

(13) 재해손실

매입한 상품·제품·부동산 및 산림 중 재해로 인하여 멸실된 것의 원가를 그 재해가 발생한 과세기간의 소득금액을 계산할 때 필요경비에 산입한다(소득세법 시행령 제55조 제1항 제18호).

(14) 견본품 등을 기증하기 위하여 지출한 비용

광고·선전을 목적으로 견본품·달력·수첩·컵·부채 기타 이와 유사한 물품을 불특정다수인에게 기증하기 위하여 지출한 비용은 필요경비에 산입한다. 다만, 특정인에게 기증한 물품(개당 3만원 이하의 물품은 제외)의 경우에는 연간 5만원 이내의 금액으로 한정한다(소득세법 시행령 제55조 제1항 제25호).

(15) 조합 또는 협회에 지급하는 회비

영업자가 조직한 단체로서 법인이거나 주무관청에 등록된 조합 또는 협회에 지급하는 회비는 필요경비에 산입한다(소득세법 시행령 제55조 제1항 제26호).

(16) 종업원을 위하여 직장체육비 등으로 지출한 금액

종업원을 위하여 직장체육비·직장문화비·가족계획사업지원비·직원회식비 등으로 지출한 금액(소득세법 시행령 제55조 제1항 제19호), 종업원의 사망 이후 유족에게 학자금 등 일시적으로 지급하는 금액으로서 종업원 사망 전에 결정되어 종업원에게 공통적으로 적용되는 지급기준에 따라 지급되는 것은 필요경비에 산입한다(동항 제27호 및 동법 시행규칙 제24조의3).

(17) 기타

업무와 관련이 있는 해외시찰·훈련비(소득세법 시행령 제55조 제1항 제21호), 보건복지부장관이 정하는 무료진료권에 의하여 행한 무료진료의 가액(동항 제20호), 「영유아보육법」에 의하여 설치된 직장어린이집의 운영비(동항 제23호), 그밖에 위의 경비와 유사한 성질의 것으로서 해당 총수입금액에 대응하는 경비(동항 제28호)는 필요경비에 산입한다.

2-4. 필요경비 불산입항목

(1) 소득세와 개인지방소득세

소득세와 개인지방소득세는 필요경비에 산입하지 않는다. 여기의 소득세에는 외국납부세액공제를 적용하는 경우의 외국소득세액을 포함한다(소득세법 제33조 제1항 제1호).

(2) 벌금 등

벌금·과료(통고처분에 따른 벌금 또는 과료에 해당하는 금액을 포함)와 과태료, 국세징수법이나 그 밖에 조세에 관한 법률에 따른 가산금과 강제징수비, 조세에 관한 법률에 따른 징수의무의 불이행으로 인하여 납부하였거나 납부할 세액(가산세액을 포함)은 필요경비에 산입하지 않는다(소득세법 제33조 제1항 제2호 내지 제4호).

(3) 가사경비

가사(家事)의 경비와 이에 관련되는 경비는 필요경비에 산입하지 않는다(소득세법 제33조 제1항 제5호). 가사의 경비와 이에 관련되는 경비란 ① 사업자가 가사와 관련하여 지출하였음이 확인되는 경비와 ② 초과인출금에 대한 지급이자를 말한다(동법 시행령 제61조 제1항).

휴일에 집 근처나 회사에서 떨어진 음식점 등에서 지출한 복리후생비나 기업업무추진비, 학원사업자가 구입한 세탁기 등 주된 사업과 관련이 없는 가전제품을 구입한 비용, 직원이 없음에도 복리후생비로 지출한 비용 등은 사업자가 가사와 관련하여 지출한 경비로 보아 필요경비에 불산입한다. 직계존비속에게 주택을 무상으로 사용하게 하고 직계존비속이 실제로 거주하는 경우에는 부당행위계산부인의 대상이 되지 않으나, 그 주택에 관련된 경비는 가사와 관련하여 지출된 경비로 본다(동항 제1호 단서).

초과인출금이란 부채(충당금과 준비금은 제외)의 합계액이 사업용 자산의 합계액을 초과하는 경우 그 초과하는 금액을 말한다. 개인사업자는 법인과 달리 사업용 자금을 인출하더라도 가지급금 필요경비 불산입이나 가지급금 인정이자 등의 불이익이 주어지지 않으나, 자산보다 부채가 더 커질 정도로 초과인출한 경우에는 다음과 같이 계산한 초과인출금에 대한 지급이자를 필요경비에 불산입하는 불이익을 주고 있다.

$$\text{초과인출금액에 대한 지급이자} = \text{지급이자} \times \frac{\text{해당 과세기간 중 초과인출금의 적수}}{\text{해당 과세기간 중 차입금의 적수}}$$

* 초과인출금 = 부채의 합계액 – 사업용 자산의 합계액

(4) 감가상각비 한도초과액

각 과세기간에 계상한 감가상각자산의 감가상각비로서 필요경비산입 한도액을 초과하는 금액은 필요경비에 산입하지 않는다(소득세법 제33조 제1항 제6호).

(5) 재고자산 등 외의 자산의 평가차손

파손·부패 등으로 정상가격에 판매할 수 없는 재고자산, 천재지변이나 화재·법령에 따른 수용 등 또는 채굴 불능으로 인한 폐광으로 인하여 파손 또는 멸실된 유형자산을 제외한 자산의 평가차손은 필요경비에 산입하지 않는다(소득세법 제33조 제1항 제7호).

(6) 개별소비세 등

반출하였으나 판매하지 않은 제품에 대한 개별소비세 또는 주세의 미납액은 필요경비에 산입하지 않는다. 다만, 제품가액에 그 세액 상당액을 더한 경우는 제외한다(소득세법 제33조 제1항 제8호).

(7) 부가가치세의 매입세액

부가가치세의 매입세액은 필요경비에 산입하지 않는다. 이는 매출세액에서 공제되거나 환급되므로 일종의 대급금(자산항목)에 불과하기 때문이다. 다만, 부가가치세가 면제되는 경우의 매입세액, 비영업용 승용자동차에 관한 매입세액, 기업업무추진비의 매입세액과 부가가치세 간이과세자가 납부한 부가가치세액은 제외한다(소득세법 제33조 제1항 제9호).

(8) 건설자금이자 및 채권자 불분명 사채이자

차입금 중 건설자금에 충당한 금액의 이자, 채권자가 불분명한 차입금의 이자는 필요경비에 산입하지 않는다(소득세법 제33조 제1항 제10호 및 제11호). 건설자금이자란 사업용 유형자산 및 무형자산의 매입·제작 또는 건설에 소요되는 차입금에 대한 지급이자 또는 이와 유사한 성질의 지출금을 말한다. 건설자금이자는 당기에 필요경비에 산입하지 않고 자산의 취득원가에 산입하여 감가상각 또는 자산 매각을 통하여 필요경비에 산입한다.

채권자가 불분명한 차입금의 이자란 다음의 어느 하나에 해당하는 차입금의 이자(알선수수료, 사례금 등 명목 여하에 불구하고 차입금을 차입하고 지급하는 금품을 포함)를 말한다. 다만, 지급일 현재 주민등록표등본에 의하여 그 거주사실 등이 확인된 채권자가 차입금을 변제받은 후 소재불명이 된 경우에는 그렇지 않다(동법 시행령 제76조).

① 채권자의 소재 및 성명을 확인할 수 없는 차입금
② 채권자의 능력 및 자산상태로 보아 금전을 대여한 것으로 인정할 수 없는 차입금
③ 채권자와의 금전거래사실 및 거래내용이 불분명한 차입금

(9) 공과금

법령에 따라 의무적으로 납부하는 것이 아닌 공과금이나 법령에 따른 의무의 불이행 또는 금지제한 등의 위반에 대한 제재로서 부과되는 공과금은 필요경비에 산입하지 않는다(소득세법 제33조 제1항 제12호).

(10) 업무무관경비

사업자가 업무와 관련 없는 자산을 취득·관리함으로써 발생하는 취득비·유지비·수선비와 이와 관련된 필요경비, 사업자가 업무와 관련 없는 자산을 취득하기 위하여 차입한 금액에 대한 지급이자 및 관련된 비용 등 직접 그 업무와 관련이 없다고 인정되는 금액은 필요경비

에 산입하지 않는다(소득세법 제33조 제1항 제13호 및 동법 시행령 제78조).

(11) 선급비용

선급비용은 필요경비에 산입하지 않는다(소득세법 제33조 제1항 제14호). 선급비용이란 이미 비용으로서 지출이 완료되었지만, 당기의 비용으로 인정할 수 없어서 차기로 이월시켜야 하는 비용을 말한다. 선급보험료, 선급임차료, 선급이자 등이 있다.

(12) 고의 또는 중과실로 인한 손해배상금

업무와 관련하여 고의 또는 중대한 과실로 타인의 권리를 침해한 경우에 지급되는 손해배상금은 필요경비에 산입하지 않는다(소득세법 제33조 제1항 제15호).

(13) 기부금

1) 의의

기부금이란 사업자가 사업과 직접적인 관계없이 무상으로 지출하는 금액을 말한다(소득세법 제34조 제1항). 기부금은 업무와 직접 관련이 없는 지출이므로 필요경비로 인정받을 수 없는 것이 원칙이지만, 기업의 사회적 책임과 기부행위가 갖는 사회적 유익성에 비추어 세법에서는 일정한 범위에서 필요경비산입을 허용하고 있다.

2) 기부금의 종류

기부금에는 특례기부금과 일반기부금, 조세특례제한법상 기부금이 있다. 특례기부금과 일반기부금, 조세특례제한법상 기부금은 그 기부의 상대방과 용도, 필요경비산입의 범위 등에 있어서 차이가 있다. 소득세법과 조세특례제한법에서 열거하고 있지 않은 기부금을 비지정기부금이라고 하고, 비지정기부금은 전액 필요경비에 산입하지 않는다(동법 제34조 제4항).

소득세법상 특례기부금은 법인세법상 특례기부금과 「재난 및 안전관리 기본법」에 따른 특별재난지역을 복구하기 위하여 자원봉사를 한 경우 그 용역의 가액을 포함한다(동조 제2항 제1호). 일반기부금은 사회복지 · 문화 · 예술 · 교육 · 종교 · 자선 · 학술 등 공익성을 고려하여 법령으로 정해진 기부금으로 특례기부금을 제외한 것을 말한다(동조 제3항 제1호 및 동법 시행령 제80조 제1항). 자원봉사용역의 가액은 다음과 같이 계산한 금액의 합계액으로 한다(동법 시행령 제81조 제5항).

자원봉사용역의 가액의 합계액(① + ②)

① 자원봉사용역의 가액 = 8만원 × 봉사일수(= 총 봉사시간 ÷ 8시간)

* 봉사일수 계산시 소수점 이하의 부분은 1일로 보아 계산한다.

② 자원봉사용역에 부수되어 발생하는 유류비·재료비 등 직접비용(자원봉사용역 제공 장소로의 이동을 위한 유류비는 제외) : 제공할 당시의 시가 또는 장부가액

조세특례제한법에서는 ① 고향사랑기부금, ② 정치자금기부금, ③ 우리사주조합기부금을 규정하고 있다. 고향사랑기부금은 거주자가 「고향사랑 기부금에 관한 법률」에 따라 지방자치단체에 제공한 기부금을 말하고(동법 제58조), 정치자금기부금은 거주자가 「정치자금법」에 따라 정당(후원회 및 선거관리위원회를 포함)에 제공한 기부금을 말한다(동법 제76조). 우리사주조합기부금은 거주자가 우리사주조합에 지출하는 기부금(우리사주조합원이 지출하는 기부금은 제외)이다(동법 제88조의4 제13항).

참 조

고향사랑기부금과 정치자금기부금

고향사랑기부금과 정치자금기부금을 기부한 경우 다음과 같이 계산한 금액을 종합소득산출세액에서 공제한다. 다만, 사업자인 거주자인 경우 10만원 이하의 금액에 대해서는 종합소득세산출세액에서 공제하되, 10만원을 초과하는 금액에 이월결손금을 뺀 후의 소득금액의 범위에서 필요경비에 산입한다(조세특례제한법 제58조 제1항 및 제76조 제1항). 고향사랑기부금과 정치자금기부금은 개인이 기부한 경우에는 종합소득산출세액에서 공제받거나 필요경비에 산입할 수 있으나, 법인이 기부한 경우에는 법인세법상 비지정기부금에 해당하여 손금에 산입하지 못한다.

① 고향사랑기부금

㉠ 10만원 이하의 금액을 기부한 경우 : 고향사랑 기부금 × 110분의 100

㉡ 10만원 초과 20만원 이하의 금액을 기부한 경우 : 10만원 × 110분의 100 + (고향사랑 기부금 – 10만원) × 40%

㉢ 20만원 초과 2천만원 이하의 금액을 기부한 경우 : 10만원 × 110분의 100 + 10만원 × 40% + (고향사랑 기부금 – 20만원) × 15%(특별재난지역으로 선포된 지방자치단체에 특별재난지역 선포일부터 3개월 이내에 기부한 경우에는 30%)

② 정치자금기부금

㉠ 10만원 이하의 금액을 기부한 경우 : 정치자금기부금 × 110분의 100

㉡ 10만원 초과 2천만원 이하의 금액을 기부한 경우 : 10만원 x 15%(해당 금액이 3천만원을 초과하는 경우 그 초과분에 대해서는 25%)

3) 현물기부금

사업자가 기부금을 금전 외의 자산으로 제공한 경우 해당 자산의 가액은 이를 제공한 때의 시가 또는 장부가액 중 큰 금액에 의한다. 다만, 「박물관 및 미술관 진흥법」에 따른 국립 박물관 및 국립 미술관에 제공하는 기부금에 대해서는 기증유물의 감정평가를 위하여 문화체육관광부에 두는 위원회에서 산정한 금액으로 할 수 있다(소득세법 시행령 제81조 제3항).

4) 기부금의 필요경비 산입한도액

사업자가 해당 과세기간에 지출한 기부금 및 이월된 기부금 중 특례기부금과 일반기부금은 필요경비 산입한도액 내에서 해당 과세기간의 사업소득금액을 계산할 때 필요경비에 산입하고, 필요경비 산입한도액을 초과하는 금액은 필요경비에 산입하지 않는다(동법 제34조 제2항 및 제3항). 그러나 비지정기부금은 해당 과세기간의 사업소득금액을 계산할 때 필요경비에 산입하지 않는다(동조 제4항). 특례기부금과 일반기부금은 기본공제대상자인 배우자 및 부양가족(부양가족은 나이의 제한을 받지 않으며, 다른 거주자의 기본공제를 적용받는 사람은 제외)에 해당하는 사람이 지급한 경우에도 해당 사업자의 기부금에 포함한다(동조 제6항).

사업자가 고향사랑기부금, 정치자금기부금을 기부한 경우 일정한 금액을 이를 지출한 해당 과세연도의 종합소득산출세액에서 공제하거나 필요경비에 산입할 수 있고(조세특례제한법 제58조 및 제76조), 사업자가 지출한 우리사주조합기부금도 일정한 금액을 한도로 종합소득산출세액에서 공제하거나 필요경비에 산입할 수 있다(동법 제88조의4 제13항). 세액공제를 받거나 필요경비에 산입한 고향사랑기부금과 한도를 초과한 고향사랑기부금에 대해서는 특례기부금으로 필요경비에 산입하거나 세액공제를 받을 수 없다(동법 제58조 제3항). 기부금의 필요경비 산입한도액은 다음과 같다(소득세법 시행령 제81조 제4항).

① 특례기부금, 고향사랑기부금, 정치자금기부금 : (기준소득금액 - 이월결손금) × 100%
② 우리사주조합기부금 : (기준소득금액 - 이월결손금 - ① 기부금 필요경비 산입액) × 30%
③ 일반기부금
  ㉠ 종교단체기부금이 없는 경우 : (기준소득금액 - 이월결손금 - ① 및 ② 기부금 필요경비 산입액) × 30%
  ㉡ 종교단체기부금이 있는 경우 : (기준소득금액 - 이월결손금 - ① 및 ② 기부금 필요경비 산입액) × 10% + Min[ⓐ, ⓑ]
    ⓐ (기준소득금액 - 이월결손금 - ① 및 ② 기부금 필요경비 산입액) × 20%
    ⓑ 종교단체 외에 기부한 일반기부금

3장 소득세법

* 기준소득금액은 기부금을 필요경비에 산입하기 전의 해당 과세기간의 소득금액을 말한다. 기준소득금액은 당기순이익에 세법상 세무조정을 하고 여기에 기부금으로 지출한 금액을 합한 금액이다.
** 기준소득금액에서 공제하는 순서 : 이월결손금 → 정치자금기부금 → 고향사랑기부금 → 특례기부금 → 우리사주조합기부금

5) 기부금 한도 초과

개인사업자는 법인과 달리 기부금 중 필요경비에 산입한 금액을 차감한 금액은 종합소득산출세액에서 기부금 세액공제를 받을 수 있다. 즉, 거주자(사업소득만 있는 사람은 제외)는 특례기부금과 일반기부금의 경우 각각의 기부금 산입한도액을 합한 금액에서 사업소득을 계산할 때 필요경비에 산입한 기부금을 뺀 금액의 15퍼센트(해당 금액이 1,000만원을 초과하는 경우에는 그 초과분에 대해서는 30퍼센트)에 해당하는 금액을 종합소득산출세액(필요경비에 산입한 기부금이 있는 경우 사업소득에 대한 산출세액은 제외)에서 공제받을 수 있다(소득세법 제59조의4 제4항).

사업자가 해당 과세기간에 지출하는 기부금 중 필요경비 산입한도액을 초과하여 필요경비에 산입하지 않은 특례기부금 및 일반기부금의 금액(종합소득세 신고 시 세액공제를 적용받은 기부금의 금액은 제외)은 해당 과세기간의 다음 과세기간 개시일부터 10년 이내에 끝나는 각 과세기간에 이월하여 필요경비에 산입할 수 있다(동법 제34조 제5항). 이 경우 특례기부금과 일반기부금의 필요경비 산입한도액의 범위에서 특례기부금과 일반기부금을 구분하여 먼저 발생하여 이월된 기부금의 금액부터 차례대로 필요경비에 산입한다(동법 시행령 제79조 제4항). 고향사랑기부금, 정치자금기부금, 우리사주조합기부금의 한도초과액에 대해서는 이월필요경비산입 규정이 없다.

사 례

개인사업자 A의 기부금 지출내역이 다음과 같은 경우 기부금 필요경비산입 한도액과 기부금 중 필요경비에 산입 또는 불산입되는 금액을 계산하시오(이월결손금은 없으며, 기준소득금액은 4,000만원이라고 가정한다).

▶ 국방헌금 1,000만원
▶ 한남대학교에 출연한 금액 2,000만원
▶ 「아동복지법」에 따른 아동복지시설에 기증한 라면 100박스 (라면 1박스의 시가는 4만원이고 장부가액은 3만원)
▶ 재난지역에 유류비 및 재료비로 8만원을 지출하고 재난지역에서 65시간 봉사하였음

① **필요경비 산입한도액**

㉠ 특례기부금

- 국방헌금 : 1,000만원
- 자원봉사용역의 가액 = 8만원 × 봉사일수 9일(= 총 봉사시간 65시간 ÷ 8시간) = 72만원 + 유류비 8만원 = 80만원

따라서 특례기부금으로 지출한 금액은 총 1,080만원이다.

㉡ 일반기부금

- 한남대 출연금 : 2,000만원
- 아동복지시설 라면 100박스 : 100박스 × 4만원 = 400만원

따라서 일반기부금으로 지출한 금액은 총 2,400만원이다.

㉢ 산입한도

- 특례기부금 : 기준소득금액 4,000만원 × 100% = 4,000만원
- 일반기부금 : (기준소득금액 4,000만원 − 1,080만원) × 30% = 876만원

② **필요경비에 산입 또는 불산입되는 금액**

▶ 특례기부금 : 1,080만원 전액 필요경비 산입

▶ 일반기부금 : 876만원만 필요경비에 산입하고, 15,240,000원(= 2,400만원 − 876만원)은 불산입

(14) 기업업무추진비

1) 의의

기업업무추진비란 접대, 교제, 사례 또는 그 밖에 어떠한 명목이든 상관없이 이와 유사한 목적으로 지출한 비용으로서 사업자가 직접적 또는 간접적으로 업무와 관련이 있는 사람과 업무를 원활하게 진행하기 위하여 지출한 금액을 말한다. 종업원이 조직한 조합 또는 단체가 법인인 경우 사업자가 그 법인에 지출한 복지시설비를 포함한다(소득세법 제35조 제1항 및 동법 시행령 제83조 제1항).

2) 일반기업업무추진비 한도액

일반기업업무추진비 한도액은 다음과 같이 계산한다(소득세법 제35조 제3항 제1호).

일반기업업무추진비 한도액 = ① + ②

① 기본한도액 = $\dfrac{\text{1,200만원 (중소기업은 3,600만원)}}{}$ × $\dfrac{\text{해당 과세기간의 개월 수}}{12}$

② 수입금액별 한도액 = (수입금액 × 적용률) + (특수관계수입금액 × 적용률 × 10%)

* 적용률

수입금액	적용률
100억 이하	0.3%
100억 초과 500억 이하	3천만원 + 초과액 × 0.2%
500억 초과	1억1천만원 + 초과액 × 0.03%

법인세법에서는 부동산임대업을 주된 사업으로 하는 내국법인의 일반기업업무추진비 한도액을 계산식에 따라 산정한 한도액의 50퍼센트로 축소하지만(법인세법 제25조 제5항 및 동법 시행령 제42조 제2항 내지 제4항), 소득세법에서는 부동산임대업을 하는 거주자에 대하여 그러한 제한을 두고 있지 않다.

3) 문화기업업무추진비 한도액

문화비로 지출한 기업업무추진비에 대해서는 일반기업업무추진비 한도액의 20퍼센트에 상당하는 금액의 범위에서 필요경비에 산입한다(조세특례제한법 제136조 제3항).

문화기업업무추진비 한도액 = Min [①, ②]

① 문화기업업무추진비 지출액

② 일반기업업무추진비 한도액 × 20%

사 례

중소기업이 아닌 개인사업자 A의 기업업무추진비 지출액 1억원(문화기업업무추진비 2,000만원 포함), 매출액 300억원(특수관계인에 대한 매출액 50억원 포함)인 경우 기업업무추진비 필요경비산입 한도액과 기업업무추진비 중 필요경비에 산입 또는 불산입된 금액을 계산하시오.

① **일반기업업무추진비 필요경비 산입 한도액**

㉠ 기본한도액 : 1,200만원

㉡ 수입금액별 한도액 : (100억원 × 0.3% + 150억원 × 0.2%) + (50억원 × 0.2% × 10%) = 6,100만원

㉢ 한도액 : 1,200만원 + 6,100만원 = 7,300만원

② **문화기업업무추진비 필요경비 산입 한도액** : 7,300만원 × 20% = 1,460만원

③ **필요경비에 산입 또는 불산입된 금액**

㉠ 일반기업업무추진비 7,300만원 필요경비 산입 및 700만원 필요경비 불산입

㉡ 문화기업업무추진비 1,460만원 필요경비 산입 및 540만원 필요경비 불산입

따라서 A는 지출한 기업업무추진비 1억원 중 8,760만원은 필요경비에 산입하고, 1,240만원은 불산입한다.

(15) 업무용승용차 관련 비용

1) 업무사용금액에 해당하지 않는 금액의 필요경비 불산입

복식부기의무자가 해당 과세기간에 업무에 사용한 업무용승용차 관련 비용 중 업무사용금액에 해당하지 않는 금액은 해당 과세기간의 사업소득금액을 계산할 때 필요경비에 산입하지 않는다. 업무용승용차란 개별소비세 과세대상인 승용자동차로서 다음 중 어느 하나에 해당하는 승용자동차를 제외한 것을 말한다(소득세법 제33조의2 제1항 및 동법 시행령 제78조의3 제1항).

① 운수업, 자동차판매업, 자동차임대업, 운전학원업, 기계경비업무를 하는 경비업에 해당하는 업종 또는 시설대여업에서 사업상 수익을 얻기 위하여 직접 사용하는 승용차

② 장례식장 및 장의관련 서비스업을 영위하는 법인이 소유하거나 임차한 운구용 승용자동차

업무용승용차 관련 비용이란 업무용승용차에 대한 감가상각비, 임차료, 유류비, 보험료, 수선비, 자동차세, 통행료 및 금융리스부채에 대한 이자비용 등 업무용승용차의 취득 및 유지를 위하여 지출한 비용을 말한다(동법 시행령 제78조의3 제2항). 업무용승용차 관련 비용 중 업무사용금액에 해당하는 금액만 필요경비에 산입한다. 업무사용금액은 업무용승용차 관련 비용에 업무사용비율을 곱한 금액에 의한다. 업무사용비율은 국세청장이 기획재정부장관과 협의하여 고시하는 운행기록 방법에 따라 작성·비치한 운행기록에 따라 확인되는 총 주행거리 중 업무용 사용거리가 차지하는 비율을 말한다(동조 제4항 제1호 본문 및 동법 시행규칙 제42조 제2항).

업무사용비율을 인정받으려는 사업자는 업무용승용차별로 운행기록을 작성·비치하여야 하며, 관할 세무서장이 요구할 경우 이를 즉시 제출하여야 한다(동조 제6항). 만일 운행기록을 작성·비치하지 않는 경우에는 해당 업무용 승용차의 업무사용비율은 해당 과세기간의 업무용승용차 관련 비용이 1,500만원 해당 사업연도가 1년 미만인 경우에는 1,500만원에 해당 사업연도의 월수를 곱하고 이를 12로 나누어 산출한 금액을 말하고, 사업연도 중 일부 기간 동안 보유하거나 임차한 경우에는 1,500만원에[51] 이하인 경우에는 100퍼센트로 하고, 업무용 승용차 관련 비용이 1,500만원을 초과하는 경우에는 1,500만원을 업무용승용차 관련 비용으로 나눈 비율에 의한다. 해당 과세기간이 1년 미만이거나 과세기간 중 일부 기간 동안 보유 또는 임차한 경우에는 1천5백만원에 해당 보유기간 또는 임차기간에 해당하는 월수를 곱하고 이를 12로 나누어 산출한 금액을 기준으로 한다(동조 제7항).

참 조

업무사용금액과 업무사용비율

① 업무사용금액 = 업무용승용차 관련 비용 × 업무사용비율

② 업무사용비율

㉠ 운행기록을 작성·비치한 경우 : 업무용 사용거리 / 총 주행거리

㉡ 운행기록을 작성·비치하지 않은 경우

- 업무용 승용차 관련비용이 1,500만원 이하 : 100퍼센트
- 1,500만원 초과 : 1,500만원 / 업무용 승용차 관련비용
- 과세기간 또는 보유기간이 1년 미만 : 1,500만원 × (보유기간 월수 / 12)

* 월수의 계산은 역에 따라 계산하되, 1개월 미만의 일수는 1개월로 한다.

업무전용자동차보험에 가입한 경우에는 업무용승용차의 수와 관계없이 업무사용비율을 곱한 금액을 필요경비에 산입하지만, 업무용전용자동차보험에 가입하지 않은 경우에는 업무용승용차 1대만 업무사용비율을 곱한 금액을 필요경비에 산입하고 나머지 업무용승용차에 대해서는 그 관련 비용은 전액 필요경비에 산입하지 않는다. 업무용전용자동차보험이란 해당 과세기간의 전체 기간(임차한 승용차의 경우 해당 과세기간 중에 임차한 기간) 동안 ① 해당 사업자 및 그 직원, ② 계약에 따라 해당 사업과 관련한 업무를 위해 운전하는 사람, ③ 해당 사업과 관련한 업무를 위해 운전하는 사람을 채용하기 위한 시험에 응시한 지원자가 운전하는 경우만 보상하는 자동차보험을 말한다(동법 시행령 제78조의3 제4항 및 동법 시행규칙 제42조 제4항).

51) 해당 사업연도가 1년 미만인 경우에는 1,500만원에 해당 사업연도의 월수를 곱하고 이를 12로 나누어 산출한 금액을 말하고, 사업연도 중 일부 기간 동안 보유하거나 임차한 경우에는 1,500만원에 해당 보유기간 또는 임차기간 월수를 곱하고 이를 사업연도 월수로 나누어 산출한 금액을 말한다(법인세법 시행령 제50조의2 제7항 제1호).

2) 업무용승용차의 감가상각비

업무용승용차의 감가상각비는 차량에 대한 상각방법과 내용연수 적용에 관한 규정에 불구하고 ① 정액법을 상각방법으로 하고 ② 내용연수를 5년으로 하여 계산한 금액(상각범위액)을 감가상각비로 필요경비에 산입하여야 한다(소득세법 시행령 제78조의3 제3항). 업무용승용차의 감가상각은 강제상각이다. 업무용승용차별 감가상각비에 업무사용비율을 곱하여 산출한 금액이 800만원을 초과하는 경우 그 초과하는 금액(감가상각비 한도초과액)은 필요경비에 산입하지 않는다(동법 제33조의2 제2항). 감가상각비 한도초과액은 이월하여 다음 과세기간부터 800만원에 미달하는 금액을 한도로 하여 필요경비에 산입한다(동법 시행령 제78조의3 제8항). 복식부기의무자가 사업을 폐업하는 경우에는 이월된 금액 중 남은 금액을 폐업일이 속하는 과세기간에 모두 필요경비에 산입한다(동법 시행규칙 제42조 제7항).

3) 업무용승용차의 처분손실 이월 필요경비 산입

업무용승용차를 처분하여 발생하는 손실로서 업무용승용차별로 800만원을 초과하는 금액은 해당 사업연도의 필요경비에 산입하지 않고 이월하여 다음 과세기간부터 800만원을 균등하게 필요경비에 산입하되, 이월된 금액 중 필요경비에 산입하지 않은 잔액이 800만원 미만인 과세기간에는 해당 잔액을 모두 필요경비에 산입한다(소득세법 제78조의3 제10항). 복식부기의무자가 사업을 폐업하는 경우에는 이월된 금액 중 남은 금액을 폐업일이 속하는 과세기간에 모두 필요경비에 산입한다(동법 시행규칙 제42조 제7항).

2-5. 부동산임대업의 소득금액

(1) 부동산임대업의 결손금 처리

부동산임대업에서 발생하는 결손금은 해당 과세기간의 다른 소득금액에서 공제하지 않고, 이월하여 다음 과세기간 이후에 발생하는 부동산임대업의 소득금액에서만 공제한다. 다만, 주거용 건물 임대업의 경우에는 그렇지 않다(소득세법 제45조 제2항 및 제3항 제2호). 그리하여 사업소득에 부동산임대업에서 발생한 소득이 포함되어 있는 사업자는 그 소득별로 구분하여 회계처리하여야 한다(동법 제160조 제4항).

(2) 부동산임대업의 소득금액 계산 : 간주임대료

거주자가 부동산 또는 그 부동산상의 권리 등을 대여하고 보증금·전세금 또는 이와 유사한 성질의 금액을 받은 경우에는 다음과 같이 계산한 간주임대료를 총수입금액에 산입한다(소득세법 제25조 제1항).

1) 주택 및 주택부수토지를 임대하는 경우

3주택 이상을 소유한 거주자가 주택 및 주택부수토지(주택부수토지만 임대하는 경우 제외)를 임대하고 받은 보증금 등의 합계액이 3억원을 초과하는 경우 다음과 같이 계산한 간주임대료를 총수입금액에 산입한다(소득세법 시행령 제53조 제3항 제1호 및 제4항 제1호).

> **① 일반적인 경우**
> 간주임대료 = (보증금 등 - 3억원)의 적수 × 60% × 1/365(366) × 정기예금이자율 - 임대사업부분에서 발생한 금융수익의 합계액
>
> **② 소득금액을 추계신고하거나 추계조사결정하는 경우**
> 간주임대료 = (보증금 등 - 3억원)의 적수 × 60% × 1/365(366) × 정기예금이자율

간주임대료가 0보다 적은 때에는 없는 것으로 보며, 적수의 계산은 매월 말 현재의 보증금 등의 잔액에 경과일수를 곱하여 계산할 수 있다(소득세법 시행령 제53조 제3항). 정기예금이자율은 금융회사 등의 정기예금이자율을 고려하여 기획재정부령으로 정하는 이자율을 말한다(동법 시행규칙 제23조 제1항). 임대사업부분에서 발생하는 금융수익은 비치·기장한 장부나 증빙서류에 의하여 해당 임대보증금 등으로 취득한 것이 확인되는 금융자산으로부터 발생한 수입이자·할인료 및 배당금에 한한다(동법 시행령 제53조 제6항).

2) 주택 및 주택부수토지 외의 부동산을 임대하는 경우

주택 및 주택부수토지 외의 부동산을 임대하는 경우 간주임대료는 다음과 같이 계산한다(소득세법 시행령 제53조 제3항 제2호 및 제4항 제2호). 임대용부동산의 건설비상당액은 해당 건축물의 취득가액(자본적 지출액 포함)을 말하며 토지가액은 제외한다(동조 제5항 제2호).

> **① 일반적인 경우**
> 간주임대료 = (보증금 등의 적수 - 건설비상당액 적수) × 1/365(366) × 정기예금이자율 - 임대사업부분에서 발생한 금융수익의 합계액
>
> **② 소득금액을 추계신고하거나 추계조사결정하는 경우**
> 간주임대료 = 보증금 등의 적수 × 1/365 × 정기예금이자율

(3) 분리과세 주택임대소득에 대한 과세특례

주택임대소득에 대한 사업소득금액도 종합소득과세표준에 합산하여 기본세율로 과세한다. 그러나 해당 과세기간에 주거용 건물 임대업에서 발생한 총수입금액의 합계액, 즉 주택임대수입금액이 2,000만원 이하인 사람의 주택임대소득은 종합소득과세표준에 합산하지 않는다(소득세법 제14조 제3항 제7호). 이를 분리과세 주택임대소득이라고 한다. 소규모 주택임대소득자의 세 부담을 완화하기 위한 것이다.

일반적인 분리과세 소득은 원천징수로써 과세가 종결되지만, 분리과세 주택임대소득은 원천징수대상이 아니기 때문에 별도로 계산한 세액을 종합소득세액에 포함하여 신고납부해야 한다(동법 제70조 제2항, 신고납부 분리과세). 분리과세 주택임대소득에 대한 사업소득금액은 다른 종합소득금액과 관계없이 14퍼센트의 단일세율을 적용한다. 분리과세 주택임대소득이 있는 거주자의 종합소득결정세액은 다음과 같이 계산한다(동법 제64조의2 제1항).

참 조

종합소득결정세액 = Min [①, ②]

① 분리과세시 종합소득결정세액 = (분리과세 주택임대소득에 대한 사업소득금액 × 14% − 소형주택 임대사업자에 대한 세액감면) + 그 외의 종합소득결정세액(종합소득산출세액 − 그 밖의 공제·감면세액)

② 종합과세시 종합소득결정세액 = 종합소득산출세액 − 소형주택 임대사업자에 대한 세액감면 − 그 밖의 공제·감면세액

3. 사업소득의 과세방법

3-1. 원칙

사업소득금액은 종합소득과세표준에 합산하여 기본세율로 과세하고 분리과세하지 않는 것이 원칙이다. 다만, 분리과세 주택임대소득은 종합소득과세표준에 합산하지 않는다. 또한 사업소득은 원천징수를 하지 않는 것이 원칙이다. 그러나 다음과 같이 예외적으로 원천징수 또는 납세조합징수의 대상이 되는 경우가 있다.

3-2. 원천징수

(1) 의료보건용역 및 인적 용역에 대한 원천징수

국내에서 거주자에게 원천징수대상 사업소득을 지급하는 사람은 다음의 세액을 원천징

수하여 징수일이 속하는 달의 다음 달 10일까지 납부하여야 한다(소득세법 제127조 제1항 제3호, 제128조, 제129조 제1항 제3호, 제144조).

사업소득 원천징수세액 = 지급금액 × 3퍼센트(20퍼센트)

* 외국인 직업운동가가 한국표준산업분류에 따른 스포츠 클럽 운영업 중 프로스포츠구단과의 계약(계약기간이 3년 이하인 경우로 한정)에 따라 용역을 제공하고 받는 소득에 대해서는 20퍼센트로 한다.

1) 원천징수대상 사업소득의 범위

원천징수대상 사업소득은 부가가치세 면세대상인 다음 용역의 공급에서 발생하는 소득으로 한다(동법 시행령 제184조 제1항). 부가가치세 면세대상인 의료보건용역, 인적용역은 부가가치세가 면제되므로 부가가치세 신고를 하지 않아 매출액과 매입액을 확인할 수 없으므로 거래 파악이 곤란하다. 그리하여 부가가치세 면세대상인 거래의 파악을 위하여 원천징수를 하도록 한 것이다.

① 의료보건 용역(수의사의 용역을 포함). 다만, 약사가 제공하는 의약품의 조제용역의 공급으로 발생하는 사업소득 중 의약품가격이 차지하는 비율에 상당하는 소득은 제외한다.
 * 의약품가격이 차지하는 비율 = 해당 의약품 구입가격 /약제비 총액

② 저술가·작곡가나 그 밖의 자가 직업상 제공하는 인적용역. 다만, 접대부·댄서와 기타 이와 유사한 용역은 제외한다.

2) 원천징수의무자의 범위

이러한 사업소득을 지급하는 사람으로서 원천징수의무를 지는 사람은 사업자 또는 법인에 한정된다(소득세법 시행령 제184조 제3항). 원천징수대상 소득을 지급하는 사람은 개인·법인, 사업자·비사업자 여부와 관계없이 무조건 원천징수납부의무를 지는 것이 원칙이지만, 예외적으로 의료보건용역·인적용역에 대한 소득세의 원천징수납부만은 사업자 및 법인으로 한정된다. 그리하여 예를 들어, 비사업자인 개인이 지급하는 경우에는 원천징수납부의무가 없다.

3) 사업소득세액의 연말정산

보험모집인, 방문판매원 또는 음료품배달원에 해당하는 사업자로서 간편장부대상자에 해당하는 사람에게 모집수당 또는 판매수당 등의 사업소득을 지급하는 원천징수의무자는

해당 과세기간의 다음 연도 2월분의 사업소득을 지급할 때 또는 해당 사업자와의 거래계약을 해지하는 달의 사업소득을 지급할 때 해당 사업소득에 대한 소득세의 연말정산을 하여야 한다. 다만, 방문판매원과 음료품배달원의 경우에는 원천징수의무자가 사업장 관할 세무서장에게 연말정산 신청을 하는 경우에만 해당한다(소득세법 제144조의2 및 동법 시행령 제137조).

(2) 봉사료에 대한 원천징수

부가가치세가 면제되는 접대부·댄서 이와 유사한 용역을 제공하는 사람에게 지급하는 일정한 봉사료에 대해서는 다음의 금액을 원천징수한다(소득세법 제127조 제1항 제8호, 제129조 제1항 제8호). 사업자(법인 포함)가 음식·숙박용역이나 서비스용역을 공급하고 그 대가를 받을 때 봉사료를 함께 받아 해당 소득자에게 지급하는 경우에는 그 사업자가 봉사료에 대한 소득세를 원천징수하여야 한다(동법 제127조 제6항).

봉사료에 대한 원천징수세액 = 지급금액 × 5퍼센트

여기서 일정한 봉사료란 다음의 요건을 모두 충족한 것을 말한다(동법 시행령 제184조의2).

① 사업자(법인 포함)가 다음의 어느 하나에 해당하는 용역을 제공하고 그 공급가액(간이과세자의 경우에는 공급대가)과 함께 봉사료를 계산서·세금계산서·영수증 또는 신용카드 매출전표 등에 그 공급가액과 구분하여 적을 것
- ㉠ 음식·숙박용역
- ㉡ 안마시술소·이용원·스포츠맛사지업소 및 그 밖에 이와 유사한 장소에서 제공하는 용역
- ㉢ 「개별소비세법」에 따른 과세유흥장소에서 제공하는 용역

② 구분하여 적은 봉사료금액이 공급가액의 20퍼센트를 초과할 것

③ 사업자가 봉사료를 자기의 수입금액으로 계상하지 않을 것

3장 소득세법

Ⅲ 근로소득, 연금소득 및 기타소득

1. 근로소득

1-1. 근로소득의 개념과 구분

(1) 근로소득의 개념

근로소득이란 근로계약에 따라 비독립적 지위에서 근로를 제공하고 받는 대가를 말한다. 종속적인 근로관계에 의하지 않고 얻은 이익은 사업소득이나 기타소득에 해당한다. 예를 들어, 종업원이 부업으로 자신의 계산과 책임하에 계속적·반복적인 영리활동을 통하여 얻은 이익은 사업소득에 해당한다. 한편 종업원이 업무와 관련하여 받은 사내강연료, 신입사원 채용시험 출제수당 등은 근로소득에 속하지만, 업무와 무관하게 여행기 등을 사보에 기고하고 받은 원고료 등은 기타소득에 해당한다.

(2) 근로소득의 구분

1) 국내 근로소득과 국외 근로소득

국내에서 지급되는 모든 근로소득은 원천징수의 대상이 되지만, 국외에서 지급되는 근로소득은 원천징수의 대상이 되지 않는다(소득세법 제127조 제1항 제4호).

2) 일반근로자와 일용근로자의 근로소득

일반근로자의 근로소득은 종합소득과세표준에 합산하지만, 일용근로자의 근로소득은 종합소득과세표준에 합산하지 않고 원천징수로써 과세를 종결한다(소득세법 제14조 제3항 제2호). 일용근로자란 근로를 제공한 날 또는 시간에 따라 급여를 계산하여 받는 사람으로서 근로계약에 따라 동일한 고용주에게 3월(건설공사 종사자는 1년) 이상 계속하여 고용되어 있지 않은 사람을 말한다(동법 시행령 제20조 제1항 제3호).

1-2. 근로소득의 범위

(1) 급여

근로를 제공함으로써 받는 봉급, 급료, 보수, 세비, 임금, 상여, 수당과 이와 유사한 성질의 급여를 근로소득으로 한다(소득세법 제20조 제1항 제1호). 종업원이 받은 학자금·장학금(종업원의 자녀가 사용자로부터 받는 것 포함), 가족수당·직무수당 · 급식수당·피복수당 · 연구수당 · 시간외근무수당 · 벽지수당·해외근무수당 등 각종 수당, 휴가비, 여비 명목으로 받은 연액 또는 월액의 급여, 판공비 · 교제비 등 명목으로 받는 것으로서 업무를 위하여 사용된 것이 불분명한 급여를 포함한다(동법 시행령 제38조 제2항 제1호 내지 제3호, 제5호, 제8호 내지 제11호, 제14호). 현물급여는 받은 것의 시가에 의한다.

(2) 잉여금처분에 의한 상여

잉여금처분에 의한 상여는 법인이 결산 결과 발생한 이익이나 잉여금을 주주총회 또는 사원총회의 결의에 따라 임직원에게 지급하는 상여금을 말한다. 잉여금처분에 의한 상여는 법인의 손금에 산입하지 않으며(법인세법 시행령 제43조 제1항), 지급받은 상여금은 해당 임직원의 근로소득에 해당한다(소득세법 제20조 제1항 제2호).

(3) 인정상여

법인세법에 따라 상여로 처분된 금액은 근로소득으로 한다(소득세법 제20조 제1항 제3호). 예를 들어, 임직원이 개인적인 용도로 사용한 금액을 법인이 업무 관련 비용으로 계상한 경우 손금불산입하고 해당 임직원의 상여로 처분하고, 임원퇴직급여 한도를 초과하여 퇴직금을 지급한 경우 그 초과 부분은 손금불산입하고 해당 임원의 상여로 처분하는데, 법인세법에 따라 상여로 처분한 금액은 해당 임직원의 근로소득에 해당한다.

(4) 퇴직으로 인한 소득 중 퇴직소득에 속하지 않는 소득

종업원이 현실적으로 퇴직함으로써 지급받는 급여 중 불특정다수의 퇴직자에게 적용되는 퇴직급여지급규정·취업규칙 및 노사합의에 의하여 지급받는 급여는 퇴직소득에 해당하고, 퇴직으로 인하여 지급받는 급여 중 퇴직소득에 속하지 않는 퇴직위로금 · 퇴직공로금 등은 근로소득에 해당한다(소득세법 제20조 제1항 제4호).

(5) 직무발명보상금

종업원이나 대학의 교직원이 지급받는 직무발명보상금은 근로소득에 해당한다. 그러나 퇴직 후에 지급받는 직무발명보상금은 기타소득에 해당한다(소득세법 제20조 제1항 제5호).

(6) 주식매수선택권 행사이익

법인의 임원 또는 종업원이 해당 법인 또는 해당 법인과 특수관계에 있는 법인으로부터 부여받은 주식매수선택권(stock option)을 해당 법인 등에서 근무하는 기간 중 행사함으로써 얻은 이익은 근로소득에 포함한다. 행사하여 얻은 이익은 주식매수선택권 행사 당시의 시가와 실제 매수가액과의 차액을 말하며, 주식에는 신주인수권을 포함한다. 그러나 근무하는 기간 이후에 (근로관계 없이) 행사하여 얻은 이익은 기타소득에 해당한다(소득세법 시행령 제38조 제1항 제17호).

(7) 출자자인 임원이 주택을 제공받은 이익

주주 또는 출자자인 임원이 주택을 제공받음으로써 얻는 이익은 근로소득에 포함한다(소득세법 시행령 제38조 제1항 제6호). 그러나 주주 또는 출자자가 아닌 임원, 소액주주인 임원, 임원이 아닌 종업원, 국가 또는 지방자치단체로부터 근로소득을 지급받는 사람이 주택을 제공받음으로써 얻는 이익은 비과세한다.

(8) 주택의 구입·임차 자금 대여이익

종업원이 주택(주택에 부수된 토지를 포함)의 구입·임차에 소요되는 자금을 저리 또는 무상으로 대여 받음으로써 얻는 이익은 근로소득에 포함한다(소득세법 시행령 제38조 제1항 제7호). 그러나 중소기업의 종업원이 주택의 구입·임차에 소요되는 자금을 저리 또는 무상으로 대여 받음으로써 얻는 이익은 비과세한다. 주택을 제공받은 경우와는 달리 주택의 구입·임차 자금을 대여 받은 경우에는 주주 또는 출자자가 아닌 임원, 소액주주인 임원, 임원이 아닌 종업원이 받았더라도 근로소득에 포함한다.

(9) 단체보장성보험의 보험료

종업원의 사망, 상해 또는 질병을 보험금 지급사유로 하고 종업원을 피보험자 및 보험수익자로 하는 단체순수보장성보험과 단체환급부보장성보험에서 사용자가 지급한 보험료는 종업원의 근로소득에 해당한다. 다만, 보험료 납입액 중 연 70만원 이하 부분은 비과세하고, 연 70만원 초과 부분만 근로소득으로 과세한다(소득세법 시행령 제17조의4 제3호 가목). 종업원의 사망, 상해 또는 질병으로 인하여 종업원 또는 그 유족이 지급받은 보험금은 위자(慰藉)의 성격을 갖고 있으므로 과세 대상이 되지 않으나,[52] 계약기간 만료전 또는 만

52) 그러나 종업원이 피보험자이고 수익자가 사용자인 경우에는 회사가 납입한 보험료를 종업원의 근로소득으로 볼 수 없으며, 회사가 보험금을 받아 종업원에게 지급하였다면 종업원의 근로소득에 해당한다.

기에 종업원에게 귀속되는 단체환급부보장성보험의 환급금은 종업원의 근로소득에 해당한다(동법 시행령 제38조 제16호). 다만, 연 70만원 초과 납입액은 이미 근로소득이 과세되었으므로 비과세 되었던 연 70만원 이하 납입액에 대해서만 환급할 때 과세가 이루어진다. 그리하여 단체환급부보장성보험의 환급금에 대한 근로소득은 다음과 같이 계산한다.

$$\text{단체환급부보장성보험의 환급금} \times \frac{\text{연 70만원 이하 납입액의 합계액}}{\text{납입보험료 합계액}}$$

1-3. 비과세 근로소득

다음의 소득은 과세하지 않는다(소득세법 제12조 제3호 및 동법 시행령 제10조 내지 제17조의4).

사 례

사업자가 종업원 A를 위하여 연 100만원의 단체환급부보장성보험료를 5년간 납입하였고, A가 계약기간 만료 전에 40만원을 환급 받은 경우 근로소득의 과세 여부는 다음과 같다.

납입시	수령시
70만원 × 5년 = 350만원 비과세	40만원 × 350/500 = 28만원 근로소득 과세
30만원 × 5년 = 150만원 근로소득 과세	40만원 × 150/500 = 12만원 비과세

(1) 병역 수행과 관련하여 받는 급여

병역 수행과 관련하여 받는 다음과 같은 급여는 과세하지 않는다.

① 복무 중인 병(兵)이 받는 급여 : 복무 중인 병이란 병역의무의 수행을 위하여 징집·소집되거나 지원하여 복무 중인 사람으로서 병장 이하의 현역병(지원하지 않고 임용된 하사를 포함), 의무경찰, 그 밖에 이에 준하는 사람을 말한다.
② 법률에 따라 동원된 사람이 그 동원 직장에서 받는 급여 : 여기의 법률로는 「향토예비군 설치법」, 「민방위기본법」, 「병역법」. 「소방기본법」, 「감염병의 예방 및 관리에 관한 법률」, 「계엄법」 등이 있다.
③ 작전임무를 수행하기 위하여 외국에 주둔 중인 군인·군무원이 받는 급여
④ 종군한 군인·군무원이 전사한 경우 그 전사한 날이 속하는 과세기간의 급여
⑤ 「국군포로의 송환 및 대우 등에 관한 법률」에 따른 국군포로가 받는 보수 및 퇴직일시금

(2) 법률에 따라 받는 각종 급여 및 보상금 등

근로의 제공으로 인한 부상·질병·사망과 관련하여 근로자나 그 유족이 받는 위자료의 성질을 갖는 보상금 등 다음과 같이 법률에 따라 받는 각종 급여 및 보상금은 과세하지 않는다.

① 「산업재해보상보험법」에 따라 수급권자가 받는 각종 급여, 「근로기준법」 또는 「선원법」에 따라 근로자·선원 및 그 유족이 받는 각종 보상금, 「공무원연금법」·「공무원 재해보상법」·「군인연금법」·「군인 재해보상법」·「사립학교교직원 연금법」 또는 「별정우체국법」에 따라 받는 각종 보상금
② 「고용보험법」에 따라 받는 실업급여 등 각종 급여
③ 「제대군인 지원에 관한 법률」에 따라 받는 전직지원금
④ 「국민연금법」에 따라 받는 반환일시금(사망으로 받는 것만 해당) 및 사망일시금
⑤ 「국가공무원법」·「지방공무원법」에 따른 공무원 또는 「사립학교교직원 연금법」·「별정우체국법」을 적용받는 사람이 관련 법령에 따라 받는 육아휴직수당
⑥ 「국가유공자 등 예우 및 지원에 관한 법률」 또는 「보훈보상대상자 지원에 관한 법률」에 따라 받는 보훈급여금·학습보조비
⑦ 「전직대통령 예우에 관한 법률」에 따라 받는 연금

(3) 국외 또는 북한지역에서 근로를 제공하고 받는 급여

국외 또는 북한지역에서 근로를 제공하고 받는 급여 중 다음의 금액은 과세하지 않는다.

① 국외 또는 북한지역에서 근로를 제공(국외 등을 항행하는 항공기에서 근로를 제공하는 것을 포함)하고 받는 보수 중 월 100만원 이내 금액
② 원양어업 선박이나 국외 등을 항행하는 선박 또는 국외 등의 건설현장 등에서 근로(설계 및 감리 업무를 포함)를 제공하고 받는 보수의 경우에는 월 500만원 이내의 금액
③ 공무원(재외공관 행정직원을 포함), 대한무역투자진흥공사, 한국관광공사, 한국국제협력단 및 한국국제보건의료재단의 종사자가 국외 등에서 근무하고 받는 수당 중 해당 근로자가 국내에서 근무할 경우에 지급받을 금액 상당액을 초과하여 받는 금액 중 실비변상적 성격의 급여로서 외교부장관이 기획재정부장관과 협의하여 고시하는 금액

구분	비과세 한도
국외 등에서 근로 제공	월 100만원
원양어업 선박, 국외 등을 항행하는 선박, 국외 등의 건설현장 등에서 근로 제공	월 500만원
국외 등을 항행하는 항공기에서 근로 제공	월 100만원
공무원 등이 국외 등에서 근무하고 받는 수당	국내 근무시 지급받는 금액상당액을 초과하여 받는 금액 중 일정 금액

(4) 외국정부 또는 국제기관에서 받는 급여

외국정부 또는 국제기관에서 근무하는 사람으로서 우리나라 국민이 아닌 사람이 그 직무수행의 대가로 받는 급여는 과세하지 않는다. 여기의 외국정부에는 외국의 지방자치단체와 연방국가인 외국의 지방정부를 포함하고, 국제기관은 국제연합과 그 소속 기구의 기관을 말한다. 다만, 그 외국정부가 그 나라에서 근무하는 우리나라 공무원의 급여에 대하여 소득세를 과세하지 않는 경우에만 소득세를 과세하지 않는다.

(5) 실비변상적 성질의 급여

다음과 같은 실비변상적 성질의 급여는 과세하지 않는다.

① 「선원법」에 의하여 받는 식료
② 일직료·숙직료 또는 여비로서 실비변상정도의 금액(종업원이 소유하거나 본인 명의로 임차한 차량을 종업원이 직접 운전하여 사용자의 업무수행에 이용하고 시내출장 등에 소요된 실제여비를 받는 대신에 그 소요경비를 해당 사업체의 규칙 등으로 정하여진 지급기준에 따라 받는 금액 중 월 20만원 이내의 금액을 포함)
③ 법령·조례에 의하여 제복을 착용하여야 하는 자가 받는 제복·제모 및 제화
④ 병원·시험실·금융회사 등·공장·광산에서 근무하는 사람 또는 특수한 작업이나 역무에 종사하는 사람이 받는 작업복이나 그 직장에서만 착용하는 피복
⑤ 특수분야에 종사하는 군인이 받는 각종 위험수당·항공수당·비무장지대근무수당·전방초소근무수당·함정근무수당 및 수륙양용궤도차량승무수당, 특수분야에 종사하는 경찰공무원이 받는 경찰특수전술업무수당과 경호공무원이 받는 경호수당
⑥ 「선원법」의 규정에 의한 선원(연 240만원 이내의 초과근로수당에 대한 비과세규정을 적용받는 사람은 제외)이 받는 월 20만원 이내의 승선수당, 경찰공무원이 받는 함정근무수당·항공수당 및 소방공무원이 받는 함정근무수당·항공수당·화재진화수당
⑦ 광산근로자가 받는 입갱수당 및 발파수당
⑧ 학교의 교원, 연구기관·정부출연연구기관에서 연구활동에 직접 종사하거나 직접적으로 연구활동을 지원하는 사람, 중소기업 또는 벤처기업의 연구소와 연구개발부서에서 연구활동에 직접 종사하는 사람이 받는 연구보조비 또는 연구활동비 중 월 20만원 이내의 금액
⑨ 국가 또는 지방자치단체가 지급하는 어린이집 보육교사의 처우개선을 위하여 지급하는 근무환경개선비, 사립유치원 교사의 인건비, 전문과목별 전문의의 수급 균형을 유도하기 위하여 전공의에게 지급하는 수련보조수당
⑩ 방송·뉴스통신·신문을 경영하는 언론기업 및 방송채널사용사업에 종사하는 기자(논설위원 및 만화가 포함)가 취재활동과 관련하여 받는 취재수당 중 월 20만원이내의 금액. 이 경우 취재수당을 급여에 포함하여 받는 경우에는 월 20만원에 상당하는 금액을 취재수당으로 본다.

⑪ 근로자가 일정한 벽지에 근무함으로 인하여 받는 월 20만원 이내의 벽지수당
⑫ 근로자가 천재·지변 기타 재해로 인하여 받는 급여
⑬ 수도권 외의 지역으로 이전하는 공공기관의 소속 공무원이나 직원에게 한시적으로 지급하는 월 20만원 이내의 이전지원금
⑭ 종교관련종사자가 소속 종교단체의 규약 또는 소속 종교단체의 의결기구의 의결·승인 등을 통하여 결정된 지급기준에 따라 종교 활동을 위하여 통상적으로 사용할 목적으로 지급받은 금액 및 물품

(6) 식사 또는 식사대

① 근로자가 사내급식이나 이와 유사한 방법으로 제공받는 식사 기타 음식물 또는 ② 근로자가 받는 월 20만원 이하의 식사대는 과세하지 않는다. 식사대가 과세되지 않는 경우는 식사 기타 음식물을 제공받지 않는 경우에 한한다. 따라서 식사 기타 음식물을 제공받으면서 식사대도 수령하는 경우에는 식사대는 과세대상이 된다.

(7) 출산보육급여

근로자 또는 그 배우자의 출산이나 6세 이하(해당 과세기간 개시일을 기준으로 판단) 자녀의 보육과 관련하여 사용자로부터 받는 급여로서 월 10만원 이내의 금액은 과세하지 않는다. 맞벌이 부부의 경우에는 각각 10만원을 비과세한다.

(8) 근로자 본인의 학자금

「초·중등교육법」 및 「고등교육법」에 따른 학교(외국에 있는 이와 유사한 교육기관 포함)와 「국민 평생 직업능력 개발법」에 따른 직업능력개발훈련시설의 입학금·수업료·수강료, 그 밖의 공납금 중 다음의 요건을 갖춘 학자금(해당 과세기간에 납입할 금액을 한도)은 비과세로 한다.

① 당해 근로자가 종사하는 사업체의 업무와 관련 있는 교육·훈련을 위하여 받는 것일 것
② 당해 근로자가 종사하는 사업체의 규칙 등에 의하여 정하여진 지급기준에 따라 받는 것일 것
③ 교육·훈련기간이 6월 이상인 경우 교육·훈련 후 해당 교육기간을 초과하여 근무하지 않는 때에는 지급받은 금액을 반납할 것을 조건으로 하여 받는 것일 것

그리하여 예를 들어, 대학원 학자금, 출자임원에 대한 학자금, 해외 MBA 과정에 납입한 교육훈련비는 비과세하지만, 사설 어학원 수강을 지원하는 교육훈련비, 자치회비 및 교재비, 자녀학자금, 학비보조금(또는 연수비)은 근로소득에 포함하고 과세한다.

(9) 대학생 근로장학금

대학생이 근로를 대가로 지급받는 장학금(대학·산업대학·교육대학·전문대학에 재학하는 대학생에 한정)은 과세하지 않는다.

(10) 사용자부담 법정부담금

「국민건강보험법」, 「고용보험법」 또는 「노인장기요양보험법」에 따라 국가, 지방자치단체 또는 사용자가 부담하는 보험료는 과세하지 않는다. 건강보험 등의 보험료 중 사용자부담분은 비과세하고, 근로자부담분은 근로자가 부담하되 연말에 연금보험료공제를 받는다.

(11) 생산직 근로자가 연장근로 등을 하여 받는 급여

생산직 근로자가 일정한 연장근로·야간근로 또는 휴일근로를 하여 받는 급여는 과세하지 않는다. 여기서 생산직 근로자란 월정액급여 210만원 이하이고 직전 과세기간의 총급여액이 3천만원 이하인 근로자(일용근로자를 포함)로서 다음과 같은 근로를 제공하는 사람을 말한다.

① 공장 또는 광산에서 근로를 제공하는 사람
② 어업을 영위하는 사람에게 고용되어 근로를 제공하는 사람으로서 어선에 승무하는 선원(선장은 제외)
③ 운전 및 운송 관련직 종사자
④ 돌봄·미용·여가 및 관광·숙박시설·조리 및 음식 관련 서비스직 종사자
⑤ 매장판매 종사자, 상품 대여 종사자, 통신 관련 판매직 종사자
⑥ 운송·청소·경비·가사·음식·판매·농림·어업·계기·자판기·주차관리 및 기타 서비스 관련 단순 노무직 종사자

이 경우 월정액급여는 다음과 같이 계산한다.

월정액급여 = (급여총액 – 상여 등 부정기적인 급여 – 실비변상적 성질의 급여 – 복리후생적 성질의 급여) –
연장·야간·휴일근로수당 및 생산수당

비과세되는 일정한 연장근로·야간근로 또는 휴일근로를 하여 받는 급여란 연장근로·야간근로 또는 휴일근로를 하여 통상임금에 더하여 받는 급여 중 연 240만원 이하의 금액(광산근로자 및 일용근로자의 경우에는 해당 급여총액)을 말한다.

(12) 직무발명보상금

「발명진흥법」에 따른 직무발명으로 받는 다음의 보상금으로서 연 500만원 이하의 금액은 과세하지 않는다.

① 종업원, 법인의 임원 또는 공무원이 사용자, 법인 또는 국가나 지방자치단체로부터 받는 보상금 ② 대학의 교직원 또는 대학과 고용관계가 있는 학생이 소속 대학에 설치된 산학협력단으로부터 받는 보상금

직무발명이란 종업원, 법인의 임원 또는 공무원이 그 직무에 관하여 발명한 것이 성질상 사용자, 법인 또는 국가나 지방자치단체의 업무 범위에 속하고 그 발명을 하게 된 행위가 종업원 등의 현재 또는 과거의 직무에 속하는 발명을 말한다(발명진흥법 제2조 제2호).

1-4. 근로소득금액의 계산

(1) 일반근로자의 경우

근로소득금액은 총급여액에서 근로소득공제를 적용한 금액으로 한다(소득세법 제20조 제2항).

근로소득금액 = 총급여액(비과세소득 제외) - 근로소득공제

근로소득의 경우 실제로 지출된 필요경비를 확인하기 어렵기 때문에 획일적으로 일정한 금액을 필요경비로 공제하는데, 이를 근로소득공제라고 한다. 근로소득공제액은 다음과 같다. 다만, 공제액이 2,000만원을 초과하는 경우에는 2,000만원을 공제한다(동법 제47조 제1항).

총급여액	공제액
500만원 이하	총급여액의 70%
500만원 초과 1,500만원 이하	350만원 + 500만원 초과금액의 40%
1,500만원 초과 4,500만원 이하	750만원 + 1,500만원 초과금액의 15%
4,500만원 초과 1억원 이하	1,200만원 + 4,500만원 초과금액의 5%
1억원 초과	1,475만원 + 1억원 초과금액의 2%

(2) 일용근로자의 경우

일용근로자에 대하여는 총급여액에서 1일 15만원을 공제한다(동조 제2항). 근로소득이 있는 거주자의 해당 과세기간의 총급여액이 공제액에 미달하는 경우에는 그 총급여액을 공제액으로 한다(동조 제3항). 근로소득공제를 받기 위하여 신청할 필요가 없으며 미공제분은 이월되지 않는다. 신입사원 등 근로기간이 1년 미만이더라도 월할계산을 하지 않는다.

1-5. 근로소득의 과세방법

(1) 일반근로자의 경우

1) 원천징수

원천징수의무자는 매월분의 근로소득을 지급할 때 「근로소득 간이세액표」에 따라 소득세를 원천징수한다(소득세법 시행령 제129조 제3항 및 제134조 제1항). 원천징수의무자는 소득세를 원천징수하여 그 징수일이 속하는 달의 다음 달 10일까지 관할 세무서 등에 납부하여야 한다(동법 제128조 제1항). 해당 과세기간의 다음 연도 2월분의 근로소득(또는 퇴직자의 퇴직하는 달의 근로소득)을 지급할 때에는 연말정산을 하여야 한다(동법 제134조 제2항). 연말정산의 방법은 다음과 같다(동법 제137조 제1항 및 제2항).

근로소득에 대한 소득세 결정세액 − 이미 원천징수납부한 세액 = (+) 원천징수 또는 (−) 환급

* 근로소득에 대한 소득세 결정세액

= 종합소득산출세액 − (외국납부세액공제·근로소득세액공제·자녀세액공제연금계좌세액공제 및 특별세액공제)

2) 종합과세

일반근로자의 근로소득은 종합소득과세표준에 합산된다. 따라서 근로소득에 대한 원천징수는 예납적 원천징수로서 확정신고시 정산된다. 다만, 근로소득 외의 다른 종합소득이 없는 경우에는 연말정산으로 과세가 종결되고 과세표준확정신고를 하지 않아도 된다(소득세법 제73조 제1항 제1호).

(2) 일용근로자의 경우

일용근로자의 근로소득은 종합소득과세표준에 합산하지 않고 원천징수로써 과세를 종결한다(완납적 원천징수). 그 원천징수세액은 다음과 같이 계산한다(소득세법 제14조 제3항 제2호, 제59조 제3항, 제129조 제1항 제4호, 제134조 제3항).

원천징수세액 = (일당 - 15만원) × 6% × (1 - 55%)
* 최저 기본세율 6%를 적용하고, 근로소득산출세액의 55%를 근로소득세액공제한다.

2. 연금소득

2-1. 연금소득의 범위

연금에는 국민연금 등 공적연금, 퇴직연금과 연금저축으로 구성된 사적연금이 있다. 2001년 이전에는 가입자가 연금보험료를 납입할 때 소득공제 및 세액공제를 하지 않고 나중에 급여를 수령할 때 소득세를 과세하지 않는 방식으로 연금제도를 운영하였다. 그러나 노령화 시대로 진입함에 따라 사적연금을 활성화할 필요가 있어 2002년부터 연금보험료를 납입할 때 연금보험료 소득공제 및 연금계좌세액공제를 하여 소득세 부담을 덜어주고, 나중에 급여를 수령할 때 다른 소득과의 과세형평을 위하여 연금소득에 대하여 소득세를 과세하는 방식으로 연금제도의 과세체계를 전환하였다.

(1) 공적연금소득

공적연금소득이란 공적연금 관련법에 따라 받는 연금소득을 말한다(소득세법 제20조의3 제1항 제1호). 공적연금에는 「국민연금법」에 따른 국민연금과 직역연금이 있고, 직역연금에는 「공무원연금법」에 따른 공무원연금, 「사립학교교직원 연금법」에 따른 사립학교교직원연금, 「군인연금법」에 따른 군인연금, 「별정우체국법」에 따른 별정우체국직원연금이 있다(국민연금과 직역연금의 연계에 관한 법률 제2조 제1항 제1호).

(2) 사적연금소득

사적연금소득이란 다음의 어느 하나에 해당하는 금액을 그 소득의 성격에도 불구하고 연금계좌(연금저축의 명칭으로 설정하는 연금저축계좌 또는 퇴직연금을 지급받기 위하여 설정하는 퇴직연금계좌)에서 연금 형태 등으로 인출(연금수령이라 하고, 연금수령 외의 인출은 연금외수령이라고 함)하는 경우의 그 연금소득을 말한다(소득세법 제20조의3 제1항 제2호).

① 원천징수되지 않은 퇴직소득(이연퇴직소득) ② 세액공제를 받은 연금계좌납입액
③ 연금계좌의 운용실적에 따라 증가된 금액
④ 그 밖에 연금계좌에 이체 또는 입금되어 해당 금액에 대한 소득세가 이연된 소득으로서 일정한 소득

참 조

연금계좌 인출금에 대한 과세체계

구분		인출형태	
		연금수령	연금외수령
연금계좌 평가액	이연퇴직소득	연금소득으로 과세	퇴직소득으로 과세
	세액공제받은 연금계좌 납입액		기타소득으로 과세
	연금계좌의 운용실적 증가액		
	세액공제받지 않은 연금계좌 납입액 등	과세 제외	과세 제외

1) 연금계좌 등

연금계좌는 다음의 어느 하나에 해당하는 계좌를 말한다(소득세법 시행령 제40조의2 제1항).

① 연금저축계좌 : 금융회사 등과 체결하는 신탁계약, 집합투자증권 중개계약, 보험계약에 따라 연금저축이라는 명칭으로 설정하는 계좌

② 퇴직연금계좌 : 퇴직연금을 지급받기 위하여 ㉠「근로자퇴직급여 보장법」의 확정기여형퇴직연금제도·개인형퇴직연금제도·중소기업퇴직연금기금제도에 따라 가입하여 설정하는 계좌와 ㉡「과학기술인공제회법」에 따른 퇴직연금급여를 지급받기 위하여 설정하는 계좌

2) 연금수령요건

연금수령이란 연금계좌에서 다음의 요건을 모두 갖추어 인출하거나 의료목적·천재지변 등 부득이한 인출요건을 갖추어 연금 형태 등으로 인출하는 것을 말한다. 다만, 퇴직소득을 해외이주에 해당하는 사유로 인출하는 경우에는 해당 퇴직소득을 연금계좌에 입금한 날부터 3년 이후 해외이주하는 경우에 한정하여 연금수령으로 본다(소득세법 시행령 제40조의2 제3항 및 제4항).

① 가입자가 55세 이후 연금계좌취급자에게 연금수령 개시를 신청한 후 인출할 것

② 연금계좌의 가입일부터 5년이 경과된 후에 인출할 것. 다만, 원천징수되지 않은 퇴직소득(퇴직소득이 연금계좌에서 직접 인출되는 경우를 포함)이 연금계좌에 있는 경우에는 그렇지 않다.

③ 과세기간 개시일(연금수령 개시를 신청한 날이 속하는 과세기간에는 연금수령 개시를 신청한 날) 현재 다음의 계산식에 따라 계산된 금액(연금수령한도) 이내에서 인출할 것. 이 경우 의료목적·천재지변 등 부득이한 인출요건을 갖추어 인출한 금액은 인출한 금액에 포함하지 않는다. 연금계좌에서 연금수령한도를 초과하여 인출한 금액은 연금외수령하는 것으로 본다.

$$\text{연금수령한도} = \frac{\text{연금계좌의 평가액}}{(11 - \text{연금수령연차})} \times 120\%$$

연금수령연차란 최초로 연금수령할 수 있는 날이 속하는 과세기간을 기산연차로 하여 그 다음 과세기간을 누적 합산한 연차를 말하며, 연금수령연차가 11년 이상인 경우에는 그 계산식을 적용하지 않는다. 다만, 다음의 어느 하나에 해당하는 경우의 기산연차는 다음에 따른다.

㉠ 2013년 3월 1일 전에 가입한 연금계좌(2013년 3월 1일 전에 확정급여형퇴직연금제도에 가입한 사람이 퇴직하여 퇴직소득 전액이 새로 설정된 연금계좌로 이체되는 경우를 포함)의 경우 : 6년차

㉡ 연금계좌의 가입자가 사망하여 그 배우자가 연금외수령 없이 해당 연금계좌를 상속으로 승계한 경우 : 사망일 당시 피상속인의 연금수령연차

2-3. 비과세 연금소득

연금소득 중 다음의 어느 하나에 해당하는 소득에 대해서는 소득세를 과세하지 않는다(소득세법 제12조 제4호).

① 「국민연금법」, 「공무원연금법」 또는 「공무원 재해보상법」, 「군인연금법」 또는 「군인 재해보상법」, 「사립학교교직원 연금법」, 「별정우체국법」 또는 「국민연금과 직역연금의 연계에 관한 법률」에 따라 받는 각종 유족연금 및 장해연금

② 「산업재해보상보험법」에 따라 받는 각종 연금

③ 「국군포로의 송환 및 대우 등에 관한 법률」에 따른 국군포로가 받는 연금

참 조

연금계좌에 대한 과세체계

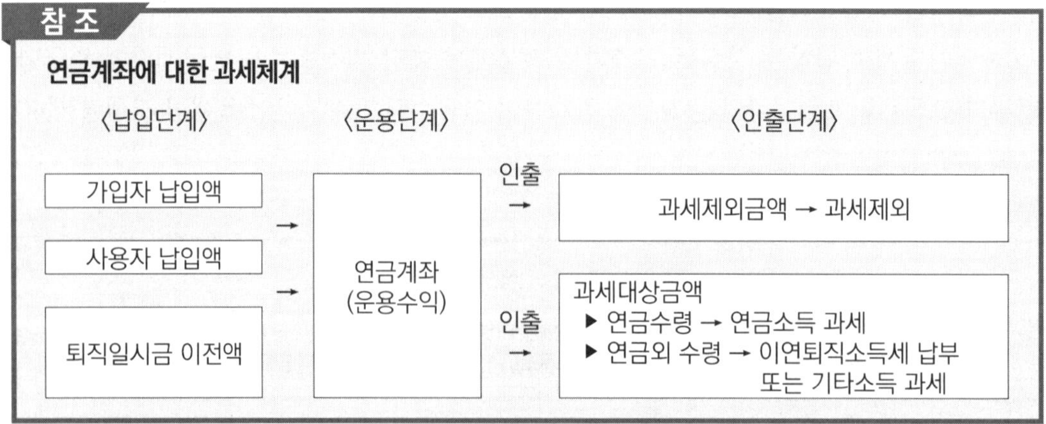

① 연금계좌 가입자가 납입하는 보험료는 연 600만원·900만원을 한도로 연금계좌세액공제를 한다.
② 연금계좌(퇴직연금계좌)에 사용자가 납입한 부담금은 전액 손금 또는 필요경비로 산입한다.
③ 퇴직일시금이 연금계좌로 지급입금되는 경우에는 퇴직당시 퇴직소득세를 원천징수하지 않고 인출단계까지 소득세 과세를 이연한다.
④ 연금계좌에서 발생하는 운용수익은 운용단계에서는 과세하지 않고 인출단계까지 소득세 과세를 이연한다.
⑤ 인출금액은 과세제외금액(세액공제를 받지 않은 연금계좌 납입액 등)에서 과세대상금액(이연퇴직소득, 가입자 납입액 중 세액공제를 받은 납입액·운용수익의 순서)의 순서대로 인출되는 것으로 본다. 이러한 인출금액 가운데 과세대상금액 부분을 연금수령하면 연금소득으로, 연금외수령하면 이연퇴직소득세를 납부하거나 기타소득으로 과세한다.

2-4. 연금소득금액의 계산

연금소득금액은 총연금액에서 연금소득공제를 적용한 금액으로 한다(소득세법 제20조의3 제3항).

연금소득금액 = 총연금액 - 연금소득공제

총연금액은 해당 과세기간에 발생한 연금소득의 합계액(공적연금소득에서 제외되는 금액과 비과세소득은 제외)에서 분리과세연금소득을 뺀 금액을 말한다. 연금소득공제액은 다음과 같다. 다만, 공제액이 900만원을 초과하는 경우에는 900만원을 공제한다(소득세법 제47조의2 제1항).

총급여액	공제액
350만원 이하	총연금액의 100%
350만원 초과 700만원 이하	350만원 + 350만원 초과금액의 40%
700만원 초과 1,400만원 이하	490만원 + 700만원 초과금액의 20%
1,400만원 초과	630만원 + 1,400만원 초과금액의 10%

2-5. 연금소득에 대한 과세방법

(1) 원천징수

연금소득을 지급하는 사람은 그에 대한 소득세를 원천징수하여 그 징수일이 속하는 달의 다음 달 10일까지 납부하여야 한다(소득세법 제127조 제1항 제5호).

1) 공적연금소득에 대한 원천징수

원천징수의무자가 공적연금소득을 지급할 때에 「연금소득 간이세액표」에 따라 소득세를 원천징수한다(소득세법 제129조 제3항 및 제143조의2 제1항). 해당 과세기간의 다음 연도 1월분 공적연금소득을 지급할 때에 연말정산을 해야 한다(동법 제143조의2 제3항). 공적연금소득을 받는 사람이 해당 과세기간 중에 사망한 경우에는 그 사망일이 속하는 달의 다음다음 달 말일까지 그 사망자의 공적연금소득에 대한 연말정산을 하여야 한다(동법 제143조의4 제4항). 연말정산의 방법은 다음과 같다(동법 제143조의4 제1항 내지 제3항 및 동법 시행령 제201조의6 제2항, 제3항).

공적연금소득에 대한 소득세 결정세액 – 이미 원천징수한 세액 = (+) 원천징수 또는 (–) 환급

* 공적연금소득에 대한 소득세 결정세액
= 종합소득산출세액 – (외국납부세액공제·자녀세액공제·표준세액공제)

2) 사적연금소득에 대한 원천징수

원천징수의무자가 사적연금소득을 지급할 때에는 다음의 세액을 원천징수한다(소득세법 제129조 제1항 제5조의2호, 제5조의3호 및 제143조의2 제2항).

사적연금소득에 대한 원천징수세액 = 연금소득 지급금액 × 다음 구분에 따른 세율

① 이연퇴직소득을 연금수령하는 연금소득

연금 실제 수령연차	세율
10년 이하인 경우	연금외수령 가정시 원천징수세율 × 70%
10년 초과하는 경우	연금외수령 가정시 원천징수세율 × 60%

② 세액공제받은 연금계좌 납입액이나 운용실적에 따라 증가된 금액을 연금수령한 연금소득

㉠ 연금소득자의 나이에 따른 다음의 세율

나이(연금수령일 현재)		세율
	70세 미만	5%
70세 이상	80세 미만	4%
80세 이상		3%

㉡ 사망할 때까지 연금수령하는 종신계약에 따라 받는 연금소득은 세율 4%

* 위 구분에 따른 세율의 적용요건을 동시에 충족하는 경우에는 낮은 세율을 적용한다.

** 연금수령하는 종신계약이란 사망일까지 연금수령하면서 중도해지할 수 없는 계약을 말한다.

(2) 종합과세와 분리과세

1) 공적연금소득

공적연금소득은 종합소득과세표준에 합산하여 과세한다. 따라서 공적연금소득에 대한 원천징수는 예납적 원천징수에 불과하며 과세표준확정신고를 할 때 정산된다. 다만, 공적연금소득만이 있는 사람은 다른 종합소득이 없는 경우에는 과세표준확정신고를 하지 않아도 된다(소득세법 제73조 제1항 제3호). 연말정산으로 사실상 과세가 종결된 것이나 마찬가지이기 때문이다.

2) 사적연금소득

사적연금소득은 원칙적으로 종합소득과세표준에 합산하여 과세한다. 따라서 그에 대한 원천징수는 예납적 원천징수에 해당한다. 다만, 예외적으로 다음과 같이 분리과세되는 사적연금소득도 있다(소득세법 제14조 제3항 제9호).

① 무조건 분리과세

㉠ 이연퇴직소득을 연금수령하는 연금소득과 ㉡ 세액공제받은 연금계좌 납입액이나 운용실적에 따라 증가된 금액을 의료목적·천재지변이나 그 밖의 부득이한 인출요건(연금계좌 가입자의 사망 또는 해외이주, 연금계좌 가입자나 그 부양가족의 3개월 이상 요양이 필요한 질병 · 부상, 연금계좌 가입자가 파산선고 또는 개인회생절차개시결정을 받은 경우 등)을 갖추어 연금계좌에서 인출하는 연금소득은 무조건 분리과세한다. 원천징수세율은 ㉠의 경우 연금 실제 수령연차가 10년 이하이면 연금외수령 가정시 원천징수세율의 70퍼센트, 초과하면 연금외수령 가정시 원천징수세율의 60퍼센트이고, ㉡의 경우에는 나이에 따라 5퍼센트, 4퍼센트, 3퍼센트 또는 종신연금은 4퍼센트이다.

② 선택적 분리과세

무조건 분리과세되는 사적연금소득 이외의 사적연금소득의 합계액이 연 1,500만원 이하인 경우 그 연금소득은 납세의무자의 선택에 따라 종합소득과세표준에 합산하지 않고 분리과세를 적용받을 수 있다. 원천징수세율은 나이에 따라 5퍼센트, 4퍼센트, 3퍼센트 또는 종신연금은 4퍼센트이다.

3. 기타소득

3-1. 기타소득의 개념

기타소득이란 이자소득·배당소득·사업소득·근로소득·연금소득·퇴직소득·양도소득 이외에 일시적·불규칙적으로 발생하는 소득을 말한다. 소득세법에서 열거한 소득이 사업소득 등 다른 소득에 해당하지 않는 경우에만 기타소득으로 구분될 수 있다. 예를 들어, 근로계약에 따라 근로를 제공하고 받은 대가는 근로소득에 해당하고, 독립적인 지위에서 계속적·반복적으로 용역을 제공하고 받는 대가는 사업소득에 해당하지만, 독립적인 지위에서 일시적으로 용역을 제공하고 받는 대가는 기타소득에 해당한다.

사 례

개인이 다음과 같은 소득이 있을 경우 소득의 구분

내용	소득종류
공인회계사로 회계법인에서 일을 하고 얻은 소득	근로소득
공인회계사가 회계법인 퇴사 후 회계사무소를 개업하여 번 소득	사업소득
공인회계사가 대한상공회의소에서 연말정산 강의를 하고 받은 강사료	기타소득
소설가가 소설을 쓰고 받은 소득	사업소득
소설가가 아닌 사람이 일회적으로 소설을 쓰고 받은 소득	기타소득
대학에 고용된 강사가 대학에서 한 학기 동안 강의하면서 받은 강사료	근로소득
강사가 학원에서 매달 단과반을 개설하여 받은 강사료	사업소득
교수가 중소기업에서 세법강의를 하고 받은 강사료	기타소득
작곡자가 가수에게 작곡을 해 주고 받은 대가	사업소득
지휘자가 자신의 부친이 작곡한 가곡에 대하여 받은 저작권료	기타소득
연예인이 광고를 촬영하고 받은 대가	사업소득
대학생이 자신의 학교 홍보모델로 선정되어 학교 광고를 촬영하고 받은 대가	기타소득
공인중개사가 자신의 중개사무소에서 부동산매매계약을 알선하고 받은 대가	사업소득
일반인이 지인의 부동산매매계약을 다른 사람에게 알선하고 받은 소개료	기타소득
렌터카회사에서 자동차를 일정 기간 대여하고 받은 대가	사업소득
개인이 자신의 자동차를 지인에게 일시적으로 대여하고 받은 대가	기타소득

3-2. 기타소득의 범위

기타소득은 이자소득·배당소득·사업소득·근로소득·연금소득·퇴직소득·양도소득 외의 소득으로서 다음에서 규정하는 것으로 한다(소득세법 제21조 제1항).

(1) 상금, 복권당첨금 등

① 상금, 현상금, 포상금, 보로금 또는 이에 준하는 금품, ② 복권, 경품권, 그 밖의 추첨권에 당첨되어 받는 금품은 기타소득에 해당한다(소득세법 제21조 제1항 제1호 및 제2호).

(2) 사행행위 등으로 얻은 이익

① 「사행행위 등 규제 및 처벌특례법」에서 규정하는 행위(적법 또는 불법 여부 불문)에 참가하여 얻은 재산상의 이익, ② 「한국마사회법」에 따른 승마투표권, 「경륜·경정법」에 따른 승자투표권, 「전통소싸움경기에 관한 법률」에 따른 소싸움경기투표권 및 「국민체육진흥법」에 따른 체육진흥투표권의 구매자가 받는 환급금(발생 원인이 되는 행위의 적법 또는 불법 여부 불문), ③ 슬롯머신(비디오게임 포함) 및 투전기, 그 밖에 이와 유사한 기구를 이용하는 행위에 참가하여 받는 당첨금품·배당금품 또는 이에 준하는 금품은 기타소득에 해당한다(소득세법 제21조 제1항 제3호, 제4호 및 제14호).

(3) 저작자 등 이외의 사람이 받는 저작권 사용대가 등

저작자 또는 실연자·음반제작자·방송사업자 외의 사람이 저작권 또는 저작인접권의 양도 또는 사용의 대가로 받는 금품은 기타소득에 해당한다(소득세법 제21조 제1항 제5호). 저작자 또는 실연자·음반제작자·방송사업자 외의 사람이란 저작권 또는 저작인접권을 상속·증여 또는 양도받은 사람을 말한다(동법 시행령 제41조 제1항). 이처럼 저작자 등 이외의 사람, 즉 저작권 등을 상속·증여 또는 양도받은 사람이 그 저작권 등을 타인에게 양도하거나 사용하게 하고 받은 대가는 기타소득에 해당한다. 예를 들어, 대학교수인 아버지의 저작권을 자녀가 상속받아 타인에게 사용하게 하고 받은 대가는 여기의 기타소득에 해당한다.

그러나 저작자 등이 저작권 등을 타인에게 양도하거나 사용하게 하고 받은 대가는 사업소득 또는 원작자의 원고료 등의 기타소득(동항 제15호)에 해당한다. 즉, 문예·학술에 관한 저술을 계속적·직업적으로 하는 저작자가 창작활동을 하고 받은 원고료나 인세 등은 사업소득에 해당하고, 저술을 전문으로 하지 않는 저작자가 일시적으로 지급받는 원고료나 인세는 원작자의 원고료 등의 기타소득에 해당한다. 예를 들어, 소설가가 매년 1회 인세를 지급받기로 하는 집필계약을 출판사와 체결하고 받은 인세 또는 프로그램저작물에 대한 저작권을 등록한 저작가가 해당 프로그램저작권을 타인에게 양도하거나 사용하게 하고 받는 대가는 사업소득에 해당한다.

(4) 산업재산권 등의 양도 또는 대여

광업권·어업권·양식업권·산업재산권·산업정보, 산업상 비밀, 상표권·영업권(점포임차권을 포함), 토사석의 채취허가에 따른 권리, 지하수의 개발·이용권, 그 밖에 이와 유사한 자산이나 권리를 양도하거나 대여하고 그 대가로 받는 금품은 기타소득에 해당한다(소득세법 제21조 제1항 제7호 및 동법 시행령 제87조 제1호의2). 영업권을 양도하고 얻은 소득은 기타소득에 해당하지만, 토지·건물 및 부동산에 관한 권리와 함께 양도하는 영업권은 양도소득의 대상이 된다. 산업재산권에는 특허권, 실용신안권, 디자인권, 상표권 등이 있다.

특허권의 등록을 한 거주자가 당사자 사이의 계약에 따라 해당 특허권을 일정 기간 계속적·반복적으로 사용하도록 하고 그 대가를 지급받는 경우에는 사업소득에 해당하지만, 일시적인 특허권의 대여로 인한 대가를 지급받는 경우에 기타소득에 해당한다. 예를 들어, 특허권을 5년의 기간 단위로 사용하도록 허가하면서 사용료로 해당 법인의 매출액의 일정 비율에 해당하는 금액을 매 분기마다 지급받기로 한 약정에 따라 받은 사용료는 사업소득에 해당한다. 일시적 또는 우발적으로 특허권을 사용하도록 대여하면서 받은 대가는 기타소득에 해당하지만, 실제로 여기에 해당하는 경우는 거의 없다. 특허권의 사용을 위한 계약은 자동적으로 갱신되고 그 사용의 대가는 계속적·반복적으로 지급되는 것이 일반적이기 때문이다.

그러나 특허권을 양도하고 받는 대가는 일회적인 양도에 따른 것이므로 부가가치세 과세 여부와 관계없이 기타소득에 해당한다. 예를 들어, 일회적으로 의료기술을 양도하였을 뿐이고 양도인이 계속적·반복적으로 진료를 하거나 다른 의료기술을 양도한 것이 아니라면 그 양도 대가는 기타소득에 해당하고, 거주자가 특허권을 법인에게 양도하고 그 대가로 10년간 그 법인으로부터 매년 매출액의 일정 비율에 해당하는 금액을 지급받기로 약정하고 받은 금액 역시 기타소득에 해당한다.

(5) 통신판매중개자를 통한 물품 또는 장소의 대여

「전자상거래 등에서의 소비자보호에 관한 법률」에 따라 통신판매중개를 하는 사람을 통하여 물품 또는 장소를 대여하고 연간 수입금액 500만원 이하의 사용료로서 받은 금품은 기타소득에 해당한다(소득세법 제21조 제1항 제8호의2 및 동법 시행령 제41조 제7항, 제87조 제1호의2).

(6) 공익사업 관련 지역권·지상권의 설정 또는 대여

「공익사업을 위한 토지 등의 취득 및 보상에 관한 법률」에 따른 공익사업과 관련하여 지역권·지상권(지하 또는 공중에 설정된 권리 포함)을 설정하거나 대여함으로써 발생하는 소득은 기타소득에 해당한다(소득세법 제21조 제1항 제9호 및 동법 시행령 제87조 제1호의2). 이 소득은 공익사업을 위한 재산권 제약에 대한 보상의 성격을 갖고 있으므로 영리목적으로 하는 사업소득으로 보기 어려워 기타소득으로 구분한 것이다.

(7) 계약의 위약 또는 해약으로 인한 위약금 등

계약의 위약 또는 해약으로 인하여 받는 소득으로서 위약금, 배상금, 부당이득 반환 시 지급받는 이자는 기타소득에 해당한다(소득세법 제21조 제1항 제10호). 여기의 위약금과 배상금이란 재산권에 관한 계약의 위약 또는 해약으로 받는 손해배상으로서 그 명목 여하에 불구하고 본래 계약의 내용이 되는 지급 자체에 대한 손해를 넘는 손해에 대하여 배상하는 금전 또는 그 밖의 물품의 가액을 말한다. 이 경우 계약의 위약 또는 해약으로 반환받은 금전 등의 가액이 계약에 따라 당초 지급한 총금액을 넘지 않는 경우에는 지급 자체에 대한 손해를 넘는 금전 등의 가액으로 보지 않는다(동법 시행령 제41조 제8항). 재산권에 관한 계약의 위약 또는 해약으로 인하여 지급받는 위약금과 배상금이 계약상대방의 채무불이행 등으로 인하여 발생한 재산의 실제 감소액에 대한 배상인 경우에는 본래의 계약 내용이 되는 지급 자체에 대한 손해에 해당하여 이를 과세대상으로 할 수 없지만, 이를 초과하여 위약금과 배상금을 지급받았다면 이는 손해의 전보를 넘어 새로운 수입이나 소득을 발생시키기 때문에 기타소득에 해당하는 것이다.[53)]

채무자가 계약상 의무를 이행하지 않아 지급받은 지체상금(손해배상액예정의 성격을 갖는 금액으로서 주택입주 지체상금, 공사 지체상금 등), 채무의 이행지체로 인하여 지급받은 지연손해금(금전채무의 이행지체로 인한 약정지연손해금, 퇴직금을 늦게 지급함에 따라 받는 지연손해금, 임대차기간 만료 후 임대인이 임대보증금을 늦게 반환함으로써 임차인이 지급받는 법정이자 등), 부동산의 매수인이 대금지급기일을 어겨 지급받은 위약금 등은 본래 계약의 내용이 되는 지급 자체에 대한 손해를 넘는 금액이므로 기타소득에 해당한다. 그러나 「공익사업을 위한 토지 등의 취득 및 보상에 관한 법률」에 따라 지급받은 손실보상금 및 그 지연손해금은 재산권에 관한 계약의 위약 또는 해약으로 인하여 받는 위약금과 배상금에 해당하지 않으므로 기타소득에 해당하지 않는다.

매수인이 계약금을 포기하거나 매도인이 계약금의 배액을 상환하여 계약을 해제한 경우의 해약금으로 대체된 계약금 등은 본래 계약의 내용이 되는 지급 자체에 대한 손해를 넘는 금액이므로 기타소득에 해당한다. 그러나 매수인의 채무불이행으로 매매계약을 합의해제하면서 손해의 입증이 곤란하여 손해배상금의 액수를 계약금 상당액으로 합의하여 매도인이 지급받은 경우에는 그 금원은 매도인이 입은 현실적인 손해를 전보하기 위하여 지급된 손해배상금으로서 기타소득에 해당하지 않는다.[54)]

53) 대법원 2019. 4. 23. 선고 2017두48482 판결.

54) 대법원 2004. 4. 9. 선고 2002두3942 판결.

사 례

매매대금을 29억원으로 약정하여 부동산매매계약을 체결하였으나 매수인이 계약금과 중도금으로 18억원만을 지급한 채 잔금을 지급하지 않았고, 이에 매도인이 계약해제의 의사표시를 하면서 매수인의 채무불이행으로 인하여 입은 손해로 6억원을 요구하였으나, 그 손해액의 입증이 용이하지 않고 분쟁을 신속히 해결하기 위하여 매도인과 매수인이 매도인이 입은 손해배상금의 액수를 계약금 상당액인 3억원으로 합의하여 계약을 합의해제한 경우 매도인이 지급받은 3억원은 본래 계약의 내용이 되는 지급 자체에 대한 손해를 넘는 손해에 대하여 배상하는 금전으로 기타소득에 해당한다기보다는 매도인이 입은 현실적인 손해를 전보하기 위하여 지급된 손해배상금으로 보는 것이 상당하므로 과세대상이 되지 않는다.

참 조

불법행위에 기한 손해배상

불법행위로 인하여 생명·신체 등 인격적 이익 또는 가족권 등 비재산적 이익이 침해된 경우의 손해배상은 계약관계가 존재하지 않으므로 계약의 위약 또는 해약으로 인한 위약금이나 배상금으로 볼 수 없을 뿐만 아니라 이는 발생한 손해 자체를 보전하는데 그치는 것이어서 소득이 발생하였다고 볼 수 없으므로 과세대상이 되지 않는다. 손해배상금이 기타소득에 해당하는 위약금 또는 배상금인 경우에는 그 법정이자도 기타소득으로 보아야 하지만, 소득세가 비과세되는 생명·신체와 같은 비재산적 이익의 침해로 인한 손해배상금인 경우에는 그에 대한 법정이자도 과세대상이 되지 않는다.

(8) 유실물의 습득 보상금 등

유실물의 습득 또는 매장물의 발견으로 인하여 보상금을 받거나 새로 소유권을 취득하는 경우 그 보상금 또는 자산은 기타소득에 해당한다(소득세법 제21조 제1항 제11호).

(9) 특수관계인이 받는 경제적 이익

거주자·비거주자 또는 법인의 특수관계인이 그 특수관계로 인하여 그 거주자·비거주자 또는 법인으로부터 받는 경제적 이익으로서 급여·배당 또는 증여로 보지 않는 금품은 기타소득에 해당한다(소득세법 제21조 제1항 제13호). 예를 들어, ㉠ 법인의 자산 또는 개인의 사업용으로 제공되어 소득발생의 원천이 되는 자산(사업용자산)을 특수관계인이 무상 또는 저가로 이용함으로 인하여 개인이 받은 이익(통상 지급하여야 할 사용대가 또는 저가로 이용한 경우에는 그 대가를 공제한 금액), ㉡ 노조전임자(노동조합업무에만 종사하는 사람을 말함)가 근로시간면제 한도(time off)를 초과하여 받은 급여[55]등이 여기에 해당한다.

---

55) 노조전임자는 급여를 받을 수 없으나, 단체협약 등으로 정한 경우에는 근로시간면제 한도 내에서 임금의 손실 없이 노동조합의 업무를 할 수 있다(노동조합 및 노동관계조정법 제24조 제2항 및 제4항). 따라서 노조전임자가 근로시간면제 한도 내에서 받은 급여는 근로소득에 해당한다.

(10) 원작자의 원고료 등

문예·학술·미술·음악 또는 사진에 속하는 창작품에 대한 원작자로서 받는 소득으로서 ① 원고료, ② 저작권사용료인 인세, ③ 미술·음악 또는 사진에 속하는 창작품에 대하여 받는 대가는 기타소득에 해당한다(소득세법 제21조 제1항 제15호 및 동법 시행령 제87조 제1호의2). 문예·학술 등에 관한 저술을 전문적·직업적으로 하는 사람이 받은 원고료 등은 사업소득에 해당하고, 저술을 전문으로 하지 않는 사람이 일시적으로 저술을 하고 받은 원고료 등이 기타소득에 해당한다. 저술을 전문적·직업적으로 하는 사람이란 영리를 목적으로 계속적·반복적으로 저술을 하는 사람을 말한다.

(11) 재산권에 관한 알선 수수료

재산권의 매매·양도·교환·임대차계약 기타 이와 유사한 계약을 알선하고 받는 수수료는 기타소득에 해당한다(소득세법 제21조 제1항 제16호). 공인중개사가 부동산매매계약을 알선하고 받은 수수료는 사업소득이지만, 일반인이 지인에게 부동산매매계약을 일회적으로 알선하고 받은 수수료는 기타소득에 해당한다.

(12) 사례금

사례금은 기타소득에 해당한다(소득세법 제21조 제1항 제17호). 여기의 사례금은 사무처리 또는 역무의 제공 등과 관련하여 사례의 뜻으로 지급되는 금품을 의미하고, 이에 해당하는지 여부는 당해 금품 수수의 동기·목적, 상대방과의 관계, 금액 등을 종합적으로 고려하여 판단하여야 한다. 예를 들어, 재단법인의 이사 및 이사장의 선임권 등 그 재단의 실제 운영자로서의 지위를 물려받을 수 있는 절차를 밟아 준 데 대한 사례의 뜻으로 지급된 금액은 사례금으로서 기타소득에 해당한다.[56]

판 례

사례금

① 회사의 노동조합이 해고된 조합원에 대하여 노동조합의 신분보장규정에 따라 해고 전 회사로부터 받던 임금 상당 금액을 생계비 등으로 지급해 주고 나중에 해고 무효의 승소판결을 받아 회사로부터 일시보상을 받으면 이를 환불하도록 하는 경우 이러한 금원을 근로의 제공 대가인 급여에 해당한다고 보기 어렵고 그 지급기간과 금액에 비추어 단순한 상호부조 성격의 돈이라고 보기도 어려우며 기타소득의 하나인 사례금에 속하는 것으로 봄이 타당하다(대법원 2017. 11. 9. 선고 2017두44244 판결).

56) 대법원 1999. 1. 15. 선고 97누20304 판결.

② 종업원이 회사를 상대로 해고무효의 확인과 함께 복직 시까지 매월 급여 상당액의 지급을 구하는 소를 제기하여 항소심에서 회사는 화해권고결정금을 지급하고 종업원은 나머지 청구를 포기한다는 내용의 화해권고결정이 내려져 확정된 경우 화해권고결정 이전에 진행된 재판의 경과, 화해권고결정금액의 규모 등을 종합적으로 고려한 결과 위 화해권고결정금액이 '사례금'에 해당한다는 증명이 부족하다는 점에서 위 화해권고결정금액은 사무처리 또는 역무의 제공 등과 관련하여 사례의 뜻으로 지급된 금품으로 보기 어려워 과세대상 소득인 '사례금'에 해당한다고 볼 수 없다(대법원 2022. 3. 31. 선고 2018다286390 판결).

(13) 소기업·소상공인 공제부금의 해지일시금

폐업 등 법정지급사유가 발생하기 전에 소기업·소상공인 공제계약이 해지된 경우에는 해지로 인하여 받은 환급금에서 실제 소득공제받은 금액을 초과하여 납입한 금액의 누계액을 뺀 금액을 기타소득으로 보아 소득세를 부과한다.[57] 다만, 해외이주 등 일정한 사유로 해지된 경우에는 퇴직소득으로 보아 소득세를 부과한다(소득세법 제21조 제1항 제18호 및 동법 시행령 제41조 제12항, 조세특례제한법 제86조의3 제4항).

참 조

법정지급사유 등

법정지급사유는 ① 소기업·소상공인이 폐업 또는 해산한 때, ② 공제가입자가 사망한 때, ③ 법인의 대표자의 지위에서 공제에 가입한 자가 그 법인의 대표자의 지위를 상실한 때, ④ 만 60세 이상으로 공제부금 납입월수가 120개월 이상인 공제가입자가 공제금의 지급을 청구한 때이고(조세특례제한법 시행령 제80조의3 제4항), 해외이주 등 일정한 사유는 ① 천재·지변의 발생, ② 공제가입자의 해외이주, ③ 공제가입자의 3월 이상의 입원 치료를 요하는 상해·질병의 발생, ④ 공제가입자가 특별재난지역으로 선포된 지역의 재난으로 15일 이상의 입원 치료가 필요한 피해를 입은 경우 등이다(동조 제5항).

(14) 일정한 인적용역을 일시적으로 제공하고 받는 대가

다음의 어느 하나에 해당하는 인적용역(원작자의 원고료 등, 재산권에 관한 알선 수수료, 사례금의 규정을 적용받는 용역은 제외)을 일시적으로 제공하고 받는 대가는 기타소득에 해당한다(소득세법 제21조 제1항 제19호 및 동법 시행령 제41조 제13항, 제87조 제1호의 2). 그러나 고용계약에 따라 제공하고 받은 대가는 근로소득에 해당하고, 계속적·반복적으로 제공하고 받은 대가는 사업소득에 해당한다.

57) 폐업 등 법정지급사유로 공제금을 받는 경우는 퇴직소득으로 과세한다.

① 고용관계 없이 다수인에게 강연을 하고 강연료 등 대가를 받는 용역
② 라디오·텔레비전방송 등을 통하여 해설·계몽 또는 연기의 심사 등을 하고 보수 또는 이와 유사한 성질의 대가를 받는 용역
③ 변호사, 공인회계사, 세무사, 건축사, 측량사, 변리사, 그 밖에 전문적 지식 또는 특별한 기능을 가진 자가 그 지식 또는 기능을 활용하여 보수 또는 그 밖의 대가를 받고 제공하는 용역(대학이 자체 연구관리비 규정에 따라 대학에서 연구비를 관리하는 경우에 교수가 제공하는 연구용역이 포함)
④ 그 밖에 고용관계 없이 수당 또는 이와 유사한 성질의 대가를 받고 제공하는 용역

(15) 인정기타소득

법인세법에 따라 기타소득으로 처분된 소득은 기타소득에 해당한다(소득세법 제21조 제1항 제20호).

(16) 연금외수령한 소득

세액공제를 받은 연금계좌납입액 및 연금계좌운용실적에 따른 증가액을 그 소득의 성격에도 불구하고 연금외수령한 소득은 기타소득에 해당한다(소득세법 제21조 제1항 제21호).

참 조

세액공제받은 연금계좌납입액 및 운용실적에 따라 증가된 금액에 대한 과세체계

인출내용	소득구분
연금외수령한 소득	기타소득
① 연금수령요건을 갖추어 연금계좌에서 인출한 소득 ② 의료목적·천재지변이나 그 밖에 부득이한 인출요건을 갖추어 연금계좌에서 인출한 소득	연금소득

(17) 고용관계 없는 주식매수선택권의 행사이익

퇴직 전에 부여받은 주식매수선택권(stock option)을 퇴직 후에 행사하거나 고용관계 없이 주식매수선택권을 부여받아 이를 행사함으로써 얻는 이익은 기타소득에 해당한다(소득세법 제21조 제1항 제22호). 주식매수선택권을 근무하는 기간 중 행사함으로써 얻은 이익은 근로소득에 해당하지만, 퇴직 후에 행사하여 얻은 이익은 기타소득에 해당한다.

(18) 퇴직 후의 직무발명보상금

종업원 등 또는 대학의 교직원이 퇴직한 후에 지급받는 직무발명보상금은 기타소득에 해당한다(소득세법 제21조 제1항 제22호의2). 종업원 등 또는 대학의 교직원이 근무하는 기간 중에 지급받은 직무발명보상금은 근로소득에 해당하지만, 퇴직 후에 지급받은 직무발명보상금은 기타소득에 해당한다.

(19) 뇌물 등

① 뇌물, ② 알선수재 및 배임수재에 의하여 받는 금품은 기타소득에 해당한다(소득세법 제21조 제1항 제23호 및 제24호). 그러나 뇌물, 알선수재 및 배임수재로 인한 금품을 반환하였거나 판결에서 이러한 위법소득에 대한 몰수나 추징이 확정되었다면 기타소득의 대상이 되지 않는다. 판례는 형법상 뇌물, 알선수재 및 배임수재 등의 범죄행위로 인한 위법소득에 대하여 몰수나 추징이 이루어졌다면 이는 위법소득에 내재되어 있던 경제적 이익의 상실가능성이 현실화된 경우에 해당한다고 하면서 이 경우에는 소득이 종국적으로 실현되지 않은 것이므로 납세의무 성립 후 후발적 사유가 발생하여 과세표준 및 세액의 산정 기초에 변동이 생긴 것으로 보아 납세자는 후발적 경정청구를 하여 납세의무의 부담에서 벗어날 수 있다고 한다.[58)]

(20) 종교인소득

종교관련종사자가 종교의식을 집행하는 등 종교관련종사자로서의 활동과 관련하여 종교단체로부터 받은 소득은 기타소득에 해당한다(소득세법 제21조 제1항 제26호 및 동법 시행령 제87조 제3호). 여기의 종교단체란 비영리법인 또는 법인으로 보는 단체 중 종교의 보급이나 교화를 목적으로 설립된 단체(그 소속 단체를 포함)로서 해당 종교관련종사자가 소속된 단체를 말한다(동법 시행령 제41조 제15항). 종교인소득은 이처럼 기타소득으로 과세하는 것이 원칙이나, 종교단체 등이 근로소득으로 원천징수하거나 과세표준확정신고를 한 경우에는 근로소득으로 과세한다(동법 제21조 제4항).

(21) 가상자산의 양도 또는 대여로 인한 소득

「특정 금융거래정보의 보고 및 이용 등에 관한 법률」에 따른 가상자산을 양도하거나 대여함으로써 발생하는 소득은 기타소득에 해당한다(소득세법 제21조 제1항 제27호). 가상

---

58) 대법원 2015. 7. 16. 선고 2014두5514 전원합의체 판결.

자산이란 경제적 가치를 지닌 것으로서 전자적으로 거래 또는 이전될 수 있는 전자적 증표(그에 관한 일체의 권리를 포함)를 말한다(특정 금융거래정보의 보고 및 이용 등에 관한 법률 제2조 제3호 및 동법 시행령 제4조).[59] 일반적으로 가상화폐, 코인 등을 통칭하며, 중앙은행의 통제 없이 블록체인 기술을 통해 발행 및 관리된다.

(22) 서화·골동품의 양도로 발생하는 소득

서화(회화, 데생, 파스텔 및 콜라주, 판화 등) 또는 골동품(제작 후 100년을 넘은 것에 한정)의 양도로 발생하는 소득은 기타소득에 해당한다(소득세법 제21조 제2항 및 동법 시행령 제87조 제2호). 일정한 서화·골동품이란 다음의 어느 하나에 해당하는 것으로서 개당·점당 또는 조(2개 이상이 함께 사용되는 물품으로서 통상 짝을 이루어 거래되는 것을 말함)당 양도가액이 6,000만원 이상인 것을 말한다. 다만, 양도일 현재 생존해 있는 국내 원작자의 작품은 제외한다(동법 시행령 제41조 제14항).

그러나 ① 서화·골동품의 거래를 위하여 사업장 등 물적시설(인터넷 등 정보통신망을 이용하여 서화·골동품을 거래할 수 있도록 설정된 가상의 사업장을 포함)을 갖춘 경우 또는 ② 서화·골동품을 거래하기 위한 목적으로 사업자등록을 한 경우에 발생하는 소득은 기타소득에서 제외하고(동법 제21조 제2항 및 동법 시행령 제41조 제18항) 사업소득으로 과세한다.

사 례

서화·골동품의 양도로 얻은 소득

① 법인이 소장하던 서화 등을 양도하여 얻은 소득은 법인세 과세대상이 된다.
② 화가가 자신이 그린 그림을 양도하여 얻은 소득은 사업소득에 해당한다.
③ 화가가 아닌 일반인이 일회성으로 그린 그림을 양도하여 얻은 소득은 기타소득(원작자의 원고료 등)에 해당한다.
④ 인사동 화랑 주인이 계속적·반복적으로 서화 등을 양도하여 얻은 소득은 사업소득에 해당한다.
⑤ 대기업 회장이 자신이 소장하던 미술품을 양도하여 얻은 소득은 양도가액 6,000만원 이상 등 일정한 요건을 충족한 경우 기타소득(서화·골동품의 양도)에 해당한다.

59) 온라인게임머니, 전자화폐, 전자채권, 전자등록주식, 전자어음, 전자선하증권, 모바일상품권 등은 가상자산에서 제외된다.

(23) 기타

① 영화필름, 라디오·텔레비전방송용 테이프 또는 필름, 그 밖에 이와 유사한 자산 또는 권리의 양도·대여 또는 사용의 대가로 받는 금품, ② 물품(유가증권 포함) 또는 장소를 일시적으로 대여하고 사용료로서 받는 금품, ③ 소유자가 없는 물건의 점유로 소유권을 취득하는 자산은 기타소득에 해당한다(소득세법 제21조 제1항 제6호, 제8호 및 제12호).

3-3. 비과세 기타소득

기타소득 중 다음의 소득에 대해서는 소득세를 과세하지 않는다(소득세법 제12조 제5호 및 동법 시행령 제18조).

(1) 법률에 따른 정착금 등

다음과 같은 법률에 따른 정착금, 위로지원금, 상금 등에 대해서는 소득세를 과세하지 않는다(소득세법 제12조 제5호 가목, 나목, 다목, 마목 및 동법 시행령 제18조 제1항).

① 「국가유공자 등 예우 및 지원에 관한 법률」 또는 「보훈보상대상자 지원에 관한 법률」에 따라 받는 보훈급여금·학습보조비 및 「북한이탈주민의 보호 및 정착지원에 관한 법률」에 따라 받는 정착금·보로금과 그 밖의 금품
② 「국가보안법」에 따라 받는 상금과 보로금
③ 「상훈법」에 따른 훈장과 관련하여 받는 부상이나 그 밖에 일정한 상금과 부상
④ 「국군포로의 송환 및 대우 등에 관한 법률」에 따라 국군포로가 받는 위로지원금과 그 밖의 금품

(2) 퇴직 후의 직무발명보상금

종업원 등 또는 대학의 교직원이 퇴직한 후에 지급받거나 대학의 학생이 소속 대학에 설치된 산학협력단으로부터 받는 직무발명보상금으로서 500만원 이하의 금액에 대해서는 소득세를 과세하지 않는다. 다만, 해당 과세기간에 직무발명금으로서 근로소득이 비과세되는 금액이 있는 경우에는 500만원에서 해당 금액을 차감한 금액으로 한다(소득세법 제12조 제5호 라목 및 동법 시행령 제18조 제2항).

(3) 서화·골동품의 양도로 인한 소득

① 「문화재보호법」에 따라 국가지정문화재로 지정된 서화·골동품의 양도로 발생하는 소

득, ② 서화·골동품을 박물관 또는 미술관에 양도함으로써 발생하는 소득에 대해서는 소득세를 과세하지 않는다(소득세법 제12조 제5호 바목 및 사목).

(4) 종교인소득

다음과 같은 종교인소득에 대해서는 소득세를 과세하지 않는다(소득세법 제12조 제5호 아목).

① 종교관련종사자가 받는 학자금 : 소속된 종교단체의 종교관련종사자로서의 활동과 관련이 있는 교육·훈련을 위하여 초·중·고등학교·대학교 및 외국의 이와 유사한 교육기관, 「평생교육법」에 따른 평생교육시설의 입학금·수업료·수강료 그 밖의 공납금
② 종교관련종사자가 받는 식사 또는 식사대 : 소속 종교단체가 종교관련종사자에게 제공하는 식사 또는 월 20만원 이하의 식사대
③ 종교관련종사자가 받는 실비변상적 성질의 지급액 : ㉠ 일직료·숙직료, ㉡ 여비로서 실비변상 정도의 금액, ㉢ 종교관련종사자가 본인 소유의 차량을 직접 운전하여 소속 종교단체의 종교관련종사자로서의 활동에 이용하고 소요된 실제 여비 대신에 해당 종교단체의 규칙 등에 정하여진 지급기준에 따라 받는 금액 중 월 20만원 이내의 금액, ㉣ 종교관련종사자가 소속 종교단체의 규약 또는 소속 종교단체의 의결기구의 의결·승인 등을 통하여 결정된 지급기준에 따라 종교활동을 위하여 통상적으로 사용할 목적으로 지급받은 금액 및 물품, ㉤ 종교관련종사자가 천재·지변이나 그 밖의 재해로 인하여 받는 지급액
④ 종교관련종사자 또는 그 배우자가 출산이나 6세 이하(해당 과세기간 개시일을 기준으로 판단) 자녀의 보육과 관련하여 종교단체로부터 받는 금액으로서 월 10만원 이내의 금액
⑤ 종교관련종사자가 사택을 제공받아 얻는 이익

(5) 법령에 따른 위원회 등의 수당

법령·조례에 따른 위원회 등의 보수를 받지 않는 위원(학술원 및 예술원의 회원을 포함) 등이 받는 수당에 대해서는 소득세를 과세하지 않는다(소득세법 제12조 제5호 자목).

3-4. 기타소득금액의 계산

기타소득금액은 해당 과세기간의 총수입금액에서 이에 사용된 필요경비를 공제한 금액으로 한다(소득세법 제21조 제3항).

기타소득금액 = 총수입금액 - 필요경비

여기서 필요경비에 산입하는 금액은 해당 과세기간의 총수입금액에 대응하는 비용으로서 일반적으로 용인되는 통상적인 것의 합계액으로 한다. 다만, 다음과 같은 예외가 있다(소득세법 제37조 제1항, 제2항 각 호 및 동법 시행령 제87조)

(1) 승마투표권 등의 구매자가 받는 환급금 등

① 승마투표권, 승자투표권, 소싸움경기투표권, 체육진흥투표권의 구매자가 받는 환급금에 대해서는 그 구매자가 구입한 적중된 투표권의 단위투표금액을 필요경비로 하고(소득세법 제37조 제1항 제1호), ② 슬롯머신 등을 이용하는 행위에 참가하여 받는 당첨금품 등에 대하여는 그 당첨금품 등의 당첨 당시에 슬롯머신 등에 투입한 금액을 필요경비로 한다(동항 제2호).

(2) 공익법인이 시상하는 상금 등

공익법인이 시상하는 상금 등 다음의 기타소득에 대해서는 거주자가 받은 금액의 80퍼센트에 상당하는 금액을 필요경비로 한다. 다만, 실제 소요된 필요경비가 이 금액을 초과하면 그 초과하는 금액도 필요경비에 산입한다(소득세법 제37조 제2항 제2호 및 동법 시행령 제87조 제1항 가목 및 다목).

① 상금, 현상금, 포상금, 보로금 또는 이에 준하는 금품 가운데 ㉠「공익법인의 설립·운영에 관한 법률」의 적용을 받는 공익법인이 주무관청의 승인을 받아 시상하는 상금 및 부상과 ㉡ 다수가 순위 경쟁하는 대회에서 입상자가 받는 상금 및 부상
② 계약의 위약 또는 해약으로 인하여 받는 위약금과 배상금 가운데 주택입주 지체상금

필요경비 산입액 = Max[해당 기타소득의 수입금액 × 80%, 실제 사용된 필요경비]

(3) 일정한 인적용역을 일시적으로 제공하고 받은 대가 등

인적용역을 일시적으로 제공하고 받은 대가 등 다음의 기타소득에 대해서는 거주자가 받은 금액의 60퍼센트에 상당하는 금액을 필요경비로 한다. 다만, 실제 소요된 필요경비가 이 금액을 초과하면 그 초과하는 금액도 필요경비에 산입한다(소득세법 시행령 제87조 제1항 제1호의2).

① 일정한 인적용역을 일시적으로 제공하고 받는 대가
② 원작자의 원고료 등
③ 산업재산권 등을 양도하거나 대여하고 그 대가로 받는 금품
④ 통신판매중개자를 통하여 물품 또는 장소를 대여하고 연간 수입금액 500만원 이하의 사용료로서 받은 금품
⑤ 공익사업과 관련하여 지역권·지상권을 설정하거나 대여함으로서 발생하는 소득

필요경비 산입액 = Max[해당 기타소득의 수입금액 × 60%, 실제 사용된 필요경비]

사 례

일회적인 강연을 하고 100만원을 수령한 경우(실제 필요경비는 10만원 가정)의 기타소득금액은 40만원 (= 100만원 – Max[100만원 × 60%, 10만원])이다.

(4) 서화·골동품의 양도로 발생하는 소득

서화·골동품의 양도로 발생하는 소득에 대해서는 다음의 구분에 따라 계산한 금액을 필요경비로 한다. 다만, 실제 소요된 필요경비가 다음의 구분에 따라 계산한 금액을 초과하면 그 초과하는 금액도 필요경비에 산입한다(소득세법 시행령 제87조 제2호).

① 거주자가 받은 금액이 1억원 이하인 경우 : 받은 금액의 90퍼센트
② 거주자가 받은 금액이 1억원을 초과하는 경우 : 9,000만원 + (수입금액 – 1억원) × 80퍼센트(서화·골동품의 보유기간이 10년 이상인 경우 90퍼센트)

필요경비 산입액 = Max[해당 기타소득의 수입금액 × 필요경비율, 실제 사용된 필요경비]
* 필요경비율 : 90%. 다만, 1억원 초과분은 80%(보유기간 10년 이상 90%)

(5) 종교인소득

종교인소득에 대해서는 종교관련종사자가 해당 과세기간에 받은 금액(비과세소득 제외) 중 다음에 따른 금액을 필요경비로 한다. 다만, 실제 소요된 필요경비가 다음에 따른 금액을 초과하면 그 초과하는 금액도 필요경비에 산입한다(소득세법 시행령 제87조 제3호).

종교관련종사자가 받은 금액		필요경비
	2천만원 이하	받은 금액의 80%
2천만원 초과	4천만원 이하	1,600만원 + 2천만원 초과 금액의 50%
4천만원 초과	6천만원 이하	2,600만원 + 4천만원 초과 금액의 30%
6천만원 초과		3,200만원 + 6천만원 초과 금액의 20%

(6) 가상자산소득

가상자산소득에 대해서는 그 양도되는 가상자산의 실제 취득가액과 취득 · 양도 또는 대여를 위하여 소요된 부대비용을 필요경비로 한다(소득세법 제37조 제1항 제3호). 다만, 2027. 1. 1. 전에 이미 보유하고 있던 가상자산의 취득가액은 2026. 12. 31. 당시의 시가와 그 가상자산의 취득가액 중 큰 금액으로 한다(동조 제5항).

3-5. 과세최저한

기타소득이 다음의 어느 하나에 해당하면 그 소득에 대한 소득세를 과세하지 않는다(소득세법 제84조).

(1) 승마투표권 등 구매자가 받는 환급금

승마투표권 등 구매자가 받는 환급금으로서 건별로 승마투표권 등의 권면에 표시된 금액의 합계액이 10만원 이하이고 다음의 어느 하나에 해당하는 경우에는 소득세를 과세하지 않는다(소득세법 제84조 제1호).

① 적중한 개별투표당 환급금이 10만원 이하인 경우
② 단위투표금액당 환급금이 단위투표금액의 100배 이하이면서 적중한 개별투표당 환급금이 200만원 이하인 경우

(2) 복권당첨금 등

① 복권당첨금(복권당첨금을 복권 및 복권 기금법령에 따라 분할하여 지급받는 경우에는 분할하여 지급받는 금액의 합계액) 또는 ② 슬롯머신 등을 이용하는 행위에 참가하여 받는 당첨금품 등이 건별로 200만원 이하인 경우에는 소득세를 과세하지 않는다(소득세법 제84조 제2호).

(3) 가상자산

해당 과세기간의 가상자산소득금액이 250만원 이하인 경우에는 소득세를 과세하지 않는다(소득세법 제84조 제3호).

(4) 그 밖의 기타소득금액

그 밖의 기타소득금액이 건별로 5만원 이하인 경우에는 소득세를 과세하지 않는다. 다만, 연금계좌에서 연금외수령한 기타소득금액은 제외한다(소득세법 제84조 제4호). 연금계좌에서 연금외수령한 기타소득은 건별 5만원 이하인 경우에도 15퍼센트의 세율로 소득세를 과세한다. 그 취지는 연금계좌에서 건별 5만원 이하로 분할 인출하는 방법으로 소득세를 회피하는 것을 방지하기 위함이다. 일반적인 기타소득의 경우 총수입금액의 60퍼센트에 해당하는 필요경비를 공제하여 기타소득금액을 계산하므로 총수입금액이 125,000원일 경우 기타소득금액이 5만원이 된다. 따라서 총수입금액을 기준으로 125,000원 이하인 경우에는 소득세가 과세되지 않는다.

사 례

일회적으로 강의(시간 당 강사료 10만원)를 했을 경우 소득세 과세 여부

① 1시간 강의를 했을 경우 : 기타소득금액이 4만원(= 총수입금액 10만원 - 필요경비 6만원)이므로 과세최저한에 해당하여 기타소득이 과세되지 않는다.

② 2시간 강의를 했을 경우 : 기타소득금액이 8만원(= 총수입금액 20만원 - 필요경비 12만원)이므로 과세최저한에 해당하지 않아 기타소득이 과세된다.

3-6. 기타소득의 과세방법

(1) 원천징수

국내에서 거주자나 비거주자에게 기타소득을 지급하는 사람은 거주자나 비거주자에 대한 소득세를 원천징수하여 그 징수일이 속하는 달의 다음 달 10일까지 납부하여야 한다(소득세법 제127조 제1항 제6호 본문 및 제128조 제1항). 다만, ① 일정한 봉사료, ② 계약의 위약 또는 해약으로 받는 위약금·배상금(계약금이 위약금·배상금으로 대체되는 경우만 해당),[60] ③ 뇌물, 알선수재 및 배임수재에 의하여 받는 금품, ④ 가상자산소득에 대해서는 원천징수의무가 없다(동법 제127조 제1항 제6호 단서).

60) 매매계약에서 반대의 특약이 없는 한 매수인은 자신이 지급한 계약금을 포기하고 매도인은 지급받은 계약금의 배액을 상환하여 계약을 해제할 수 있는데, 매수인이 계약금을 포기하고 계약을 해제한 경우 계약금은 이미 지급한 상태이고 그 계약금이 해약금으로 대체된 것이므로 원천징수가 어렵다.

참 조

일정한 봉사료

사업자가 음식·숙박용역, 안마시술소·이용원·스포츠맛사지업소, 과세유흥장소에서 용역을 제공하고 그 공급가액(간이과세자의 경우에는 공급대가)과 함께 부가가치세가 면세되는 접대부·댄서 또는 이와 유사한 용역을 제공하는 사람의 봉사료를 계산서·세금계산서·영수증 또는 신용카드 매출전표 등에 그 공급가액과 구분하여 적는 경우(봉사료를 자기의 수입금액으로 계상하지 않은 경우만 해당)로서 그 구분하여 적은 봉사료금액이 공급가액의 20퍼센트를 초과하는 경우의 봉사료를 말한다(소득세법 시행령 제184조의2). 일정한 봉사료는 일반적으로 사업소득에 해당하지만, 일시적인 인적용역의 제공으로 인한 것이라면 기타소득에 해당한다. 예를 들어, 접대부 등이 계속적·반복적으로 인적용역을 제공하고 받은 봉사료는 사업소득에 해당하고, 일시적으로 인적용역을 제공하고 받은 봉사료는 기타소득에 해당한다.

원천징수의무자가 원천징수를 할 때 적용하는 세율은 다음과 같다(소득세법 제129조 제1항 제6호 및 제8호).

① 일반적인 기타소득 : 해당 기타소득금액의 20퍼센트
② 복권당첨금, 승마투표권 등의 구매자가 받는 환급금, 슬롯머신 등을 이용하는 행위에 참가하여 받는 당첨금품 등의 기타소득금액이 3억원을 초과하는 경우 : 그 초과하는 분에 대해서는 30퍼센트
③ 소기업·소상공인 공제부금의 해지일시금 : 해당 기타소득금액의 15퍼센트
④ 연금계좌에서 연금외수령한 기타소득 : 지급금액의 15퍼센트
⑤ 일정한 봉사료 : 지급금액의 5퍼센트

서화·골동품의 양도로 발생하는 소득에 대하여 양수자인 원천징수의무자가 국내사업장이 없는 비거주자 또는 외국법인인 경우에는 서화·골동품의 양도로 발생하는 소득을 지급받는 사람, 즉 양도자를 원천징수의무자로 보아 소득세법을 적용한다(동법 제155조의5 및 동법 시행령 제206조의3). 그리하여 서화·골동품을 양도하는 개인이 양수자인 비거주자 또는 외국법인을 대리하여 해당 원천징수세액을 그 소득을 지급받은 날이 속하는 달의 다음 달 10일까지 납부하여야 한다.

종교인소득에 대해서는 소득세를 원천징수할 수도 있고 하지 않을 수 있다. 종교인소득을 지급하는 사람이 소득세를 원천징수하는 경우 「종교인소득 간이세액표」 해당란의 세액을 기준으로 원천징수한다(동법 시행령 제202조 제4항). 종교인소득을 지급하고 그 소득세를 원천징수하는 사람은 해당 과세기간의 다음 연도 2월분의 종교인소득을 지급할 때 또는 해당 종교관련종사자와의 소속관계가 종료되는 달의 종교인소득을 지급할 때 연말정산을 한다. 즉, 종교관련종사자가 해당 과세기간에 받은 금액에서 필요경비를 공제하고 종합

소득공제를 적용한 금액을 종합소득과세표준으로 하여 종합소득산출세액을 계산하고, 그 종합소득산출세액에서 소득세법 및 조세특례제한법에 따른 세액공제를 적용한 후 해당 과세기간에 이미 원천징수하여 납부한 소득세를 공제하고 남은 금액을 원천징수한다(동법 제145조의3 제1항 및 동법 시행령 제202조의4 제1항). 그러나 종교인소득을 지급하는 사람은 소득세의 원천징수를 하지 않을 수 있고, 이 경우 종교인소득을 지급받은 사람은 종합소득과세표준을 신고하여야 한다(동법 제155조의6). 종교인소득이 있는 거주자는 종합소득세확정신고를 하여야 한다. 그러나 원천징수되는 기타소득으로서 종교인소득만 있는 사람은 종합소득세확정신고를 하지 않아도 된다(동법 제73조 제1항 제4호의2).

(2) 종합과세와 분리과세

기타소득은 원칙적으로 종합소득과세표준에 합산하여 과세한다. 따라서 그에 대한 원천징수는 예납적 원천징수에 불과하다. 다만, 예외적으로 분리과세되는 기타소득도 있는데, 그 구체적인 내용은 다음과 같다.

1) 무조건 분리과세

① 연금계좌에서 연금외수령한 기타소득, ② 가상자산소득, ③ 서화·골동품의 양도로 발생하는 소득, ④ 복권당첨금, 승마투표권 등의 구매자가 받는 환급금, 슬롯머신 등을 이용하는 행위에 참가하여 받는 당첨금품 등은 종합소득과세표준을 계산할 때 합산하지 않는다(소득세법 제14조 제1항 제8호 나목 내지 라목). 분리과세되는 기타소득은 원천징수로써 과세가 종결된다. 따라서 여기의 원천징수는 완납적 원천징수에 해당한다.

그러나 가상자산소득은 종합소득과세표준에 합산하지 않고 분리과세되지만(동법 제14조 제3항 제8호 가목 본문), 원천징수의 대상이 아니다(동법 제127조 제1항 제6호 단서). 따라서 가상자산소득은 별도로 계산한 세액을 종합소득세액에 포함하여 신고납부해야 한다(동법 제70조 제2항, 신고납부 분리과세). 가상자산소득에 대한 결정세액은 해당 기타소득금액에서 250만원을 뺀 금액에 20퍼센트를 곱하여 계산한 금액으로 한다(동법 제64조의3 제2항).

2) 무조건 종합과세

뇌물, 알선수재 및 배임수재에 따라 받은 금품은 분리과세하지 않고 무조건 종합과세한다.

3) 선택적 분리과세

위의 기타소득을 제외한 나머지 기타소득으로서 그 기타소득금액이 300만원 이하이면서 원천징수된 경우에는 해당 기타소득금액을 납세자의 선택에 따라 분리과세로 과세를 종결하거나 종합소득과세표준에 합산할 수 있다(소득세법 제14조 제8호 가목). 기타소득금액의 합계액이 300만원 이하인 경우 기타소득의 원천징수세율와 소득세 기본세율을 비교하여 분리과세 또는 종합과세 중 어느 하나를 선택하게 될 것이다. 일반적인 기타소득의 경우 총수입금액의 60퍼센트에 해당하는 필요경비를 공제하여 기타소득금액을 계산하므로 기타소득의 총수입금액이 750만원 이하인 경우 기타소득금액의 합계액이 300만원 이하가 되므로 분리과세로 과세를 종결할 수 있다.

계약의 위약 또는 해약으로 받는 위약금·배상금(계약금이 위약금·배상금으로 대체되는 경우만 해당)은 원천징수 되지는 않지만 선택적 분리과세의 대상이 된다(동조 제8호 가목 괄호). 계약의 위약 또는 해약으로 받는 위약금·배상금을 종합소득과세표준에 합산하지 않고 분리과세하는 경우 그 결정세액은 해당 기타소득금액에 20퍼센트의 세율을 적용하여 계산한다(동법 제64조의3 제1항). 분리과세되는 계약의 위약 또는 해약으로 받는 위약금·배상금은 종합소득과세표준에 합산하지 않지만, 원천징수 대상이 아니므로 별도로 계산한 세액을 종합소득세액에 포함하여 신고납부해야 한다(동법 제70조 제2항, 신고납부 분리과세).

사 례

한남대 A교수의 기타소득의 내역이 다음과 같은 경우 총 기타소득금액과 종합과세되어야 하는 기타소득금액은 얼마인지 계산하시오.

- 상표권양도인 소득 500만원(실제 필요경비 300만원)
- 공무원시험 출제 수당 300만원(실제 필요경비 없음)
- 외국 화가가 그린 회화의 양도로 인한 소득 1억원(취득가액 8천만원)

① 1단계 : 과세방법 구분

▶ 상표권양도로 인한 소득 : 선택적 분리과세

▶ 공무원시험 출제 수당 : 선택적 분리과세

▶ 회화의 양도로 인한 소득 : 무조건 분리과세

② 2단계 : 기타소득금액 산정

▶ 상표권양도로 인한 소득 : 500만원 – Max [500만원 × 60%, 300만원] = 200만원

▶ 공무원시험 출제 수당 : 300만원 – Max [300만원 × 60%, 0원] = 120만원

▶ 회화의 양도로 인한 소득 : 1억원 – Max [1억원 × 90%, 8천만원] = 1천만원

③ 3단계 : 300만원 초과 여부 판단

선택적 분리과세되는 기타소득금액의 합계액이 320만원(= 200만원 + 120만원)이고 300만원을 초과하므로 전액 종합과세. 따라서 총 기타소득금액은 1,300만원이고, 종합과세되는 기타소득금액은 320만원

소득금액계산의 특례

1. 부당행위계산의 부인

1-1. 의의

부당행위계산부인이란 납세의무자가 특수관계인과의 거래를 통하여 조세의 부담을 부당하게 감소시키는 부당행위를 한 경우 그 거래를 부인하고 그 거래가액과 시가와의 차액을 익금 또는 총수입금액에 산입하여 실질과세의 원칙을 구체화하고 공평과세를 실현하는 것을 말한다. 납세지 관할 세무서장 또는 지방국세청장은 배당소득(출자공동사업자의 배당소득만 해당), 사업소득, 기타소득 또는 양도소득이 있는 거주자의 행위 또는 계산이 그 거주자와 특수관계인과의 거래로 인하여 그 소득에 대한 조세 부담을 부당하게 감소시킨 것으로 인정되는 경우에는 그 거주자의 행위 또는 계산과 관계없이 해당 과세기간의 소득금액을 계산할 수 있다(소득세법 제41조 및 제101조). 소득세법에 따른 부당행위계산부인은 다음과 같은 점에서 법인세법의 경우와 구별된다.

① 소득세법에서는 조세의 부담을 부당하게 감소시키는 것으로 인정되는 손익거래만을 부당행위계산부인의 대상으로 하지만, 법인세법에서는 조세의 부담을 부당하게 감소시키는 것으로 인정되는 손익거래와 자본거래를 모두 그 대상으로 한다.

② 소득세법에서는 필요경비가 인정되는 특정한 소득만을 부당행위계산부인의 대상으로 한다는 점에서 법인세법의 경우와 차이가 있다. 필요경비를 과다하게 적용하는 방식으로 세금을 회피할 수 있으므로 필요경비가 인정되는 소득인 ㉠ 출자공동사업자의 배당소득, ㉡ 사업소득, ㉢ 기타소득, ㉣ 양도소득에 대해서만 부당행위계산부인을 적용하고, 이자소득, 일반적인 배당소득, 근로소득, 연금소득, 퇴직소득에 대해서는 적용하지 않는다.

1-2. 특수관계인의 범위

특수관계인이란 본인과 다음의 어느 하나에 해당하는 관계에 있는 사람을 말한다(소득세법 시행령 제98조 제1항, 국세기본법 시행령 제1조의2 제1항 내지 제3항 제1호). 이 경우 본인도 그 특수관계인의 특수관계인으로 본다(국세기본법 제2조 제20호).

① 혈족·인척 등 친족관계

㉠ 4촌 이내의 혈족

㉡ 3촌 이내의 인척

㉢ 배우자(사실상의 혼인관계에 있는 사람을 포함)

㉣ 친생자로서 다른 사람에게 친양자 입양된 사람 및 그 배우자·직계비속

㉤ 본인이 민법에 따라 인지한 혼인외 출생자의 생부나 생모(본인의 금전이나 그 밖의 재산으로 생계를 유지하는 사람 또는 생계를 함께하는 사람으로 한정)

② 임원·사용인 등 경제적 연관관계

㉠ 임원과 그 밖의 사용인

㉡ 본인의 금전이나 그 밖의 재산으로 생계를 유지하는 사람

㉢ 위 ㉠ 및 ㉡의 사람과 생계를 함께하는 친족

③ 주주·출자자 등 경영지배관계

㉠ 본인이 직접 또는 그와 친족관계 또는 경제적 연관관계에 있는 사람을 통하여 법인의 경영에 대하여 지배적인 영향력을 행사하고 있는 경우 그 법인

㉡ 본인이 직접 또는 그와 친족관계, 경제적 연관관계 또는 위 ㉠의 관계에 있는 사람을 통하여 법인의 경영에 대하여 지배적인 영향력을 행사하고 있는 경우 그 법인

* 법인의 경영에 대하여 지배적인 영향력을 행사하고 있는 것으로 보는 경우

구분	경영지배기준
영리법인	▶ 법인의 발행주식총수 또는 출자총액의 30퍼센트 이상을 출자한 경우 ▶ 임원의 임면권의 행사, 사업방침의 결정 등 법인의 경영에 대하여 사실상 영향력을 행사하고 있다고 인정되는 경우
비영리법인	▶ 법인의 이사의 과반수를 차지하는 경우 ▶ 법인의 출연재산(설립을 위한 출연재산만 해당)의 30퍼센트 이상을 출연하고 그 중 1인이 설립자인 경우

1-3. 부당행위계산의 유형

조세 부담을 부당하게 감소시킨 것으로 인정되는 경우는 다음의 어느 하나에 해당하는 경우로 한다. 다만, ①부터 ③까지 및 ⑤(①부터 ③까지에 준하는 행위만 해당)는 시가와 거래가액의 차액이 3억원 이상이거나 시가의 5퍼센트에 상당하는 금액 이상인 경우만 해당한다(소득세법 시행령 제98조 제2항).

① 특수관계인으로부터 시가보다 높은 가격으로 자산을 매입하거나 특수관계인에게 시가보다 낮은 가격으로 자산을 양도한 경우
② 특수관계인에게 금전이나 그 밖의 자산 또는 용역을 무상 또는 낮은 이율 등으로 대부하거나 제공한 경우. 다만, 직계존비속에게 주택을 무상으로 사용하게 하고 직계존비속이 그 주택에 실제 거주하는 경우는 제외한다.
③ 특수관계인으로부터 금전이나 그 밖의 자산 또는 용역을 높은 이율 등으로 차용하거나 제공받는 경우
④ 특수관계인으로부터 무수익자산을 매입하여 그 자산에 대한 비용을 부담하는 경우
⑤ 그 밖에 특수관계인과의 거래에 따라 해당 과세기간의 총수입금액 또는 필요경비를 계산할 때 조세의 부담을 부당하게 감소시킨 것으로 인정되는 경우

위 ①의 시가의 산정 및 위 ② 내지 ⑤에 의한 소득금액의 계산에 관하여는 법인세법 시행령 제89조 제1항 내지 제5항의 규정을 준용한다(소득세법 시행령 제98조 제3항 및 제4항).

2. 공동사업에 대한 소득금액계산의 특례

2-1. 공동사업장의 소득금액계산

사업소득이 발생하는 사업을 공동으로 경영하고 그 손익을 분배하는 공동사업(출자공동사업자가 있는 공동사업을 포함)의 경우에는 해당 사업을 경영하는 공동사업장을 1거주자로 보아 공동사업장별로 그 소득금액을 계산한다(소득세법 제43조 제1항). 공동사업자별로 소득금액을 계산하는 것이 아니라 공동사업장별로 그 소득금액을 계산한다. 그러나 공동사업장의 소득을 1거주자로 보아 과세하는 것이 아니라 단지 소득금액의 계산을 1거주자로 보고 하는 것이다. 이와 같이 계산된 공동사업상의 소득금액은 각 공동사업자에게 할당되며, 각 공동사업자는 할당받은 소득에 대하여 자기의 다른 종합소득과 합산하여 각자 소득세 납세의무를 지게 된다.

2-2. 공동사업의 소득분배

(1) 손익분배비율에 의한 소득분배

공동사업에서 발생한 소득금액은 해당 공동사업을 경영하는 각 거주자(출자공동사업자를 포함) 간에 약정된 손익분배비율에 의하여 분배되었거나 분배될 소득금액에 따라 각 공동사업자별로 분배한다(소득세법 제43조 제2항). 공동사업자 간 약정된 손익분배비율이 없는 경우에는 지분비율에 따라 분배한다.

공동사업에 관한 소득금액을 계산하는 경우에는 공동사업자별로 납세의무를 진다(동법 제2조의2 제1항 본문). 공동사업에서 발생한 소득금액 중 각 공동사업자의 손익분배비율에 해당하는 금액을 각 공동사업자의 사업소득금액으로 하여 종합과세한다. 다만, 공동사업에서 발생하는 소득금액 중 출자공동사업자의 손익분배비율에 해당하는 금액은 그 출자공동사업자의 배당소득으로 보고 무조건 종합과세한다.

(2) 공동사업합산과세

거주자 1인과 특수관계인이 공동사업자(출자공동사업자 포함)에 포함되어 있는 경우로서 손익분배비율을 거짓으로 정하는 등 일정한 사유가 있는 경우에는 손익분배비율에 따른 소득분배규정에 불구하고 그 특수관계인의 소득금액은 주된 공동사업자의 소득금액으로 본다(소득세법 제43조 제3항). 주된 공동사업자는 손익분배비율이 큰 공동사업자를 말하고(동법 제43조 제3항), 손익분배비율이 같은 경우에는 종합소득금액이 많은 사람을 말한다(동법 시행령 제100조 제5항). 이는 특수관계인 간에 손익분배비율을 위장분산하는 방법으로 소득세 누진부담을 회피하는 것을 방지하기 위함이다. 특수관계인의 소득금액이 주된 공동사업자에게 합산과세되는 경우 그 합산과세되는 소득금액에 대해서는 주된 공동사업자의 특수관계인은 손익분배비율에 해당하는 그의 소득금액을 한도로 주된 공동사업자와 연대하여 납세의무를 진다(동법 제2조의2 제1항 단서).

3. 결손금과 이월결손금의 공제

3-1. 이월결손금의 공제

결손금이란 사업자가 비치·기록한 장부에 의하여 사업소득금액을 계산할 때 해당 과세기간의 필요경비가 총수입금액을 초과하는 경우 그 초과하는 금액을 말한다. 이월결손금은 해당 이월결손금이 발생한 과세기간의 종료일부터 15년(2020. 1. 1. 이전의 과세기간에서 발생한 결손금은 10년) 이내에 끝나는 과세기간의 소득금액을 계산할 때 먼저 발생한 과세기간의 이월결손금부터 순서대로 다음의 구분에 따라 공제한다. 다만, 조세부과의 제척기간이 지난 후에 그 제척기간 이전 과세기간의 이월결손금이 확인된 경우 그 이월결손금은 공제하지 않는다(소득세법 제45조 제3항).

① 일반 사업소득의 이월결손금

해당 과세기간의 사업소득금액(부동산임대업의 소득금액 포함)을 계산할 때 먼저 공제하고 남은 금액은 ㉠ 근로소득금액, ㉡ 연금소득금액, ㉢ 기타소득금액, ㉣ 이자소득금액, ㉤ 배당소득금액에서 순서대로 공제한다(소득세법 제45조 제3항 제1호).

② 부동산임대업에서 발생한 이월결손금

일반 부동산임대업의 이월결손금은 해당 과세기간의 부동산임대업의 소득금액에서만 공제한다(소득세법 제45조 제3항 제2호). 그러나 주거용 건물 임대업의 이월결손금은 일반 사업소득의 이월결손금과 동일하게 공제한다(동항 제1호).

결손금 및 이월결손금을 공제할 때 해당 과세기간에 결손금이 발생하고 이월결손금이 있는 경우에는 그 과세기간의 결손금을 먼저 소득금액에서 공제한다(동법 제45조 제6항). 해당 과세기간의 소득금액에 대해서 추계신고를 하거나 추계조사결정하는 경우에는 이월결손금 공제규정을 적용하지 않는다. 다만, 천재지변이나 그 밖의 불가항력으로 장부나 그 밖의 증명서류가 멸실되어 추계신고를 하거나 추계조사결정을 하는 경우에는 그렇지 않다(동법 제45조 제4항).

3-2. 중소기업의 결손금 소급공제

중소기업을 경영하는 거주자가 그 중소기업의 사업소득금액을 계산할 때 해당 과세기간의 이월결손금(결손금을 다른 소득에서 공제하고 남은 금액을 말하며, 부동산임대업에서 발생한 이월결손금은 제외)이 발생한 경우에는 이를 소급공제하여 직전 과세기간의 그 중소기업의 사업소득에 대한 종합소득세액을 환급신청할 수 있다(소득세법 제85조의2 제1항).

중소기업의 결손금 소급공제에 따른 환급세액은 직전 과세기간의 그 중소기업의 사업소득에 부과된 종합소득 결정세액을 한도로 하여 직전 과세기간의 해당 중소기업에 대한 종합소득산출세액에서 소급공제 후 직전 과세기간의 종합소득산출세액을 차감한 금액에 의한다(소득세법 시행령 제149조의2 제2항). 결손금 소급공제세액을 환급받으려는 사람은 과세표준확정신고기한까지 납세지 관할 세무서장에게 환급을 신청하여야 하고, 이러한 환급신청을 받은 관할 세무서장은 지체 없이 환급세액을 결정하여 환급하여야 한다(동법 제85조의2 제2항 및 제3항).

환급세액 = Min[①, ②]

① 직전 과세기간의 종합소득산출세액 - 소급공제 후 직전 과세기간의 종합소득산출세액

② 환급한도액 = 직전 과세기간의 사업소득에 부과된 종합소득결정세액

참 조

소득세법상 결손금 공제 여부

구분	다른 소득 통산여부	이월공제 여부	소급공제 여부
일반사업소득 결손금	가능	가능	가능
부동산임대업 결손금	불가능	가능	불가능

종합소득 과세표준과 세액의 계산

I 종합소득과세표준의 계산

1. 종합소득과세표준 계산의 기본구조

이자소득금액, 배당소득금액, 사업소득금액, 근로소득금액, 연금소득금액 및 기타소득금액이 산출되면 이들 금액을 합산하여 종합소득금액을 계산하고, 여기에 종합소득공제를 적용하여 종합소득과세표준을 계산한다(소득세법 제14조 제2항).

	종합소득금액
−	종합소득공제
=	종합소득과세표준
×	기본세율
=	종합소득산출세액

종합소득공제는 다음과 같다.

구분		내용
인적 공제	기본공제	1인당 150만원
	추가공제	장애인공제, 경로우대공제, 부녀자공제, 한부모공제

물적 공제	특별소득공제	건강보험료·고용보험료 등 공제, 주택자금공제
	연금보험료공제	공적연금보험료 전액 공제
	주택담보노후연금 이자비용공제	Min [해당 과세기간 발생 이자비용, 200만원]
	신용카드 등 사용금액 공제	
	그 밖의 소득공제	벤처투자조합 출자 등에 대한 소득공제 등

* 공제액이 종합소득금액을 초과하는 경우 그 초과하는 금액은 없는 것으로 한다. 따라서 미공제된 공제액을 퇴직·양도소득에서 공제할 수 없으며 차기로 이월하지 않는다.

** 과세기간이나 부양기간이 1년 미만이어도 월할 계산하지 않는다.

2. 인적 공제

아래와 같은 기본공제와 추가공제를 인적공제라 하고(소득세법 제51조 제3항), 인적공제의 합계액이 종합소득금액을 초과하는 경우 그 초과하는 공제액은 없는 것으로 한다(동조 제4항).

2-1. 기본공제

종합소득이 있는 거주자(자연인만 해당하므로 법인 아닌 단체 제외)에게 다음의 어느 하나에 해당하는 사람이 있으면 1인당 150만원을 곱하여 계산한 금액을 그 거주자의 종합소득금액에서 공제한다(소득세법 제50조 제1항).

구분	공제대상자	나이요건(장애인 제외)	소득요건
기초공제	거주자 본인		
배우자공제	거주자의 배우자		연간 소득금액 100만원 이하 (총급여액 500만원 이하의 근로소득만 있는 경우 포함)
부양가족공제	직계존속(재혼한 배우자 포함)	60세 이상	
	직계비속(의붓자녀 포함)	20세 이하	
	동거입양자(사실상 입양자 포함)	20세 이하	
	위탁아동(6개월 이상 양육)	18세 미만	
	형제자매	20세 이하, 60세 이상	
	국민기초생활보장법상 수급자		

(1) 공제대상자

1) 배우자

거주자의 법률상 배우자를 말하고 사실혼 관계에 있는 사람은 여기서 제외한다.

2) 직계존속

거주자의 직계존속에는 직계존속이 재혼(사실혼 제외)한 경우 그 배우자를 포함한다(소득세법 시행령 제106조 제5항).

3) 직계비속

거주자의 직계비속에는 배우자가 종전 배우자와의 혼인(사실혼 제외) 중에 출산한 자녀(의붓자녀)를 포함한다(소득세법 시행령 제106조 제6항). 해당 직계비속과 그 배우자 모두 장애인인 경우에는 그 배우자를 포함한다.

4) 입양자

입양자란 민법과 입양특례법에 따라 입양한 양자 및 사실상 입양상태에 있는 사람으로서 거주자와 생계를 같이 하는 사람을 말한다(동법 제50조 제1항 제3호 나목 및 동법 시행령 제106조 제7항). 예를 들어, 장남의 형편이 어려워 차남이 장남의 자녀를 데려와 부양하는 경우에는 사실상 입양상태에 있는 사람으로서 공제대상자가 될 수 있다. 해당 입양자와 그 배우자 모두 장애인인 경우에는 그 배우자를 포함한다.

5) 위탁아동

위탁아동이란 「아동복지법」에 따른 가정위탁을 받아 양육하는 아동을 말한다. 아동이란 18세 미만인 사람을 말하고(아동복지법 제2조 제1호), 가정위탁이란 보호대상아동을 성범죄·가정폭력·아동학대·정신질환 등의 전력이 없는 등의 기준에 적합한 가정에 일정 기간 위탁하는 것을 말한다(동조 제6호). 여기의 위탁아동에는 「아동복지법」에 따라 보호기간이 연장된 경우로서 20세 이하인 위탁아동을 포함한다(소득세법 시행령 제106조 제9항 본문).

기본공제대상인 위탁아동은 해당 과세기간에 6개월 이상 직접 양육한 위탁아동을 말한다. 다만, 직전 과세기간에 소득공제를 받지 못한 경우에는 해당 위탁아동에 대한 직전 과세기간의 위탁기간을 포함하여 계산한다(동조 제9항 단서). 예를 들어, 2022. 11. 1.부터

2023. 5. 31.까지 위탁아동을 양육한 경우 2022년과 2023년 각각 6개월이 안 되지만, 양기간을 합하면 2023년에 6개월 이상이 되므로 2023년에 기본공제를 받을 수 있다.

6) 장애인

공제대상자 중에 장애인이 있는 경우에는 나이요건은 적용되지 않으며, 소득요건만 적용된다. 장애인이란 ① 「장애인복지법」에 따른 장애인 및 「장애아동 복지지원법」에 따른 장애아동 중 발달재활서비스를 지원받고 있는 사람, ② 「국가유공자 등 예우 및 지원에 관한 법률」에 의한 상이자 및 이와 유사한 사람으로서 근로능력이 없는 사람, ③ 항시 치료를 요하는 중증환자를 말한다(소득세법 시행령 제107조 제1항 및 동법 시행규칙 제54조 제1항). 항시 치료를 요하는 중증환자란 지병에 의하여 평상시 치료를 요하고 취학·취업이 곤란한 상태에 있는 사람을 말한다. 예를 들어, 암, 중풍, 치매, 파킨슨병, 만성신부전증, 뇌출혈, 정신질환, 난치성 질환 등을 앓고 있는 사람이 여기에 해당한다. 합병증이 없는 단순 고혈압이나 당뇨병 환자는 여기에 해당하지 않는다.

7) 「국민기초생활보장법」에 따른 수급자

「국민기초생활보장법」에 따른 수급자의 경우 나이요건은 적용되지 않으며, 소득요건만 적용된다. 예를 들어, 「국민기초생활보장법」에 따른 급여를 받는 이모를 동일한 주소에 거주하면서 부양하고 있는 경우에는 기본공제를 받을 수 있다.

(2) 적용요건

1) 나이요건

공제대상자의 나이가 20세를 초과하고 60세 미만인 경우는 공제대상에서 제외된다. 다만, 거주자 본인, 배우자, 장애인, 「국민기초생활보장법」에 따른 수급자에 대해서는 나이요건이 적용되지 않는다(소득세법 제50조 제1항).

2) 소득요건

거주자의 배우자 또는 부양가족은 해당 과세기간의 소득금액 합계액이 100만원 이하인 경우(총급여액 500만원 이하의 근로소득만 있는 경우를 포함)에만 공제대상자가 된다(소득세법 제50조 제1항 제2호 및 제3호). 소득금액은 1년간의 종합소득금액, 퇴직소득금액, 양도소득금액을 모두 합한 금액을 말하며, 비과세소득과 분리과세소득은 제외한다.

사 례

기본공제 가능 여부

① 총급여액 300만원, 강연으로 인한 소득 400만원이 있는 배우자 : 근로소득금액이 90만원[= 300만원 - (300만원 × 70%)]이고, 기타소득금액이 160만원[= 400만원 - (400만원 × 60%)]인데, 기타소득금액은 분리과세되어 제외되므로 연간 소득금액합계액이 90만원에 불과하여 기본공제가 가능하다.
② 이자소득 2,000만원이 있는 직계존속 : 금융소득 합계액 2,000만원까지 분리과세되므로 기본공제가 가능하다.
③ 벼농사로 1,000만원 소득이 있는 직계존속 : 작물재배업 중 곡물재배업은 과세제외되므로 기본공제가 가능하다.
④ 사적연금소득의 합계액 500만원에 대하여 분리과세를 신청한 직계존속 : 전액 분리과세되므로 기본공제가 가능하다.
⑤ 양도소득금액 300만원이 있는 배우자 : 연간 소득금액 100만원을 초과하므로 기본공제를 받을 수 없다.

3) 생계요건

배우자를 제외한 부양가족은 거주자와 생계를 같이 해야 공제대상이 된다. 여기서 생계를 같이 하는 부양가족이란 주민등록표의 동거가족으로서 해당 거주자의 주소 또는 거소에서 현실적으로 생계를 같이 하는 사람을 말한다. 다만, 여기에는 다음과 같은 예외가 있다(소득세법 제53조 제1항 내지 제3항 및 동법 시행령 제114조 제1항).

① 직계비속·입양자는 항상 생계를 같이 하는 부양가족으로 본다.
② 거주자 또는 동거가족(직계비속·입양자는 제외)이 취학·질병의 요양, 근무상 또는 사업상의 형편 등으로 본래의 주소 또는 거소에서 일시 퇴거한 경우에도 그 사실이 입증될 때에는 생계를 같이 하는 사람으로 본다.
③ 거주자의 부양가족 중 거주자(그 배우자를 포함)의 직계존속이 주거 형편에 따라 별거하고 있는 경우에는 생계를 같이 하는 사람으로 본다.

부양가족 중 거주자의 직계존속이 주거의 형편에 따라 별거하고 있는 경우란 거주자가 결혼으로 인한 분가 또는 취업 등으로 인하여 직계존속과 주민등록표상 동일한 주소에서 생계를 함께 하고 있지 않으나 직계존속이 독립된 생계능력이 없어 해당 거주자가 실제로 부양하고 있는 경우를 말한다. 예를 들어, 다른 지역에 거주하고 있는 별다른 수입이 없는 부모님에게 생활비를 보내드리는 등 실질적으로 부양하고 있다면 기본공제를 받을 수 있다. 그러나 해외에 거주하는 직계존속의 경우는 주거의 형편에 따라 별거한 것으로 볼 수 없으므로 기본공제를 받을 수 없다.

(3) 공제대상 여부의 판정시기

공제대상자(배우자, 부양가족, 장애인 또는 경로우대자)에 해당하는지 여부의 판정은 해당 과세기간의 과세기간 종료일 현재의 상황에 따른다. 다만, 과세기간 종료일 전에 사망한 사람 또는 장애가 치유된 사람에 대해서는 사망일 전날 또는 치유일 전날의 상황에 따른다(소득세법 제53조 제4항). 적용대상 나이가 정해진 경우에는 해당 과세기간의 과세기간 중에 해당 나이에 해당되는 날이 있는 경우에 공제대상자로 본다(동조 제5항). 즉, 해당 과세기간 중에 그 나이에 해당하는 날이 하루라도 있으면 공제대상이 된다. 예를 들어, 올해 1. 4. 만 21세가 되는 자녀가 있는 경우 올해까지는 기본공제를 받을 수 있다.

2-2. 추가공제

기본공제대상자가 다음 중 어느 하나에 해당하는 경우에는 거주자의 종합소득금액에서 기본공제 외에 아래의 구분에 따른 금액을 추가로 공제한다. 다만, 해당 거주자가 한부모공제와 부녀자공제에 모두 해당하는 경우에는 한부모공제를 적용한다(소득세법 제51조 제1항).

구분	대상자	금액
장애인공제	기본공제대상자가 장애인인 경우	1인당 200만원
경로우대공제	기본공제대상자가 70세 이상인 경우	1인당 100만원
부녀자공제	종합소득금액이 3천만원 이하인 거주자가 ① 배우자 없는 여성으로서 기본공제대상 부양가족이 있는 세대주인 경우, ② 배우자 있는 여성인 경우	연 50만원
한부모공제	해당 거주자가 배우자 없는 사람으로서 기본공제대상자인 직계비속 또는 입양자가 있는 경우	연 100만원

3. 물적 공제

3-1. 특별소득공제

(1) 건강보험료 등 소득공제

근로소득이 있는 거주자(일용근로자는 제외)가 해당 과세기간에 「국민건강보험법」, 「고용보험법」 또는 「노인장기요양보험법」에 따라 근로자가 부담하는 보험료를 지급한 경우 그 금액을 해당 과세기간의 근로소득금액에서 공제한다(소득세법 제52조 제1항). 건강보험료, 고용보험료, 노인장기요양보험료 중 사용자가 부담하는 보험료는 근로소득이 비과세되고 소득공제의 대상이 되지 않는다.

참 조

건강보험료 등과 보장성보험료

구분	소득세법상 취급
건강보험료, 고용보험료, 노인장기요양보험료 (전액)	건강보험료 등 소득공제
일반적인 보장성보험료의 보험료 지급액의 12% 장애인전용 보장성보험료의 보험료 지급액의 15%	보장성보험료 세액공제

* 보장성보험료의 세액공제는 연 100만원을 한도로 한다.

(2) 주택자금 소득공제

1) 주택임차자금 차입금의 원리금상환에 대한 소득공제

과세기간 종료일 현재 주택을 소유하지 않은 세대의 세대주(또는 세대주가 주택자금 소득공제를 받지 않는 경우 세대의 구성원 중 근로소득이 있는 사람)로서 근로소득이 있는 거주자가 국민주택규모(주거전용면적 85㎡) 이하의 주택을 임차하기 위하여 일정한 주택임차자금 차입금의 원리금 상환액을 지급하는 경우에는 그 금액의 40퍼센트에 해당하는 금액을 해당 과세기간의 근로소득금액에서 공제한다. 다만, 그 공제하는 금액과 위의 주택청약종합저축 납입금액에 대하여 공제하는 금액의 합계액이 연 400만원을 초과하는 경우 그 초과하는 금액은 없는 것으로 한다(소득세법 제52조 제4항).

2) 장기주택저당차입금의 이자상환액에 대한 소득공제

근로소득이 있는 거주자로서 주택을 소유하지 않거나 1주택을 보유한 세대의 세대주(또는 세대주가 주택자금 소득공제를 받지 않는 경우 세대의 구성원 중 근로소득이 있는 사람)가 취득 당시 기준시가가 5억원 이하인 주택을 취득하기 위하여 그 주택에 저당권을 설정하고 금융회사 등 또는 주택도시기금으로부터 차입한 일정한 장기주택저당차입금(주택을 취득함으로써 승계받은 장기주택저당차입금을 포함)의 이자를 지급하였을 때에는 해당 과세기간에 지급한 이자 상환액을 그 과세기간의 근로소득금액에서 공제한다. 다만, 그 공제하는 금액과 주택임차자금 차입금의 원리금상환 및 주택청약종합저축에 대한 소득공제 금액의 합계액이 연 800만원을 초과하는 경우 그 초과하는 금액은 없는 것으로 한다(소득세법 제52조 제5항). 그러나 장기주택저당차입금이 다음의 어느 하나에 해당하는 경우에는 연 800만원 대신 그 해당 금액을 공제한도로 하여 소득공제를 적용한다(동조 제6항).

① 차입금의 상환기간이 15년 이상인 장기주택저당차입금의 이자를 고정금리 방식으로 지급하고, 그 차입금을 비거치식 분할상환 방식으로 상환하는 경우 : 2,000만원
② 차입금의 상환기간이 15년 이상인 장기주택저당차입금의 이자를 고정금리로 지급하거나 그 차입금을 비거치식 분할상환으로 상환하는 경우 : 1,800만원
③ 차입금의 상환기간이 10년 이상인 장기주택저당차입금의 이자를 고정금리로 지급하거나 그 차입금을 비거치식 분할상환으로 상환하는 경우 : 600만원

* 고정금리는 5년 이상의 기간 단위로 금리를 변경하는 경우를 포함한다.
** 비거치식 분할상환이란 차입금의 70%를 상환기간 연수(차입금의 70%/상환기간 연수)로 나눈 금액 이상을 매년 상환하는 방식을 말한다.

3-2. 연금보험료공제

종합소득이 있는 거주자가 공적연금 관련법에 따른 기여금 또는 개인부담금(연금보험료)을 납입한 경우에는 해당 과세기간의 종합소득금액에서 그 과세기간에 납입한 연금보험료를 공제한다(소득세법 제51조의3 제1항). 공적연금 관련법이란 「국민연금법」, 「공무원연금법」, 「군인연금법」, 「사립학교교직원연금법」, 「별정우체국법」, 「국민연금과 직역연금의 연계에 관한 법률」을 말하고, 기여금이란 사업장가입자가 부담하는 금액을 말하며, 부담금이란 사업장가입자의 사업자가 부담하는 금액을 말한다(국민연금법 제3조 제1항 제10호 내지 제12호).

인적공제, 특별소득공제, 연금보험료공제, 주택담보노후연금 이자비용공제, 「조세특례제한법」에 따른 소득공제를 모두 합한 금액이 종합소득금액을 초과하는 경우 그 초과하는 금액을 한도로 연금보험료공제를 받지 않는 것으로 본다(동조 제3항). 이는 종합소득공제를 받지 않는 금액, 즉 위의 초과하는 금액이 연금보험료 납입액에서 발생하도록 공제순서를 정한 것으로 연금·일시금 수령시 소득세 과세금액을 최소화하려는데 그 취지가 있다. 연금보험료공제를 받지 않는 금액은 연금·일시금 수령시 소득세를 과세하지 않는다.

참 조

연금보험료 납입액

구분	소득세법상 취급
공적 연금보험료 납입액 (전액)	연금보험료공제
연금계좌 연금보험료 납입액의 12% 또는 15%	연금계좌세액공제

* 연금계좌세액공제는 연 600만원 또는 900만원을 한도로 한다.

3-3. 주택담보노후연금 이자비용공제

연금소득이 있는 거주자가 일정한 주택담보노후연금을 받은 경우에는 그 받은 연금에 대해서 해당 과세기간에 발생한 이자비용 상당액을 해당 과세기간 연금소득금액에서 공제한다. 이 경우 공제할 이자 상당액이 200만원을 초과하는 경우에는 200만원을 공제하고, 연금소득금액을 초과하는 경우 그 초과금액은 없는 것으로 한다(소득세법 제51조의4 제1항). 주택담보노후연금에 대하여 발생한 이자상당액은 해당 주택담보노후연금을 지급한 금융회사 등 또는 한국주택금융공사가 발급한 주택담보노후연금이자비용증명서에 적힌 금액으로 한다(동법 시행령 제108조의3 제2항). 주택담보노후연금 이자비용공제는 해당 거주자가 신청한 경우에 적용한다(동법 제51조의4 제2항).

참 조

일정한 주택담보노후연금

주택담보노후연금이란 다음의 요건을 모두 갖춘 연금을 말한다(소득세법 시행령 제108조의3 제1항).

① 「한국주택금융공사법」에 따른 주택담보노후연금보증을 받아 지급받거나 동법에 따른 금융기관의 주택담보노후연금일 것. 주택담보노후연금보증이란 주택소유자가 주택에 저당권 설정 또는 주택소유자와 공사가 체결하는 신탁계약(주택소유자 또는 주택소유자의 배우자를 수익자로 하되, 공사를 공동수익자로 하는 계약을 말함)에 따른 신탁을 등기하고 금융기관으로부터 연금 방식으로 노후생활자금을 대출받음으로써 부담하는 금전채무를 공사가 보증하는 행위를 말한다. 이 경우 주택소유자 또는 그 배우자의 연령이 55세 이상이어야 하며, 그 연령은 공사의 보증을 받기 위하여 최초로 주택에 저당권 설정 등기 또는 신탁 등기를 하는 시점을 기준으로 한다(한국주택금융공사법 제2조 제8호의2 및 동법 시행령 제3조의2 제2항).

② 주택담보노후연금 가입 당시 담보권의 설정대상이 되는 주택(연금소득이 있는 거주자의 배우자 명의의 주택을 포함)의 기준시가가 12억원 이하일 것

3-4. 조세특례제한법상의 소득공제

(1) 신용카드 등 사용금액에 대한 소득공제

근로소득이 있는 거주자(일용근로자는 제외)가 법인(외국법인의 국내사업장을 포함) 또는 사업자(비거주자의 국내사업장을 포함)로부터 2025. 12. 31.까지 재화나 용역을 제공받고 신용카드 등 사용금액의 연간합계액(국외에서 사용한 금액은 제외)이 해당 과세기간 총급여액의 25퍼센트에 해당하는 금액을 초과하는 경우 일정한 산식에 따라 계산한 신용카드 등 소득공제액을 해당 과세연도의 근로소득금액에서 공제한다(조세특례제한법 제126조의2 제1항). 거주자의 배우자 또는 생계를 같이 하는 직계존비속(배우자의 직계존

속과 동거입양자 포함)으로서 연간 소득금액의 합계액이 100만원 이하인 사람(총급여액이 500만원 이하인 근로소득만 있는 사람 포함)의 신용카드 등 사용금액을 그 거주자의 신용카드 등 사용금액에 포함시킬 수 있다(동조 제3항 및 동법 시행령 제121조의2 제3항).

(2) 소기업·소상공인 공제부금의 소득공제

거주자가 「중소기업협동조합법」에 따른 소기업·소상공인 공제에 가입하여 납부하는 공제부금에 대해서는 다음의 금액을 해당 과세연도의 사업소득금액(법인의 대표자로서 해당 과세기간의 총급여액이 8,000만원 이하인 거주자의 경우에는 근로소득금액으로 함)에서 공제한다(조세특례제한법 제86조의3 제1항).

공제부금에 대한 소득공제 = Min[①, ②]

① 공제대상금액 × $\frac{\text{(사업소득금액 − 부동산임대업의 소득금액)}}{\text{사업소득소득금액}}$

② 공제한도 = 사업소득금액 − 부동산임대업의 소득금액

* 공제대상금액

해당 과세연도의 사업소득금액		공제대상금액
	4천만원 이하	Min [해당 연도 공제부금 납부액, 600만원]
4천만원 초과	6천만원 이하	Min [해당 연도 공제부금 납부액, 500만원]
6천만원 초과	1억원 이하	Min [해당 연도 공제부금 납부액, 400만원]
1억원 초과		Min [해당 연도 공제부금 납부액, 200만원]

(3) 고용유지중소기업의 상시근로자에 대한 소득공제

고용유지중소기업에 근로를 제공하는 상시근로자에 대하여 2023. 12. 31.이 속하는 과세연도까지 다음 계산식에 따라 계산한 금액을 해당 과세연도의 근로소득금액에서 공제할 수 있다. 이 경우 공제할 금액이 1,000만원을 초과하는 경우에는 그 초과하는 금액은 없는 것으로 한다(조세특례제한법 제30조의3 제3항). 고용유지중소기업이란 해당 과세연도와 직전 과세연도를 비교하여 상시근로자 1인당 시간당 임금이 감소하지 않았고, 상시근로자의 수가 일정 비율 이상 감소하지 않았으나, 상시근로자 1인당 연간 임금총액이 감소한 중소기업을 말한다(동조 제1항). 이러한 소득공제는 위기지역 내 중견기업의 사업장에 대하여 위기지역으로 지정 또는 선포된 기간이 속하는 과세연도에도 적용한다(동조 제5항).

> **소득공제액 = Min[①, ②]**
>
> ① (직전 과세연도의 해당 근로자의 연간 임금총액 − 해당 과세연도의 해당 근로자의 연간 임금총액) × 50%
>
> ② 공제한도 : 1,000만원

(4) 우리사주조합에 대한 출자금의 소득공제

우리사주조합원이 우리사주를 취득하기 위하여 우리사주조합에 출자하는 경우에는 다음의 금액을 해당 연도의 근로소득금액에서 공제한다(조세특례제한법 제88조의4 제1항).

> **소득공제액 = Min[①, ②]**
>
> ① 해당 연도의 출자금
>
> ② 공제한도 : 400만원(벤처기업의 우리사주조합원의 경우에는 1,500만원)
>
> * 벤처기업은 창업 후 3년 이내 중소기업으로서 기술성이 우수한 것으로 평가받은 기업을 말한다.

II 종합소득세액의 계산

> **참 조**
>
> **종합소득세액의 계산**
>
> 종합소득금액
> − 종합소득공제
> = 종합소득과세표준
> × 기본세율
> = 종합소득산출세액
> − 세액감면·공제
> = 결정세액
> + 가산세
> = 총결정세액
> − 기납부세액
> = 차가감납부세액

1. 세액감면

세액감면(exemption from tax)이란 특정한 소득에 대하여 사후적으로 세금을 완전히 면제해 주거나(세액면제) 또는 일정한 비율만큼 경감해 주는 것(세액감경)을 말한다. 소득세법과 조세특례제한법에는 여러 가지 세액감면을 규정하고 있는데, 그 세액감면은 다음과 같이 계산한다(소득세법 제59조의5).

$$\text{세액감면} = \text{종합소득 산출세액} \times \left(\frac{\text{감면대상 소득금액}}{\text{종합소득금액}}\right) \times \text{감면율}$$

1-1. 소득세법에 따른 세액감면

종합소득금액 중 다음의 어느 하나의 소득이 있을 때에는 종합소득 산출세액에서 그 세액에 해당 근로소득금액 또는 사업소득금액이 종합소득금액에서 차지하는 비율을 곱하여 계산한 금액 상당액을 감면한다(소득세법 제59조의5 제1항).

① 정부 간의 협약에 따라 우리나라에 파견된 외국인이 그 양쪽 또는 한쪽 당사국의 정부로부터 받는 급여
② 거주자 중 대한민국의 국적을 가지지 않는 사람이 선박과 항공기의 외국항행사업으로부터 얻는 소득. 다만, 그 거주자의 국적지국에서 대한민국 국민이 운용하는 선박과 항공기에 대해서도 동일한 면제를 하는 경우만 해당한다.

1-2. 조세특례제한법에 따른 세액감면

조세특례제한법에서는 창업중소기업 등에 대한 세액감면(동법 제6조), 중소기업에 대한 특별세액감면(동법 제7조), 외국인기술자에 대한 소득세 감면(동법 제18조), 국세금융거래에 따른 이자소득 등에 대한 세액면제(동법 제21조), 중소기업 청년근로자 및 핵심인력 성과보상기금 수령액에 대한 소득세 감면(동법 제29조의7), 중소기업 취업자에 대한 소득세 감면(동법 제30조) 등의 세액감면 규정을 두고 있다. 그러나 소득세법에 따라 사업용계좌를 신고해야 할 사업자가 신고하지 않은 경우에는 해당 과세기간의 해당 사업장에 대하여 조세특례제한법에 따른 각종 세액감면 규정을 적용하지 않는다. 다만, 사업자가 그 의무불이행에 대하여 정당한 사유가 있는 경우에는 그렇지 않다(동법 제128조 제4항).

(1) 창업중소기업에 대한 세액감면

일정한 업종(부동산임대업, 도·소매업, 유흥업 등은 제외)을 영위하고자 창업한 중소기업과 창업보육센터사업자로 지정받은 내국인에 대해서는 해당 사업에서 최초로 소득이 발생한 과세연도(사업 개시일부터 5년이 되는 날이 속하는 과세연도까지 해당 사업에서 소득이 발생하지 않은 경우에는 5년이 되는 날이 속하는 과세연도를 말함)와 그 다음 과세연도의 개시일부터 4년 이내에 끝나는 과세연도까지 해당 사업에서 발생한 소득에 대한 소득세 또는 법인세에 다음의 구분에 따른 비율을 곱한 금액에 상당하는 세액을 감면한다(조세특례제한법 제6조 제1항 및 동법 제5조 제1항).

구분	사업장소재지	감면비율
창업중소기업	수도권과밀억제권역	없음
	수도권(수도권과밀억제권역 제외)	25%
	수도권 외의 지역	50%
청년창업중소기업	수도권과밀억제권역	50%
	수도권(수도권과밀억제권역 제외)	75%
	수도권 외의 지역	100%
창업보육센터	지역 불문	50%

(2) 중소기업 특별세액감면

중소기업 중 일정한 업종(음식점업, 숙박업 등 제외)을 경영하는 기업에 대해서는 해당 사업장에서 발생한 소득에 대한 소득세 또는 법인세에 일정한 감면 비율을 곱하여 계산한 세액상당액을 감면한다(조세특례제한법 제7조 제1항).

구분	사업장소재지	업종별 감면비율	
		도매·소매업, 의료업	그 외의 업종
소기업	수도권	10%	20%
	수도권 외		30%
중기업	수도권	없음	일반 서적 출판업 10%
	수도권 외	5%	15%

* 내국법인의 본점 또는 주사무소가 수도권에 있는 경우에는 모든 사업장이 수도권에 있는 것으로 보고 감면 비율을 적용한다.

다만, 다음의 요건을 모두 충족하는 중소기업의 경우에는 위의 감면 비율에 100분의 110을 곱한 감면 비율을 적용한다(동조 제2항).

① 해당 과세연도 개시일 현재 10년 이상 계속하여 해당 업종을 경영한 기업일 것 ② 해당 과세연도의 종합소득금액이 1억원 이하일 것 ③ 소득세법상 성실사업자에 해당하는 기업일 것

세액감면액은 연 1억원을 한도로 한다. 다만, 해당 과세연도의 상시근로자 수가 직전 과세연도의 상시근로자 수보다 감소한 경우에는 1억원에서 감소한 상시근로자 1명당 500만원씩 차감한 금액을 한도로 한다(동법 제7조 제1항 제3호).

2. 세액공제

2-1. 의의

세액공제(tax credit)란 산출세액에서 일정액을 공제하는 제도이다. 세액공제는 산출세액과 관계없이 일정한 사유에 따른 금액을 산출세액에서 공제해 주는 것이라는 점에서 산출세액에 일정한 비율을 곱한 금액만큼을 감면해 주는 세액감면과 구별된다. 세액감면과 세액공제가 동시에 적용되는 경우 먼저 세액감면을 하고 이월공제가 인정되지 않는 세액공제, 이월공제가 인정되는 세액공제의 순서로 적용한다(소득세법 제60조 제1항).

2-2. 소득세법에 따른 세액공제

(1) 배당세액공제

거주자의 종합소득금액에 조정대상 배당소득금액이 합산되어 있는 경우에는 귀속법인세를 종합소득 산출세액에서 공제한다. 다만, 종합소득산출세액에서 비교산출세액을 차감한 금액을 한도로 하고, 이 경우 한도를 초과하는 금액은 없는 것으로 한다(소득세법 제56조 제1항 및 제15조 제2호 후단).

배당세액공제액 = Min[① 귀속법인세, ② 한도액] ① 귀속법인세 = 조정대상 배당소득 총수입금액 × 11% ② 한도액 = 종합소득산출세액 − 비교산출세액

일반산출세액이 비교산출세액보다 커야만 배당세액공제의 한도가 나온다. 이는 배당세액공제를 적용해도 최소한 분리과세를 가정한 세액 정도는 부담해야 한다는 의미이다. 만약 반대의 경우에는 한도가 나오지 않으므로 귀속법인세를 배당소득금액을 계산할 때 가산하기만 할 뿐 배당세액공제로 차감해 주지는 못한다.

(2) 기장세액공제

간편장부대상자가 종합소득세 확정신고를 할 때 복식부기에 따라 기장하여 소득금액을 계산하고 기업회계기준을 준용하여 작성한 재무상태표·손익계산서와 그 부속서류 및 합계잔액시산표와 조정계산서를 제출하는 경우에는 종합소득산출세액에서 다음의 금액을 공제한다. 이 경우 공제한도는 연간 100만원으로 한다(소득세법 제56조의2 제1항).

$$\text{기장세액공제액} = \text{종합소득 산출세액} \times \frac{\text{기장된 사업소득금액}}{\text{종합소득금액}} \times 20\%$$

그러나 ① 비치·기록한 장부에 의하여 신고하여야 할 소득금액의 20퍼센트 이상을 누락하여 신고한 경우, ② 기장세액공제와 관련된 장부 및 증명서류를 해당 확정신고기간 종료일부터 5년간 보관하지 않은 경우(다만, 천재지변, 화재전쟁의 피해를 입거나 도난을 당한 경우에는 그렇지 않음)에는 기장세액공제를 적용하지 않는다(동조 제2항 및 동법 시행령 제116조의3 제2항).

(3) 전자계산서 발급 세액공제

직전 과세기간의 사업장별 총수입금액이 3억원 미만인 사업자가 전자계산서를 2027. 12. 31.까지 발급(전자계산서 발급명세를 국세청장에게 전송하는 경우로 한정)하는 경우에는 다음의 금액을 해당 과세기간의 사업소득에 대한 종합소득산출세액에서 공제할 수 있다. 이 경우 공제한도는 연간 100만원으로 한다(소득세법 제56조의3 제1항 및 동법 시행령 제116조의4). 이러한 세액공제를 적용받으려는 사업자는 종합소득 과세표준확정신고를 할 때 전자계산서 발급 세액공제신고서를 납세지 관할 세무서장에게 제출하여야 한다(동법 제56조의3 제2항).

전자계산서 발급 세액공제 = 전자계산서 발급 건수 × 200원

(4) 외국납부세액공제

거주자의 종합소득금액에 국외원천소득이 합산되어 있는 경우 그 국외원천소득에 대하여 외국에서 외국소득세액을 납부하였거나 납부할 것이 있을 때에는 일정한 공제한도 내에서 외국소득세액을 해당 과세기간의 종합소득산출세액에서 공제할 수 있다. 외국소득세액의 공제한도는 다음과 같다(소득세법 제57조 제1항).

$$\text{공제한도} = \text{종합소득 산출세액} \times \frac{\text{국외원천소득}}{\text{해당 과세기간의 종합소득금액}}$$

* 세액감면 또는 면제를 적용받은 국외원천소득이 있는 경우 국외원천소득은 다음과 같이 계산한다.
국외원천소득 – (세액감면·면제 대상 국외원천소득 × 세액감면·면제비율)

(5) 재해손실공제

사업자가 해당 과세기간에 천재지변이나 그 밖의 재해로 자산총액의 20퍼센트 이상에 해당하는 자산을 상실하여 납세가 곤란하다고 인정되는 경우에는 다음의 금액을 사업소득에 대한 소득세액에서 공제한다(소득세법 제58조 제1항).

재해손실세액공제액 = Min[①, ②]
① 공제세액 = 공제대상 소득세액 × 재해상실비율
② 한도액 = 상실된 자산가액

$$\text{* 재해상실비율} = \frac{\text{상실자산가액}}{\text{상실 전 자산가액}}$$

(6) 근로소득세액공제

1) 일반근로자의 경우

근로소득이 있는 거주자에 대해서는 그 근로소득에 대한 종합소득산출세액에서 다음의 금액을 공제한다(소득세법 제59조 제1항). 근로소득공제는 근로소득금액을 계산할 때 차감하는 것이나 근로소득세액공제는 산출세액에서 공제하는 것이라는 점에서 구별된다.

근로소득에 대한 종합소득산출세액	근로소득세액공제액
130만원 이하	산출세액 × 55%
130만원 초과	715,000 + (산출세액 – 130만원) × 30%

그러나 공제세액이 다음의 구분에 따른 금액을 초과하는 경우에 그 초과하는 금액은 없는 것으로 한다(동조 제2항).

총급여액	한도액
3,300만원 이하	74만원
3,300만원 초과 7,000만원 이하	Max [①, ②] ① 74만원 – (총급여액 – 3,300만원) × 0.8% ② 66만원
7,000만원 초과 1억2천만원 이하	Max [①, ②] ① 66만원 – (총급여액 – 7,000만원) × 50% ② 50만원
1억2천만원 초과	Max [①, ②] ① 50만원 – (총급여액 – 1억2천만원) × 50% ② 20만원

근로소득에 대한 종합소득산출세액은 다음과 같이 계산한다.

$$\text{근로소득에 대한 종합소득산출세액} = \text{종합소득 산출세액} \times \frac{\text{근로소득금액}}{\text{종합소득금액}}$$

2) 일용근로자의 경우

일용근로자의 근로소득에 대해서 원천징수를 하는 경우에는 다음의 금액을 그 산출세액에서 공제한다.

> 일용근로자의 근로소득세액공제액 = 근로소득에 대한 산출세액 × 55%

사 례

근로소득금액이 2천만원, 사업소득금액이 3천만원, 종합소득산출세액이 2백만원인 경우 근로소득세액공제액을 계산하시오.

- ▶ 근로소득에 대한 종합소득산출세액 = 200만원 × (2,000만원/ 5,000만원) = 80만원
- ▶ 근로소득세액공제 = 80만원 × 55% = 44만원

(7) 자녀세액공제

1) 자녀기본세액공제

종합소득이 있는 거주자의 기본공제대상자에 해당하는 자녀(공제대상자녀라고 하며, 입양자 및 위탁아동을 포함)로서 8세 이상의 사람에 대해서는 다음의 구분에 따른 금액을 종합소득산출세액에서 공제한다(소득세법 제59조의2 제1항). 8세 미만 아동에게는 아동수당(1인당 매월 10만원, 1세 미만 아동은 매월 100만원, 2세 미만은 매월 50만원)이 지급되므로 중복지원을 방지하기 위하여 자녀세액공제에서 제외하였다. 8세 미만 아동은 자녀세액공제의 대상은 되지 않으나 기본공제(부양가족공제)의 대상은 된다.

① 1명인 경우 : 연 25만원
② 2명인 경우 : 연 55만원
③ 3명 이상인 경우 : 연 55만원과 2명을 초과하는 1명당 연 40만원을 합한 금액

맞벌이 부부의 경우 자녀에 대한 기본공제를 받는 사람이 자녀세액공제도 받을 수 있고, 자녀가 장애인인 경우에는 20세를 초과하여도 자녀기본세액공제를 받을 수 있다.

2) 출산·입양 세액공제

해당 과세기간에 출산하거나 입양 신고한 공제대상자녀가 있는 경우 다음의 구분에 따른 금액을 종합소득산출세액에서 공제한다(동조 제3항). 해당 과세기간에 출산하거나 입양 신고한 자녀가 있는 경우 한 번 공제받을 수 있다. 자녀기본세액공제와 출산·입양 세액공제는 중복적용할 수 있다.

① 출산하거나 입양 신고한 공제대상자녀가 첫째인 경우 : 연 30만원
② 출산하거나 입양 신고한 공제대상자녀가 둘째인 경우 : 연 50만원
③ 출산하거나 입양 신고한 공제대상자녀가 셋째 이상인 경우 : 연 70만원

(8) 연금계좌세액공제

종합소득이 있는 거주자가 연금계좌에 납입한 금액이 있는 경우에 연금계좌납입액 중 일정 금액을 해당 과세기간의 종합소득산출세액에서 공제한다(소득세법 제59조의3 제1항). 연금계좌세액공제액은 다음과 같이 계산한다.

① 해당 과세기간의 종합소득금액이 4,500만원 이하(근로소득만 있는 경우에는 총급여액 5,500만원 이하)인 거주자 : 세액공제 대상 연금계좌 납입액 × 15%
② 그 외의 거주자 : 세액공제 대상 연금계좌 납입액 × 12%

* 세액공제 대상 연금계좌 납입액 = Min[①, ②]
  ① Min [연금저축계좌 납액액, 한도 연 600만원] + 퇴직연금계좌 납입액
  ② 한도액 : 연 900만원

(9) 특별세액공제

1) 보장성보험료 세액공제

근로소득이 있는 거주자(일용근로자는 제외)가 해당 과세기간에 만기에 환급되는 금액이 납입보험료를 초과하지 않는 보험(보장성보험)의 보험계약에 따라 보험료를 지급한 경우 다음의 금액을 해당 과세기간의 종합소득산출세액에서 공제한다. 여기의 보험에는 신용협동조합법 또는 군인공제회법 등에 따른 공제를 포함한다. 다만, 다음의 각 보험료별 합계액이 각각 연 100만원을 초과하는 경우 그 초과하는 금액은 없는 것으로 한다(소득세법 제59조의4 제1항 및 동법 시행령 제118조의4).

세액공제 대상 보장성보험료	세액공제액
기본공제대상자 중 장애인을 피보험자 또는 수익자로 하는 장애인전용부험의 보험료	Min [보험료, 연 100만원] × 15%
기본공제대상자를 피보험자로 하는 일반 보장성보험의 보험료 (장애인전용보장성보험의 보험료는 제외)	Min [보험료, 연 100만원] × 12%

* 장애인선용보상성보험이란 보험계약 또는 보험료납입영수증에 장애인전용보험으로 표시된 보험을 말한다

2) 의료비 세액공제

근로소득이 있는 거주자(일용근로자는 제외)가 기본공제대상자(나이 및 소득의 제한 없음)를 위하여 해당 과세기간에 의료비를 지급한 경우 일정한 금액을 해당 과세기간의 종합소득산출세액에서 공제한다(소득세법 제59조의4 제2항). 공제대상이 되는 의료비는 다음과 같이 구분된다.

① **일반의료비** : 기본공제대상자를 위하여 지급한 의료비(②부터 ④까지의 의료비는 제외)
② **본인 등 의료비** : 다음의 어느 하나에 해당하는 사람을 위하여 지급한 의료비
㉠ 해당 거주자, ㉡ 과세기간 종료일 현재 65세 이상인 사람, ㉢ 장애인, ㉣ 중증질환자, 희귀난치성질환자 또는 결핵환자에 해당하여 보건복지부장관이 정하는 요양급여를 받는 사람
③ **미숙아 등 의료비** : 미숙아 또는 선천성이상아를 치료하기 위하여 지급한 의료비
④ **난임시술비** : 임신을 위하여 지출하는 난임시술비로서 보조생식술(자궁내 정자주입 시술, 체외수정시술을 말함)에 소요된 비용(처방에 따른 의약품 구입비용 포함)

의료비 지출액 중 ① 실비보험 등으로 보전받은 금액, ② 국민건강보험공단으로부터 받은 본인부담금상한제 사후환급금, ③ 외국 소재 의료기관에 지출한 비용, ④ 간병인 지급비용,[61] ⑤ 미용·성형 수술을 위한 비용 및 건강증진 의약품 구입비용 등은 의료비 공제대상에서 제외된다(동법 시행령 제118조의5). 의료비 세액공제액은 다음과 같이 계산한다.

의료비 세액공제액 = ① + ② + ③ + ④
① 일반의료비 : Min [총급여액 3퍼센트 초과 일반의료비, 연 700만원] × 15%
② 본인 등 의료비 : (본인 등 의료비 – 총급여액 3퍼센트 미만 일반의료비) × 15%
③ 미숙아 등 의료비 : (미숙아 등 의료비 – 총급여액 3퍼센트 미만 일반·본인 등 의료비) × 20%
④ 난임시술비 : (난임시술비 – 총급여액 3퍼센트 미만 일반·본인 등·미숙아 등 의료비) × 30%

3) 교육비 세액공제

근로소득이 있는 거주자(일용근로자는 제외)가 그 거주자와 기본공제대상자(나이의 제한이 없으나, 장애인에게 발달재활서비스를 제공하는 기관에 대해서는 과세기간 종료일 현재 18세 미만인 사람만 해당)를 위하여 해당 과세기간에 교육비를 지급한 경우 그 금액의 15퍼센트에 해당하는 금액을 해당 과세기간의 종합소득 산출세액에서 공제한다. 다만, 소득세 또는 증여세가 비과세되는 교육비는 공제하지 않는다(소득세법 제59조의4 제3항).

어린이집, 유치원, 초·중·고등학교, 대학교, 학력이 인정되는 평생교육시설, 학점 인정이나 독학에 의한 학위취득 교육과정에 지급한 교육비가 공제 대상이 된다. 근로자 본인의 경우에는 대학원에 지급한 교육비를 포함하고, 장애인은 재활교육을 위하여 지급하는 특수교육비를 포함한다. 기본공제 대상자인 직계비속 중 과세기간 종료일 현재 9세 미만 또는 2학년 이하인 초등학생을 위하여 예능을 교습하는 학원 및 체육시설에 지급한 교육비도 세액공제 대상에 포함한다.

61) 간병인이 의료기관에 소속되어 있고 해당 비용이 병원비에 포함되어 의료기관 명의의 의료비 영수증으로 발급된 경우에는 의료비 공제대상에 해당할 수 있다.

구분	세액공제 대상금액
근로자 본인	전액
기본공제대상자인 배우자·직계비속(입양자 및 위탁아동 포함)·형제자매 (직계존속 제외)	▶ 초등학교 취학 전 아동, 초·중·고등학생 : 1명당 연 300만원 한도 ▶ 대학생 : 1명당 연 900만원 한도 ▶ 대학원생 : 공제대상 아님
장애인 특수교육비 (직계존속 포함)	전액

4) 기부금 세액공제

거주자(사업소득만 있는 사람은 제외하되, 연말정산 대상 사업소득[62]만 있는 사람은 포함)가 해당 과세기간에 지급한 기부금이 있는 경우 일정한 금액을 종합소득산출세액에서 공제한다(소득세법 제59조의4 제4항). 사업소득만 있는 거주자는 기부금을 필요경비에 산입하는 방법을 적용하고, 사업소득 외의 종합소득이 있는 거주자(연말정산 대상 사업소득만 있는 거주자를 포함)는 기부금 세액공제액을 종합소득산출세액에서 공제하는 방법을 적용한다. 사업소득과 다른 종합소득이 함께 있는 거주자는 필요경비산입방법과 기부금 세액공제 방법을 모두 적용받을 수 있다. 기부금 세액공제액은 다음의 단계에 따라 계산한다.

① 소득세법에 따른 특례기부금, 일반기부금
② 조세특례제한법에 따른 정치자금기부금, 고향사랑기부금
③ 조세특례제한법에 따른 우리사주조합기부금

세액공제 대상 기부금의 한도액은 다음과 같다.

① 특례기부금, 고향사랑기부금, 정치자금기부금 : 기준소득금액 × 100%
② 우리사주조합기부금 : (기준소득금액 – 한도 내의 ① 기부금액) × 30%
③ 일반기부금
　㉠ 종교단체기부금이 없는 경우 : (기준소득금액 – 한도 내의 ① 및 ② 기부금) × 30%
　㉡ 종교단체기부금이 있는 경우 : (기준소득금액 – 한도 내의 ① 및 ② 기부금) × 10% + Min[ⓐ, ⓑ]
　　ⓐ (기준소득금액 – 한도 내의 ① 및 ② 기부금) × 20%
　　ⓑ 종교단체 외에 기부한 일반기부금

* 기준소득금액 = 종합소득금액 – 필요경비 산입 기부금 – 원천징수세율 적용 금융소득액

62) 연말정산 대상 사업소득만 있는 보험모집인, 방문판매원 및 음료품배달원은 추계방법으로 사업소득금액을 계산하므로 실제 지출된 기부금을 필요경비에 산입할 수 없는 점을 고려하여 기부금 세액공제를 받을 수 있도록 한 것이다.

정치자금기부금과 고향사랑기부금의 세액공제액은 다음과 같이 계산한다.

① 정치자금기부금

㉠ 기부한 정치자금이 10만원 이하인 경우 : 사업자 여부를 불문하고 세액공제

$$\text{세액공제액} = \text{기부한 정치자금} \times \frac{100}{110}$$

㉡ 사업자가 아닌 거주자가 기부한 정치자금이 10만원을 초과한 경우 : 기부금 세액공제

세액공제액 = (기부한 정치자금 – 10만원) × 15% (3,000만원 초과분은 25%)

㉢ 사업자가 기부한 정치자금이 10만원을 초과한 경우 : 필요경비 산입

필요경비 산입한도액 = (기준소득금액 – 이월결손금) × 100%

② 고향사랑기부금

㉠ 기부한 금액이 10만원 이하인 경우 : 사업자 여부를 불문하고 세액공제

$$\text{세액공제액} = \text{고향사랑기부금} \times \frac{100}{110}$$

㉡ 사업자가 아닌 거주자가 10만원 초과 500만원 이하의 금액을 기부한 경우 : 기부금 세액공제

세액공제액 = (기부한 정치자금 – 10만원) × 15%

㉢ 사업자가 10만원 초과 500만원 이하의 금액을 기부한 경우 : 필요경비 산입

필요경비 산입한도액 = (기준소득금액 – 이월결손금) × 100%

* 개인별 고향사랑기부금 연간 상한액은 500만원이다.

특례기부금, 일반기부금, 우리사주조합기부금의 세액공제액은 다음과 같이 계산한다.

세액공제 대상 기부금	기부금 세액공제액
1,000만원 이하	세액공제 대상 기부금 × 15%
1,000만원 이상	150만원 + (세액공제 대상 기부금 – 1,000만원) × 30%

* 특례기부금과 일반기부금이 함께 있으면 특례기부금을 먼저 공제한다.

종합소득산출세액을 초과하거나 한도액을 초과하여 공제받지 못한 특례기부금과 일반기부금은 해당 과세기간의 다음 과세기간의 개시일부터 10년 이내에 끝나는 각 과세기간에 이월하여 세액공제율을 적용한 기부금 세액공제액을 계산하여 그 금액을 산출세액에서 공제한다(동법 제62조 제2항 단서).

5) 표준세액공제

근로소득이 있는 거주자(일용근로자는 제외)가 위의 항목별 세액공제(기부금 세액공제 중 정치자금기부금 및 우리사주조합기부금의 세액공제는 제외), 특별소득공제 및 조세특례제한법 제95조의2 제2항에 따른 월세 세액공제를 신청하지 않은 경우에는 연 13만원을 종합소득산출세액에서 공제한다(동법 제59조의4 제9항 제1호).

근로소득 이외의 종합소득이 있는 거주자에 대해서는 위의 항목별 세액공제 중 기부금 세액공제만 적용한다. 종합소득이 있는 거주자(근로소득이 있는 사람은 제외)가 조세특례제한법 제122조의3에 따른 의료비·교육비·월세 세액공제를 신청하지 않는 경우 소득세법에 따른 성실사업자는 연 12만원, 그 외는 연 7만원을 종합소득산출세액에서 공제한다(동항 제2호).

2-3. 조세특례제한법에 따른 세액공제

(1) 근로소득자의 월세 세액공제

과세기간 종료일 현재 주택을 소유하지 않은 세대의 세대주(세대주가 월세 세액공제 및 주택자금 세액공제를 받지 않은 경우에는 세대의 구성원을 말하며, 외국인을 포함)로서 해당 과세기간의 총급여액이 7,000만원 이하인 근로소득이 있는 근로자(해당 과세기간에 종합소득과세표준을 계산할 때 합산하는 종합소득금액이 6,000만원을 초과하는 사람은 제외)가 월세액을 지급하는 경우 다음의 금액을 해당 과세기간의 종합소득산출세액에서 공제한다(조세특례제한법 제95조의2 제1항).

월세 세액공제액 = Min [①, ②] × 공제율(17% 또는 15%)

① 주택을 임차하기 위하여 지급한 월세액

② 한도액 : 750만원

* 공제율

구분	공제율
총급여액이 5,500만원 이하인 근로자 (종합소득금액이 4,500만원을 초과하는 사람은 제외)	17%
총급여액이 5,500만원 초과 7,000만원 이하인 근로자 (종합소득금액이 6,000만원을 초과하는 사람은 제외)	15%

(2) 성실사업자 등에 대한 의료비·교육비·월세 세액공제

1) 의료비·교육비 세액공제

소득세법에 따른 성실사업자(사업소득이 있는 사람만 해당) 또는 성실신고확인대상사업자로서 성실신고확인서를 제출한 사람이 의료비 및 교육비(직업능력개발훈련을 위하여 지급한 수강료는 제외)를 2026. 12. 31.이 속하는 과세연도까지 지출한 경우 의료비교육비 세액공제액을 해당 과세연도의 소득세(사업소득에 대한 소득세만 해당)에서 공제한다(조세특례제한법 제122조의3 제1항). 여기서 의료비·교육비 세액공제액은 다음과 같이 계산한다.

> ① 의료비 세액공제액 = 세액공제 대상 의료비 × 15% (미숙아 등의 의료비 20%, 난임시술비 30%)
> ② 교육비 세액공제액 = 세액공제 대상 교육비 × 15%

2) 월세 세액공제

해당 과세연도의 종합소득과세표준에 합산되는 종합소득금액이 6,000만원 이하인 성실사업자 또는 성실신고확인대상사업자로서 성실신고확인서를 제출한 사람이 월세액을 2026. 12. 31.이 속하는 과세연도까지 지급하는 경우 다음의 금액을 해당 과세연도의 소득세에서 공제한다(조세특례제한법 제122조의3 제3항).

월세 세액공제액 = Min [세액공제 대상 월세액, 한도 750만원] × 공제율(17% 또는 15%)

* 공제율

종합소득금액이 4,500만원 이하인 성실사업자 등	17%
종합소득금액이 4,500만원 초과 6,000만원 이하인 성실사업자 등	15%

의료비·교육비 세액공제액과 월세 세액공제액의 합계액이 해당 사업자의 해당 과세연도의 소득세(사업소득에 대한 소득세만 해당)를 초과하는 경우 그 초과금액은 없는 것으로 한다(조세특례제한법 제122조의3 제4항).

(3) 전자신고에 대한 세액공제

1) 납세자에 대한 세액공제

납세자가 직접 전자신고의 방법으로 종합소득 과세표준확정신고를 하는 경우에는 해당 납부세액에서 해당 납부세액에서 2만원(소득세 과세표준확정신고의 예외에 해당하는 사람이 과세표준확정신고를 한 경우에는 추가로 납부하거나 환급받은 결정세액과 1만원 중 적은 금액)을 공제한다. 이 경우 납부할 세액이 음수인 경우에는 이를 없는 것으로 한다(조세특례제한법 제104조의8 제1항 및 동법 시행령 제104조의5 제2항).

2) 세무대리인에 대한 세액공제

세무사(세무사등록부 또는 세무대리업무등록부에 등록한 공인회계사 및 변호사, 세무법인 및 회계법인을 포함)가 납세자를 대리하여 전자신고의 방법으로 직전 과세연도 동안 소득세, 양도소득세 또는 법인세를 신고를 한 경우에는 해당 세무사의 소득세(사업소득에 대한 소득세만 해당) 또는 법인세의 납부세액에서 다음의 금액을 공제한다(조세특례제한법 제104조의8 제3항).

전자신고세액공제액 = Min [2만원 × 신고건수, 연간 공제 한도액 300만원]

* 연간 공제 한도액은 소득세(또는 법인세)의 납부세액에서 공제받을 금액 및 부가가치세에서 공제받을 금액을 합한 금액을 말한다.

(4) 현금영수증가맹점에 대한 세액공제

현금영수증가맹점이 2025. 12. 31.까지 현금영수증(거래건별 5천원 미만의 거래만 해당하며, 발급승인 시 전화망을 사용한 것을 말함)을 발급하는 경우 다음의 금액을 해당 과세기간의 소득세 산출세액에서 공제받을 수 있다. 이 경우 공제세액은 산출세액을 한도로 한다(조세특례제한법 제126조의3 제2항).

공제세액 = 해당 과세기간별 건당 5천원 미만 현금영수증 발급건수 × 20원

(5) 그 밖의 세액공제

개인사업자도 법인과 같이 조세특례제한법에 따라 연구·인력개발비에 대한 세액공제(동법 제10조)와 통합투자세액공제(동법 제24조) 등을 적용받을 수 있다. 다만, 소득세의 경우에는 사업소득(부동산임대업에서 발생하는 소득은 포함하지 않음)에 대해서만 세액공제가 적용된다는 점에서 법인세의 경우와 차이가 있다.

제4절 종합소득세 신고와 납부

I 원천징수

1. 의의

원천징수는 소득금액 또는 수입금액을 지급하는 사람(원천징수의무자)이 그 금액을 지급할 때 지급받는 사람(원천납세의무자)이 내야 할 세금을 과세관청을 대신하여 징수하고 납부하는 조세징수방법을 말한다. 원천징수에는 완납적 원천징수와 예납적 원천징수가 있다. 완납적 원천징수는 원천징수만으로 과세가 종결되는 경우이고 예납적 원천징수는 추후의 확정신고납부를 전제로 예납적으로 징수가 이루어지는 경우이다. 예납적 원천징수의 경우에는 원천징수를 하더라도 원천징수하기 전의 소득을 신고하고 원천징수액은 기납부세액으로 공제한다. 현행법상 원천징수는 예납적 원천징수가 원칙이고, 완납적 원천징수로는 일용근로자의 근로소득에 대한 원천징수, 금융소득의 합계액이 종합과세기준금액 이하인 경우의 금융소득에 대한 원천징수 등이 있다.

원천징수제도를 채택하는 이유는 소득의 발생원천에서 원천징수를 하게 되므로 탈세를 방지하고 조세수입을 조기에 확보할 수 있으며, 징세비 절약과 징수사무의 간소화 및 능률화를 도모할 수 있고, 납세의무자의 세 부담을 분산시켜 소득의 발생과 조세의 납부 사이의 시차를 단축함으로써 경기의 자동조절기능을 강화할 수 있다는 점 등 때문이다. 원천징수의무자가 원천납세의무자에게 지급하는 소득을 실제보다 적게 신고하거나 누락할 경우 과소신고 또는 누락된 소득에 대해 추가로 납부해야 하는 세금이 발생하는데, 과세관청은 원천징수의무자에게 과소신고 또는 누락된 소득에 대한 소득금액변동통지를 하거나 원천세 징수처분을 할 수 있고, 원천납세의무자에게 소득세 부과처분을 할 수도 있다. 이 경우 원천징수의무자는 원천징수의 의무를 제대로 이행하지 않은 것에 대한 가산세 납부의무를 부담한다.

2. 원천징수의무자

국내에서 거주자나 비거주자에게 원천징수대상 소득을 지급하는 사람은 그 거주자나 비거주자에 대한 소득세를 원천징수하여야 한다(소득세법 제127조 제1항). 이러한 원천징수의무자의 범위는 다음과 같다(동법 제2조 제2항).

① 거주자　② 비거주자　③ 내국법인
④ 외국법인의 국내지점 또는 국내영업소(출장소 그 밖에 이에 준하는 것을 포함)
⑤ 그 밖에 소득세법에서 정하는 원천징수의무자

3. 원천징수 대상 소득 및 원천징수세율

국내에서 지급되는 다음의 소득은 원천징수대상이 되고(소득세법 제127조 제1항), 원천징수세율은 다음과 같다(동법 제129조).

① 이자소득
- ㉠ 일반적인 이자소득 : 14%
- ㉡ 비영업대금의 이익 : 25%. 다만, 「온라인투자연계금융업 및 이용자 보호에 관한 법률」에 따라 금융위원회에 등록한 온라인투자연계금융업자를 통하여 지급받는 이자소득에 대해서는 14%로 한다.
- ㉢ 직장공제회 초과반환금 : 기본세율
- ㉣ 비실명 이자소득 : 45%(또는 90%)
- ㉤ 조세특례제한법에 따른 분리과세 이자소득 : 9%, 14%

② 배당소득
- ㉠ 일반적인 배당소득 : 14%
- ㉡ 출자공동사업자의 배당소득 : 25%.
- ㉢ 비실명 배당소득 : 45%(또는 90%)
- ㉣ 조세특례제한법에 따른 분리과세 배당소득 : 9%, 14%

③ **일정한 사업소득**

㉠ 의료보건용역 : 지급금액의 3%

㉡ 부가가치세 면세 대상인 인적용역(봉사료 제외) : 지급금액의 3%. 다만, 거주자인 외국인 직업운동가가 스포츠클럽운영업 중 프로스포츠구단과의 계약(계약기간이 3년 이하인 경우로 한정)에 따라 용역을 제공하고 받는 소득에 대해서는 20%로 한다.

㉢ 봉사료 : 지급금액의 5%

④ **근로소득**. 다만, ㉠ 외국기관 또는 우리나라에 주둔하는 국제연합군(미군은 제외)으로부터 받는 근로소득, ㉡ 국외에 있는 비거주자 또는 외국법인(국내지점 또는 국내영업소는 제외)으로부터 받는 근로소득(비거주자의 국내사업장과 외국법인의 국내사업장의 국내원천소득금액을 계산할 때 필요경비 또는 손금으로 계상되는 소득, 국외에 있는 외국법인으로부터 받는 근로소득은 제외)은 원천징수의 대상이 되지 않는다.

㉠ 일반근로자의 근로소득 : 기본세율

㉡ 일용근로자의 근로소득 : 6%

⑤ **연금소득**

㉠ 공적연금소득 : 기본세율

㉡ 사적연금소득 : 이연퇴직소득을 연금수령하는 연금소득에 대해서는 연금외수령 원천징수세율의 70% 또는 60%로 하고, 연금계좌 납입액이나 운용실적에 따라 증가된 금액을 연금수령한 연금소득에 대해서는 5%, 4%, 3%로 한다.

⑥ **기타소득**. 다만, ㉠ 계약의 위약 또는 해약으로 받은 위약금·배상금(계약금이 위약금과 배상금으로 대체되는 경우에만 해당)과 ㉡ 뇌물·알선수재 및 배임수재에 의하여 받은 금품은 원천징수의 대상이 되지 않는다.

㉠ 일반 기타소득 : 20%

㉡ 복권당첨소득 등이 3억원을 초과하는 경우 그 초과분 : 30%

㉢ 소기업·소상공인 공제부금의 해지일시금 : 15%

㉣ 연금계좌에서 연금외수령한 기타소득 : 15%

㉤ 봉사료 : 5%

⑦ **퇴직소득**. 다만, 전술한 원천징수의 대상이 되지 않는 근로소득이 있는 사람이 퇴직함으로써 받는 소득은 원천징수의 대상에서 제외한다. 퇴직소득에 대해서는 기본세율을 적용한다.

4. 세액의 징수 및 납부

원천징수의무자가 원천징수대상 소득을 지급할 때에는 원천징수세율을 적용하여 계산한 소득세를 원천징수한다. 즉, 지급할 소득에서 해당 원천징수세액을 차감하고 지급하는 것이다. 이 경우 원천징수의무자는 해당 소득을 지급받는 사람에게 소득금액과 필요한 사항이 기재된 원천징수영수증을 발급해야 한다(소득세법 제133조 제1항, 제143조 제1항, 제143조의7 본문, 제144조의4, 제145조 제2항 본문).

원천징수의무자는 원천징수한 소득세를 그 징수일이 속하는 달(금융투자소득의 경우 해당 과세기간의 반기 중에 금융계좌가 해지된 경우에는 그 반기 종료일이 속하는 달)의 다음 달 10일까지 관할 세무서, 한국은행 또는 체신관서에 납부하여야 한다(동법 제128조 제1항). 그러나 직전 연도(신규로 사업을 개시한 사업자의 경우 신청일이 속하는 반기를 말함)의 상시고용인원이 20명 이하인 원천징수의무자(금융 및 보험업을 경영하는 사람은 제외) 또는 종교단체(고용인원 무관)로서 원천징수 관할 세무서장의 승인을 받거나 국세청장이 정하는 바에 따라 지정을 받은 사람은 원천징수세액을 그 징수일이 속하는 반기의 마지막 달의 다음 달(7월, 내년 1월) 10일까지 납부할 수 있다(동조 제2항 및 동법 시행령 제186조 제1항).

판례는 원천징수제도는 원천납세의무자가 실체법적으로 부담하는 원천납세의무의 이행이 원천징수라는 절차를 통하여 간접적으로 실현되는 제도로서 원천징수세액의 납부로 인하여 원천납세의무자는 국가에 대한 관계에서 납세의무를 면하게 되므로 원천징수의무자가 원천납세의무자에게서 원천징수세액을 공제·징수하지 않은 채 국가에 납부한 경우에는 원천납세의무자에 대하여 구상권을 행사할 수 있다고 한다. 원천징수의무자가 구상권을 행사할 때에는 국가에 원천징수세액을 납부한 사실뿐만 아니라 원천납세의무자의 납세의무가 존재한 사실까지 증명하여야 한다고 한다.[63]

5. 소득금액변동통지

세무서장 등이 법인세법에 의하여 법인소득금액을 결정 또는 경정할 때 처분되는 배당·상여 및 기타소득은 그 세무서장 등이 그 결정일 또는 경정일부터 15일 내에 소득금액변동통지서에 따라 해당 법인에 통지해야 한다. 다만, 해당 법인의 소재지가 분명하지 않거

63) 대법원 2016. 6. 9. 선고 2014다82491 판결.

3장 소득세법

나 그 통지서를 송달할 수 없는 경우에는 해당 주주 및 해당 상여나 기타소득의 처분을 받은 거주자에게 통지해야 한다(소득세법 시행령 제192조 제1항).

세무서장 등이 위에 따라 해당 법인에게 소득금액변동통지서를 통지한 경우 통지하였다는 사실(소득금액 변동내용은 포함하지 않음)을 해당 주주 및 해당 상여나 기타소득의 처분을 받은 거주자에게 알려야 한다(동조 제4항). 소득금액변동통지는 과세관청이 법인소득금액을 결정 또는 경정하면서 소득처분을 하는 경우에 하는 것이다. 따라서 예를 들어, 의제배당은 당해 법인의 소득금액의 변동 없이 관련 주주의 소득만 증가하는 것이므로 소득금액변동통지의 대상이 아니다.

과세관청의 소득처분과 그에 따른 소득금액변동통지가 있는 경우 원천징수의무자인 법인은 소득금액변동통지서를 받은 날에 그 통지서에 기재된 소득의 귀속자에게 당해 소득금액을 지급한 것으로 의제되어 그때 원천징수하는 소득세의 납세의무가 성립함과 동시에 확정되므로 소득금액변동통지는 원천징수의무자인 법인의 납세의무에 직접 영향을 미치는 과세관청의 행위로서 항고소송의 대상이 된다.[64]

그러나 소득의 귀속자에 대한 소득금액변동통지는 원천납세의무자인 소득 귀속자의 법률상 지위에 직접적인 법률적 변동을 가져오는 것이 아니므로 항고소송의 대상이 되는 행정처분이라고 볼 수 없다.[65]

Ⅱ 중간예납 등

1. 중간예납

관할 세무서장은 종합소득이 있는 거주자에 대하여 1. 1.부터 6. 30.까지의 중간예납기간에 대한 중간예납세액을 결정하여 징수하여야 한다(소득세법 제65조 제1항). 이를 중간예납이라고 한다.

64) 대법원 2012. 1. 26. 선고 2009두14439 판결.

65)대법원 2015. 3. 26. 선고 2013두9267 판결; 2014. 7. 24. 선고 2011두14227 판결.

1-1. 중간예납의무자

종합소득이 있는 거주자만 중간예납의무를 지고 퇴직소득과 양도소득에 대해서는 중간예납을 하지 않는다. 그러나 종합소득이 있는 거주자라고 하더라도 다음과 같이 중간예납의무를 지지 않는 경우가 있다.

(1) 일정한 소득만 있는 사람

다음과 같은 소득만 있는 사람은 중간예납의무를 지지 않는다(소득세법 제65조 제1항 및 동법 시행령 제123조, 동법 시행규칙 제64조). 그리하여 사업소득(일정한 사업소득 제외)이 있는 거주자만 중간예납의무를 부담한다.

① 이자소득·배당소득·근로소득·연금소득 또는 기타소득
② 사업소득 중 다음의 사업에서 발생하는 소득
　㉠ 속기·타자 등 한국표준산업분류에 따른 사무지원 서비스업에서 발생하는 소득
　㉡ 예술, 스포츠 및 여가 관련 서비스업에서 발생하는 소득 중 저술가·화가·배우·가수·영화감독·연출가·촬영사 등 자영 예술가 또는 직업선수·코치·심판 등 기타 스포츠 서비스업
　㉢ 보험모집인
　㉣ 방문판매업자
　㉤ 조세특례제한법에 따라 소득세법이 적용되는 전환정비사업조합의 조합원이 영위하는 공동사업
　㉥ 소득세법이 적용되는 「주택법」의 주택조합의 조합원이 영위하는 공동사업
③ 사업소득 중 수시부과하는 소득
④ 분리과세 주택임대소득

(2) 신규사업개시자

해당 과세기간의 개시일 현재 사업자가 아닌 사람으로서 그 과세기간 중 신규로 사업을 시작한 사람은 중간예납의무를 지지 않는다(동법 제65조 제1항).

1-2. 중간예납세액의 결정·고지 및 징수

(1) 중간예납세액의 결정

관할 세무서장은 직전 과세기간의 종합소득에 대한 소득세로서 납부하였거나 납부하여야 할 세액(중간예납기준액)의 2분의 1에 해당하는 금액을 중간예납세액으로 결정한다(소득세법 제65조 제1항). 중간예납기준액은 직전 과세기간의 중간예납세액, 확정신고납부액, 결정·경정에 따른 추가납부세액(가산세 포함), 기한후신고납부세액(가산세 포함) 및 수

정신고 등에 따른 추가납부세액(가산세 포함)의 합계액에서 환급세액(경정청구에 의한 결정이 있는 경우 그 내용에 반영된 금액을 포함)을 공제한 금액으로 한다(동조 제7항). 중간예납기준액에는 직전 과세기간에 공제·감면받은 세액, 원천징수·예정신고납부·수시부과한 세액이 포함되지 않는다.

(2) 중간예납세액의 고지와 징수

관할 세무서장은 중간예납세액을 납부하여야 할 거주자에게 11. 1.부터 11. 15.까지의 기간에 중간예납세액의 납부고지서를 발급하여야 하고, 거주자는 그 중간예납세액을 11. 30.까지 납부해야 한다(동법 제65조 제1항). 중간예납세액이 50만원 미만인 경우에는 징수하지 않는다(동법 제86조 제4호). 중간예납세액이 1,000만원을 초과하는 경우에는 확정신고분 납부와 같은 방법으로 다음 연도 1. 31.까지 분할납부할 수 있다(동법 제77조).

납세자가 국세기본법에 따른 전자송달의 방법으로 납부고지서의 송달을 신청한 경우 신청한 달의 다음 달 이후 송달하는 분부터 중간예납세액의 납부세액에서 납부고지서 1건당 1,000원의 금액을 공제한다. 이러한 세액공제 금액은 중간예납세액의 납부세액에서 고지한 금액의 최저한 금액(1만원)을 차감한 금액을 한도로 한다(조세특례제한법 제104조의8 제5항, 제6항 및 동법 시행령 제104조의5 제7항).

(3) 중간예납추계액의 신고와 납부

종합소득이 있는 거주자가 중간예납기간의 종료일 현재 그 중간예납기간 종료일까지의 종합소득금액에 대한 소득세액(중간예납추계액)이 중간예납기준액의 30퍼센트에 미달하는 경우에는 11. 1.부터 11. 30.까지의 기간에 중간예납추계액을 중간예납세액으로 하여 관할 세무서장에게 신고할 수 있다(임의 신고, 동법 제65조 제3항). 이러한 신고를 한 경우에는 관할 세무서장에 의한 중간예납세액의 결정은 없었던 것으로 본다(동조 제4항).

중간예납기준액이 없는 거주자 중 복식부기의무자가 해당 과세기간의 중간예납기간 중 사업소득이 있는 경우에는 11. 1.부터 11. 30.까지의 기간에 중간예납추계액을 중간예납세액으로 하여 관할 세무서장에게 신고하여야 한다(강제 신고, 동조 제5항). 이처럼 중간예납추계액을 중간예납세액으로 신고한 거주자는 그 신고한 중간예납세액을 11. 30.까지 납부하여야 한다(동조 제6항). 중간예납추계액은 다음의 계산식 순서에 따라 계산한다(동조 제8항).

① 종합소득과세표준 = (중간예납기간의 종합소득금액 × 2) – 이월결손금 – 종합소득공제
② 종합소득 산출세액 = 종합소득 과세표준 × 기본세율
③ 중간예납추계액 = 종합소득산출세액 × 1/2 – ㉠ 중간예납기간의 종합소득에 대한 감면세액 및 세액공제액, ㉡ 토지 등 매매차익 예정신고 산출세액, ㉢ 수시부과세액 및 원천징수세액

2. 수시부과

관할 세무서장 또는 지방국세청장은 거주자가 과세기간 중에 다음의 어느 하나에 해당하면 수시로 그 거주자에 대한 소득세를 부과할 수 있다(소득세법 제82조 제1항).

① 사업부진이나 그 밖의 사유로 장기간 휴업 또는 폐업 상태에 있는 때로서 소득세를 포탈할 우려가 있다고 인정되는 경우
② 그 밖에 조세를 포탈할 우려가 있다고 인정되는 상당한 이유가 있는 경우

해당 과세기간의 사업 개시일부터 해당 사유가 발생한 날까지를 수시부과기간으로 하여 적용한다. 관할 세무서장 또는 지방국세청장은 주소·거소 또는 사업장의 이동이 빈번하다고 인정되는 지역의 납세의무가 있는 사람에 대해서도 수시부과할 수 있다(동조 제4항). 이 경우 수시부과를 하려는 세무서장은 관할 지방국세청장의 승인을 받아 지체 없이 해당 거주자에게 그 뜻을 통지하여야 한다(동법 시행령 제148조 제2항). 수시부과한 경우 해당 세액 및 수입금액에 대해서는 무신고가산세 및 과소신고가산세를 적용하지 않는다(동조 제3항). 수시부과세액은 다음과 같이 계산한다(동법 시행규칙 제69조 제2호).

종합소득에 대한 수시부과세액 = (수시부과기간의 종합소득금액 – 거주자 본인에 대한 기본공제) × 기본세율

세무서장은 사업자가 주한국제연합군 또는 외국기관으로부터 수입금액을 외국환은행을 통하여 외환증서 또는 원화로 영수할 때에는 수시부과에 의하여 그 영수할 금액에 대한 과세표준을 결정할 수 있다(동법 시행령 제148조 제3항). 이 경우 수시부과세액은 다음과 같이 계산한다(동법 시행규칙 제69조 제1호).

수시부과세액 = 총수입금액 × (1 – 단순경비율) × 기본세율

3. 사업장 현황신고

사업자(해당 과세기간 중 사업을 폐업 또는 휴업한 사업자를 포함)는 해당 사업장의 현황을 해당 과세기간의 다음 연도 2. 10.까지 사업장 소재지 관할 세무서장에게 신고하여야 한다. 다만, 다음의 어느 하나에 해당하는 경우에는 사업장 현황신고를 한 것으로 보고, 보험모집인 · 음료품배달원 등은 사업자 현황신고를 하지 않을 수 있다(소득세법 제78조 제1항 및 제3항, 동법 시행령 제141조 제2항 및 제4항).

> ① 사업자가 사망하여 상속인이 상속개시일이 속하는 달의 말일부터 6개월 이내에 과세표준확정신고를 해야 하거나 사업자가 출국하는 경우 출국일 전날까지 과세표준확정신고를 해야 하는 경우
> ② 부가가치세법에 따른 사업자가 부가가치세 예정신고 또는 확정신고를 한 경우. 다만, 사업자가 부가가치세법상 과세사업과 면세사업 등을 겸영하여 면세사업 수입금액 등을 신고하는 경우에는 그 면세사업 등에 대하여 사업장 현황신고를 한 것으로 본다.

사업장 현황신고를 하여야 하는 사업자는 사업자의 인적사항, 업종별 수입금액 명세, 수입금액의 결제수단별 명세, 계산서세금계산서 및 신용카드매출전표 등 수취명세, 그 밖에 사업장의 현황과 관련된 사항이 포함된 사업장 현황신고서를 제출하여야 한다(동법 제78조 제2항).

의료업, 수의업 및 약국을 개설하여 행하는 약사에 관한 업을 행하는 사업자가 사업장 현황신고를 하지 않은 경우, 신고해야 할 수입금액에 미달하게 신고한 경우에는 다음의 금액을 해당 과세기간의 종합소득결정세액에 더하여 납부하여야 한다. 이 가산세는 산출세액이 없는 경우에도 적용한다(동법 제81조의3 제1항, 제2항 및 동법 시행령 제147조의2).

> 사업장 현황신고 불성실가산세 = 무신고미달신고 수입금액 × 0.5%

Ⅲ 과세표준확정신고와 납부

1. 과세표준확정신고

해당 과세기간의 종합소득금액이 있는 거주자(종합소득과세표준이 없거나 결손금이 있는 거주자를 포함)는 그 종합소득 과세표준을 그 과세기간의 다음 연도 5. 1.부터 5. 31.까지 관할 세무서장에게 신고하여야 한다(소득세법 제70조 제1항). 이를 종합소득신고라고 한다.

1-1. 제출서류

종합소득 과세표준확정신고를 할 때에는 그 신고서에 다음의 서류를 첨부하여 관할 세무서장에게 제출하여야 한다. 이 경우 복식부기의무자가 ③의 서류를 제출하지 않은 경우에는 종합소득 과세표준확정신고를 하지 않은 것으로 본다(동법 제70조 제4항).

① 인적공제, 연금보험료공제, 주택담보노후연금 이자비용공제, 특별소득공제, 자녀세액공제, 연금계좌세액공제 및 특별세액공제 대상임을 증명하는 서류
② 종합소득금액 계산의 기초가 된 총수입금액과 필요경비의 계산에 필요한 서류(소득금액계산명세서 등)
③ 사업소득금액을 비치·기록된 장부와 증명서류에 의하여 계산한 경우에는 기업회계기순을 준용하여 작성한 재무상태표·손익계산서와 그 부속서류, 합계잔액시산표 및 조정계산서. 다만, 간편장부대상자로서 간편장부에 따라 기장을 한 사업자의 경우에는 간편장부소득금액계신시
④ 대손충당금, 퇴직급여충당금, 일시상각추당금 등을 계상한 경우에는 그 명세서
⑤ 사업자(소규모사업자는 제외)가 사업과 관련하여 다른 사업자(법인을 포함)로부터 재화 또는 용역을 공급받고 적격증명서류 외의 것으로 증명을 받은 경우에는 영수증 수취명세서
⑥ 사업소득금액을 비치·기록한 장부와 증명서류에 의하여 계산하지 않은 경우 추계소득금액계산서

1-2. 과세표준확정신고의 예외

(1) 일정한 소득만 있는 거주자

다음의 어느 하나에 해당하는 거주자는 해당 소득에 대하여 과세표준확정신고를 하지 않을 수 있다(소득세법 제73조 제1항).

3장 소득세법

① 근로소득만 있는 사람
② 퇴직소득만 있는 사람
③ 공적연금소득만 있는 사람
④ 연말정산되는 사업소득만 있는 사람
⑤ 원천징수되는 기타소득으로서 종교인소득만 있는 사람
⑥ 근로소득 및 퇴직소득만 있는 사람
⑦ 공적연금소득 및 퇴직소득만 있는 사람
⑧ 연말정산되는 사업소득 및 퇴직소득만 있는 사람
⑨ 원천징수되는 기타소득으로서 종교인소득 및 퇴직소득만 있는 사람
⑩ 분리과세이자소득, 분리과세배당소득, 분리과세연금소득 및 분리과세기타소득(원천징수되지 않은 소득은 제외)만 있는 사람
⑪ 위 ①부터 ⑨까지에 해당하는 사람으로서 분리과세이자소득, 분리과세배당소득, 분리과세연금소득 및 분리과세기타소득이 있는 사람

다만, 근로소득(일용근로소득은 제외), 공적연금소득, 종교인소득 또는 연말정산되는 사업소득이 있는 사람에 대하여 원천징수의무자가 연말정산에 따라 소득세를 원천징수하지 않은 때에는 종합소득 과세표준확정신고를 하여야 하고, 퇴직소득이 있는 사람에 대하여 퇴직소득에 대한 원천징수를 하지 않은 때에는 다음 연도 5. 1.부터 5. 31.까지 과세표준확정신고를 하여야 한다(동조 제4항).

(2) 수시부과 후 추가 발생소득이 없는 사람

수시부과 후 추가로 발생한 소득이 없을 경우에는 과세표준확정신고를 하지 않을 수 있다(동조 제5항).

2. 확정신고납부

거주자는 해당 과세기간의 과세표준에 대한 종합소득 산출세액 또는 퇴직소득 산출세액에서 감면세액과 세액공제액을 공제한 금액을 과세표준확정신고기한까지 납세지 관할 세무서, 한국은행 또는 체신관서에 납부하여야 한다(소득세법 제76조 제1항).

2-1. 납부할 세액의 계산

확정신고납부할 세액은 종합소득세액 또는 퇴직소득세액에서 공제·감면세액과 기납부세액(중간예납세액 등)을 차감하여 계산한다. 여기서 기납부세액은 다음의 세액을 말한다(소득세법 제76조 제3항).

2-2. 분할납부

거주자로서 납부할 세액이 1,000만원을 초과하는 사람은 그 납부할 세액의 일부를 납부기한이 지난 후 2개월 이내에 분할납부할 수 있다(소득세법 제77조). 분할납부하는 세액은 다음과 같다(동법 시행령 제140조)

납부할 세액		분할납부 세액
1,000만원 초과	2,000만원 이하	1,000만원을 초과하는 금액
	2,000만원 초과	해당 세액의 50퍼센트 이하의 금액

수정신고에 의한 추가신고자진납부세액, 가산세, 조세특례제한법상 감면세액 추징에 따른 이자상당액은 분할납부의 대상이 되지 않는다. 1차 분납분을 납부하지 않았을 경우 납부불성실 가산세의 부과기준이 되는 미납부세액에는 아직 납부기한이 도래하지 않은 분할납부 세액이 포함되지 않는다.

3. 결정·경정

3-1. 의의

관할 세무서장 또는 지방국세청장은 과세표준확정신고가 없는 경우 해당 과세기간 과세표준과 세액을 결정한다(소득세법 제80조 제1항). 이러한 결정은 과세표준확정신고기일부터 1년내에 완료하여야 한다. 다만, 국세청장이 조사기간을 따로 정하거나 부득이한 사유로 인하여 국세청장의 승인을 얻은 경우에는 그렇지 않다(동법 시행령 제142조 제2항). 또 관할 세무서장 또는 지방국세청장은 신고 내용에 탈루 또는 오류가 있는 경우에는 해당 과세기간의 과세표준과 세액을 경정한다(동조 제2항).

3-2. 결정 또는 경정의 방법

(1) 원칙 : 실지조사

관할 세무서장 또는 지방국세청장은 해당 과세기간의 과세표준과 세액을 결정 또는 경정하는 경우에는 장부나 그 밖의 증명서류를 근거로 하여야 한다(소득세법 제80조 제3항). 즉, 과세표준과 세액의 결정 또는 경정은 과세표준확정신고서 및 그 첨부서류에 의하거나 실지조사에 의함을 원칙으로 한다(동법 시행령 제142조 제1항).

(2) 예외 : 추계조사

과세표준을 계산할 때 필요한 장부와 증빙서류가 없거나 기장 내용이 허위임이 명백하여 장부나 그 밖의 증명서류에 의하여 소득금액을 계산할 수 없는 경우에는 소득금액을 추계조사결정할 수 있다. 과세표준을 추계결정 또는 경정하는 경우에는 추계에 의하여 산출한 소득금액에서 인적공제와 특별소득공제를 하여 과세표준을 계산한다(동법 제80조 제3항 단서 및 동법 시행령 제143조).

1) 추계소득금액의 계산

추계소득금액은 다음과 같이 계산한다.

① 단순경비율 적용대상자의 추계소득금액 = 수입금액 - (수입금액 × 단순경비율)
② 일반사업자의 추계소득금액 = Min [㉠, ㉡]
　㉠ 기준소득금액 = 수입금액 - [주요경비 + (수입금액 × 기준경비율)]
　　* 복식부기의무자의 경우 (수입금액 × 기준경비율 × 1/2)을 공제한다.
　㉡ 비교소득금액 = [수입금액 - (수입금액 × 단순경비율)] × 배율
　　* 배율은 간편장부대상자 2.8배, 복식부기의무자 3.4배이다.

추계소득금액의 계산에는 위의 일반적인 방법 외에 다음과 같은 예외적인 방법도 적용될 수 있다(동항 제1호의3, 제2호 및 제3호).

① 보험모집인 등의 연말정산되는 사업소득
　추계소득금액 = 수입금액 × 연말정산사업소득의 소득률
　* 연말정산사업소득의 소득률 = 1 - 단순경비율
② 기준경비율 또는 단순경비율이 결정되지 않았거나 천재·지변 기타 불가항력으로 장부 기타 증빙서류가 멸실된 경우

㉠ 동일업종의 다른 사업자가 있는 경우 : 기장이 가장 정확하다고 인정되는 동일업종의 다른 사업자의 소득금액을 참작하여 그 소득금액을 결정 또는 경정하는 방법(동업자권형방법)에 의한다.

㉡ 동일업종의 다른 사업자가 없는 경우 : 과세표준확정신고 후에 장부 등이 멸실된 때에는 신고서 및 그 첨부서류에 의하고, 과세표준확정신고 전에 장부 등이 멸실된 때에는 직전 과세기간의 소득률에 의하여 소득금액을 결정 또는 경정한다.

③ 기타 국세청장이 합리적이라고 인정하는 방법

2) 추계결정·경정시의 수입금액의 계산

사업자의 수입금액을 장부 기타 증빙서류에 의하여 계산할 수 없는 경우 그 수입금액은 다음의 어느 하나에 해당하는 방법에 따라 계산한 금액으로 한다(동법 시행령 제144조 제1항).

① 기장이 정당하다고 인정되어 기장에 의하여 조사 결정한 동일업황의 다른 사업자의 수입금액을 참작하여 계산하는 방법

② 국세청장이 사업의 종류, 지역 등을 고려하여 사업과 관련된 인적·물적시설(종업원·객실·사업장·차량·수도·전기 등)의 수량 또는 가액과 매출액의 관계를 정한 영업효율이 있는 때에는 이를 적용하여 계산하는 방법

③ 국세청장이 업종별로 투입원재료에 대하여 조사한 생산수율을 적용하여 계산한 생산량에 당해 과세기간중에 매출한 수량의 시가를 적용하여 계산하는 방법

④ 국세청장이 사업의 종류별·지역별로 정한 다음의 어느 하나에 해당하는 기준에 따라 계산하는 방법

㉠ 생산에 투입되는 원·부재료 중에서 일부 또는 전체의 수량과 생산량과의 관계를 정한 원단위 투입량

㉡ 인건비·임차료·재료비·수도광열비 기타 영업비용 중에서 일부 또는 전체의 비용과 매출액의 관계를 정한 비용관계비율

㉢ 일정기간 동안의 평균재고금액과 매출액 또는 매출원가와의 관계를 정한 상품회전율

㉣ 일정기간 동안의 매출액과 매출총이익의 비율을 정한 매매총이익률

㉤ 일정기간 동안의 매출액과 부가가치액의 비율을 정한 부가가치율

⑤ 추계결정·경정 대상 사업자에 대하여 ② 내지 ④의 비율을 산정할 수 있는 경우에는 이를 적용하여 계산하는 방법

⑥ 주로 최종소비자를 대상으로 거래하는 업종에 대하여는 국세청장이 정하는 입회조사기준에 의하여 계산하는 방법

위와 같이 추계조사하여 결정 또는 경정한 사업자의 수입금액에는 다음의 금액을 가산한다(동조 제3항).

① 해당 사업과 관련하여 국가·지방자치단체로부터 지급받은 보조금 또는 장려금
② 해당 사업과 관련하여 동업자단체 또는 거래처로부터 지급받은 보조금 또는 장려금
③ 부가가치세법에 따라 신용카드매출전표를 교부함으로써 공제받은 부가가치세액
④ 복식부기의무자의 사업용 유형자산 양도가액

3-3. 결정·경정한 과세표준과 세액의 통지

관할 세무서장 또는 지방국세청장은 거주자의 과세표준과 세액을 결정 또는 경정한 경우에는 그 내용을 해당 거주자 또는 상속인에게 서면으로 통지하여야 한다(소득세법 제83조). 납부할 세액이 없는 때에도 또한 같다(동법 시행령 제149조 제1항). 이 경우 피상속인의 소득금액에 대한 소득세를 2인 이상의 상속인에게 과세하는 경우에는 과세표준과 세액을 그 지분에 따라 배분하여 상속인별로 각각 통지하여야 한다(동조 제2항).

4. 성실신고확인제도

4-1. 의의

종합소득세 확정신고를 할 때 수입금액이 일정 금액 이상인 개인사업자는 비치·기록된 장부와 증명서류에 의하여 계산한 사업소득금액의 적정성을 세무사 등이 확인하고 작성한 성실신고확인서를 제출하여야 한다(소득세법 제70조의2 제1항). 성실신고확인자인 세무사 등이란 세무사(세무사법에 따라 등록한 공인회계사를 포함), 세무법인 또는 회계법인을 말한다(동법 시행령 제133조 제3항). 세무사 등이 성실신고확인대상 사업자에 해당하는 경우에는 자신의 사업소득금액의 적정성에 대하여 해당 세무사가 성실신고확인서를 작성·제출해서는 안 된다(자기확인금지, 동조 제4항).

4-2. 성실신고확인대상 사업자

성실신고확인대상 사업자란 해당 과세기간의 수입금액(사업용 유형자산을 양도함으로써 발생한 수입금액은 제외)의 합계액이 다음의 구분에 따른 금액 이상인 사업자를 말한다. 다만, ①호 또는 ②에 해당하는 업종을 영위하는 사업자 중 현금영수증 의무발행업종에 따른 사업서비스업(변호사업, 공인회계사업 등)을 영위하는 사업자의 경우에는 ③에 따른 금액 이상인 사업자를 말한다(동법 시행령 제113조 제1항).

① 농업·임업 및 어업, 광업, 도매 및 소매업(상품중개업을 제외), 부동산매매업, 그 밖에 ② 및 ③에 해당하지 않는 사업 : 15억원
② 제조업, 숙박 및 음식점업, 전기·가스·증기 및 공기조절 공급업, 수도·하수·폐기물처리·원료재생업, 건설업(비주거용 건물 건설업은 제외하고, 주거용 건물 개발 및 공급업을 포함), 운수업 및 창고업, 정보통신업, 금융 및 보험업, 상품중개업 : 7억 5천만원
③ 부동산임대업, 부동산업(부동산매매업은 제외), 전문·과학 및 기술 서비스업, 사업시설관리·사업지원 및 임대서비스업, 교육서비스업, 보건업 및 사회복지 서비스업, 예술·스포츠 및 여가관련 서비스업, 협회 및 단체, 수리 및 기타 개인 서비스업, 가구내 고용활동 : 5억원

4-3. 성실신고확인서 제출 혜택

(1) 확정신고기한 연장

성실신고확인대상사업자가 성실신고확인서를 제출하는 경우에는 종합소득과세표준 확정신고를 그 과세기간의 다음 연도 5월 1일부터 6월 30일까지 하여야 한다(동법 제70조의2 제2항). 그리하여 확정신고기한이 다음 연도 5. 31.에서 6. 30.까지로 1개월 연장된다.

(2) 의료비·교육비·월세 세액공제

1) 의료비 등 세액공제

성실신고확인대상 사업자로서 성실신고확인서를 제출한 사람이 의료비 및 교육비를 지출한 경우 그 지출한 금액의 15퍼센트(미숙아 및 선천성이상아를 위하여 지급한 의료비는 20퍼센트, 난임시술을 위하여 지출한 비용은 30퍼센트)에 해당하는 금액을 해당 과세연도의 소득세(사업소득에 대한 소득세만 해당)에서 공제한다(조세특례제한법 제122조의3 제1항).

2) 월세 세액공제

종합소득금액이 7천만원 이하인 성실신고확인대상사업자로서 성실신고확인서를 제출한 사람이 제95조의2에 따른 월세액을 지급하는 경우 그 지급한 금액의 15퍼센트(해당 과세연도의 종합소득금액이 4천500만원 이하인 경우에는 17퍼센트)에 해당하는 금액을 해당 과세연도의 소득세에서 공제한다. 다만, 해당 월세액이 연간 1천만원을 초과하는 경우 그 초과하는 금액은 없는 것으로 한다(동법 제3항).

3) 성실신고확인비용에 대한 세액공제

성실신고확인대상사업자가 성실신고확인서를 제출하는 경우에는 성실신고 확인에 직접 사용한 비용의 60퍼센트에 해당하는 금액을 해당 과세연도의 소득세[사업소득(부동산임대업에서 발생하는 소득을 포함)에 대한 소득세만 해당]에서 공제한다. 다만, 공제세액의 한도는 120만원으로 한다(동법 제126조의6 제1항 및 동법 시행령 제121조의6 제1항 제1호).

4-4. 성실신고확인의무 위반에 대한 제재

(1) 성실신고확인서 제출 불성실가산세

성실신고확인대상사업자가 그 과세기간의 다음 연도 6월 30일까지 성실신고확인서를 납세지 관할 세무서장에게 제출하지 않는 경우에는 다음의 금액 중 큰 금액을 가산세로 해당 과세기간의 종합소득 결정세액에 더하여 납부하여야 한다(동법 제81조의2 제1항).

Max [①, ②]

$$① \text{ 종합소득산출세액} \times \frac{\text{사업소득금액}}{\text{종합소득금액}} \times 5\%$$

$$② \text{ 수입금액} \times \frac{2}{10,000} \ (0.02\%)$$

(2) 수시선정 세무조사

성실신고확인서 제출의무를 이행하지 않는 경우에는 수시선정 세무조사의 대상이 될 수 있다(국세기본법 제81조의6 제3항 제1호).

제5절 퇴직소득세와 양도소득세

I 퇴직소득세

1. 퇴직소득의 범위

1-1. 의의

퇴직소득이란 법인 또는 개인사업자를 위하여 근로를 제공한 임원이나 사용인이 퇴직을 할 때 지급받는 소득과 공적연금 관련법에 따라 받는 일시금을 말한다. 퇴직소득은 상당한 기간 동안 서서히 발생하여 집적된 소득이 일시에 실현되는 특징을 갖고 있으므로 이를 종합소득에 합산하여 과세하게 되면 특정연도에 소득이 결집됨으로써 누진세율에 따라 부당하게 높은 세율을 적용받게 되는 문제점이 있다. 이러한 결집효과를 방지하기 위하여 퇴직소득은 종합소득에서 제외하여 별도로 분류과세되고 있다.

1-2. 퇴직소득의 범위

퇴직소득이란 해당 과세기간에 발생하는 다음의 소득을 말한다(소득세법 제22조 제1항 및 동법 시행령 제42조의2 제4항).

(1) 공적연금 관련법에 따라 받는 일시금

공적연금 관련법에 따라 받는 일시금은 퇴직소득에 해당한다. 공적연금 관련법에 따라 일시금을 지급하는 사람이 그 일부 또는 전부를 지연하여 지급하면서 지연지급에 대한 이자를 함께 지급하는 경우 해당 이자도 퇴직소득에 포함한다.

(2) 사용자 부담금을 기초로 하여 현실적인 퇴직을 원인으로 지급받는 소득

사용자 부담금을 기초로 하여 현실적인 퇴직을 원인으로 지급받는 소득은 가장 일반적인 퇴직소득에 해당한다. 현실적인 퇴직을 원인으로 일시금으로 지급받는 것이라면 퇴직위로금, 퇴직수당, 명예퇴직수당 등 그 명칭을 불문하고 퇴직소득에 포함한다. 그러나 임원의 경우 퇴직급여가 퇴직소득 한도액을 초과하는 경우에는 근로소득으로 본다.

> 직장으로부터 퇴직급여를 받을 수 있는 근로자는 한주의 평균 근로시간이 15시간 이상인 상태로 1년 이상 근로를 제공한 사람이다(근로자퇴직급여 보장법 제4조). 퇴직금의 지급금액은 다음과 같다(동법 제8조).
>
> 퇴직금 지급금액 = 직전 3개월 급여의 1일 평균 임금 × 30 × (재직일수/365)
>
> * 직전 3개월 급여의 1일 평균 임금 = 직전 3개월 급여의 총액/직전 3개월 동안의 총 일수. 여기서 총액이란 연차수당과 정기 상여금을 모두 포함한다.

(3) 과학기술인공제회로부터 지급받는 과학기술발전장려금

「과학기술인공제회법」에 따라 과학기술인공제회로부터 지급받는 과학기술발전장려금은 퇴직소득에 해당한다. 과학기술인공제회는 회원이 퇴직하여 퇴직연금급여를 받게 되는 경우 퇴직연금급여 외에 별도로 과학기술발전장려금을 지급할 수 있다.

(4) 건설근로자공제회로부터 지급받는 퇴직공제금

「건설근로자의 고용개선 등에 관한 법률」에 따라 건설근로자공제회로부터 지급받는 퇴직공제금은 퇴직소득에 해당한다. 퇴직공제란 사업주가 건설근로자를 피공제자로 하여 건설근로자공제회에 공제부금을 내고 그 피공제자가 건설업에서 퇴직·사망하거나 60세에 이른 경우 건설근로자공제회가 퇴직공제금을 지급하는 것을 말한다.

(5) 종교관련종사자가 현실적인 퇴직을 원인으로 종교단체로부터 지급받는 소득

종교관련종사자가 현실적인 퇴직을 원인으로 종교단체로부터 지급받는 소득은 퇴직소득에 해당한다.

(6) 소기업·소상공인 공제금

폐업 등 일정한 사유가 발생하여 소기업·소상공인 공제에서 공제금을 지급받는 경우에는 다음 계산식에 따라 계산한 금액을 퇴직소득으로 보아 소득세를 부과한다(조세특례제

한법 제86조의3 제3항). 이 경우 소득세법 제48조 및 제55조에 따른 근속연수는 공제부금 납입월수를 12로 나누어 계산한 연수로 하고, 1년 미만의 기간은 1년으로 본다(동법 시행령 제80조의3 제3항).

퇴직소득 = 공제금 − 실제 소득공제받은 금액을 초과하여 납입한 금액의 누계액

참 조

일정한 사유

다음 중 어느 하나에 해당하는 사유를 말한다(조세특례제한법 시행령 제80조의3 제4항).

① 소기업·소상공인이 폐업 또는 해산(법인에 한정)한 때
② 공제가입자가 사망한 때
③ 법인 대표자 지위로 공제에 가입한 사람이 그 법인의 대표자의 지위를 상실한 때
④ 만 60세 이상으로 공제부금 납입월수가 120개월 이상인 공제가입자가 공제금의 지급을 청구한 때

3장 소득세법

그러나 폐업 등 일정한 사유가 발생하기 전에 소기업·소상공인 공제계약이 해지된 경우에는 해지환급금에서 실제 소득공제받은 금액을 초과하여 납입한 금액의 누계액을 차감한 금액을 기타소득으로 과세한다. 다만, 해외이주 등의 사유로 해지된 경우에는 퇴직소득으로 과세한다(동법 제86조의3 제4항).

1-3. 퇴직판정의 특례

일반적인 퇴직소득은 사용자의 부담금을 기초로 현실적인 퇴직을 원인으로 근로자가 지급받는 소득이다. 여기서 현실적인 퇴직이란 근로관계가 종료됨으로써 퇴직하는 것을 말한다. 그러나 여기에는 다음과 같은 퇴직판정의 특례가 있다(소득세법 시행령 제43조).

① 다음의 어느 하나에 해당하는 사유가 발생했으나 퇴직급여를 실제로 받지 않은 경우는 퇴직으로 보지 않을 수 있다.
㉠ 종업원이 임원이 된 경우
㉡ 합병·분할 등 조직변경, 사업양도, 직·간접으로 출자관계에 있는 법인으로의 전출 또는 동일한 사업자가 경영하는 다른 사업장으로의 전출이 이루어진 경우
㉢ 법인의 상근임원이 비상근임원이 된 경우
㉣ 비정규직 근로자(「기간제 및 단시간근로자 보호 등에 관한 법률」에 따른 기간제근로자 또는 단시간

근로자)가 정규직 근로자(「근로기준법」에 따라 근로계약을 체결한 근로자로서 비정규직 근로자가 아닌 근로자)로 전환된 경우

② 계속근로기간 중에 다음의 어느 하나에 해당하는 사유로 퇴직급여를 미리 지급받은 경우(퇴직소득중간지급이라고 하며, 임원인 근로소득자를 포함)에는 그 지급받은 날에 퇴직한 것으로 본다.
㉠ 「근로자퇴직급여 보장법」에 따라 근로자가 주택구입 등 긴급한 자금이 필요한 사유로 퇴직금을 퇴직하기 전에 미리 중간정산하여 지급받은 경우
㉡ 「근로자퇴직급여 보장법」에 따라 퇴직연금제도가 폐지되는 경우

1-4. 비과세 퇴직소득

비과세 퇴직소득은 비과세 근로소득과 함께 규정되어 있다(소득세법 제12조 제3항). 이에 관하여는 근로소득 부분에서 서술하였다.

2. 퇴직소득세액의 계산

퇴직소득금액은 해당 과세기간에 발생한 퇴직소득의 금액의 합계액(비과세소득의 금액은 제외)으로 한다. 퇴직소득과세표준과 퇴직소득산출세액은 다음의 순서에 따라 계산한 금액으로 한다(소득세법 제48조 제1항 및 제55조 제2항).

① 환산급여 = (해당 과세기간의 퇴직소득금액 – 근속연수에 따른 공제액) × 12배/근속연수
② 퇴직소득과세표준 = 환산급여 – 환산급여에 따른 차등공제액
③ 퇴직소득산출세액 = 퇴직소득과세표준 × 기본세율 × 근속연수/12배

* 근속연수에 따른 공제액

근속연수	근속연수에 따른 공제액
5년 이하	100만원 × 근속연수
5년 초과 10년 이하	500만원 + 200만원 × (근속연수 – 5년)
10년 초과 20년 이하	1,500만원 + 250만원 × (근속연수 – 10년)
20년 초과	4,000만원 + 300만원 × (근속연수 – 20년)

** 환산급여에 따른 차등공제액

환산급여		환산급여에 따른 차등공제액	
	800만원 이하		환산급여의 100%
800만원 초과	7,000만원 이하	800만원 +	(800만원 초과분의 60%)
7,000만원 초과	1억원 이하	4,520만원 +	(7,000만원 초과분의 55%)
1억원 초과	3억원 이하	6,170만원 +	(1억원 초과분의 45%)
3억원 초과		1억 5,170만원 +	(3억원 초과분의 35%)

*** 근속연수는 근로를 제공하기 시작한 날 또는 퇴직소득중간지급일의 다음 날부터 퇴직한 날까지로 한다. 근속연수를 계산할 때 1년 미만의 기간이 있는 경우에는 이를 1년으로 본다.

3. 퇴직소득에 대한 과세

3-1. 퇴직소득에 대한 과세방법

(1) 원천징수

국내에서 거주자 또는 비거주자에게 퇴직소득을 지급하는 사람은 그 거주자 또는 비거주자에 대한 소득세를 원천징수하여 그 징수일이 속하는 달의 다음 달 10일까지 납부하여야 한다(소득세법 제127조 제1항 제7호 및 제128조). 이 경우 원천징수의무자가 퇴직소득 결정세액을 원천징수하는데, 그 세액계산방법은 전술한 바와 같다(동법 제129조 제1항 제7호 및 제146조). 다만, 국외 근로소득이 있는 사람이 퇴직함으로써 받는 퇴직소득은 원천징수하지 않는다(동법 제127조 제1항 제7호 단서).

(2) 분류과세

퇴직소득은 종합소득에 합산하지 않고 별도로 과세한다.

3-2. 퇴직소득세액의 과세이연

퇴직소득을 지급하는 사람은 퇴직소득을 지급할 때 퇴직소득세를 원천징수하는 방법으로 과세하는 것이 원칙이다. 그러나 퇴직소득이 ① 퇴직일 현재 연금계좌에 있거나 연금계좌로 지급되는 경우 또는 ② 퇴직하여 지급받은 날부터 60일 이내에 연금계좌에 입금되는 경우에는 원천징수 규정에도 불구하고 해당 퇴직소득에 대한 소득세를 연금외수령하기 전까지 원천징수하지 않는다. 이 경우 원천징수 규정에 따라 소득세가 이미 원천징수된 경우 해당 거주자는 원천징수세액에 대한 환급을 신청할 수 있다(소득세법 제146조 제2항). 이연퇴직소득은 연금계좌에서 인출될 때 소득세가 과세된다. 이연퇴직소득을 연금계좌에서 연금수령하는 경우에는 연금소득으로 과세하고, 연금외수령하는 경우에는 퇴직시 납부하지 않았던 그 금액에 대한 퇴직소득세액을 원천징수하는 방법으로 과세한다(동법 시행령 제202조의3 제2항).

Ⅱ 양도소득세

1. 양도소득의 범위

1-1. 의의

양도소득이란 개인이 해당 과세기간에 일정한 자산의 양도로 발생하는 소득을 말한다(소득세법 제94조). 사업적으로 하는 부동산 등의 양도로 발생하는 소득은 사업소득에 해당하므로 양도소득은 사업성이 없는 경우에 한정된다. 양도소득은 자본이득(capital gain)에 속한다. 자본이득이란 자본적 자산(capital assets)의 가치상승에 따라 얻는 보유이익으로서 실현된 자본이득과 미실현자본이득으로 나누어진다. 양도소득세는 그 중 개인이 얻은 실현된 자본이득에 대하여 과세되는 것이다.

1-2. 과세대상자산의 범위

(1) 토지 또는 건물

토지란 「공간정보의 구축 및 관리 등에 관한 법률」에 따라 지적공부에 등록하여야 할 지목에 해당하는 것을 말하고, 건물에는 그에 부속된 시설물과 구축물을 포함한다(소득세법 제94조 제1항 제1호).

(2) 부동산에 관한 권리

① 지상권, ② 전세권, ③ 등기된 부동산임차권과 ④ 부동산을 취득할 권리가 있다. 부동산을 취득할 권리란 부동산의 취득시기가 도래하기 전에 해당 부동산을 취득할 수 있는 권리로서 다음과 같은 것이 있다(동법 제94조 제1항 제2호).

> ① 건물이 완성되는 때에 그 건물과 이에 딸린 토지를 취득할 수 있는 권리
> ㉠ 조합원입주권 : 「도시 및 주거환경정비법」에 따른 관리처분계획의 인가 및 「빈집 및 소규모주택 정비에 관한 특례법」에 따른 사업시행계획인가로 인하여 취득한 입주자로 선정된 지위를 말한다.
> ㉡ 분양권 : 「주택법」, 「도시 및 주거환경정비법」, 「빈집 및 소규모주택 정비에 관한 특례법」 등에 따른 주택에 대한 공급계약을 통하여 주택을 공급받는 사람으로 선정된 지위(해당 지위를 매매 또는 증여 등의 방법으로 취득한 것을 포함)를 말한다.
> ② 지방자치단체·한국토지주택공사가 발행하는 토지상환채권, 한국토지주택공사가 발행하는 주택상환채권
> ③ 부동산매매계약을 체결한 사람이 계약금만 지급한 상태에서 양도하는 권리

(3) 주식

주식(출자지분, 신주인수권과 증권예탁증권을 포함) 가운데 양도소득 과세대상이 되는 것은 다음과 같다(동법 제94조 제1항 제3호 및 동법 시행령 제157조의3). 다만, 이 가운데 기타자산에도 동시에 해당하는 경우에는 기타자산으로 본다(동법 제94조 제2항).

> ① 주권상장법인(유가증권시장 또는 코스닥시장·코넥스시장에 상장된 주권을 발행하는 법인)의 주식은 다음의 것만 양도소득세의 과세대상이 된다.
> ㉠ 대주주가 양도하는 주식
> ㉡ 대주주에 해당하지 않는 사람이 증권시장에서의 거래에 의하지 않고 양도하는 주식.
> ② 주권비상장법인(주권상장법인이 아닌 법인)의 주식은 원칙적으로 양도소득세 과세대상이 된다. 다만, 주권비상장법인의 대주주에 해당하지 않는 사람이 「자본시장과 금융투자업에 관한 법률」에 따라 설립된 한국금융투자협회가 행하는 장외매매거래에 의하여 양도하는 중소기업 및 중견기업의 주식 등은 제외한다.
> ③ 외국법인이 발행하였거나 외국에 있는 시장에 상장된 주식으로서 다음의 것은 양도소득세 과세대상이 된다.
> ㉠ 외국법인이 발행한 주식(우리나라 증권시장에 상장된 주식은 제외)
> ㉡ 내국법인이 발행한 주식(국외 예탁기관이 발행한 증권예탁증권을 포함)으로서 해외 증권시장에 상장된 것

여기서 주권상장법인의 대주주란 주식의 양도일이 속하는 사업연도의 직전 사업연도 종료일 현재 다음과 같은 소유주식의 비율 또는 시가총액의 기준 중 어느 하나를 충족하는 경우의 해당 주주 1인을 말한다(동법 시행령 제157조 제1항 및 제2항, 제167조의8 제1항 제1호).

법인 구분	주권상장법인의 대주주	
	소유주식의 비율	소유주식의 시가총액
유가증권시장 상장법인	1% 이상	50억원 이상
코스닥시장 상장법인	2% 이상	
코넥스시장 상장법인	4% 이상	

한편 주권비상장법인의 대주주란 주식 등의 양도일이 속하는 사업연도의 직전 사업연도 종료일 현재 주주 1인 및 주식 등의 양도일이 속하는 사업연도의 직전 사업연도 종료일 현재 그와 일정한 특수관계에 있는 사람(기타주주)의 ① 소유주식의 비율 합계가 4퍼센트 이상이거나 또는 ② 소유주식의 시가총액이 50억원 이상인 경우의 해당 주주 1인 및 기타주주를 말한다(동조 제6항).

(4) 기타자산

1) 영업권

양도소득 과세대상자산인 영업권은 사업에 사용하는 토지·건물 및 부동산에 관한 권리에 해당하는 자산과 함께 양도하는 것에 한정한다. 그 외의 영업권의 양도는 기타소득의 대상이 된다(동법 제94조 제1항 제4호 가목).

2) 시설물이용권

이용권·회원권, 그 밖에 그 명칭과 관계없이 시설물을 배타적으로 이용하거나 일반이용자보다 유리한 조건으로 이용할 수 있도록 약정한 단체의 구성원이 된 사람에게 부여되는 시설물 이용권은 과세대상 자산에 해당한다. 법인의 주식 등을 소유하는 것만으로 시설물을 배타적으로 이용하거나 일반이용자보다 유리한 조건으로 시설물 이용권을 부여받게 되는 경우 그 주식 등을 포함한다(동법 제94조 제1항 제4호 나목).

3) 이축권

이축권(移築權)은 개발제한구역 내에서 건축허가를 받아 건물을 건축할 수 있는 권리를 말한다. 이축권은 건물을 건축할 수 있는 권리를 말하는 것이고 부동산을 취득할 수 있는 권리는 아니다. 토지·건물과 함께 양도하는 「개발제한구역의 지정 및 관리에 관한 특별조치법」에 따른 이축권은 양도소득세 과세대상 자산에 해당한다(동법 제94조 제1항 제4호 마목 본문).

그러나 해당 이축권의 가액을 별도로 평가하여 신고하는 경우는 과세대상자산에서 제외한다(동호 마목 단서). 여기서 별도로 평가하여 신고한 경우란 감정평가업자가 감정한 가액이 있는 경우 그 가액(감정한 가액이 둘 이상인 경우에는 그 감정한 가액의 평균액)을 구분하여 신고하는 경우를 말한다(동법 시행령 제158조의2). 이축권의 가액을 별도로 평가하여 신고하는 경우 이축권을 양도하고 받은 대가는 소득세법 제21조 제1항 제7호의 그 밖에 이와 유사한 자산이나 권리를 양도하거나 대여하고 그 대가로 받는 금품에 해당하여 기타소득으로 과세한다.

(5) 파생상품 등

파생상품 등의 거래 행위로 발생하는 소득도 양도소득세 과세대상이 된다(동법 제94조 제1항 제5호). 여기서 파생상품 등이란 파생결합증권, 「자본시장과 금융투자업에 관한 법률」에 따른 장내파생상품 또는 장외파생상품 등을 말한다(동법 시행령 제159조의2 제1항).

1-3. 양도의 개념과 범위

(1) 양도의 개념

양도란 자산에 대한 등기 또는 등록과 관계없이 매도, 교환, 법인에 대한 현물출자 등을 통하여 그 자산을 유상으로 사실상 이전하는 것을 말한다(소득세법 제88조 제1호 전단).

1) 자산의 유상이전

소득세법상 양도는 증여와 같은 무상이전은 제외되고 대가가 수반되는 유상이전만을 의미한다. 유상이전의 형태를 불문하므로 매도, 교환, 법인에 대한 현물출자, 대물변제나 공용수용 등도 여기에 포함된다. 부담부증여를 하는 경우 수증자가 부담하는 채무액에 해당하는 부분은 양도로 본다.

3장 소득세법

2) 자산의 사실상 이전

소득세법상 양도란 등기 또는 등록과 관계없이 그 자산을 사실상 이전하는 것을 말한다(실질주의). 그리하여 소득세법에서는 자산의 양도·취득시기를 등기·등록일이 아니라 대금청산일로 하고 있다. 따라서 중간생략등기에 따라 최초의 매도인으로부터 최후의 취득자에게 직접 소유권이전등기를 하는 경우에도 중간취득자에게 양도소득세를 과세할 수 있다.

(2) 양도로 보지 않는 경우

자산이 유상으로 사실상 이전되더라도 다음의 어느 하나에 해당하는 경우에는 양도로 보지 않는다(동법 제88조 제1호 후단).

1) 환지처분 또는 보류지로 충당

「도시개발법」이나 그 밖의 법률에 따른 환지처분으로 지목 또는 지번이 변경되거나 보류지로 충당되는 경우에는 양도로 보지 않는다. 이는 자산을 사실상 유상이전하는 것이지만 공익사업의 원활한 수행을 위하여 양도의 범위에서 제외한 것이다.

2) 지적경계선 변경을 위한 토지의 교환

토지의 경계를 변경하기 위하여 「공간정보의 구축 및 관리 등에 관한 법률」에 따른 방법과 절차에 따른 토지 교환의 경우에는 양도로 보지 않는다(동법 시행령 제152조 제3항).

3) 신탁재산의 이전

위탁자와 수탁자 간 신임관계에 기하여 위탁자의 자산에 신탁이 설정되고 그 신탁재산의 소유권이 수탁자에게 이전된 경우로서 위탁자가 신탁 설정을 해지하거나 신탁의 수익자를 변경할 수 있는 등 신탁재산을 실질적으로 지배하고 소유하는 것으로 볼 수 있는 경우에는 양도로 보지 않는다. 이러한 신탁재산의 이전은 신탁재산의 관리·처분 등을 위한 형식적인 소유권의 이전에 불과하기 때문에 양도로 보지 않는다.

4) 양도담보

채무의 변제를 담보하기 위하여 소유권이전의 형식을 취하는 양도담보는 양도로 보지 않는다. 그러나 양도담보계약을 체결한 후 채무불이행으로 인하여 해당 자산을 변제에 충당한 때에는 그때에 이를 양도한 것으로 본다(동법 시행령 제151조 제2항).

2. 비과세 양도소득

2-1. 의의

다음의 소득에 대해서는 소득세를 과세하지 않는다(소득세법 제89조 제1항).

① 파산선고에 의한 처분으로 발생하는 소득	② 1세대 1주택의 양도로 발생하는 소득
③ 농지의 교환 또는 분합으로 발생하는 소득	
④ 지적재조사사업에 따른 경계의 확정으로 지적공부상의 면적이 감소되어 지급받는 조정금	

그러나 미등기양도자산에 대하여는 소득세법 또는 그 밖의 법률 중 양도소득에 대한 소득세의 비과세에 관한 규정을 적용하지 않는다(동법 제91조 제1항). 여기서 미등기양도자산이란 토지·건물 및 부동산에 관한 권리에 해당하는 자산을 취득한 사람이 그 자산 취득에 관한 등기를 하지 않고 양도하는 것을 말한다(동법 제104조 제3항).

2-2. 1세대 1주택의 양도소득에 대한 비과세

1세대 1주택과 그 부수토지의 양도로 발생하는 소득에 대해서는 소득세를 과세하지 않는다(소득세법 제89조 제1항 제3호). 이는 서민의 주거생활의 안정을 도모하기 위한 것이다. 여기서 1세대 1주택이란 1세대가 양도일 현재 국내에 1주택을 보유하고 있는 경우로서 해당 주택의 보유기간이 2년 이상인 것(취득 당시에 조정대상지역에 있는 주택의 경우에는 해당 주택의 보유기간이 2년 이상이고 그 보유기간 중 거주기간이 2년 이상인 것)을 말한다(동법 시행령 제154조 제1항 본문).

(1) 주택의 개념과 범위

1) 주택의 개념

주택이란 허가 여부나 공부상의 용도 구분과 관계없이 사실상 주거용으로 사용하는 건물을 말한다. 이 경우 그 용도가 분명하지 않으면 공부상의 용도에 따른다(소득세법 제88조 제7호). 판례도 주택의 해당 여부는 공부상의 용도 구분에 관계없이 실제 용도에 따라 판단하여야 하고, 일시적으로 주거가 아닌 다른 용도로 사용되고 있더라도 그 구조·기능이나 시설 등이 본래 주거용으로서 주거용에 적합한 상태에 있고 주거 기능이 그대로 유지·관리되고 있어 언제든지 주택으로 사용할 수 있는 건물의 경우에는 이를 주택으로 보아야 한다고 한다. 그리하여 비록 취득한 이후부터 가정보육시설인 이른바 놀이방 전용시설로 사용되어왔고 주거용으로 사용된 적이 없다고 하더라도 그 구조·기능이나 시설 등이 침실, 주방 및 식당, 화장실 겸 욕실 등으로 이루어져 독립된 주거에 적합한 형태를 갖추고 있으며, 언제든지 용도나 구조변경 없이 주거용으로 사용할 수 있다면 주택에 해당한다고 한다.[66] 그러나 1주택자인 거주자가 자신이 소유하여 임대해온 창고를 창고로만 사용하기로 약정하고 임대하였으나 임차인이 임의로 주거용 방으로 개조하여 사용한 경우에는 이를 주택에 해당하는 것으로 볼 수 없으므로 거주자가 종전부터 소유하던 1주택을 양도하는 경우에 1세대 1주택에 해당하여 양도소득세가 비과세된다.

이러한 주택에는 이에 딸린 토지로서 건물이 정착된 면적에 지역별로 다음의 배율을 곱하여 산정한 면적 이내의 토지(주택부수토지)를 포함한다(동법 제89조 제1항 제3호 및 동법 시행령 제154조 제7항).

① 「국토의 계획 및 이용에 관한 법률」에 따른 도시지역 내의 토지
　㉠ 「수도권정비계획법」에 따른 수도권 내의 토지 중 주거·상업·공업지역 내의 토지 : 3배
　㉡ 수도권 내의 토지 중 녹지지역 내의 토지 : 5배
　㉢ 수도권 밖의 토지 : 5배
② 도시지역 밖의 토지: 10배

다가구주택은 한 가구가 독립하여 거주할 수 있도록 구획된 부분을 각각 하나의 주택으로 본다. 다만, 해당 다가구주택을 구획된 부분별로 양도하지 않고 하나의 매매단위로 하여 양도하는 경우에는 그 전체를 하나의 주택으로 본다(동법 시행령 제155조 제15항).

2) 겸용주택

하나의 건물이 주택과 주택 외의 부분으로 복합되어 있는 경우와 주택에 딸린 토지에 주택 외의 건물이 있는 경우에는 그 전부를 주택으로 본다. 다만, 주택의 연면적이 주택 외의 부분의 연면적보다 적거나 같을 때에는 주택 외의 부분은 주택으로 보지 않으며, 이 경우 주택에 딸린 토지는 전체 토지면적에 주택의 연면적이 건물의 연면적에서 차지하는 비율을 곱하여 계산한다(동법 시행령 제154조 제3항).

66) 대법원 2005. 4. 28. 선고 2004두14960 판결.

구분	건물	부수토지
주택 면적 〉 주택 외의 면적	전부 주택	전부 주택부수토지
주택 면적 ≦ 주택 외의 면적	주택 외의 부분은 주택으로 보지 않음	전체 토지면적 × (주택 면적 / 전체 건물면적)

* 주택부수토지 중 주택면적의 일정 배율을 초과하는 토지부분은 비과세가 적용되지 않는다.

3) 고가주택

고가주택의 양도에 대해서는 비과세가 적용되지 않는다. 여기서 고가주택이란 주택 및 이에 딸린 토지의 양도 당시 실지거래가액의 합계액이 12억원을 초과하는 것을 말한다(동법 제89조 제1항 제3호). 이 규정을 적용할 때 1주택 및 이에 딸린 토지의 일부를 양도하거나 일부가 타인 소유인 경우로서 실지거래가액 합계액에 양도하는 부분(타인 소유부분을 포함)의 면적이 전체 주택면적에서 차지하는 비율을 나누어 계산한 금액이 12억원을 초과하는 경우에는 고가주택으로 본다(동법 시행령 제156조 제1항). 겸용주택의 경우에는 주택으로 보는 부분(부수토지 포함)에 해당하는 실지거래가액을 포함하여 판정하고(동조 제2항), 단독주택으로 보는 다가구주택의 경우에는 그 전체를 하나의 주택으로 보아 고가주택에 해당하는지 여부를 판정한다(동조 제3항).

(2) 1세대의 요건

1세대란 거주자 및 그 배우자가 그들과 같은 주소 또는 거소에서 생계를 같이 하는 사람과 함께 구성하는 가족단위를 말한다. 여기서 생계를 같이 하는 사람이란 거주자 및 그 배우자의 직계존비속(그 배우자를 포함) 및 형제자매를 말하며, 취학, 질병의 요양, 근무상 또는 사업상의 형편으로 본래의 주소 또는 거소에서 일시 퇴거한 사람을 포함한다. 거주자와 함께 1세대를 구성하는 배우자는 법률상 배우자뿐만 아니라 법률상 이혼을 하였으나 생계를 같이 하는 등 사실상 이혼한 것으로 보기 어려운 관계에 있는 사람을 포함한다(동법 제88조 제6호). 원칙적으로 1세대가 되기 위해서는 배우자가 있어야 하지만, 다음의 경우에는 배우자가 없어도 1세대로 본다(동법 제152조의3).

① 해당 거주자의 나이가 30세 이상인 경우
② 배우자가 사망하거나 이혼한 경우
③ 소득세법에 따른 소득이 「국민기초생활 보장법」에 따른 기준 중위소득의 40퍼센트 수준 이상으로서 소유하고 있는 주택 또는 토지를 관리·유지하면서 독립된 생계를 유지할 수 있는 경우. 다만, 미성년자의 경우를 제외하되, 미성년자의 결혼, 가족의 사망 등의 사유로 1세대의 구성이 불가피한 경우에는 그렇지 않다.

(3) 1주택의 요건

1세대 1주택으로서 양도소득세가 비과세되기 위해서는 1세대가 양도일 현재 국내에 1주택만을 보유하여야 한다(동법 시행령 제154조 제1항). 양도하는 주택 외에는 국내에 다른 주택이 없어야 한다. 1주택의 보유 여부는 양도 시점을 기준으로 판단한다. 따라서 양도 당시 국내에 1개의 주택을 보유하고 있는 것으로 충분하고, 2년의 보유기간 동안 다른 주택을 소유한 사실이 없어야 하는 것은 아니다.[67] 2개 이상의 주택을 같은 날에 양도하는 경우에는 당해 거주자가 선택하는 순서에 따라 주택을 양도한 것으로 본다(동법 시행령 제154조 제9항). 그러나 다음과 같은 경우에는 비과세특례가 적용된다.

1) 일시적 2주택의 경우

국내에 1주택을 소유한 1세대가 그 주택(종전의 주택)을 양도하기 전에 다른 주택(신규주택)을 취득(자기가 건설하여 취득한 경우를 포함)함으로써 일시적으로 2주택이 된 경우 종전의 주택을 취득한 날부터 1년 이상이 지난 후 신규 주택을 취득하고 신규 주택을 취득한 날부터 3년 이내에 종전의 주택을 양도(법원경매, 공매 등이 진행 중인 경우를 포함)하는 경우에는 이를 1세대 1주택으로 보아 비과세규정을 적용한다(동법 시행령 제155조 제1항 전단).

2) 직계존속의 동거봉양을 위한 일시적인 2주택의 경우

1주택을 보유하고 1세대를 구성하는 사람이 1주택을 보유하고 있는 60세 이상의 직계존속(다음의 어느 하나에 해당하는 사람을 포함)을 동거봉양하기 위하여 세대를 합침으로써 1세대가 2주택을 보유하게 되는 경우 합친 날부터 10년 이내에 먼저 양도하는 주택은 이를 1세대 1주택으로 보아 비과세규정을 적용한다(동법 시행령 제155조 제4항).

① 배우자의 직계존속으로서 60세 이상인 사람
② 직계존속(배우자의 직계존속을 포함) 중 어느 한 사람이 60세 미만인 경우
③ 60세 미만의 직계존속(배우자의 직계존속을 포함)으로서 중증질환자, 희귀난치성 질환자 또는 결핵질환자에 해당하여 보건복지부장관이 정하는 요양급여를 받는 사람

---

67) 대법원 1993. 6. 11. 선고 93누3011 판결.

3) 혼인으로 인한 일시적인 2주택의 경우

1주택을 보유하는 사람이 1주택을 보유하는 사람과 혼인함으로써 1세대가 2주택을 보유하게 되는 경우 또는 1주택을 보유하고 있는 60세 이상의 직계존속을 동거봉양하는 무주택자가 1주택을 보유하는 사람과 혼인함으로써 1세대가 2주택을 보유하게 되는 경우 각각 혼인한 날부터 5년 이내에 먼저 양도하는 주택은 이를 1세대 1주택으로 보아 비과세규정을 적용한다(동법 시행령 제155조 제5항).

4) 상속받은 주택 소유에 관한 특례

상속받은 주택을 소유한 경우에는 상속받은 주택과 그 밖의 주택(일반주택)을 국내에 각각 1개씩 소유하고 있는 1세대가 일반주택을 양도하는 경우에는 국내에 1개의 주택을 소유하고 있는 것으로 보아 비과세규정을 적용한다. 다만, 상속인과 피상속인이 상속개시 당시 1세대인 경우에는 1주택을 보유하고 1세대를 구성하는 사람이 직계존속(배우자의 직계존속을 포함하며, 세대를 합친 날 현재 직계존속 중 어느 한 사람 또는 모두가 60세 이상으로서 1주택을 보유하고 있는 경우만 해당)을 동거봉양하기 위하여 세대를 합침에 따라 2주택을 보유하게 되는 경우로서 합치기 이전부터 보유하고 있었던 주택만 상속받은 주택으로 본다(동법 시행령 제155조 제2항).

5) 문화재 주택 소유에 관한 특례

「문화재보호법」에 따른 지정문화재 또는 국가등록문화재에 해당하는 주택과 그밖의 주택(일반주택)을 국내에 각각 1개씩 소유하고 있는 1세대가 일반주택을 양도하는 경우에는 국내에 1개의 주택을 소유하고 있는 것으로 보아 비과세규정을 적용한다(동법 시행령 제155조 제6항).

6) 근무상의 형편 등으로 취득한 주택 소유에 관한 특례

취학, 근무상의 형편, 질병의 요양, 그 밖에 부득이한 사유로 취득한 수도권 밖에 소재하는 주택과 그 밖의 주택(일반주택)을 국내에 각각 1개씩 소유하고 있는 1세대가 부득이한 사유가 해소된 날부터 3년 이내에 일반주택을 양도하는 경우에는 국내에 1개의 주택을 소유하고 있는 것으로 보아 비과세규정을 적용한다(동법 시행령 제155조 제8항).

7) 농어촌주택 소유에 관한 특례

다음의 어느 하나에 해당하는 주택으로서 수도권 밖의 시역 중 읍지역(도시지역안의 지역을 제외) 또는 면지역에 소재하는 주택(농어촌주택)과 그 밖의 주택(일반주택)을 국내에 각각 1개씩 소유하고 있는 1세대가 일반주택을 양도하는 경우에는 국내에 1개의 주택을 소유하고 있는 것으로 보아 비과세규정을 적용한다. 다만, 귀농주택에 대해서는 그 주택을 취득한 날부터 5년 이내에 일반주택을 양도하는 경우에 한정하여 적용한다(동법 시행령 제155조 제7항 및 제9항, 제10항).

① 상속받은 주택

피상속인이 취득 후 5년 이상 거주한 사실이 있는 경우에만 해당한다.

② 이농주택

이농주택이란 영농 또는 영어에 종사하던 사람이 전업으로 인하여 다른 시·구(특별시 및 광역시의 구를 말함)·읍·면으로 전출함으로써 거주자 및 그 배우자와 생계를 같이하는 가족 전부 또는 일부가 거주하지 못하게 되는 주택으로서 이농인(어업에서 떠난 사람 포함)이 소유하고 있는 주택을 말한다. 이농인이 취득일 후 5년 이상 거주한 사실이 있는 경우에만 해당하다.

③ 귀농주택

귀농주택이란 영농 또는 영어에 종사하고자 하는 사람이 취득(귀농이전에 취득한 것을 포함)하여 거주하고 있는 주택으로서 다음의 요건을 갖춘 것을 말한다.

㉠ 취득 당시에 고가주택에 해당하지 아니할 것
㉡ 대지면적이 660제곱미터이내일 것
㉢ 영농 또는 영어의 목적으로 취득하는 것으로서 1,000제곱미터 이상의 농지를 소유하는 사람 또는 그 배우자가 해당 농지소재지에 있는 주택을 취득하는 것이거나 해당 농지를 소유하기 전 1년 이내에 해당 농지소재지에 있는 주택을 취득하는 것일 것 또는 어업인이 취득하는 것일 것
㉣ 세대전원이 이사(취학, 근무상의 형편, 질병의 요양, 그 밖의 부득이한 사유로 세대의 구성원 중 일부가 이사하지 못하는 경우를 포함)하여 거주할 것

8) 농어촌주택 등 취득자에 대한 양도소득세 과세특례

1세대가 1채의 농어촌주택 또는 고향주택을 취득(자기가 건설하여 취득한 경우를 포함)하여 3년 이상 보유하고 그 농어촌주택 등의 취득 전에 보유하던 다른 주택(일반주택)을 양도하는 경우에는 그 농어촌주택 등을 해당 1세대의 소유주택이 아닌 것으로 보아 비과세규정을 적용한다(조세특례제한법 제99조의4 제1항). 그러나 1세대가 취득한 농어촌주택과 보유하고 있던 일반주택이 행정구역상 같은 읍·면 또는 연접한 읍·면에 있는 경우나 1세대가 취득한 고향주택과 보유하고 있던 일반주택이 행정구역상 같은 시 또는 연접한 시에 있는 경우에는 과세특례를 적용하지 않는다(동조 제3항).

① **농어촌주택이란 다음의 요건을 모두 갖춘 주택을 말한다.**

㉠ 취득 당시 읍·면 또는 인구 20만명 이하의 26개 시 지역에 속한 동에 소재할 것. 다만, 수도권지역, 도시지역, 조정대상지역, 토지거래계약허가구역, 관광단지 등 부동산가격안정이 필요하다고 인정되는 일정한 지역은 제외한다.

㉡ 주택 및 이에 딸린 토지의 가액(기준시가를 말함)의 합계액이 해당 주택의 취득 당시 3억원(한옥은 4억원)을 초과하지 않을 것

② **고향주택이란 다음의 요건을 모두 갖춘 주택을 말한다.**

㉠ 가족관계등록부 기준지 소재지로서 10년 이상 거주사실이 있는 시 지역에 소재하는 주택일 것

㉡ 취득 당시 인구 20만명 이하의 26개 시 지역에 소재하는 주택일 것. 다만, 수도권지역, 조정대상지역, 관광단지 등 부동산가격안정이 필요하다고 인정되는 일정한 지역은 제외한다.

㉢ 주택 및 이에 딸린 토지의 가액(기준시가를 말함)의 합계액이 해당 주택의 취득 당시 3억원(한옥은 4억원)을 초과하지 않을 것

(4) 2년 이상 보유의 요건

양도소득세가 비과세되는 1세대 1주택은 그 보유기간이 2년 이상인 경우에 적용한다. 다만, 취득 당시 조정대상지역에 있는 주택의 경우에는 해당 주택의 보유기간이 2년 이상이고 그 보유기간 중 거주기간이 2년 이상인 경우에 적용한다(소득세법 제89조 제1항 제3호 가목 및 동법 시행령 제154조 제1항 본문). 보유기간은 해당 주택의 취득일부터 양도일까지로 하고(동법 시행령 제154조 제5항), 거주기간은 주민등록표 등본에 따른 전입일부터 전출일까지의 기간으로 한다(동조 제6항).

2-3. 조합원입주권을 소유하는 경우 1세대 1주택의 특례

조합원입주권은 부동산을 취득할 수 있는 권리에 해당하므로 이것을 양도하여 발생하는 소득에 대해서는 양도소득세가 과세된다. 그러나 조합원입주권을 1개 보유한 1세대가 다음의 어느 하나의 요건을 충족하여 양도하는 경우 해당 조합원입주권을 양도하여 발생하는 소득에 대해서는 양도소득세를 과세하지 않는다. 다만, 해당 조합원입주권의 양도 당시 실지거래가액이 12억원을 초과하는 경우에는 양도소득세를 과세한다(소득세법 제89조 제1항 제4호 및 동법 시행령 제155조 제18항).

① 양도일 현재 다른 주택 또는 분양권을 보유하지 않을 것

② 양도일 현재 1조합원입주권 외에 1주택을 보유한 경우(분양권을 보유하지 않은 경우로 한정)로서 해당 1주택을 취득한 날부터 3년 이내에 해당 조합원입주권을 양도할 것(3년 이내에 양도하지 못하는 경우로서 한국자산관리공사에 매각의뢰, 법원경매, 공매, 재개발사업 등의 시행으로 토지 등 소유사와 사업시행자 사이에 소송절차가 진행 중인 경우 등을 포함)

3장 소득세법

그런데 1세대가 주택(주택부수토지를 포함)과 조합원입주권 또는 분양권을 보유하다가 그 주택을 양도하는 경우에는 1세대 1주택 비과세규정을 적용하지 않는다. 다만, 「도시 및 주거환경정비법」에 따른 재건축사업 또는 재개발사업, 「빈집 및 소규모주택 정비에 관한 특례법」에 따른 자율주택정비사업, 가로주택정비사업, 소규모재건축사업 또는 소규모재개발사업의 시행기간 중 거주를 위하여 주택을 취득하는 경우 등에는 그렇지 않다(동법 제89조 제2항 및 동법 시행령 제156조의2, 제156조의3).

2-4. 농지의 양도소득에 대한 비과세

다음 중 어느 하나에 해당하는 농지의 교환 또는 분합으로 발생하는 소득에 대해서는 소득세를 과세하지 않는다(소득세법 제89조 제1항 제2호). 이 경우 교환 또는 분합하는 쌍방 토지가액의 차액이 가액이 큰편의 4분의 1 이하이어야 한다(동법 시행령 제153조 제1항).

① 국가 또는 지방자치단체가 시행하는 사업으로 인하여 교환 또는 분합하는 농지
② 국가 또는 지방자치단체가 소유하는 토지와 교환 또는 분합하는 농지
③ 경작상 필요에 의하여 교환하는 농지. 다만, 교환에 의하여 새로이 취득하는 농지를 3년 이상 농지소재지에 거주하면서 경작하는 경우에 한한다.
④ 「농어촌정비법」, 「농지법」, 「한국농어촌공사 및 농지관리기금법」 또는 「농업협동조합법」에 의하여 교환 또는 분합하는 농지

3. 양도소득 과세표준의 계산

총수입금액	: 양도가액
- 필요경비	: 취득가액 + 기타경비
= 양도차익	: 자산별로 계산
- 장기보유특별공제	: 양도차익 × 일정 비율
= 양도소득금액	
- 양도소득기본공제	: 소득별로 연 250만원
= 양도소득과세표준	: 세율 구분별로 계산

3-1. 양도가액과 취득가액의 산정

양도소득세가 과세되는 자산의 양도가액 또는 취득가액은 그 자산의 양도 또는 취득 당시 실지거래가액에 따른다(소득세법 제96조 제1항 및 제97조 제1항 제1호 가목). 여기서 실지거래가액이란 자산의 양도 또는 취득 당시에 양도자와 양수자가 실제로 거래한 가액으로서 해당 자산의 양도 또는 취득과 대가관계에 있는 금전과 그 밖의 재산가액을 말한다(동법 제88조 제5호). 그러나 장부나 매매계약서, 영수증 그 밖의 증명서류에 의하여 해당 자산의 양도 당시 또는 취득 당시의 실지거래가액을 인정 또는 확인할 수 없는 경우에는 추계조사하여 양도가액 또는 취득가액을 결정 또는 경정할 수 있다(동법 제114조 제7항 및 동법 시행령 제176조의2 제1항). 이 경우에는 다음과 같이 매매사례가액, 감정가액, 환산취득가액 또는 기준시가를 순차적으로 적용하여 산정한 가액에 따른다. 다만, 매매사례가액 또는 감정가액이 특수관계인과의 거래에 따른 가액 등으로서 객관적으로 부당하다고 인정되는 경우에는 해당 가액을 적용하지 않는다(동법 시행령 제176조의2 제2항 및 제3항).

① **매매사례가액** : 양도일 또는 취득일 전후 각 3개월 이내에 해당 자산(주권상장법인의 주식 등은 제외)과 동일성 또는 유사성이 있는 자산의 매매사례가 있는 경우 그 가액에 의한다.

② **감정가액** : 양도일 또는 취득일 전후 각 3개월 이내에 해당 자산(주식 등을 제외)에 대하여 둘 이상의 감정평가업자가 평가한 것으로서 신빙성이 있는 것으로 인정되는 감정가액(감정평가기준일이 양도일 또는 취득일 전후 각 3개월 이내인 것에 한정)이 있는 경우에는 그 감정가액의 평균액에 의한다. 다만, 기준시가가 10억원 이하인 자산(주식 등은 제외)의 경우에는 양도일 또는 취득일 전후 각 3개월 이내에 하나의 감정평가업자가 평가한 것으로서 신빙성이 있는 것으로 인정되는 경우 그 감정가액(감정평가기준일이 양도일 또는 취득일 전후 각 3개월 이내인 것에 한정)으로 한다.

③ **환산취득가액** : 양도 당시의 실지거래가액, 매매사례가액 또는 감정가액을 기준시가에 따라 다음과 같이 환산한 취득가액을 말한다. 신주인수권의 경우에는 환산취득가액을 적용하지 않는다.

$$\text{환산취득가액} = \begin{matrix}\text{양도 당시의 실지거래가액} \\ \text{(또는 매매사례가액, 감정가액)}\end{matrix} \times \frac{\text{취득 당시의 기준시가}}{\text{양도 당시의 기준시가}}$$

④ **기준시가** : 소득세법의 규정에 따라 산정한 가액으로서 양도 또는 취득 당시의 기준이 되는 가액을 말한다.

3-2. 양도차익의 계산

(1) 계산방식

양도차익은 총수입금액에서 필요경비를 공제하여 계산한다. 여기서 총수입금액은 양도가액을 말하고, 필요경비는 취득가액과 기타의 필요경비를 합한 금액을 말한다(소득세법 제95조 제1항). 이 경우 필요경비는 다음과 같이 계산한다(동법 제97조 제1항 및 제3항, 동법 시행령 제163조 제6항).

① 실지거래가액에 의하여 계산하는 경우

㉠ 취득가액 : 실지거래가액, 등기부기재가액

㉡ 기타의 필요경비 : 자본적 지출액, 양도비

② 추계방법에 의하여 계산하는 경우

㉠ 취득가액 : 매매사례가액, 감정가액, 환산취득가액, 기준시가

㉡ 기타의 필요경비 : 개산공제(槪算控除)

* 개산공제액

▶ 토지와 건물 : 취득 당시의 기준시가 × 3% (미등기양도자산은 0.3%)

▶ 부동산에 관한 권리

- 지상권·전세권·등기된 부동산임차권 : 취득 당시의 기준시가 × 7%
- 부동산을 취득할 수 있는 권리 : 취득 당시의 기준시가 × 1%

▶ 기타자산 : 취득 당시의 기준시가 × 1%

(2) 취득가액의 범위

취득가액(실지거래가액)은 다음의 금액을 합한 것으로 한다(동법 시행령 제163조 제1항).

① 취득원가에 상당하는 가액. 현재가치할인차금과 부가가치세법상 과세재화의 면세사업전용 및 폐업시 잔존재화의 간주공급에 따라 납부하였거나 납부할 부가가치세를 포함하되, 부당행위계산에 의한 시가초과액을 제외한다.

② 취득에 관한 쟁송이 있는 자산에 대하여 그 소유권 등을 확보하기 위하여 직접 소요된 소송비용·화해비용 등의 금액

③ 당사자 약정에 의한 대금지급방법에 따라 취득원가에 이자 상당액을 가산하여 거래가액을 확정하는 경우 해당 이자 상당액

④ 합병 또는 분할로 교부받은 주식의 1주당 취득가액은 다음의 가액으로 한다.

주식의 1주당 취득가액

$$= \frac{\text{피합병·분할법인 주식의 취득가액 + 합병·분할로 인한 의제배당금액 − 합병·분할교부금}}{\text{합병·분할로 교부받은 주식수}}$$

(3) 기타 필요경비의 범위

1) 자본적 지출액의 범위

양도소득의 필요경비에 해당하는 자본적 지출액이란 다음의 어느 하나에 해당하는 것으로서 그 지출에 관한 법정증명서류를 수취·보관하거나 실제 지출사실이 금융거래 증명서류에 의하여 확인되는 경우를 말한다(동법 시행령 제163조 제3항). 법정증명서류로는 계산서, 세금계산서, 신용카드매출전표(직불카드, 외국에서 발행된 신용카드, 기명식선불카드·직불전자지급수단·기명식선불전자지급수단 또는 기명식전자화폐를 사용하여 거래하는 경우 그 증명서류를 포함), 현금영수증이 있다(동법 제160조의2 제2항 및 동법 시행령 제83조 제4항). 영상, 증인 및 증언만으로는 자본적 지출액으로 지출하였다거나 내용연수를 연장시키거나 아파트의 가치를 현실적으로 증가시키기 위하여 지출한 비용이라고 인정하기에 부족하다.[68]

① 일반적인 자본적 지출액
자본적 지출이란 사업자가 소유하는 감가상각자산의 내용연수를 연장시키거나 해당 자산의 가치를 현실적으로 증가시키기 위해 지출한 수선비를 말하며, 다음에 해당하는 지출을 포함하는 것으로 한다.
㉠ 본래의 용도를 변경하기 위한 개조
㉡ 엘리베이터 또는 냉난방장치의 설치
㉢ 빌딩 등의 피난시설 등의 설치
㉣ 재해 등으로 인하여 건물·기계·설비 등이 멸실 또는 훼손되어 당해 자산의 본래 용도로의 이용가치가 없는 것의 복구
㉤ 기타 개량·확장·증설 등 위와 유사한 성질의 것
② 양도자산을 취득한 후 쟁송이 있는 경우에 그 소유권을 확보하기 위하여 직접 소요된 소송비용·화해비용 등의 금액
③ 「공익사업을 위한 토지 등의 취득 및 보상에 관한 법률」이나 그 밖의 법률에 따라 토지 등이 협의 매수 또는 수용되는 경우로서 그 보상금의 증액과 관련하여 직접 소요된 소송비용·화해비용 등의 금액
④ 양도자산의 용도변경·개량 또는 이용편의를 위하여 지출한 비용. 재해·노후화 등 부득이한 사유로 인하여 건물을 재건축한 경우 그 철거비용을 포함한다.
⑤ 「개발이익환수에 관한 법률」에 따른 개발부담금
⑥ 「재건축초과이익 환수에 관한 법률」에 따른 재건축부담금
⑦ 위에 준하는 비용으로서 기획재정부령이 정하는 것

68) 광주지법 2020. 5. 14. 선고 2019구합12302 판결.

2) 양도비 등의 범위

양도소득의 필요경비에 해당하는 양도비 등이란 다음의 어느 하나에 해당하는 것으로서 그 지출에 관한 법정증명서류를 수취·보관하거나 실제 지출사실이 금융거래 증명서류에 의하여 확인되는 경우를 말한다(동법 시행령 제163조 제5항).

> ① 자산을 양도하기 위하여 직접 지출한 비용으로서 다음의 비용
> ㉠ 「증권거래세법」에 따라 납부한 증권거래세
> ㉡ 양도소득세과세표준 신고서 작성비용 및 계약서 작성비용
> ㉢ 공증비용, 인지대 및 소개비
> ㉣ 매매계약에 따른 인도의무를 이행하기 위하여 양도자가 지출하는 명도비용
> ㉤ 위와 유사한 비용으로서 기획재정부령으로 정하는 비용
> ② 토지·건물을 취득함에 있어서 법령 등의 규정에 따라 매입한 국민주택채권 및 토지개발채권을 만기 전에 양도함으로써 발생하는 매각차손. 이 경우 금융기관 외의 사람에게 양도한 경우에는 동일한 날에 금융기관에 양도하였을 경우 발생하는 매각차손을 한도로 한다.

판례는 양도소득세 과세표준을 포함한 과세처분의 적법성에 대한 증명책임은 과세관청에게 있고, 과세표준은 양도가액에서 필요경비를 공제한 것이므로 필요경비의 증명책임도 원칙적으로 과세관청에게 있다 할 것이나, 납세자가 주장하는 신축공사비용은 양도소득세 산정에 있어 납세자에게 유리한 것이고, 또 그 기초적 사실관계는 납세자의 지배영역 안에 있는 것이어서 과세관청으로서는 조사하기 어려운 반면 납세자로서는 입증하기 용이한 것이므로 이러한 필요경비는 원고인 납세자가 입증할 필요가 있는 것으로 해석하는 것이 공평의 원칙에 부합된다고 한다.[69]

필요경비에 해당되는 것	필요경비에 해당되지 않는 것
취득세·등록세	취득세의 납부지연 가산세·연체료
중개수수료, 법무사 수수료 등 등기비용	아파트 중도금 선납 할인비용
양도소득세 신고서 작성 등 세무 대행 수수료	장기할부조건 연체이자, 경매낙찰금 지연이자
매입채권 매각차손금액	금융기관 대출금 지급이자 및 감정해지비용
소유권확보를 위한 소송비용 및 화해비용	경매취득시 세입자 명도비용
장기할부조건 연부이자	건물의 재해복구비용 및 임차인 퇴거보상비
경매취득시 유치권 변제금액	경락대금에 포함되지 않은 대항력 없는 임차보증금
경락대금에 포함되지 않는 대항력 있는 임차보증금	벽지·장판·도색·조명구입비
토지개량을 위한 장애물 등 철거비용	조경수목·가구·비품 구입대
샷시의 설치, 발코니 확장공사 비용	싱크대·주방기구 구입 및 교체비용, 방수공사비
상하수도 배관공사, 시스템 에어컨 설치	창문·유리·타일·상하수도관 등 교체
보일러 등 난방시설 설치 및 교체비	보일러 수리비, 액자형 에어컨 설치

69) 서울행정법원 2010. 5. 18. 선고 2009구단16124 판결; 같은 취지 대법원 2013. 10. 31. 선고 2010두4599 판결.

3-3. 장기보유특별공제

(1) 의의

장기보유특별공제란 보유기간이 3년 이상인 토지나 건물 등에 대하여 양도소득세를 계산할 때 보유기간에 따라 양도차익의 일정액을 공제하여 소득금액을 산출하는 제도를 말한다. 장기간 축적된 보유이익이 양도시점에 한꺼번에 실현됨으로 인하여 누진세율 구조하에서 과도하게 높은 세율을 적용받는 결집효과가 발생할 우려가 있다. 이러한 결집효과를 완화하기 위하여 장기보유특별공제를 둔 것이다.

(2) 공제대상자산

장기보유특별공제는 다음의 공제대상자산에 대하여 적용한다(소득세법 제95조 제2항).

① 토지 및 건물로서 보유기간이 3년 이상인 것. 다만, 미등기양도자산과 조정대상지역에 있는 주택으로서 다음 중 어느 하나에 해당하는 주택은 공제대상자산에서 제외한다.
- ㉠ 1세대 2주택에 해당하는 주택
- ㉡ 1세대가 주택과 조합원입주권(또는 분양권)을 각각 1개씩 보유한 경우의 해당 주택. 다만, 장기임대주택 등은 제외한다.
- ㉢ 1세대 3주택 이상에 해당하는 주택
- ㉣ 1세대가 주택과 조합원입주권(또는 분양권)을 보유한 경우로서 그 수의 합이 3 이상인 경우 해당 주택. 다만, 장기임대주택 등은 제외한다.

② 부동산을 취득할 수 있는 권리 중 조합원입주권. 다만, 조합원으로부터 취득한 것은 제외한다.

(3) 공제액의 계산

1) 일반자산

장기보유특별공제액은 다음과 같이 계산한다(동법 제95조 제2항 본문).

장기보유특별공제액 = 일반자산의 양도차익 × 보유기간별 공제율

* 조합원입주권을 양도하는 경우에는 「도시 및 주거환경정비법」에 따른 관리처분계획인가 및 「빈집 및 소규모주택 정비에 관한 특례법」에 따른 사업시행계획인가 전 토지분 또는 건물분의 양도차익으로 한정한다.

보유기간별 공제율은 다음과 같다.

보유기간	보유기간별 공제율
3년 이상 4년 미만	6%
4년 이상 5년 미만	8%
5년 이상 6년 미만	10%
6년 이상 7년 미만	12%
7년 이상 8년 미만	14%
8년 이상 9년 미만	16%
9년 이상 10년 미만	18%
10년 이상 11년 미만	20%
11년 이상 12년 미만	22%
12년 이상 13년 미만	24%
13년 이상 14년 미만	26%
14년 이상 15년 미만	28%
15년 이상	30%

자산의 보유기간은 그 자산의 취득일부터 양도일까지로 한다. 다만, 다음의 어느 하나에 해당하는 경우에는 다음에서 규정된 날부터 기산한다(동법 제95조 제4항). 조합원입주권에 대하여 장기보유특별공제를 할 때 보유기간은 기존 주택의 취득일부터 관리처분계획 인가일까지의 기간으로 한다(동법 시행령 제166조 제5항).

① 배우자·직계존비속간 증여재산에 대한 이월과세를 적용받는 경우 : 증여한 배우자·직계존비속이 해당 자산을 취득한 날

② 가업상속공제가 적용되는 비율(즉, 이월과세가 적용되는 부분)에 해당하는 자산의 경우 : 피상속인이 해당 자산을 취득한 날

2) 1세대 1주택

1세대 1주택에 대한 장기보유특별공제를 적용할 때 1세대 1주택이란 1세대가 양도일 현재 국내에 1주택(1세대 2주택에 대한 비과세 특례규정 등에 따라 1세대 1주택으로 보는 주택을 포함)을 보유하고 보유기간 중 거주기간이 2년 이상인 것을 말한다(동법 시행령 제159조의4). 예를 들어, 1세대 1주택 비과세요건을 충족하였으나 고가주택에 해당하여 양도소득세가 과세되는 주택으로서 보유기간 중 거주기간이 2년 이상인 주택이 여기에 해당한다. 1세대 1주택에 대한 장기보유특별공제액은 다음과 같이 계산한다(동법 제95조 제2항 단서).

장기보유특별공제액 = 1세대 1주택의 양도차익 × (보유기간별 공제율 + 거주기간별 공제율)

보유기간 및 거주기간별 공제율은 다음과 같다.

보유기간	보유기간별 공제율	거주기간	거주기간별 공제율
		2년 이상 3년 미만 (보유기간 3년 이상에 한정)	8%
3년 이상 4년 미만	12%	3년 이상 4년 미만	12%
4년 이상 5년 미만	16%	4년 이상 5년 미만	16%
5년 이상 6년 미만	20%	5년 이상 6년 미만	20%
6년 이상 7년 미만	24%	6년 이상 7년 미만	24%
7년 이상 8년 미만	28%	7년 이상 8년 미만	28%
8년 이상 9년 미만	32%	8년 이상 9년 미만	32%
9년 이상 10년 미만	36%	9년 이상 10년 미만	36%
10년 이상	40%	10년 이상	40%

3-4. 양도소득기본공제

양도소득이 있는 거주자에 대해서는 다음의 소득별로 해당 과세기간의 양도소득금액에서 각각 연 250만원을 공제한다(소득세법 제103조 제1항).

① 토지·건물, 부동산에 관한 권리 및 기타자산의 양도소득금액. 다만, 미등기양도자산의 양도소득금액에 대해서는 그렇지 않다.
② 신탁수익권의 양도소득금액

양도소득기본공제를 적용할 때 양도소득금액에 소득세법 또는 조세특례제한법이나 그 밖의 법률에 따른 감면소득금액이 있는 경우에는 그 감면소득금액 외의 양도소득금액에서 먼저 공제하고, 감면소득금액 외의 양도소득금액 중에서는 해당 과세기간에 먼저 양도한 자산의 양도소득금액에서부터 순서대로 공제한다(동조 제2항).

4. 양도소득세액의 계산

	양도소득과세표준	
×	세율	
=	양도소득산출세액	
−	세액감면	: 조세특례제한법에 따른 세액감면
−	세액공제	: 전자신고세액공제
=	양도소득결정세액	
+	가산세	
=	양도소득총결정세액	
+	기납부세액	: 예정신고납부세액, 수시부과세액
=	차감납부할세액	

4-1. 양도소득세율

(1) 양도소득세 기본세율

양도소득세의 세율은 다음과 같다. 이 경우 하나의 자산이 다음에 따른 세율 중 둘 이상에 해당할 때에는 해당 세율을 적용하여 계산한 양도소득산출세액 중 큰 것을 그 세액으로 한다(소득세법 제104조 제1항 및 동법 시행령 제167조의7).

① 토지·건물, 부동산에 관한 권리 및 기타자산 : 소득세 기본세율. 다만, 분양권의 경우에는 60%
② 토지·건물 및 부동산에 관한 권리로서 그 보유기간이 1년 이상 2년 미만인 것 : 40%. 다만, 주택(이에 딸린 토지를 포함), 조합원입주권 및 분양권의 경우에는 60%
③ 토지·건물 및 부동산에 관한 권리로서 그 보유기간이 1년 미만인 것 : 50%. 다만, 주택, 조합원입주권 및 분양권의 경우에는 70%
④ 비사업용토지 : 소득세 기본세율 + 10%. 비사업용토지란 ㉠ 농지소유자가 농지소재지에 거주하지 않거나 경작하지 않는 농지, ㉡ 임야, ㉢ 축산업을 경영하지 않는 사람이 소유한 목장용지, ㉣ 주택부속토지 중 주택이 정착된 면적에 지역별로 일정한 배율을 곱하여 산정한 면적을 초과하는 토지, ㉤ 상시주거용으로 사용하지 않고 휴양 · 피서 · 위락 등의 용도로 사용하는 주거용 건축물(별장)의 부속토지를 말한다.

과세표준		일반적인 경우
1,400만원 이하		(과세표준)금액 × 16%
1,400만원 초과	5,000만원 이하	1,400만원 초과액 × 25% + 224만원
5,000만원 초과	8,800만원 이하	5,000만원 초과액 × 34% + 1,124만원
8,800만원 초과	1억5천만원 이하	8,800만원 초과액 × 45% + 2,416만원
1억5천만원 초과	3억원 이하	1억 5천만원 초과액 × 48% + 5,206만원
3억원 초과	5억원 이하	3억원 초과액 × 50% + 1억 2,406만원
5억원 초과	10억원 이하	5억원 초과액 × 52% + 2억 2,406만원
10억원 초과		10억원 초과액 × 55% + 4억 8,406만원

⑤ 특정주식 등으로서 해당 법인의 자산총액 중 비사업용토지의 가액이 차지하는 비율이 50퍼센트 이상인 법인의 주식 등 : 소득세 기본세율 + 10%

⑥ 미등기양도자산양도소득 : 70%

⑦ 신탁수익권 : 20%. 다만, 3억원 초과분은 25%

양도소득세율을 적용할 때 보유기간은 해당 자산의 취득일부터 양도일까지로 한다. 다만, 다음의 어느 하나에 해당하는 경우에는 각각 그 정한 날을 그 자산의 취득일로 본다(동법 제104조 제2항).

① 상속받은 자산 : 피상속인이 그 자산을 취득한 날

② 배우자·직계존속간 증여재산에 대한 이월과세의 규정을 적용받는 자산 : 증여자가 그 자산을 취득한 날

③ 법인의 합병·분할(물적분할은 제외)로 인하여 합병법인, 분할신설법인 또는 분할·합병의 상대방 법인으로부터 새로 주식 등을 취득한 경우 : 피합병법인, 분할법인 또는 소멸한 분할·합병의 상대방 법인의 주식 등을 취득한 날

(2) 다주택자의 조정대상지역 내 주택 양도시 양도소득세 중과

다음의 어느 하나에 해당하는 주택(이에 딸린 토지를 포함)을 양도하는 경우 소득세 기본세율에 20퍼센트(③ 및 ④의 경우 30퍼센트)를 더한 세율을 적용한다. 이 경우 해당 주택 보유기간이 2년 미만인 경우에는 소득세 기본세율에 20퍼센트(③ 및 ④의 경우 30퍼센트)를 더한 세율을 적용하여 계산한 양도소득 산출세액과 60퍼센트(보유기간 1년 이상 2년 미만) 또는 70퍼센트(보유기간 1년 미만)의 세율을 적용하여 계산한 양도소득 산출세액 중 큰 세액을 양도소득 산출세액으로 한다(동법 제104조 제7항).

① 조정대상지역에 있는 주택으로서 1세대 2주택에 해당하는 주택
② 조정대상지역에 있는 주택으로서 1세대가 1주택과 조합원입주권 또는 분양권을 1개 보유한 경우의 해당 주택. 다만, 장기임대주택 등은 제외한다.
③ 조정대상지역에 있는 주택으로서 1세대 3주택 이상에 해당하는 주택
④ 조정대상지역에 있는 주택으로서 1세대가 주택과 조합원입주권 또는 분양권을 보유한 경우로서 그 수의 합이 3 이상인 경우 해당 주택. 다만, 장기임대주택 등은 제외한다.

(3) 투기지역에 있는 부동산에 대한 추가과세

다음의 어느 하나에 해당하는 부동산으로서 비사업용토지를 양도하는 경우 양도소득세 기본세율에 10퍼센트를 더한 세율을 적용한다. 이 경우 해당 부동산 보유기간이 2년 미만인 경우에는 양도소득세 기본세율에 10퍼센트를 더한 세율을 적용하여 계산한 양도소득 산출세액과 60퍼센트(보유기간 1년 이상 2년 미만) 또는 70퍼센트(보유기간 1년 미만)의 세율을 적용하여 계산한 양도소득 산출세액 중 큰 세액을 양도소득 산출세액으로 한다(동법 제104조 제4항).

① 지정지역에 있는 부동산으로서 비사업용 토지. 다만, 지정지역의 공고가 있은 날 이전에 토지를 양도하기 위하여 매매계약을 체결하고 계약금을 지급받은 사실이 증빙서류에 의하여 확인되는 경우는 제외한다.
② 그 밖에 부동산 가격이 급등하였거나 급등할 우려가 있어 부동산 가격의 안정을 위하여 필요한 경우에 대통령령으로 정하는 부동산(현재 대통령령의 정한 것이 없음)

* 기획재정부장관은 해당 지역의 부동산 가격 상승률이 전국 소비자물가 상승률보다 높은 지역으로서 전국 부동산 가격 상승률 등을 고려할 때 그 지역의 부동산 가격이 급등하였거나 급등할 우려가 있는 경우에는 대통령령으로 정하는 기준 및 방법에 따라 그 지역을 지정지역으로 지정할 수 있다(동법 제104조의2 제1항).

(4) 양도소득세산출세액 계산특례

해당 과세기간에 토지·건물, 부동산에 관한 권리 및 기타자산을 둘 이상 양도하는 경우 양도소득 산출세액은 다음의 금액 중 큰 것으로 한다.

양도소득산출세액 = Max [①, ②]
① 종합합산 세액 : 해당 과세기간의 양도소득과세표준 합계액에 대하여 소득세 기본세율을 적용하여 계산한 양도소득 산출세액

② 자산별 분리과세 세액 : 자산별 양도소득세율, 다주택자의 조정지역 내 주택에 대한 중과세율, 투기지역에 있는 부동산에 대한 중과세율에 따라 계산한 자산별 양도소득 산출세액 합계액. 다만, 둘 이상의 자산에 대하여 자산별 양도소득세율의 각 호, 다주택자의 조정지역 내 주택에 대한 중과세율의 각 호 및 투기지역에 있는 부동산에 대한 중과세율의 각 호에 따른 세율 중 동일한 호의 세율이 적용되고, 그 적용세율이 둘 이상인 경우 해당 자산에 대해서는 각 자산의 양도소득과세표준을 합산한 것에 대하여 각 해당 호별 세율을 적용하여 산출한 세액 중에서 큰 산출세액의 합계액으로 한다.

* 양도소득세 감면액이 있는 경우에는 해당 감면세액을 차감한 세액이 더 큰 경우의 산출세액을 말한다.

** 위 ②의 금액을 계산할 때 소득세 기본세율에 10퍼센트를 더한 세율을 적용하는 자산은 동일한 자산으로 보고, 한 필지의 토지가 비사업용 토지와 그 외의 토지로 구분되는 경우에는 각각을 별개의 자산으로 보아 양도소득 산출세액을 계산한다.

4-2. 양도소득세의 세액감면 및 세액공제

(1) 세액감면

양도소득세의 감면세액은 다음과 같이 계산한다(소득세법 제90조 제1항).

$$\text{양도소득세 감면세액} = \text{양도소득 산출세액} \times \frac{\text{감면대상 양도소득금액} - \text{양도소득기본공제}}{\text{양도소득과세표준}} \times \text{감면비율}$$

조세특례제한법에서는 자경농지에 대한 양도소득세 감면(동법 제69조), 농지대토에 대한 양도소득세 감면(동법 제70조), 공익사업용토지 등에 대한 양도소득세 감면(동법 제77조), 개발제한구역 지정에 따른 매수대상 토지 등에 대한 양도소득세 감면(동법 제77조의3), 장기일반민간임대주택 등에 대한 양도소득세 감면(동법 제97조의5) 등의 규정을 두고 있다.

미등기양도자산에 대해서는 양도소득세의 비과세 및 감면에 관한 규정을 적용하지 않는다(소득세법 제91조 제1항, 조세특례제한법 제129조 제2항). 토지·건물 및 부동산에 관한 권리를 매매하는 거래당사자가 매매계약서의 거래가액을 실지거래가액과 다르게 적은 경우에는 해당 자산에 대하여 양도소득세의 비과세 및 감면에 관한 규정을 다음과 같이 적용한다(소득세법 제91조 제2항, 조세특례제한법 제129조 제1항).

① 비과세규정을 적용받을 경우 : 비과세받았거나 받을 세액 – Min[㉠, ㉡]
㉠ 비과세에 관한 규정을 적용하지 않을 경우의 양도소득 산출세액
㉡ 매매계약서의 거래가액과 실지거래가액과의 차액

② 감면규정을 적용받았거나 받을 경우 : 감면받았거나 받을 세액 – Min[㉠, ㉡]
㉠ 감면에 관한 규정을 적용받았거나 받을 경우의 해당 감면세액
㉡ 매매계약서의 거래가액과 실지거래가액과의 차액

(2) 전자신고세액공제

납세자가 직접 전자신고의 방법으로 양도소득세 과세표준 예정신고를 하는 경우에는 해당 납부세액에서 2만원을 공제한다. 이 경우 납부할 세액이 음수인 경우에는 이를 없는 것으로 한다(조세특례제한법 제104조의8 제1항 및 동법 시행령 제104조의5 제1항, 제5항).

5. 양도소득세의 신고와 납부

5-1. 양도소득세과세표준의 예정신고와 납부

양도소득 과세대상자산을 양도한 거주자는 양도소득과세표준을 다음의 구분에 따른 기간에 관할 세무서장에게 신고하여야 한다(소득세법 제105조 제1항). 양도차익이 없거나 양도차손이 발생한 경우에도 예정신고는 하여야 한다(동조 제3항).

① 토지·건물, 부동산에 관한 권리, 기타자산 및 신탁수익권을 양도한 경우 : 그 양도일이 속하는 달의 말일부터 2개월. 다만, 토지거래계약에 관한 허가구역에 있는 토지를 양도할 때 토지거래계약허가를 받기 전에 대금을 청산한 경우에는 그 허가일(토지거래계약허가를 받기 전에 허가구역의 지정이 해제된 경우에는 그 해제일)이 속하는 달의 말일부터 2개월로 한다.
② 부담부증여의 채무액에 해당하는 부분으로서 양도로 보는 경우 : 그 양도일이 속하는 달의 말일부터 3개월

예정신고납부세액은 다음과 같다(동법 제106조 및 제107조 제1항). 이 경우 확정신고납부에서와 마찬가지로 분할납부도 할 수 있다(동법 제112조). 예정신고납부의무를 위반한 경우에는 국세기본법에 따른 무신고가산세, 과소신고가산세 및 납부지연가산세가 부과된다.

예정신고납부세액 = 예정신고산출세액 – 감면세액 – 수시부과세액

* 예정신고산출세액 = (양도차익 – 장기보유특별공제 – 양도소득기본공제) × 양도소득세율

** 양도소득에 관해서도 종합소득에 관한 수시부과의 규정을 준용하여 수시부과를 할 수 있다.

5-2. 양도소득세과세표준 확정신고와 납부

해당 과세기간의 양도소득금액이 있는 거주자는 그 양도소득 과세표준을 그 과세기간의 다음 연도 5. 1.부터 5. 31.까지 관할 세무서장에게 신고하여야 한다. 토지거래허가구역 내의 토지를 양도하는 경우에는 토지거래계약에 관한 허가일(토지거래계약허가를 받기 전에 허가구역의 지정이 해제된 경우에는 그 해제일)이 속하는 과세기간의 다음 연도 5. 1.부터 5. 31.까지 신고하여야 한다(소득세법 제110조 제1항). 해당 과세기간의 과세표준이 없거나 결손금액이 있는 경우에도 확정신고를 하여야 한다(동조 제2항). 그러나 예정신고를 한 사람은 위의 규정에도 불구하고 해당 소득에 대한 확정신고를 하지 않을 수 있다. 다만, 다음의 어느 하나에 해당하는 경우에는 그렇지 않다(동조 제4항 및 동법 시행령 제173조 제5항).

① 해당 과세기간에 누진세율의 적용대상 자산에 대한 예정신고를 2회 이상 한 사람이 이미 신고한 양도소득금액과 합산하여 예정신고를 하지 않은 경우

② 토지·건물, 부동산에 관한 권리, 기타자산 및 신탁수익권을 2회 이상 양도한 경우로서 양도소득기본공제의 적용순위로 인하여 당초 신고한 양도소득신출세액이 달리지는 경우

③ 토지·건물, 부동산에 관한 권리, 기타자산을 둘 이상 양도한 경우로서 양도소득세산출세액 계산특례를 적용할 경우 당초 신고한 양도소득산출세액이 달라지는 경우

거주자로서 양도소득세 예정신고 또는 확정신고에 따라 납부할 세액이 각각 1천만원을 초과하는 사람은 종합소득세의 경우와 마찬가지의 방법으로 그 납부할 세액의 일부를 납부기한이 지난 후 2개월 이내에 분할납부할 수 있다(동법 제112조 및 동법 시행령 제175조).

전현철
고려대학교 법학과 및 동대학원 졸업(법학박사)
변호사
한남대학교 사회과학대학 법학부 교수

창업과 세법

2026년 2월 10일 발행

저　자: **전현철**

발행처: **한남대학교 출판부(탈메이지교양·융합대학/글누리)**
대전광역시 대덕구 한남로 70
전화: (042) 629-7722

인쇄처: **도서출판 이화**
전화: (042) 255-9708

ISBN 978-89-7066-434-7 03360

〈정가 20,000원〉